『行政書士 2023 年法改正と完全予想模試』収録の予想問題が令和 5 年度本試験でズバリ的中！！しました。

　コンデックス情報研究所では、長年の過去問題の分析結果にもとづき予想問題を作成しております。令和 5 年度においても以下のように予想問題と同じ問題が本試験で多数出題されました。本書はその経験と研究の成果を活かして編集された書籍です。

本試験　問題 11
4　行政指導に携わる者が、その相手　　　　　　　　　　　　　　容並びに責任者を明確に示さなければなら　　　　　　　　　　　　求める行政指導をする場合に限られる。

JN023328

完全予想模試①　問題 13
5　行政指導に携わる者は、その相手　　　　　　　　　　　　　　びに責任者を明確に示さなければならない。

本試験　問題 27
1　債権者が権利を行使できることを知った時から 5 年間行使しないときは、その債権は、時効によって消滅する。

完全予想模試②　問題 27
2　債権は、債権者が権利を行使することができることを知った時から 5 年間行使しないとき、または、権利を行使することができる時から 10 年間行使しないとき、時効によって消滅する。

上記のほかにも的中問題続出!!

本試験			ズバリ的中!!	完全予想模試②	
本試験	問題 7 肢 5			完全予想模試②	問題 3 肢エ
本試験	問題 20 肢 2		◀ ズバリ的中!!	完全予想模試②	問題 20 肢ウ
本試験	問題 30			完全予想模試②	問題 29

他多数

本書の使い方

出題後の法改正に対応！

　本書では、法改正や試験科目の改正により、試験問題、正解・解説に変更が生じている場合には、次のような記号を付して対応しています。

> 改題 ⇒令和 2 年 4 月 1 日に施行された改正民法及び令和 4 年 4 月 1 日に施行された個人情報の保護に関する法律等の一部を改正する法律により、改正後の法律に合致するように問題文を修正した問題です。
>
> ※ ⇒試験実施後の法改正等により、正誤に変更が生じている問題です。出題当時の法令等にそって〇×と解説をつけ、「※」以下に、改正後の法令等にそった解説と正誤を掲載しました。
>
> 改 ⇒令和 5 年度の出題法令基準日である令和 5 年 4 月 1 日の翌日〜令和 5 年度の出題法令基準日である令和 6 年 4 月 1 日（予定）までに施行される改正項目については、解説の冒頭に、改 マークを付けました。最新の法改正情報のチェックにも最適です。

　なお、本書の正解・解説は、原則として令和 5 年 12 月 1 日施行の法令に基づいて編集しています。出題法令基準日の令和 6 年 4 月 1 日までに施行される法改正等の最新情報は、問題編の最終ページに記載してある本書専用ブログアドレスから閲覧してください。

解答用紙を使って実戦練習

　本試験では正しいものを選ぶ問題、誤っているものを選ぶ問題などいろいろありますから、問題文の指示はしっかりと読んで肢を読み始めましょう。また、問題編の最後に解答用紙を用意しましたので、コピーをして利用してください。

使いやすい別冊解説と正解一覧

　この問題集では正解・解説は別冊になっており、正解一覧も作成しましたので、答え合わせがしやすくなっています。間違えてしまった問題についてはさらに中の解説を読みましょう。

別冊解説は赤シート対応

　正解・解説は 2 色構成となっており、正解やキーワードを付属の赤シートで隠しながら、効率よく学習することができます。

CONTENTS

詳解 行政書士過去 5 年問題集 '24 年版

行政書士試験受験案内

　平成17年の法改正を受けて、新しい試験制度による試験が実施されています。新しい試験は、法令等の科目の問題数が増加しただけでなく、一般知識等についても、法令に関する問題が増えており、専門的な知識が求められる試験になってきています。なお、平成21年からは、択一形式とはいっても、正しい選択肢を1つ選ぶというものではなく、正しい選択肢の組合せを選ぶ問題が増えましたので、注意してください。

　受験要領は、例年7月第2週に（一財）行政書士試験研究センターより公表されます。以下は、令和5年度の試験案内に基づいて作成しましたが、令和6年度も同様と考えてよいでしょう。ただし、実際に受験する際には、必ずご自身で、試験実施団体の発表する最新情報を確認してください。

●受験資格●
　年齢、学歴、国籍などは問われませんので、だれでも受験可能です。

●受験申込み●
① 受付期間：7月下旬から8月下旬
② 申込み方法：受験願書と一緒に配布する封筒に必要な書類を同封して「簡易書留郵便」で（一財）行政書士試験研究センターへ郵送します。インターネットによる受験申込みの場合は、顔写真の画像データを用意し、ホームページ上で必要事項を入力して申し込みます。
③ 受験手数料：10,400円（令和4年度試験から受験手数料が変更されました。受験手数料は、受験願書受付期間内に所定の払込用紙により、郵便局の窓口で払い込みます。インターネットにより受験申込みをする場合は、本人名義のクレジットカード決済又はコンビニエンスストアで払い込みます。）
④ 受験票の送付：10月下旬に発送されます。受験票には受験番号と試験場等が記載されています。受験票は、試験当日試験場に必ず持参してください。（受験票がないと受験できません。）

●試験の方法と出題範囲・出題数●

① 試験方法：筆記試験

② 試験形式：「行政書士の業務に関し必要な法令等」は択一式及び記述式、「行政書士の業務に関し必要な基礎知識」は択一式のみです。

③ 出題範囲

「行政書士の業務に関し必要な法令等（出題数 46 題）」：憲法、行政法（行政法の一般的な法理論、行政手続法、行政不服審査法、行政事件訴訟法、国家賠償法及び地方自治法を中心とする。）、民法、商法及び基礎法学

「行政書士の業務に関し必要な基礎知識（出題数 14 題）」：一般知識、行政書士法等行政書士業務と密接に関連する諸法令、情報通信・個人情報保護、文章理解

※試験実施の年の 4 月 1 日現在施行されている法令に関して出題されます。

●合格基準●

次の要件のいずれも満たした者が合格です。

① 「行政書士の業務に関し必要な法令等」科目の得点が、満点の 50 パーセント以上である者

② 「行政書士の業務に関し必要な基礎知識」科目の得点が、満点の 40 パーセント以上である者

③ 試験全体の得点が、満点の 60 パーセント以上である者

●試験と合格発表●

① 試験日：11 月第 2 日曜日　②試験時間：午後 1 時から 4 時（3 時間）

③ 合格発表：翌年 1 月下旬

※合格者の受験番号は（一財）行政書士試験研究センターの事務所の掲示板に公示され、ホームページには合格者の受験番号が登載されます。また、受験者全員に合否通知書が郵送されます。

●特例措置について●

身体の機能に障がいのある場合は、特例措置として障がいの状態により必要な措置を受けることができます。その場合には、受験申込みに先立って（一財）行政書士試験研究センターに相談してください。

●試験に関する問い合わせ先●

一般財団法人行政書士試験研究センター

URL：https://gyosei-shiken.or.jp/

所在地：〒 102-0082　東京都千代田区一番町 25 番地

全国町村議員会館 3 階

電話番号：（試験専用照会ダイヤル）03 - 3263 - 7700

行政書士試験　過去5年　出題科目と出題分野

■法令等		令和5年度	令和4年度	令和3年度	令和2年度	令和元年度
基礎法学	1	太政官布告	裁判における多数・少数意見制	応報刑論と目的刑論	調停と仲裁	法制史
	2	法人等	法律用語	法令の効力	簡易裁判所	裁判の審級制度等
憲法	3	基本的人権に関する判決	公正な論評の法理	予防接種に伴う健康被害と損害賠償・損失補償	未決拘禁者の自由	議員の地位
	4	国務請求権	医薬品のインターネット販売に対する規制	捜査とプライバシー	表現の自由	家族・婚姻に関する判例
	5	罷免・解職	適正手続	政教分離原則	議院の自律権	選挙権・選挙制度
	6	国政調査権の限界	内閣の権限	国会中心立法の原則・国会単独立法の原則	衆議院の解散	教科書検定制度の合憲性（家永教科書訴訟上告審）
	7	財政	裁判の公開	直接民主制（国民投票制）	第三者所有物没収事件	司法権の独立（裁判官の身分保障・職権行使の独立）
行政法	8	行政行為の瑕疵	公法上の権利の一身専属性	法の一般原則	法律の留保	行政上の義務の履行確保
	9	行政上の法律関係	行政契約	行政裁量	行政行為（処分）	内閣法・国家行政組織法
	10	マクリーン事件判決	行政調査	行政立法	契約の締結	公共用財産（公有水面埋立て）
	11	行政手続法の規定	申請に対する処分	意見公募手続	行政手続法の用語の定義	行政指導
	12	聴聞	不利益処分の手続	理由の提示	聴聞と弁明の機会の付与	聴聞
	13	行政庁等の義務	届出	行政指導	申請の取り扱い	行政手続法総合
	14	不作為についての審査請求	行政不服審査法の規定	執行停止	行政不服審査法総合	裁決及び決定
	15	審査請求の採決	審理員	再調査の請求	再審査請求	審査請求の手続等
	16	審査請求の手続	教示	審査請求	不作為についての審査請求	行政不服審査法総合
	17	行政代執行	行政事件訴訟法	行政事件訴訟法の条文知識（25条2項・36条・37条の2第1項）	訴えの利益	執行停止
	18	行政事件訴訟法の準用規定	抗告訴訟の対象	処分取消訴訟	抗告訴訟の出訴期間	行政庁の訴訟上の地位
	19	抗告訴訟の対象	無効確認訴訟	取消訴訟の原告適格	義務付け訴訟	抗告訴訟

分野	No.					
行政法	20	国家賠償に関する最高裁判決	国家賠償法1条1項	国家賠償法と失火責任法	国家賠償法1条1項	損失補償
	21	国家賠償法1条2項	国家賠償法2条1項	規制権限の不行使を理由とする国家賠償請求	国家賠償法1条1項	国家賠償法2条1項
	22	普通公共団体	条例	公の施設	住民	普通地方公共団体の議会
	23	直接請求	住民監査請求および住民訴訟	地方公共団体に適用される法令等	自治事務と法定受託事務	公の施設
	24	事務の共同処理	都道府県の事務	地方公共団体の長と議会の関係	住民監査請求と住民訴訟	監査委員
	25	空港・航空関連施設の訴訟	国家行政組織法	通達	情報公開に関する最高裁判所判例	上水道に関する判例
	26	法律の準用	国籍と住民としての地位	公立学校に関する判例	自動車の運転免許	国公立学校をめぐる行政法上の問題
民法	27	消滅時効	虚偽表示	意思表示	制限行為能力者	時効の援用
	28	取得時効と時効の援用	占有権	不在者の財産管理・失踪宣告	占有改定等	代理
	29	譲渡担保	根抵当権	物権的請求権	根抵当権	動産物権変動
	30	連帯責任者	債務不履行・危険負担	留置権	選択債権	用益物権
	31	相殺	契約の解除	履行遅滞	債務引受	質権
	32	売買契約	賃貸人たる地位の移転	債権者代位権	同時履行の抗弁権	転貸借
	33	契約の解除等	法定利率	売買契約	賃貸借	委任・事務管理
	34	損益相殺等	不法行為	不法行為	医療契約に基づく医師の義務	不法行為
	35	遺言	相続全般	配偶者居住権など	特別養子縁組	氏
商法・会社法	36	商行為	営業譲渡	商行為	高価品の運送人の責任	商行為
	37	会社の設立	株式会社の設立（発行可能株式総数の定め等）	会社の設立に係る責任等	株式会社の設立等	株式会社の設立における出資の履行等
	38	種類株式	特別支配株主の株式売渡請求	株式の質入れ	自己株式の取得	株式の保有期間要件
	39	役員等の責任	公開会社における株主総会	社外取締役・社外監査役	株主総会	取締役会
	40	会計参与と会計監査人	会計参与	余剰金の株主への配当	公開会社・大会社	非公開会社
多肢選択式	41	憲法：表現行為に対する事前抑制（北方ジャーナル事件）	憲法：地方議会議員の出席停止処分の司法審査	憲法：裁判員制度の合憲性	憲法：労働組合の統制権（三井美唄労組事件）	憲法：表現の自由（公共放送事業）

多肢選択式	42	公営住宅法：民法及び借地借家法の適用	行政機関情報公開法：開示決定等に対する不服申立て	行政法の一般的法理論：行政上の義務の履行確保	行政手続法：行政指導	行政手続法：行政裁量
	43	行政事件訴訟法：抗告訴訟	国家賠償法・損失補償：国家補償の谷間問題	行政手続法：処分理由の提示	国家賠償法：法律上の争訟	行政事件訴訟法：行政事件訴訟の類型
記述式	44	行政事件訴訟法：差止訴訟	行政事件訴訟法：義務付けの訴え	行政手続法：行政指導の中止の求め	行政事件訴訟法：無効等確認の訴え	行政手続法：処分等の求め
	45	民法：物上代位	民法：本人の無権代理人相続	民法：譲渡禁止（制限）特約	民法：第三者の詐欺	民法：共有
	46	民法：契約不適合責任	民法：妨害排除請求権の代位行使	民法：土地工作物責任	民法：不動産物権変動（背信的悪意者）	民法：第三者のためにする契約

■一般知識等

政治・経済・社会、情報通信・個人情報保護	47	G7サミット	ロシア・旧ソ連の外交・軍事	近代オリンピック大会と政治	各国の普通選挙の歴史	日中関係史
	48	テロ対策	ヨーロッパの国際組織	新型コロナウイルス感染症対策と政治	フランス人権宣言	女性の政治参加
	49	1960年代以降の東南アジア情勢	軍備縮小（軍縮）	公的役職の任命	バブル経済とその崩壊	国の行政改革
	50	法人課税	郵便局	ふるさと納税	国債	日本の雇用・労働
	51	金融政策	国内総生産（GDP）	国際収支	日本の子ども・子育て政策	経済用語
	52	平等と差別	日本の森林・林業	エネルギー需給動向・エネルギー政策	新しい消費の形態	元号制定の手続
	53	社会保障、社会福祉	アメリカ合衆国における平等と差別	先住民族	地域再生・地域活性化	日本の廃棄物処理
	54	行政のデジタル化	地球環境問題における国際的な協力体制	ジェンダー・セクシュアリティ	日本の人口動態	情報通信用語
	55	情報通信用語	人工知能（AI）	顔認識・顔認証	インターネット通信で用いられる略称	通信の秘密
	56	インターネット	情報通信に関する用語	車両の自動運転化の水準	個人情報の保護に関する法律	放送又は通信の手法（アナログ方式）
	57	個人情報	個人情報保護制度	国の行政機関の個人情報保護制度	個人情報の保護に関する法律	個人情報保護委員会
文章理解	58	空欄補充	文章並べ替え	空欄補充	空欄補充	文章挿入
	59	空欄補充	空欄補充	空欄補充	文章整序	空欄補充
	60	文章挿入	空欄補充	空欄補充	空欄補充	空欄補充

行政書士試験問題

令和5年度

試験時間に合わせて解いてみよう！！

■午後 1：00 ～ 4：00（制限時間 3 時間）

法令等（46 問）………… p.10

一般知識等（14 問）……… p.49

p.270 ～ 271 の解答用紙をコピーしてお使いください。

◆ 試験結果データ ◆

受験者数	46,991 人
合格者数	6,571 人
合格率	13.98%

[問題1〜問題40は択一式（5肢択一式）]

問題1　次の文章の空欄　ア　〜　エ　に当てはまる語句の組合せとして、妥当なものはどれか。

　明治8年太政官布告103号裁判事務心得の3条には、「民事の裁判に成文の法律なきものは　ア　に依り　ア　なきものは　イ　を推考して裁判すべし」という規定があり、民事裁判について「法の欠如」があるばあいに　イ　によるべきことがうたわれている。　ウ　の支配する刑法では罰則の欠如は当の行為につき犯罪の成立を否定する趣旨であるから、それは「法の欠如」ではない。ところが、民事裁判では、法の欠如があっても当事者に対して　エ　（フランス民法4条）をすることはできず（憲法32条参照）、また、当然に原告を敗訴にすることももちろん法の趣旨ではない。

（出典　団藤重光「法学の基礎〔第2版〕」有斐閣から＜文章を一部省略した。＞）

	ア	イ	ウ	エ
1	習慣	条理	罪刑法定主義	裁判の拒否
2	先例	習慣	罪刑法定主義	裁判の拒否
3	先例	条理	適正手続	和解の勧奨
4	習慣	条理	責任主義	裁判の拒否
5	先例	習慣	責任主義	和解の勧奨

問題2 法人等に関する次のア～オの記述のうち、妥当なものの組合せはどれか。

ア いわゆる「権利能力なき社団」は、実質的には社団法人と同様の実態を有するが、法人格がないため、訴訟上の当事者能力は認められていない。

イ 法人は、営利法人と非営利法人に大別されるが、合名会社やそれと実質的に同様の実態を有する行政書士法人、弁護士法人および司法書士法人は非営利法人である。

ウ 一般社団法人および一般財団法人は、いずれも非営利法人であることから、一切の収益事業を行うことはできない。

エ 公益社団法人および公益財団法人とは、一般社団法人および一般財団法人のうち、学術、技芸、慈善その他の法令で定められた公益に関する種類の事業であって、不特定かつ多数の者の利益の増進に寄与する事業を行うことを主たる目的とし、行政庁（内閣総理大臣または都道府県知事）から公益認定を受けた法人をいう。

オ 特定非営利活動法人（いわゆる「NPO法人」）とは、不特定かつ多数のものの利益の増進に寄与することを目的とする保健、医療または福祉の増進その他の法令で定められた特定の活動を行うことを主たる目的とし、所轄庁（都道府県の知事または指定都市の長）の認証を受けて設立された法人をいう。

1　ア・ウ
2　ア・エ
3　イ・ウ
4　イ・オ
5　エ・オ

問題3 基本的人権の間接的、付随的な制約についての最高裁判所の判決に関する次のア～エの記述のうち、妥当なものの組合せはどれか。

ア 選挙における戸別訪問の禁止が、意見表明そのものの制約ではなく、意見表明の手段方法のもたらす弊害の防止をねらいとして行われる場合、それは戸別訪問以外の手段方法による意見表明の自由を制約するものではなく、単に手段方法の禁止に伴う限度での間接的、付随的な制約にすぎない。

イ 芸術的価値のある文学作品について、そこに含まれる性描写が通常人の性的羞恥心を害し、善良な性的道義観念に反することを理由に、その頒布が処罰される場合、そこでの芸術的表現の自由への制約は、わいせつ物の規制に伴う間接的、付随的な制約にすぎない。

ウ 裁判官が「積極的に政治運動をすること」の禁止が、意見表明そのものの制約ではなく、その行動のもたらす弊害の防止をねらいとして行われる場合、そこでの意見表明の自由の制約は、単に行動の禁止に伴う限度での間接的、付随的な制約にすぎない。

エ 刑事施設の被収容者に対する新聞閲読の自由の制限が、被収容者の知ることのできる思想内容そのものの制約ではなく、施設内の規律・秩序の維持をねらいとして行われる場合、そこでの制約は、施設管理上必要な措置に伴う間接的、付随的な制約にすぎない。

1 ア・イ
2 ア・ウ
3 ア・エ
4 イ・ウ
5 イ・エ

問題4 国務請求権に関する次の記述のうち、妥当なものはどれか。

1 憲法は何人に対しても平穏に請願する権利を保障しているので、請願を受けた機関はそれを誠実に処理せねばならず、請願の内容を審理および判定する法的義務が課される。

2 立法行為は、法律の適用段階でその違憲性を争い得る以上、国家賠償の対象とならないが、そのような訴訟上の手段がない立法不作為についてのみ、例外的に国家賠償が認められるとするのが判例である。

3 憲法が保障する裁判を受ける権利は、刑事事件においては裁判所の裁判によらなければ刑罰を科せられないことを意味しており、この点では自由権的な側面を有している。

4 憲法は、抑留または拘禁された後に「無罪の裁判」を受けたときは法律の定めるところにより国にその補償を求めることができると規定するが、少年事件における不処分決定もまた、「無罪の裁判」に当たるとするのが判例である。

5 憲法は、裁判は公開の法廷における対審および判決によってなされると定めているが、訴訟の非訟化の趨勢をふまえれば、純然たる訴訟事件であっても公開の法廷における対審および判決によらない柔軟な処理が許されるとするのが判例である。

問題5　罷免・解職に関する次の記述のうち、妥当なものはどれか。

1　衆議院比例代表選出議員または参議院比例代表選出議員について、名簿を届け出た政党から、除名、離党その他の事由により当該議員が政党に所属する者でなくなった旨の届出がなされた場合、当該議員は当選を失う。

2　議員の資格争訟の裁判は、国権の最高機関である国会に認められた権能であるから、両院から選出された国会議員による裁判の結果、いずれかの議院の議員が議席を失った場合には、議席喪失の当否について司法審査は及ばない。

3　閣議による内閣の意思決定は、慣例上全員一致によるものとされてきたので、これを前提にすれば、衆議院の解散の決定にあたり反対する大臣がいるような場合には、当該大臣を罷免して内閣としての意思決定を行うことになる。

4　最高裁判所の裁判官は、任命後初めて行われる衆議院議員総選挙の際に国民の審査に付されるが、その後、最高裁判所の長官に任命された場合は、任命後最初の衆議院議員総選挙の際に、長官として改めて国民の審査に付される。

5　裁判官は、公の弾劾によらなければ罷免されず、また、著しい非行があった裁判官を懲戒免職するためには、最高裁判所裁判官会議の全員一致の議決が必要である。

問題6 　国政調査権の限界に関する次の文章の趣旨に照らして、妥当でないものはどれか。

　ところで司法権の独立とは、改めていうまでもなく、裁判官が何らの「指揮命令」に服さないこと、裁判活動について何ら職務上の監督を受けないことを意味するが、単に「指揮命令」を禁止するにとどまらず、その実質的な意義は、身分保障その他、裁判官の内心における法的確信の自由な形成をつねに担保することにある。司法権の独立が、・・・（中略）・・・、「あらゆる現実の諸条件を考えた上で、社会通念上、裁判官が独立に裁判を行うことに対して、事実上重大な影響をおよぼす可能性ある行動」を排斥するのは、かような趣旨にもとづくものといえよう。その結果、第一に、立法権・行政権による現に裁判所に係属中の訴訟手続への干渉は一切禁止されるのみならず、第二に、他の国家機関による判決の内容の批判はいかに適切であろうとも許容されないという原則が要請される。

（出典　芦部信喜「憲法と議会政」東京大学出版会から）

1　議院が刑事事件について調査する際には、その経済的・社会的・政治的意義などを明らかにすることで立法や行政監督に資する目的などで行われるべきである。

2　裁判への干渉とは、命令によって裁判官の判断を拘束することを意味するから、議院による裁判の調査・批判は何らの法的効果を持たない限り司法権の独立を侵害しない。

3　議院の国政調査権によって、裁判の内容の当否につきその批判自体を目的として調査を行うことは、司法権の独立を侵害する。

4　刑事裁判で審理中の事件の事実について、議院が裁判所と異なる目的から、裁判と並行して調査することは、司法権の独立を侵害しない。

5　議院の国政調査権によって、裁判所に係属中の事件につき裁判官の法廷指揮など裁判手続自体を調査することは許されない。

　　財政に関する次の記述のうち、妥当なものはどれか。

1　国会が議決した予算の公布は、法律、政令、条約などの公布と同様に、憲法上、天皇の国事行為とされている。

2　国会による予算の修正をめぐっては、内閣の予算提出権を侵すので予算を増額する修正は許されないとする見解もあるが、現行法には、予算の増額修正を予想した規定が置かれている。

3　予算が成立したにもかかわらず、予算が予定する支出の根拠となる法律が制定されていないような場合、法律が可決されるまでの間、内閣は暫定的に予算を執行することができる。

4　皇室の費用はすべて、予算に計上して国会の議決を経なければならないが、皇室が財産を譲り受けたり、賜与したりするような場合には、国会の議決に基く必要はない。

5　国の収入支出の決算は、内閣が、毎年そのすべてについて国会の承認の議決を得たうえで、会計検査院に提出し、その審査を受けなければならない。

問題8 行政行為の瑕疵に関する次のア～オの記述のうち、最高裁判所の判例に照らし、妥当なものの組合せはどれか。

ア ある行政行為が違法である場合、仮にそれが別の行政行為として法の要件を満たしていたとしても、これを後者の行為として扱うことは、新たな行政行為を行うに等しいから当然に許されない。

イ 普通地方公共団体の長に対する解職請求を可とする投票結果が無効とされたとしても、前任の長の解職が有効であることを前提として、当該解職が無効とされるまでの間になされた後任の長の行政処分は、当然に無効となるものではない。

ウ 複数の行政行為が段階的な決定として行われる場合、先行行為が違法であるとして、後行行為の取消訴訟において先行行為の当該違法を理由に取消しの請求を認めることは、先行行為に対する取消訴訟の出訴期間の趣旨を没却することになるので許されることはない。

エ 行政行為の瑕疵を理由とする取消しのうち、取消訴訟や行政上の不服申立てによる争訟取消しの場合は、当該行政行為は行為時当初に遡って効力を失うが、職権取消しの場合は、遡って効力を失うことはない。

オ 更正処分における理由の提示（理由附記）に不備の違法があり、審査請求を行った後、これに対する裁決において処分の具体的根拠が明らかにされたとしても、理由の提示にかかる当該不備の瑕疵は治癒されない。

1 ア・イ
2 ア・エ
3 イ・オ
4 ウ・エ
5 ウ・オ

行政上の法律関係に関する次のア〜エの記述のうち、最高裁判所の判例に照らし、妥当なものの組合せはどれか。

ア　社会保障給付における行政主体と私人との間の関係は、対等なものであり、公権力の行使が介在する余地はないから、処分によって規律されることはなく、もっぱら契約によるものとされている。

イ　未決勾留による拘禁関係は、勾留の裁判に基づき被勾留者の意思にかかわらず形成され、法令等の規定により規律されるものであるから、国は、拘置所に収容された被勾留者に対して信義則上の安全配慮義務を負わない。

ウ　食品衛生法の規定により必要とされる営業の許可を得ることなく食品の販売を行った場合、食品衛生法は取締法規であるため、当該販売にかかる売買契約が当然に無効となるわけではない。

エ　法の一般原則である信義誠実の原則は、私人間における民事上の法律関係を規律する原理であるから、租税法律主義の原則が貫かれる租税法律関係には適用される余地はない。

1　ア・イ
2　ア・エ
3　イ・ウ
4　イ・エ
5　ウ・エ

在留期間更新の許可申請に対する処分に関する次のア〜オの記述のうち、最高裁判所の判例（マクリーン事件判決〔最大判昭和53年10月4日民集32巻7号1223頁〕）に照らし、妥当なものの組合せはどれか。

ア　在留期間更新の判断にあたっては、在留規制の目的である国内の治安と善良の風俗の維持など国益の保持の見地のほか、申請者である外国人の在留中の一切の行状を斟酌することはできるが、それ以上に国内の政治・経済・社会等の諸事情を考慮することは、申請者の主観的事情に関わらない事項を過大に考慮するものであって、他事

考慮にも当たり許されない。

イ　在留期間の更新を適当と認めるに足りる相当の理由の有無にかかる裁量審査においては、当該判断が全く事実の基礎を欠く場合、または事実に対する評価が明白に合理性を欠くこと等により当該判断が社会通念に照らし、著しく妥当性を欠くことが明らかである場合に限り、裁量権の逸脱、濫用として違法とされる。

ウ　在留期間更新の法定要件である「在留期間の更新を適当と認めるに足りる相当の理由」があるかどうかに関する判断について、処分行政庁（法務大臣）には裁量が認められるが、もとよりその濫用は許されず、上陸拒否事由または退去強制事由に準ずる事由に該当しない限り更新申請を不許可にすることはできない。

エ　外国人の在留期間中の政治活動について、そのなかに日本国の出入国管理政策や基本的な外交政策を非難するものが含まれていた場合、処分行政庁（法務大臣）がそのような活動を斟酌して在留期間の更新を適当と認めるに足りる相当の理由があるものとはいえないと判断したとしても、裁量権の逸脱、濫用には当たらない。

オ　外国人の政治活動は必然的に日本国の政治的意思決定またはその実施に影響を及ぼすものであるから、そもそも政治活動の自由に関する憲法の保障は外国人には及ばず、在留期間中に政治活動を行ったことについて、在留期間の更新の際に消極的事情として考慮することも許される。

1　ア・イ
2　ア・オ
3　イ・エ
4　ウ・エ
5　ウ・オ

行政手続法（以下「法」という。）の規定に関する次の記述のうち、妥当なものはどれか。

1 法の規定において用いられる「法令」とは、法律及び法律に基づく命令のみを意味し、条例及び地方公共団体の執行機関の規則はそこに含まれない。

2 特定の者を名あて人として直接にその権利を制限する処分であっても、名あて人となるべき者の同意の下にすることとされている処分は、法にいう不利益処分とはされない。

3 法の規定が適用される行政指導には、特定の者に一定の作為または不作為を求めるものに限らず、不特定の者に対して一般的に行われる情報提供も含まれる。

4 行政指導に携わる者が、その相手方に対して、当該行政指導の趣旨及び内容並びに責任者を明確に示さなければならないのは、法令に違反する行為の是正を求める行政指導をする場合に限られる。

5 行政機関が、あらかじめ、事案に応じ、行政指導指針を定め、かつ行政上特別の支障がない限りこれを公表しなければならないのは、根拠となる規定が法律に置かれている行政指導をしようとする場合に限られる。

問題12 行政手続法の定める聴聞に関する次の記述のうち、誤っているものはどれか。

1 聴聞の当事者または参加人は、聴聞の終結後であっても、聴聞の審理の経過を記載した調書の閲覧を求めることができる。

2 聴聞の当事者および参加人は、聴聞が終結するまでは、行政庁に対し、当該事案についてした調査の結果に係る調書その他の当該不利益処分の原因となる事実を証する資料の閲覧を求めることができる。

3 当事者または参加人は、聴聞の期日に出頭して、意見を述べ、証拠書類等を提出し、主宰者の許可を得て行政庁の職員に対し質問を発することができる。

4 当事者または参加人は、聴聞の期日への出頭に代えて、主宰者に対

し、聴聞の期日までに陳述書および証拠書類等を提出することができる。

5　当事者または参加人が正当な理由なく聴聞の期日に出頭せず、陳述書等を提出しない場合、主宰者は、当事者に対し改めて意見を述べ、証拠書類等を提出する機会を与えなければならない。

問題 13　行政手続法が定める行政庁等の義務に関する次のア～エの記述のうち、努力義務として規定されているものの組合せとして、正しいものはどれか。

ア　申請者以外の利害を考慮すべきことが法令において許可の要件とされている場合に、公聴会を開催すること

イ　申請に対する処分を行う場合の審査基準を定めて公にしておくこと

ウ　不利益処分を行う場合の処分基準を定めて公にしておくこと

エ　申請に対する処分の標準処理期間を定めた場合に、それを公にしておくこと

1　ア・ウ
2　ア・エ
3　イ・ウ
4　イ・エ
5　ウ・エ

問題 14 不作為についての審査請求に関する次の記述のうち、妥当なものはどれか。

1 不作為についての審査請求は、当該処分についての申請をした者だけではなく、当該処分がなされることにつき法律上の利益を有する者もすることができる。

2 不作為についての審査請求について理由があり、申請に対して一定の処分をすべきものと認められる場合、審査庁が不作為庁の上級行政庁であるときは、審査庁は、当該不作為庁に対し当該処分をすべき旨を命じる。

3 不作為についての審査請求は、審査請求が濫用されることを防ぐために、申請がなされた日から法定された一定の期間を経過しなければすることができない。

4 不作為についての審査請求がなされた場合、審査庁は、必要があると認める場合には、審査請求人の申立てによりまたは職権で、裁決が下されるまでの仮の救済として一定の処分をすることができる。

5 不作為についての審査請求の審理に際しては、迅速な救済を図るために、審査庁は、審理員を指名して審理手続を行わせるのではなく、審理手続を省いて裁決を下さなければならない。

問題 15 行政不服審査法が定める審査請求の裁決に関する次の記述のうち、妥当なものはどれか。

1 審査庁が不利益処分を取り消す裁決をした場合、処分庁は、当該裁決の趣旨に従い当該不利益処分を取り消さなければならない。

2 不利益処分につき、その根拠となった事実がないとしてこれを取り消す裁決を受けた処分庁は、事実を再調査した上で、同一の事実を根拠として同一の不利益処分を再び行うことができる。

3 事実上の行為についての審査請求に理由がある場合には、処分庁である審査庁は、当該事実上の行為が違法又は不当である旨を裁決で宣言し、当該事実上の行為を撤廃又は変更する。

4 審査庁は、処分庁の上級行政庁または処分庁でなくとも、審査請求に対する認容裁決によって処分を変更することができるが、審査請

求人の不利益に処分を変更することは許されない。
5 審査庁が処分庁である場合、許認可の申請に対する拒否処分を取り消す裁決は、当該申請に対する許認可処分とみなされる。

問題 16 行政不服審査法が定める審査請求の手続に関する次の記述のうち、誤っているものはどれか。

1 審査請求をすべき行政庁が処分庁と異なる場合、審査請求人は処分庁を経由して審査請求を行うこともできる。
2 審査請求は書面により行わなければならないが、行政不服審査法以外の法律や条例に口頭ですることができる旨の規定のある場合には、審査請求人は審査請求を口頭で行うことができる。
3 審査請求人は、裁決があるまでは、いつでも審査請求の取下げをすることができ、取下げの理由に特に制限は設けられていない。
4 審査請求を受けた審査庁は、審査請求書に形式上の不備がある場合でも審理員を指名し、審理手続を開始しなければならず、直ちに審査請求を却下することはできない。
5 審査請求人から申立てがあった場合には、審理員は原則として口頭意見陳述の機会を与えなければならず、口頭意見陳述には参加人だけでなく、審理員の許可を得て補佐人も参加することができる。

問題 17 以下の事案に関する次のア～エの記述のうち、妥当なものの組合せはどれか。

Xは、A川の河川敷の自己の所有地に小屋（以下「本件小屋」という。）を建設して所有している。A川の河川管理者であるB県知事は、河川管理上の支障があるとして、河川法に基づきXに対して本件小屋の除却を命ずる処分（以下「本件処分」という。）をした。しかし、Xは撤去の必要はないとして本件処分を無視していたところ、Xが本件処分の通知書を受け取ってから約8か月が経過した時点で、同知事は、本件小屋の除却のための代執行を行うため、Xに対し、行政代執行法に基づく戒告および通知（以下「本件戒告等」という。）を行った。そこでXは、代執行を阻止するために抗告訴訟を提起

することを考えている。

ア　本件戒告等には処分性が認められることから、Ｘは、本件処分の無
　　効確認訴訟を提起するだけでなく、本件戒告等の取消訴訟をも提起
　　できる。
イ　本件戒告等の取消訴訟において、Ｘは、本件戒告等の違法性だけで
　　なく、本件処分の違法性も主張できる。
ウ　Ｘが本件処分の通知書を受け取ってから 1 年が経過していないこと
　　から、Ｘが本件処分の取消訴訟を提起しても、出訴期間の徒過を理
　　由として却下されることはない。
エ　Ｘが本件戒告等の取消訴訟を提起したとしても、代執行手続が完了
　　した後には、本件戒告等の効果が消滅したことから、当該訴訟は訴
　　えの利益の欠如を理由に不適法として却下される。

1　ア・イ
2　ア・エ
3　イ・ウ
4　イ・エ
5　ウ・エ

問題 18　行政事件訴訟法（以下「行訴法」という。）の準用規定に関
　　　　　する次の会話の下線部（ア）～（ウ）について、その正誤を
　　　　　判定した組合せとして、正しいものはどれか。

学生Ａ：　今日は行訴法の準用に関する規定について学ぼう。
学生Ｂ：　準用については主として行訴法38条に定められているけど、
　　　　　他の条文でも定められているよね。まずは出訴期間について
　　　　　定める行訴法 14 条から。
学生Ａ：　行訴法 14 条については、(ア) 無効等確認訴訟にも、その
　　　　　他の抗告訴訟にも準用されていない。訴訟の性質を考えれば
　　　　　当然のことだよ。
学生Ｂ：　よし、それでは、執行停止について定める行訴法 25 条はど
　　　　　うだろう。

学生Ａ： 行訴法25条は、(イ) 義務付け訴訟や差止訴訟には準用されていない。でも、当事者訴訟には準用されているのが特徴だね。

学生Ｂ： なるほど、当事者訴訟にも仮の救済が用意されているんだね。最後に、第三者効について定める行訴法32条はどうだろう。

学生Ａ： 「処分又は裁決を取り消す判決は、第三者に対しても効力を有する」という規定だね。(ウ) これは義務付け訴訟にも差止訴訟にも準用されている。義務付け判決や差止め判決の実効性を確保するために必要だからね。

	ア	イ	ウ
1	正しい	誤り	正しい
2	正しい	誤り	誤り
3	誤り	正しい	誤り
4	誤り	誤り	正しい
5	誤り	誤り	誤り

問題 19 行政事件訴訟法が定める抗告訴訟の対象に関する次の記述のうち、最高裁判所の判例に照らし、妥当なものはどれか。

1 登録免許税を過大に納付して登記を受けた者が登録免許税法に基づいてした登記機関から税務署長に還付通知をすべき旨の請求に対し、登記機関のする拒否通知は、当該請求者の権利に直接影響を及ぼす法的効果を有さないため、抗告訴訟の対象となる行政処分には当たらない。

2 行政庁が建築基準法に基づいて、いわゆるみなし道路を告示により一括して指定する行為は、特定の土地について個別具体的な指定をしたものではなく、一般的基準の定立を目的としたものにすぎず、告示による建築制限等の制限の発生を認めることができないので、抗告訴訟の対象となる行政処分には当たらない。

3 労災就学援護費に関する制度の仕組みに鑑みると、被災労働者またはその遺族は、労働基準監督署長の支給決定によって初めて具体的な労災就学援護費の支給請求権を取得するため、労働基準監督署長

— 25 —

が行う労災就学援護費の支給または不支給の決定は、抗告訴訟の対象となる行政処分に当たる。

4　市町村長が住民基本台帳法に基づき住民票に続柄を記載する行為は、公の権威をもって住民の身分関係を証明し、それに公の証明力を与える公証行為であるから、それ自体によって新たに国民の権利義務を形成し、又はその範囲を確定する法的効果を有するため、抗告訴訟の対象となる行政処分に当たる。

5　都市計画法の規定に基づく用途地域指定の決定が告示された場合、その効力が生ずると、当該地域内においては、建築物の用途、容積率、建ぺい率等につき従前と異なる基準が適用され、これらの基準に適合しない建築物については建築確認を受けることができなくなる効果が生じるので、用途地域指定の決定は、抗告訴訟の対象となる行政処分に当たる。

問題 20　道路をめぐる国家賠償に関する最高裁判所の判決について説明する次の記述のうち、妥当なものはどれか。

1　落石事故の発生した道路に防護柵を設置する場合に、その費用の額が相当の多額にのぼり、県としてその予算措置に困却するであろうことが推察できる場合には、そのことを理由として、道路管理者は、道路の管理の瑕疵によって生じた損害に対する賠償責任を免れ得るものと解するのが相当である。

2　事故発生当時、道路管理者が設置した工事標識板、バリケードおよび赤色灯標柱が道路上に倒れたまま放置されていたことは、道路の安全性に欠如があったといわざるをえず、それが夜間の事故発生直前に生じたものであり、道路管理者において時間的に遅滞なくこれを原状に復し道路を安全良好な状態に保つことが困難であったとしても、道路管理には瑕疵があったと認めるのが相当である。

3　防護柵は、道路を通行する人や車が誤って転落するのを防止するために設置されるものであり、材質、高さその他その構造に徴し、通常の通行時における転落防止の目的からみればその安全性に欠けるところがないものであったとしても、当該転落事故の被害者が危険性の判断能力に乏しい幼児であった場合、その行動が当該道路およ

び防護柵の設置管理者において通常予測することができなくとも、営造物が本来具有すべき安全性に欠けるところがあったと評価され、道路管理者はその防護柵の設置管理者としての責任を負うと解するのが相当である。

4 道路の周辺住民から道路の設置・管理者に対して損害賠償の請求がされた場合において、当該道路からの騒音、排気ガス等が周辺住民に対して現実に社会生活上受忍すべき限度を超える被害をもたらしたことが認定判断されたとしても、当該道路が道路の周辺住民に一定の利益を与えているといえるときには、当該道路の公共性ないし公益上の必要性のゆえに、当該道路の供用の違法性を認定することはできないものと解するのが相当である。

5 走行中の自動車がキツネ等の小動物と接触すること自体により自動車の運転者等が死傷するような事故が発生する危険性は高いものではなく、通常は、自動車の運転者が適切な運転操作を行うことにより死傷事故を回避することを期待することができるものというべきであって、金網の柵をすき間なく設置して地面にコンクリートを敷くという小動物の侵入防止対策が全国で広く採られていたという事情はうかがわれず、そのような対策を講ずるためには多額の費用を要することは明らかであり、当該道路には動物注意の標識が設置され自動車の運転者に対して道路に侵入した動物についての適切な注意喚起がされていたということができるなどの事情の下においては、高速道路で自動車の運転者がキツネとの衝突を避けようとして起こした自損事故において、当該道路に設置または管理の瑕疵があったとはいえない。

次の文章は、国家賠償法1条2項に基づく求償権の性質が問われた事件において、最高裁判所が下した判決に付された補足意見のうち、同条1項の責任の性質に関して述べられた部分の一部である（文章は、文意を損ねない範囲で若干修正している）。空欄　ア　～　エ　に当てはまる語句の組合せとして、正しいものはどれか。

　国家賠償法1条1項の性質については　ア　説と　イ　説が存在する。両説を区別する実益は、加害公務員又は加害行為が特定できない場合や加害公務員に　ウ　がない場合に、　ア　説では国家賠償責任が生じ得ないが　イ　説では生じ得る点に求められていた。しかし、最一小判昭和57年4月1日民集36巻4号519頁は、　ア　説か　イ　説かを明示することなく、「国又は公共団体の公務員による一連の職務上の行為の過程において他人に被害を生ぜしめた場合において、それが具体的にどの公務員のどのような違法行為によるものであるかを特定することができなくても、右の一連の行為のうちのいずれかに行為者の故意又は過失による違法行為があったのでなければ右の被害が生ずることはなかったであろうと認められ、かつ、それがどの行為であるにせよこれによる被害につき行為者の属する国又は公共団体が法律上賠償の責任を負うべき関係が存在するときは、国又は公共団体は損害賠償責任を免れることができない」と判示している。さらに、公務員の過失を　エ　過失と捉える裁判例が支配的となっており、個々の公務員の　ウ　を問題にする必要はないと思われる。したがって、　ア　説、　イ　説は、解釈論上の道具概念としての意義をほとんど失っているといってよい。

（最三小判令和2年7月14日民集74巻4号1305頁、宇賀克也裁判官補足意見）

	ア	イ	ウ	エ
1	代位責任	自己責任	有責性	組織的
2	代位責任	自己責任	有責性	重大な
3	代位責任	自己責任	職務関連性	重大な
4	自己責任	代位責任	有責性	組織的
5	自己責任	代位責任	職務関連性	重大な

問題 22 地方自治法が定める普通地方公共団体に関する次の記述のうち、正しいものはどれか。

1 普通地方公共団体の区域は、地方自治法において「従来の区域」によるとされており、同法施行時の区域が基準となる。

2 市町村の境界変更は、関係市町村の申請に基づき、都道府県知事が当該都道府県の議会の議決を経てこれを定め、国会が承認することによって成立する。

3 都道府県の境界変更は、関係都道府県がその旨を定めた協定を締結し、総務大臣に届け出ることによって成立する。

4 市となるべき普通地方公共団体の要件として、地方自治法それ自体は具体的な数を示した人口要件を規定していないが、当該都道府県の条例で人口要件を定めることはできる。

5 市町村の境界に関し争論があるときは、都道府県知事は、関係市町村の申請に基づき又は職権で当該争論を裁判所の調停に付すことができる。

問題 23 地方自治法（以下「法」という。）が定める直接請求に関する次の記述のうち、正しいものはどれか。なお、以下「選挙権」とは、「普通地方公共団体の議会の議員及び長の選挙権」をいう。

1 事務監査請求は、当該普通地方公共団体の住民であれば、日本国民であるか否か、また選挙権を有するか否かにかかわらず、これを請求することができる。

2 普通地方公共団体の事務のうち法定受託事務に関する条例については、条例の制定改廃の直接請求の対象とすることはできない。

3 市町村の条例の制定改廃の直接請求における署名簿の署名に関し異議があるとき、関係人は、法定の期間内に総務大臣にこれを申し出ることができる。

4 議会の解散請求は、日本国民たる普通地方公共団体の住民であって選挙権を有する者の総数のうち、法所定の数以上の連署をもって成立するが、この総数が一定数以上の普通地方公共団体については、

成立要件を緩和する特例が設けられている。

5 議会の解散請求が成立した後に行われる解散の住民投票において、過半数の同意があった場合、議会は解散するが、選挙権を有する者の総数が一定以上の普通地方公共団体については、過半数の同意という成立要件を緩和する特例が設けられている。

問題 24 地方自治法に定める事務の共同処理（普通地方公共団体相互間の協力）に関する次の記述のうち、誤っているものはどれか。

1 連携協約とは、普通地方公共団体が、他の普通地方公共団体と事務を処理するに当たっての連携を図るため、協議により、連携して事務を処理するための基本的な方針および役割分担を定める協約をいう。

2 協議会とは、普通地方公共団体が、事務の一部を共同して管理・執行し、もしくは事務の管理・執行について連絡調整を図り、または広域にわたる総合的な計画を共同して作成するため、協議により規約を定めて設置するものをいう。

3 機関等の共同設置とは、協議により規約を定め、共同して、議会事務局、附属機関、長の内部組織等を置くことをいう。

4 事務の代替執行とは、協議により規約を定め、普通地方公共団体の事務の一部の管理および執行を、他の地方公共団体に委託する制度であり、事務を受託した地方公共団体が受託事務の範囲において自己の事務として処理することにより、委託した地方公共団体が自ら当該事務を管理および執行した場合と同様の効果が生じる。

5 職員の派遣とは、当該普通地方公共団体の事務の処理のため特別の必要があると認めるとき、当該普通地方公共団体の長または委員会もしくは委員が、他の普通地方公共団体の長または委員会もしくは委員に対し、職員の派遣を求めるものをいう。

問題25 空港や航空関連施設をめぐる裁判に関する次の記述のうち、最高裁判所の判例に照らし、妥当なものはどれか。

1 いわゆる「新潟空港訴訟」（最二小判平成元年2月17日民集43巻2号56頁）では、定期航空運送事業免許の取消訴訟の原告適格が争点となったところ、飛行場周辺住民には、航空機の騒音によって社会通念上著しい障害を受けるとしても、原告適格は認められないとされた。

2 いわゆる「大阪空港訴訟」（最大判昭和56年12月16日民集35巻10号1369頁）では、空港の供用の差止めが争点となったところ、人格権または環境権に基づく民事上の請求として一定の時間帯につき航空機の離着陸のためにする国営空港の供用についての差止めを求める訴えは適法であるとされた。

3 いわゆる「厚木基地航空機運航差止訴訟」（最一小判平成28年12月8日民集70巻8号1833頁）では、周辺住民が自衛隊機の夜間の運航等の差止めを求める訴訟を提起できるかが争点となったところ、当該訴訟は法定の抗告訴訟としての差止訴訟として適法であるとされた。

4 いわゆる「成田新法訴訟」（最大判平成4年7月1日民集46巻5号437頁）では、新東京国際空港の安全確保に関する緊急措置法（当時）の合憲性が争点となったところ、憲法31条の法定手続の保障は刑事手続のみでなく行政手続にも及ぶことから、適正手続の保障を欠く同法の規定は憲法31条に違反するとされた。

5 いわゆる「成田新幹線訴訟」（最二小判昭和53年12月8日民集32巻9号1617頁）では、成田空港と東京駅を結ぶ新幹線の建設について、運輸大臣の工事実施計画認可の取消訴訟の原告適格が争点となったところ、建設予定地付近に居住する住民に原告適格が認められるとされた。

　　地方公共団体に対する法律の適用に関する次の説明のうち、妥当なものはどれか。

1　行政手続法は、地方公共団体の機関がする処分に関して、その根拠が条例に置かれているものについても行政手続法が適用されると定めている。

2　行政不服審査法は、地方公共団体には、それぞれ常設の不服審査機関（行政不服審査会等）を置かなければならないと定めている。

3　公文書管理法*1は、地方公共団体が保有する公文書の管理および公開等に関して、各地方公共団体は条例を定めなければならないとしている。

4　行政代執行法は、条例により直接に命ぜられた行為についての履行の確保に関しては、各地方公共団体が条例により定めなければならないとしている。

5　行政機関情報公開法*2は、地方公共団体は、同法の趣旨にのっとり、その保有する情報の公開に関して必要な施策を策定し、これを実施するよう努めなければならないと定めている。

（注）＊1　公文書等の管理に関する法律
　　　＊2　行政機関の保有する情報の公開に関する法律

　　消滅時効に関する次の記述のうち、民法の規定に照らし、誤っているものはどれか。

1　債権者が権利を行使できることを知った時から5年間行使しないときは、その債権は、時効によって消滅する。

2　不法行為による損害賠償請求権以外の債権（人の生命又は身体の侵害による損害賠償請求権を除く）は、その権利について行使することができることを知らない場合でも、その権利を行使できる時から10年間行使しないときには、時効によって消滅する。

3　人の生命又は身体の侵害による損害賠償請求権は、その権利について行使することができることを知らない場合でも、その債権を行使できる時から20年間行使しないときには、時効によって消滅する。

4 人の生命又は身体を害する不法行為による損害賠償請求権は、被害者又はその法定代理人が損害及び加害者を知った時から3年間行使しないときは、時効によって消滅する。

5 債権又は所有権以外の財産権は、権利を行使することができる時から20年間行使しないときは、時効によって消滅する。

問題 28 Aが所有する甲土地（以下「甲」という。）につき、Bの所有権の取得時効が完成し、その後、Bがこれを援用した。この場合に関する次の記述のうち、民法の規定および判例に照らし、妥当でないものはどれか。

1 Bの時効完成前に、CがAから甲を買い受けて所有権移転登記を了した場合、Bは、Cに対して、登記なくして時効による所有権取得をもって対抗することができる。

2 Bの時効完成後に、DがAから甲を買い受けて所有権移転登記を了した場合、Bは、Dに対して、Dが背信的悪意者であったと認められる特段の事情があるときでも、登記なくして時効による所有権取得を対抗することはできない。

3 Bの時効完成後に、EがAから甲を買い受けて所有権移転登記を了した場合、その後さらにBが甲の占有を取得時効の成立に必要な期間継続したときは、Bは、Eに対し時効を援用すれば、時効による所有権取得をもって登記なくして対抗することができる。

4 Bの時効完成後に、FがAから甲につき抵当権の設定を受けてその登記を了した場合、Bは、抵当権設定登記後引き続き甲の占有を取得時効の成立に必要な期間継続したときは、BがFに対し時効を援用すれば、Bが抵当権の存在を容認していたなどの抵当権の消滅を妨げる特段の事情がない限り、甲を時効取得し、その結果、Fの抵当権は消滅する。

5 Bの時効完成後に、GがAから甲を買い受けて所有権移転登記を了した場合、Bは、Gに対して、登記なくして時効による所有権取得をもって対抗することはできず、その際にBが甲の占有開始時点を任意に選択してその成立を主張することは許されない。

Aが家電製品の販売業者のBに対して有する貸金債権の担保として、Bが営業用動産として所有し、甲倉庫内において保管する在庫商品の一切につき、Aのために集合（流動）動産譲渡担保権（以下「本件譲渡担保権」という。）を設定した。この場合に関する次の記述のうち、判例に照らし、妥当でないものはどれか。

1 構成部分が変動する集合動産についても、その種類、場所および量的範囲が指定され、目的物の範囲が特定されている場合には、一個の集合物として譲渡担保の目的とすることができ、当該集合物につき、AはBから占有改定の引渡しを受けることによって対抗要件が具備される。

2 本件譲渡担保権の設定後に、Bが新たな家電製品乙（以下「乙」という。）を営業用に仕入れて甲倉庫内に搬入した場合であっても、集合物としての同一性が損なわれていない限り、本件譲渡担保権の効力は乙に及ぶ。

3 本件譲渡担保権の設定後であっても、通常の営業の範囲に属する場合であれば、Bは甲倉庫内の在庫商品を処分する権限を有する。

4 甲倉庫内の在庫商品の中に、CがBに対して売却した家電製品丙（以下「丙」という。）が含まれており、Bが履行期日までに丙の売買代金を支払わない場合、丙についてAが既に占有改定による引渡しを受けていたときは、Cは丙について動産先取特権を行使することができない。

5 甲倉庫内の在庫商品の中に、DがBに対して所有権留保特約付きの売買契約によって売却した家電製品丁（以下「丁」という。）が含まれており、Bが履行期日までに丁の売買代金をDに支払わないときにはDに所有権が留保される旨が定められていた場合でも、丁についてAが既に占有改定による引渡しを受けていたときは、Aは、Dに対して本件譲渡担保権を当然に主張することができる。

問題 30　連帯債務者の一人について生じた次のア〜オの事由のうち、民法の規定に照らし、他の連帯債務者に対して効力が生じないものの組合せとして、正しいものはどれか。

ア　連帯債務者の一人と債権者との間の混同

イ　連帯債務者の一人がした代物弁済

ウ　連帯債務者の一人が債権者に対して債権を有する場合において、その連帯債務者がした相殺の援用

エ　債権者がした連帯債務者の一人に対する履行の請求

オ　債権者がした連帯債務者の一人に対する債務の免除

1　ア・イ
2　ア・ウ
3　イ・エ
4　ウ・オ
5　エ・オ

問題 31　相殺に関する次の記述のうち、民法の規定に照らし、誤っているものはどれか。

1　差押えを受けた債権の第三債務者は、差押え後に取得した債権が差押え前の原因に基づいて生じたものであれば、その第三債務者が、差押え後に他人の債権を取得したときでなければ、その債権による相殺をもって差押債権者に対抗することができる。

2　時効によって消滅した債権が、その消滅以前に相殺適状にあった場合には、その債権者は、当該債権を自働債権として相殺することができる。

3　相殺禁止特約のついた債権を譲り受けた者が当該特約について悪意又は重過失である場合には、当該譲渡債権の債務者は、当該特約を譲渡人に対抗することができる。

4　債務者に対する貸金債権の回収が困難なため、債権者がその腹いせに悪意で債務者の物を破損した場合には、債権者は、当該行為による損害賠償債務を受働債権として自己が有する貸金債権と相殺する

ことはできない。

5 　過失によって人の生命又は身体に損害を与えた場合、その加害者は、その被害者に対して有する貸金債権を自働債権として、被害者に対する損害賠償債務と相殺することができる。

問題 32 　ＡとＢとの間でＡ所有の美術品甲（以下「甲」という。）をＢに売却する旨の本件売買契約が締結された。この場合に関する次の記述のうち、民法の規定に照らし、妥当なものはどれか。

1 　Ａは、Ｂが予め甲の受領を明確に拒んでいる場合であっても、甲につき弁済期に現実の提供をしなければ、、履行遅滞の責任を免れない。

2 　Ａは、Ｂが代金の支払を明確に拒んでいる場合であっても、相当期間を定めて支払の催告をしなければ、本件売買契約を解除することができない。

3 　Ａが弁済期に甲を持参したところ、Ｂが甲を管理するための準備が整っていないことを理由に受領を拒んだため、Ａは甲を持ち帰ったが、隣人の過失によって生じた火災により甲が損傷した。このような場合であっても、Ｂは、Ａに対して甲の修補を請求することができる。

4 　Ａが弁済期に甲を持参したところ、Ｂが甲を管理するための準備が整っていないことを理由に受領を拒んだため、Ａは甲を持ち帰ったが、隣人の過失によって生じた火災により甲が滅失した。このような場合であっても、Ｂは、代金の支払を拒むことはできない。

5 　Ａが弁済期に甲を持参したところ、Ｂが甲を管理するための準備が整っていないことを理由に受領を拒んだため、Ａは甲を持ち帰ったが、隣人の過失によって生じた火災により甲が滅失した。このような場合であっても、Ｂは、本件売買契約を解除することができる。

問題 33 契約の解除等に関する次のア～オの記述のうち、民法の規定および判例に照らし、妥当でないものの組合せはどれか。

ア　使用貸借契約においては、期間や使用収益の目的を定めているか否かにかかわらず、借主は、いつでも契約の解除をすることができる。

イ　賃貸借契約は、期間の定めがある場合であっても、賃借物の全部が滅失その他の事由により使用及び収益をすることができなくなったときには、当該賃貸借契約は終了する。

ウ　請負契約においては、請負人が仕事を完成しているか否かにかかわらず、注文者は、いつでも損害を賠償して契約の解除をすることができる。

エ　委任契約は、委任者であると受任者であるとにかかわらず、いつでも契約の解除をすることができる。

オ　寄託契約においては、寄託物を受け取るべき時期を経過しても寄託者が受寄者に寄託物を引き渡さない場合には、書面による寄託でも無報酬の受寄者は、直ちに契約の解除をすることができる。

1　ア・イ
2　ア・エ
3　イ・ウ
4　ウ・オ
5　エ・オ

問題 34 損益相殺ないし損益相殺的調整に関する次の記述のうち、民法の規定および判例に照らし、妥当なものはどれか。

1　幼児が死亡した場合には、親は将来の養育費の支出を免れるので、幼児の逸失利益の算定に際して親の養育費は親に対する損害賠償額から控除される。

2　被害者が死亡した場合に支払われる生命保険金は、同一の損害についての重複填補に当たるので、被害者の逸失利益の算定に当たって支払われる生命保険金は損害賠償額から控除される。

3　退職年金の受給者が死亡し遺族が遺族年金の受給権を得た場合に

は、遺族年金は遺族の生活水準の維持のために支給されるものなので、退職年金受給者の逸失利益の算定に際して、いまだ支給を受けることが確定していない遺族年金の額についても損害賠償額から控除されることはない。

4　著しく高利の貸付けという形をとっていわゆるヤミ金融業者が元利金等の名目で借主から高額の金員を違法に取得し多大な利益を得る、という反倫理的行為に該当する不法行為の手段として金員を交付した場合、この貸付けによって損害を被った借主が得た貸付金に相当する利益は、借主から貸主に対する不法行為に基づく損害賠償請求に際して損害賠償額から控除されない。

5　新築の建物が安全性に関する重大な瑕疵があるために、社会通念上、社会経済的な価値を有しないと評価される場合であっても、建て替えまで買主がその建物に居住していた居住利益は、買主からの建て替え費用相当額の損害賠償請求に際して損害賠償額から控除される。

問題 35　遺言に関する次のア～オの記述のうち、民法の規定および判例に照らし、妥当なものの組合せはどれか。

ア　重度の認知症により成年被後見人となった高齢者は、事理弁識能力を一時的に回復した場合であっても、後見開始の審判が取り消されない限り、遺言をすることができない。

イ　自筆証書遺言の作成に際し、カーボン紙を用いて複写の方法で作成が行われた場合であっても、自書の要件を満たし、当該遺言は有効である。

ウ　夫婦は、同一の証書によって遺言をすることはできない。

エ　遺言によって受遺者として指定された者が、遺言者の死亡以前に死亡した場合には、受遺者の相続人が受遺者の地位を承継する。

オ　遺言は、遺言者が死亡して効力を生じるまでは、いつでも撤回することができるが、公正証書遺言を撤回するには公正証書遺言により、自筆証書遺言を撤回するには自筆証書遺言により行わなければならない。

1　ア・エ
2　ア・オ
3　イ・ウ
4　イ・エ
5　ウ・オ

問題 36　商行為に関する次の記述のうち、商法の規定に照らし、誤っているものはどれか。

1　商行為の代理人が本人のためにすることを示さないで商行為をした場合であっても、その行為は、本人に対してその効力を生ずる。ただし、相手方が、代理人が本人のためにすることを知らなかったときは、代理人に対して履行の請求をすることを妨げない。

2　商行為の受任者は、委任の本旨に反しない範囲内において、委任を受けていない行為をすることができる。

3　商人である隔地者の間において承諾の期間を定めないで契約の申込みを受けた者が相当の期間内に承諾の通知を発しなかったときは、その申込みは、その効力を失う。

4　商人が平常取引をする者からその営業の部類に属する契約の申込みを受けたときは、遅滞なく、契約の申込みに対する諾否の通知を発しなければならず、当該通知を発することを怠ったときは、その商人はその申込みを承諾したものとみなす。

5　商人が平常取引をする者からその営業の部類に属する契約の申込みを受けた場合において、その申込みとともに受け取った物品があるときは、その申込みを拒絶したかどうかにかかわらず、申込みを受けた商人の費用をもって、その物品を保管しなければならない。

　設立時取締役に関する次のア～オの記述のうち、会社法の規定に照らし、誤っているものの組合せはどれか。なお、設立しようとする株式会社は、種類株式発行会社ではないものとする。

ア　発起設立においては、発起人は、出資の履行が完了した後、遅滞なく、設立時取締役を選任しなければならないが、定款で設立時取締役として定められた者は、出資の履行が完了した時に、設立時取締役に選任されたものとみなす。

イ　募集設立においては、設立時取締役の選任は、創立総会の決議によって行わなければならない。

ウ　設立しようとする株式会社が監査等委員会設置会社である場合には、設立時監査等委員である設立時取締役は 3 人以上でなければならない。

エ　発起設立においては、法人でない発起人は設立時取締役に就任することができるが、募集設立においては、発起人は設立時取締役に就任することはできない。

オ　設立時取締役は、その選任後、株式会社が成立するまでの間、発起人と共同して、株式会社の設立の業務を執行しなければならない。

1　ア・ウ
2　ア・オ
3　イ・ウ
4　イ・エ
5　エ・オ

問題 38 株式会社の種類株式に関する次の記述のうち、会社法の規定に照らし、誤っているものはどれか。なお、定款において、単元株式数の定めはなく、また、株主総会における議決権等について株主ごとに異なる取扱いを行う旨の定めはないものとする。

1 株式会社が2以上の種類の株式を発行する場合には、各々の種類の株式について発行可能種類株式総数を定款で定めなければならない。
2 公開会社および指名委員会等設置会社のいずれでもない株式会社は、1つの株式につき2個以上の議決権を有することを内容とする種類株式を発行することができる。
3 株式会社は、株主総会または取締役会において決議すべき事項のうち、当該決議のほか、当該種類の株式の種類株主を構成員とする種類株主総会の決議を必要とすることを内容とする種類株式を発行することができる。
4 公開会社および指名委員会等設置会社のいずれでもない株式会社は、当該種類の株式の種類株主を構成員とする種類株主総会において取締役または監査役を選任することを内容とする種類株式を発行することができる。
5 株式会社は、株主総会の決議事項の全部について議決権を有しないことを内容とする種類株式を発行することができる。

問題 39 役員等の責任に関する次の記述のうち、会社法の規定に照らし、誤っているものはどれか。

1 利益相反取引によって株式会社に損害が生じた場合には、株主総会または取締役会の承認の有無にかかわらず、株式会社と利益が相反する取引をした取締役または執行役は任務を怠ったものと推定する。
2 取締役または執行役が競業取引の制限に関する規定に違反して取引をしたときは、当該取引によって取締役、執行役または第三者が得た利益の額は、賠償責任を負う損害の額と推定する。
3 監査等委員会設置会社の取締役の利益相反取引により株式会社に損

害が生じた場合において、当該取引につき監査等委員会の承認を受けたときは、当該取締役が監査等委員であるかどうかにかかわらず、当該取締役が任務を怠ったものと推定されることはない。

4　非業務執行取締役等は、定款の定めに基づき、職務を行うにつき善意でかつ重大な過失がないときは、定款で定めた額の範囲内であらかじめ株式会社が定めた額と最低責任限度額とのいずれか高い額を限度として責任を負うとする契約を株式会社と締結することができる。

5　自己のために株式会社と取引をした取締役または執行役は、任務を怠ったことが当該取締役または執行役の責めに帰することができない事由によるものであることをもって損害賠償責任を免れることはできない。

問題40　会計参与と会計監査人の差異に関する次の記述のうち、会社法の規定に照らし、誤っているものはどれか。

1　大会社、監査等委員会設置会社および指名委員会等設置会社は、会計監査人の設置が義務付けられているのに対して、当該いずれの会社形態においても、会計参与は任意に設置される機関である。

2　会計参与は会社法上「役員」に位置づけられるが、会計監査人は「役員」に含まれない。

3　会計参与は定時株主総会において選任決議が必要であるのに対して、会計監査人については、定時株主総会において別段の決議がなされなかったときは、再任されたものとみなす。

4　会計参与は、取締役または執行役と共同して計算関係書類を作成するが、会計監査人は計算関係書類の監査を行う。

5　会計監査人は、その職務を行うに際して取締役の職務の執行に関し不正の行為等を発見したときは、遅滞なく、これを監査役等に報告しなければならないが、会計参与にはこのような報告義務はない。

問題 41 次の文章の空欄 　ア　 〜 　エ　 に当てはまる語句を、枠内の選択肢（1 〜 20）から選びなさい。

　表現行為に対する事前抑制は、新聞、雑誌その他の出版物や放送等の表現物がその自由市場に出る前に抑止してその内容を読者ないし聴視者の側に到達させる途を閉ざし又はその到達を遅らせてその意義を失わせ、　ア　の機会を減少させるものであり、また、事前抑制たることの性質上、予測に基づくものとならざるをえないこと等から事後制裁の場合よりも広汎にわたり易く、濫用の虞があるうえ、実際上の抑止的効果が事後制裁の場合より大きいと考えられるのであって、表現行為に対する事前抑制は、表現の自由を保障し検閲を禁止する憲法 21 条の趣旨に照らし、厳格かつ　イ　な要件のもとにおいてのみ許容されうるものといわなければならない。

　出版物の頒布等の事前差止めは、このような事前抑制に該当するものであって、とりわけ、その対象が公務員又は公職選挙の候補者に対する評価、批判等の表現行為に関するものである場合には、そのこと自体から、一般にそれが　ウ　に関する事項であるということができ、前示のような憲法 21 条 1 項の趣旨（略）に照らし、その表現が私人の名誉権に優先する社会的価値を含み憲法上特に保護されるべきであることにかんがみると、当該表現行為に対する事前差止めは、原則として許されないものといわなければならない。ただ、右のような場合においても、その表現内容が真実でなく、又はそれが専ら　エ　を図る目的のものでないことが明白であって、かつ、被害者が重大にして著しく回復困難な損害を被る虞があるときは、・・・（中略）・・・例外的に事前差止めが許されるものというべきであ〔る〕（以下略）。

（最大判昭和 61 年 6 月 11 日民集 40 巻 4 号 872 頁）

1	名誉毀損	2	公正な論評	3	公共の安全	4	私的自治
5	公務の遂行	6	公の批判	7	実質的	8	公益
9	営利	10	公正	11	出版者の収益	12	事実の摘示
13	公共の利害	14	国民の自己統治	15	公権力の行使	16	個別的
17	合理的	18	明確	19	著者の自己実現	20	公共の福祉

公営住宅法は、国及び地方公共団体が協力して、健康で文化的な生活を営むに足りる住宅を建設し、これを住宅に困窮する低額所得者に対して低廉な家賃で賃貸することにより、国民生活の安定と 　ア　 の増進に寄与することを目的とするものであって（1条）、この法律によって建設された公営住宅の使用関係については、管理に関する規定を設け、家賃の決定、明渡等について規定し（第3章）、また、法〔＝公営住宅法〕の委任（25条）に基づいて制定された条例〔＝東京都営住宅条例〕も、使用許可、使用申込、明渡等について具体的な定めをしているところである。右法及び条例の規定によれば、公営住宅の使用関係には、 　イ　 の利用関係として公法的な一面があることは否定しえないところであって、入居者の募集は公募の方法によるべきこと（法16条）などが定められており、また、特定の者が公営住宅に入居するためには、事業主体の長から使用許可を受けなければならない旨定められているのであるが（条例3条）、他方、入居者が右使用許可を受けて事業主体と入居者との間に公営住宅の使用関係が設定されたのちにおいては、前示のような法及び条例による規制はあっても、事業主体と入居者との間の法律関係は、基本的には私人間の家屋 　ウ　 と異なるところはなく、このことは、法が賃貸（1条、2条）等私法上の 　ウ　 に通常用いられる用語を使用して公営住宅の使用関係を律していることからも明らかであるといわなければならない。したがって、公営住宅の使用関係については、公営住宅法及びこれに基づく条例が特別法として民法及び借家法に優先して適用されるが、法及び条例に特別の定めがない限り、原則として一般法である民法及び借家法の適用があり、その契約関係を規律するについては、 　エ　 の法理の適用があるものと解すべきである。ところで、右法及び条例の規定によれば、事業主体は、公営住宅の入居者を決定するについては入居者を選択する自由を有しないものと解されるが、事業主体と入居者との間に公営住宅の使用関係が設定されたのちにおいては、両者の間には 　エ　 を基礎とする法律関係が存するものというべきであるから、公営住宅の使用者が法の定める公営住宅の明渡請求事由に該当する行為をした場合であっても、賃貸人である事業主体との間の 　エ　 を破壊するとは認め難い特段の事情があるときには、事業主体の長は、当該使用者に対し、その住宅の使用関係を取り消し、その明渡を請求することはできないものと

解するのが相当である。

（最一小判昭和59年12月13日民集38巻12号1411頁＜文章を一部省略した。＞）

1	民間活力	2	私有財産	3	信頼関係	4	所有権移転関係
5	社会福祉	6	普通財産	7	特別権力関係	8	公法関係
9	街づくり	10	物品	11	売買契約関係	12	賃貸借関係
13	公用物	14	事業収益	15	請負契約関係	16	委託契約関係
17	定住環境	18	公の営造物	19	管理関係	20	一般権力関係

問題 43　次の文章の空欄　ア　～　エ　に当てはまる語句を、枠内の選択肢（1 ～ 20）から選びなさい。

処分の取消しの訴え（行政事件訴訟法3条2項）には出訴期間の制限があり、当該処分があったことを知った日又は当該処分の日から一定期間を経過したときは、原則としてすることができない（同法14条1項、2項）。ただし、出訴期間が経過した後でも、当該処分が　ア　であれば、当該処分の取消しの訴えとは別の訴えで争うことができる。

そのような訴えとしては複数のものがある。まず、行政事件訴訟法上の法定抗告訴訟としては、　イ　がこれに当たる。また、私法上の法律関係に関する訴訟においても処分が　ア　か否かが争われ得るところ、この訴えは　ウ　と呼ばれ、行政事件訴訟法の一部が準用される。

最高裁判所の判例は、処分が　ア　であるというためには、当該処分に　エ　な瑕疵がなければならないとする考えを原則としている。

1	原始的不能	2	行政不服申立て	3	外観上客観的に明白
4	住民訴訟	5	撤回可能	6	無効確認の訴え
7	不当	8	実質的当事者訴訟	9	重大かつ明白
10	差止めの訴え	11	実体的	12	仮の救済申立て
13	形式的当事者訴訟	14	無効	15	義務付けの訴え
16	重大又は明白	17	客観訴訟	18	手続的
19	争点訴訟	20	不作為の違法確認の訴え		

[問題44～問題46は記述式]（解答は、必ず答案用紙裏面の解答欄（マス目）に記述すること。なお、字数には、句読点も含む。）

問題44　Y市議会の議員であるXは、2023年7月に開催されたY市議会の委員会において発言（以下「当該発言」という。）を行った。これに対して、当該発言は議会の品位を汚すものであり、Y市議会会議規則α条に違反するとして、Y市議会の懲罰委員会は、20日間の出席停止の懲罰を科すことが相当であるとの決定を行った。Y市議会の議員に対する懲罰は、本会議で議決することによって正式に決定されるところ、本会議の議決は、9月に招集される次の会期の冒頭で行うこととし、会期は終了した。これに対し、Xは、①問題となった当該発言は市政に関係する正当なものであり、議会の品位を汚すものではなく、会議規則には違反しない、②予定されている出席停止の懲罰は20日と期間が長く、これが科されると議員としての職責を果たすことができない、と考えている。

　9月招集予定の次の会期までの間において、Xは、出席停止の懲罰を回避するための手段（仮の救済手段も含め、行政事件訴訟法に定められているものに限る。）を検討している。次の会期の議会が招集されるまで1か月程度の短い期間しかないことを考慮に入れたとき、誰に対してどのような手段をとることが有効適切か、40字程度で記述しなさい。

（参照条文）
　地方自治法
　134条　①普通地方公共団体の議会は、この法律並びに会議規則及び委員会に関する条例に違反した議員に対し、議決により懲罰を科することができる。
　　②懲罰に関し必要な事項は、会議規則中にこれを定めなければならない。
　135条　①懲罰は、左の通りとする。
　　一　公開の議場における戒告
　　二　公開の議場における陳謝
　　三　一定期間の出席停止
　　四　除名

② 以下略

Y市議会会議規則

α条 議員は、議会の品位を重んじなければならない。

（下書用）

										10					15

問題 45 AがBに対して有する貸金債権の担保として、Bが所有する甲建物（以下「甲」という。）につき抵当権が設定され、設定登記が経由された。当該貸金債権につきBが債務不履行に陥った後、甲が火災によって焼失し、Bの保険会社Cに対する火災保険金債権が発生した。Aがこの保険金に対して優先弁済権を行使するためには、民法の規定および判例に照らし、どのような法的手段によって何をしなければならないか。40字程度で記述しなさい。

（下書用）

										10					15

問題 46

Aは、Aが所有する土地上に住宅を建築する旨の建築請負契約（以下「本件契約」という。）を工務店Bとの間で締結した。本件契約においては、Bの供する材料を用い、また、同住宅の設計もBに委ねることとされた。本件契約から6か月経過後に、Aは、請負代金全額の支払いと引き換えに、完成した住宅の引渡しを受けた。しかし、その引渡し直後に、当該住宅の雨漏りが3か所生じていることが判明し、Aは、そのことを直ちにBに通知した。この場合において、民法の規定に照らし、Aが、Bに対し、権利行使ができる根拠を示した上で、AのBに対する修補請求以外の3つの権利行使の方法について、40字程度で記述しなさい。

（下書用）

									10					15

問題47 いわゆるG7サミット（主要国首脳会議）に関する次の記述のうち、妥当なものはどれか。

1 　2023年現在では、フランス、アメリカ、イギリス、ドイツ、日本、イタリア、カナダの7か国のみの首脳が集まる会議であり、EU（欧州連合）首脳は参加していない。

2 　議長国の任期は1月から12月の1年間で、事務レベルの準備会合や関係閣僚会合の開催を通じて、サミットの準備および議事進行を行う。

3 　2023年の議長国はアメリカであり、日本はこれまで、1979年、1986年、1993年、2000年、2007年、2014年、2021年に議長国を務めた。

4 　フランスのジスカール・デスタン大統領（当時）の提案により、1975年に第1回サミットが開催されたが、日本が参加したのは1979年からである。

5 　開催地は、かつてはスイスのダボスに固定されていたが、現在では、議長国の国内で行っていることが通例である。

問題48 日本のテロ（テロリズム）対策に関する次の記述のうち、妥当でないものはどれか。

1 　日本が締結したテロ防止に関連する条約として最も古いものは、1970年締結の「航空機内で行われた犯罪その他ある種の行為に関する条約」（航空機内の犯罪防止条約）である。

2 　2001年9月11日にアメリカで発生した同時多発テロ事件をきっかけとして、通称「テロ対策特別措置法」*1 が制定された。

3 　2015年9月、サイバーテロ対策の一環として「サイバーセキュリティ基本法」に基づき、サイバーセキュリティ戦略が閣議決定された。

4 国際組織犯罪防止条約の締結に向けた「組織犯罪処罰法」*2 の 2017 年の改正として、いわゆるテロ等準備罪が新設された。

5 2022 年 7 月 8 日に奈良県で発生した安倍晋三・元首相銃撃事件を きっかけとして、内閣府に「テロ対策庁」が設置された。

（注）＊1 平成十三年九月十一日のアメリカ合衆国において発生したテ ロリストによる攻撃等に対応して行われる国際連合憲章の目 的達成のための諸外国の活動に対して我が国が実施する措置 及び関連する国際連合決議等に基づく人道的措置に関する特 別措置法

＊2 組織的な犯罪の処罰及び犯罪収益の規制等に関する法律

問題 49 1960 年代以降の東南アジアに関する次のア〜オの記述のう ち、妥当でないものの組合せはどれか。

ア 1967 年に、インドネシア、マレーシア、フィリピン、シンガポール、 タイの 5 か国が東南アジア諸国連合（ASEAN）を結成した。

イ ベトナムは、1986 年からペレストロイカ政策のもとに、共産党一 党体制を保ちながらゆるやかな市場開放を進めた。

ウ ラオスでは、内戦の終結を受けて、1993 年の総選挙で元国王を支 援する勢力が勝利して王制が復活した。

エ インドネシアでは、1997 年のアジア通貨危機で市民の不満が高ま り、1998 年にスハルト政権が倒れて民政に移管した。

オ ミャンマーでは、2021 年にクーデターが発生し、軍部が全権を掌 握した。

1 ア・イ
2 ア・オ
3 イ・ウ
4 ウ・エ
5 エ・オ

問題50 日本の法人課税に関する次のア〜オの記述のうち、妥当なものの組合せはどれか。

ア 法人税は法人の所得に対して課税する所得課税であり、企業の所得水準に応じて税率が決まる累進税率が採用されている。

イ 子育てを社会全体で支える観点から、法人税の税率が引き上げられ、その財源を次世代育成支援に充当することとなった。

ウ 地方自治体が課税する法人事業税には、法人の所得や収入に応じる課税だけではなく、法人の資本や付加価値に応じて課税される外形標準課税も導入されている。

エ OECD（経済協力開発機構）では、多国籍企業がその課税所得を人為的に操作し、課税逃れを行っている問題（BEPS：税源浸食と利益移転）に対処するため、BEPSプロジェクトを立ち上げて、日本もこれに参加している。

オ 地方自治体による法人事業税や法人住民税は、地域間での偏在性が大きいが、その一部を国税化する改革が実施されたことはない。

1 ア・ウ
2 ア・オ
3 イ・エ
4 イ・オ
5 ウ・エ

問題51 日本の金融政策に関する次の記述のうち、妥当なものはどれか。

1 近年、日本銀行は、消費者物価指数の上昇率を年率2％とする物価安定目標を掲げ、金融緩和を推進してきた。

2 諸外国ではマイナス金利政策を導入する事例があるが、マイナス金利政策の導入は、預金残高縮小をもたらすことから、日本では導入されていない。

3 日本銀行は、地域振興を進めるために、地方銀行に対する独自の支援策として、都市銀行よりも低い金利で貸付けを行っている。

4 2024年には、新しい日本銀行券が発行されるが、その際には、デジタル通貨の導入も同時に行われることとされている。

5 2022年、政府は、急速に進んだ円高に対処し、為替レートを安定化させるために、金利の引き上げを行った。

問題 52 日本における平等と差別に関する次の記述のうち、妥当でないものはどれか。

1 1969年に同和対策事業特別措置法が制定されて以降の国の特別対策は2002年に終了したが、2016年に部落差別の解消の推進に関する法律が制定された。

2 日本は1985年に男女雇用機会均等法[1]を制定したが、女性差別撤廃条約[2]はいまだ批准していない。

3 熊本地方裁判所は、2001年にハンセン病国家賠償訴訟の判決で、国の責任を認め、元患者に対する損害賠償を認めた。

4 2016年に制定されたヘイトスピーチ解消法[3]は、禁止規定や罰則のない、いわゆる理念法である。

5 障害者差別解消法[4]は、2021年に改正され、事業者による合理的配慮の提供が義務化されることとなった。

(注) ＊1 雇用の分野における男女の均等な機会及び待遇の確保等に関する法律
＊2 女子に対するあらゆる形態の差別の撤廃に関する条約
＊3 本邦外出身者に対する不当な差別的言動の解消に向けた取組の推進に関する法律
＊4 障害を理由とする差別の解消の推進に関する法律

問題 53 日本の社会保障、社会福祉に関する次の記述のうち、妥当なものはどれか。

1 社会保障は主に社会保険、公的扶助、社会福祉および公衆衛生からなるが、これらの財源の全額が租税でまかなわれている。
2 第二次世界大戦後にアメリカで提唱された「ゆりかごから墓場まで」と称する福祉国家が日本のモデルとされた。
3 生活保護の給付は医療、介護、出産に限定され、生活扶助、住宅扶助は行われない。
4 2008年に、75歳以上の高齢者を対象とした後期高齢者医療制度が整備された。
5 児童手当は、18歳未満の児童本人に現金を給付する制度である。

問題 54 日本における行政のデジタル化に関する次のア〜オの記述のうち、妥当でないものの組合せはどれか。

ア RPAとはRobotic Process Automationの略で、ロボットの代行による作業の自動化、ないし導入するソフトウェア等を指すが、これにより人手不足の解消と職員の負担軽減を図ることが期待されている。
イ ガバメントクラウドとは、国の行政機関が、共通した仕様で行政サービスのシステムを整備できるクラウド基盤を指すが、セキュリティ上の理由から、地方自治体は利用できないものとされている。
ウ eLTAXとは、地方税について地方自治体が共同で運営するシステムであり、電子的な一つの窓口から各自治体への手続を実現しているが、国税については別のシステムとなっている。
エ LGWANとは、地方自治体や政府機関が機密性の高い情報伝達を行うために構築された閉鎖型のネットワークであり、自治体内や自治体間でのメールや掲示板の機能を持つ連絡ツールとしても活用されている。
オ オープンデータとは、二次利用が可能な公開データのことで、人手や労力・費用などのコストをかけずに多くの人が利用できるものであるが、自治体が保有する情報のオープンデータ化は禁止されている。

1 ア・ウ
2 ア・オ
3 イ・エ
4 イ・オ
5 ウ・エ

問題 55　情報通信用語に関する次の記述のうち、妥当でないものはどれか。

1　リスクウェアとは、インストール・実行した場合にシステムにリスクをもたらす可能性のあるソフトウェアをいう。

2　ランサムウェアとは、感染したコンピュータのデータを暗号化してロックし、使えない状態にしたうえで、データを復元する対価として金銭を要求するプログラムをいう。

3　フリースウェアとは、無料トライアルなどを通して解除方法を知らせないままネットの利用者をサブスクリプションに誘導し、高額の利用料を請求するアプリをいう。

4　ファームウェアとは、二軍を意味するファームからとられ、優れた性能を持ったアプリケーションのパフォーマンスを劣化させる悪性のプログラムである。

5　クリッパー・マルウェアとは、感染したコンピュータのクリップボード情報を収集し悪用する機能を持つマルウェアをいい、仮想通貨を狙ったものが多い。

問題 56　インターネットに関する次の文章の空欄 [　　　] に当てはまる語句として、妥当なものはどれか。

　2004 年に始まったグーグルの G メールはなぜ、[　　　] を生成するために個人の通信を読み取ったのだろうか。G メールのユーザーが、自分の個人的な通信の内容を標的にした [　　　] を初めて見た時、世間の反応は早かった。多くの人は反発し、激怒した。混乱した人もいた。グーグルの年代記編者スティーブン・レヴィによると「ユーザーの通信の内容に関連する [　　　] を配信することで、グーグルは、ユーザーのプライバシーはサーバを所有する企業の方針次第だという事実を、ほとんど楽しんでいるかのようだった。しかもそれらの [　　　] は利益を生んだため、グーグルは、その状況を悪用することにした。」

　2007 年にフェイスブックは [　　　] 機能ビーコンを立ち上げ、それを「社会に情報を配信する新たな方法」として売り込んだ。・・・（中略）・・・オンラインでユーザーを追跡し、その秘密を無断で公表するフェイスブックのあつかましいやり方に、多くの人が憤慨した。

（出典　ショシャナ・ズボフ：野中香方子（訳）「監視資本主義」東洋経済新報社から）

1　ニュース
2　リツィート
3　いいね
4　コメント
5　広告

問題 57　個人情報に関する次のア〜エの記述のうち、妥当なものの組合せはどれか。

ア　ある情報を他の情報と組み合わせることによって、不開示規定により守られるべき不開示情報が認識されるかを判断することを、モザイク・アプローチという。

イ　EU（欧州連合）の GDPR（欧州データ保護規則）は、死者の情報の取扱いについて、加盟国の裁量に委ねている。

ウ　日本では要配慮個人情報と呼ばれて、その取扱いに特に配慮を要する情報は、諸外国では機微情報（センシティブインフォメーション）と呼ばれ、その内容は日本を含め、各国において違いはない。

エ　デジタル改革関連法の一部として、個人情報保護法*1の令和3（2021）年改正が行われ、行政機関個人情報保護法*2が廃止されて個人情報保護法に一元化された結果、個人情報保護法に規定される規律は、公的部門と民間部門について、まったく同一となった。

（注）　＊1　個人情報の保護に関する法律
　　　　＊2　行政機関の保有する個人情報の保護に関する法律

1　ア・イ
2　ア・エ
3　イ・ウ
4　イ・エ
5　ウ・エ

問題58　本文中の空欄　 I 　～　 V 　には、それぞれあとのア～オのいずれかの文が入る。その組合せとして妥当なものはどれか。

そもそも、海の生き物たちはどんなものを食べているのだろう。

陸上では、牛や羊のように植物を食べる草食の動物がいて、オオカミやライオンのように草食動物を食べる肉食の動物がいて食物連鎖が形成されている。　 I 　。

海の中ではどうだろう。海の中の食物連鎖は大きな魚は小さな魚を食べ、小さな魚はさらに小さな魚を食べるようなイメージがある。　 II 　。陸上では草食の生き物がたくさんいて、それを食べる肉食の生き物は少ない。これが食物連鎖のバランスなのだ。海の中では食物連鎖を支える草食の生き物はいないのだろうか。確かに海草などの植物を食べる生き物もいる。しかし、海草があるのは、陸地に近い浅い部分だけである。広い外洋に出れば、海草など生えていない。

　 III 　。プランクトンである。海には無数の植物プランクトンがいて、

太陽の光で光合成をして生活をしている。この植物プランクトンを餌に小さな動物プランクトンが集まり、そのプランクトンを餌に小魚が集まる。こうして植物プランクトンは、海の生態系を支えているのである。ただし、植物プランクトンは、太陽の光で光合成を行うために、海面近くに暮らしている。　IV　。そして、海面から深くなると生物の種類は少なくなってしまうのだ。

　V　。もちろん、太陽の光は届かない暗闇である。こんな場所にどうしてたくさんの生命が存在するのだろう。

じつは海底の割れ目では、地殻の活動によって熱水が噴出している。この熱水の中に含まれる硫化水素やメタンなどをエネルギー源とするバクテリアが存在し、そのバクテリアを基礎として貝やカニ、魚などが集まる生態系が築かれているのである。

（出典　蓮実香佑「桃太郎はなぜ桃から生まれたのか？」PHP文庫から）

ア　しかし、それではみんな肉食になってしまう

イ　そして、私たち人間は植物も肉も食べる雑食性の動物である

ウ　そのため、広い海でも海面近くに豊かな生態系が形成される

エ　しかし、大いなる海には、陸上生活をする私たちには思いもよらない食べ物がある

オ　ところが、水深数千メートルの深い海の底に、豊かな生態系があることが発見された

	I	II	III	IV	V
1	ア	イ	エ	オ	ウ
2	イ	ア	エ	ウ	オ
3	イ	ウ	オ	エ	ア
4	エ	ア	イ	ウ	オ
5	エ	イ	ウ	オ	ア

　相互依存と対立回避、すべての物事に対する　 I 　とした対応、人間としての「いい加減さ」、危機感、厳しさのなさは日本の将来への大きなリスクである。

　日本は量から質へ転換しなければならない。

　生産性をとってみても、量の時代は、　 II 　をすれば生産性を上げることができたが、もはやそういう時代は昭和で終わった。

　質で勝負するには、設備ではなく人間の頭脳に投資して生産性を上げるしかない。

　最先端技術は開発から実用化までに、長い時間を要することがある。先端技術は、実用化されてはじめて技術と認められる。実用化されない技術は、どんなに　 III 　であっても技術とは認められないのだ。

　技術は、世界的なオープンテクノロジーの流れによって、ブラックボックスが減りつつある。そこで重要になるのが実用化、すなわち　 IV 　する力だ。技術と技術を組み合わせて、人と社会に有用な「モノ」を開発する。用途開発力が競争力となる。

　特許などの　 V 　は買えばよい。設備も場合によっては、海外にある設備を活用してもよい。それよりも世界の現場を知っていること、そこで求められている物や事を知っていること、さらにそれらを組み合わせて実用化する知恵が必要だ。

　　（出典　丹羽宇一郎「社長が席を譲りなさい」日経ビジネス人文庫から）

	I	II	III	IV	V
1	曖昧模糊	設備投資	斬新	商品化	知的財産
2	五里霧中	資本投下	刷新	製品化	公共資産
3	無知蒙昧	設備投資	斬新	具体化	公共資産
4	曖昧模糊	資本投下	暫定	具体化	情報資材
5	無知蒙昧	先行投資	暫定	実践化	知的財産

問題60 本文中の空欄　　　　　　に入る文章として、妥当なものはどれか。

　わたしたちが直接経験できることは、残念ながらごくごくわずかにすぎません。自分が生まれた国や地域や置かれた環境に、わたしたちは経験も思考も多かれ少なかれ限定されて生きています。どれだけ世界中を飛び回っている人も、この世界の何もかもを見聞きすることなどできません。

　でも、もし望むならば、わたしたちはそんな直接経験の世界を読書によって広げることができるのです。

　水泳の理論書だけを読んでいても、たしかに泳げるようにはなりません。でも、もしわたしたちが、もっと速く、また上手に泳ぎたいと願うなら、その理論書を読む経験は、まさに直接経験を拡張してくれる"豊かな経験"になるに違いないのです。

　もう一点、直接経験については注意しておきたいことがあります。

　豊かな直接経験は、たしかに何ものにも代えがたい貴重なものです。でもその経験こそが、時にわたしたちの視野を狭めてしまうこともあるのです。

　たとえば、みなさんが運動部に所属していたとして、その顧問の先生だったり監督だったりが、「　　」なんて言ったとしたらどうでしょう？

　もちろん、それがうまくいく場合もあるでしょう、でもその練習方法は、もしかしたら、たまたまその先生に合っていただけなのかもしれません。いまの中学生や高校生には通用しないかもしれないし、そもそも、その先生にとってだって、もっといい練習方法があったかもしれないのです。

　このような考え方を、わたしは「一般化のワナ」と呼んでいます。自分が経験したことを、まるですべての人にも当てはまることであるかのように、過度に一般化してしまう思考のワナです。

　このような「一般化のワナ」は、日常生活のいたるところに潜んでいます。「学校の先生なんてみんな○○だ」とか、「これだから男（女）は□□なんだ」とか、「日本人は△△だ」とかいった言い方も、文脈によっては「一般化のワナ」に思い切り陥ってしまった言い方です。自分がこれまでに出会ったり見聞きしたりした先生、男性（女性）、日本人の例を、すべての先生、男性（女性）、日本人に当てはまることであるかのように、過度に一般化してしまっているのですから。

　読書は、そんなわたしたちの視野をうんと広げる役割を果してくれます。

少なくとも、自分の経験を超えた世界をたくさん知ることで、安易な一般化は慎めるようになるはずです。先の部活の監督も、スポーツ指導の最新研究について書かれた本を何冊か読めば、自分の経験を過度に一般化することはなくなるかもしれません。

（出典　苫野一徳「読書は僕たちをグーグルマップにする」：澤田英輔・仲島ひとみ・森大徳　編「＜読む力をつけるノンフィクション選＞中高生のための文章読本」筑摩書房から）

　1　自分はこの練習方法で、若い時に地域大会優勝を成し遂げたんだ。だからみんなにもこの練習をみっちりやってもらう
　2　自分はこの練習方法で、若い時には失敗したんだ。だからみんなにはこの練習を推奨したい
　3　自分はこの練習方法で、若い時に地域大会優勝を逃したんだ。しかしながら若いみんなにはこの練習をしっかりとやってもらう
　4　自分はこの練習方法を知っていたら、若い時に地域大会優勝を成し遂げられたんだ。にもかかわらずみんなにもこの練習をみっちりやってもらう
　5　自分はこの練習方法を知っていたのに、若い時に地域大会優勝を逃したんだ。だからみんなにはこの練習はまったく推奨できない

行政書士試験問題

令和 4 年度

試験時間に合わせて解いてみよう!!

■午後 1：00 〜 4：00（制限時間 3 時間）

法令等（46 問）・・・・・・・・・・・・・・ p.62

一般知識等（14 問）・・・・・ p.102

p.270 〜 271 の解答用紙をコピーしてお使いください。

◆ 試験結果データ ◆

受験者数	47,850 人
合格者数	5,802 人
合格率	12.13%

[問題1～問題40は択一式（5肢択一式）]

問題1 次の文章の空欄 　ア　 ～ 　エ　 に当てはまる語句の組合せとして、妥当なものはどれか。

　ヨーロッパ大陸において、伝統的に 　ア　 制に対して消極的な態度がとられていることは知られるが、これはそこでの裁判観につながると考えられる。それによれば、裁判官の意見が区々に分れていることを外部に明らかにすることは、裁判所の権威を害するとされる。 　ア　 制は、その先例としての力を弱めるのみではなく、裁判所全体の威信を減退すると考えられているようである。裁判所内部にいかに意見の分裂があっても、 　イ　 として力をもつ 　ウ　 のみが一枚岩のように示されることが、裁判への信頼を生むとされるのであろう。しかし、果たして外観上つねに 　エ　 の裁判の形をとり、異なる意見の表明を抑えることが、裁判所の威信を高めることになるであろうか。英米的な考え方からすると、各裁判官に自らの意見を独自に述べる機会を与える方が、外部からみても裁判官の独立を保障し、司法の威信を増すともいえよう。ここには、大陸的な裁判観と英米的な裁判観のちがいがあるように思われる。

（出典　伊藤正己「裁判官と学者の間」有斐閣 1993 年から）

	ア	イ	ウ	エ
1	少数意見	判決理由	主文	多数決
2	合議	判例	多数意見	全員一致
3	少数意見	判例	多数意見	全員一致
4	合議	判決理由	主文	多数決
5	少数意見	判例	主文	多数決

問題2 法律用語に関する次のア～オの記述のうち、妥当でないものの組合せはどれか。

ア 「法律要件」とは、法律効果を生じさせる原因となる客観的な事実のことであり、意思表示などの主観的な要素は、これには含まれない。

イ 「法律効果」とは、法律上の権利義務関係の変動（発生、変更または消滅）のことをいう。

ウ 「構成要件」とは、犯罪行為を特徴付ける定型的な外形的事実のことであり、故意などの主観的な要素は、これには含まれない。

エ 「立法事実」とは、法律を制定する場合において、当該立法の合理性を根拠付ける社会的、経済的、政治的または科学的事実のことをいう。

オ 「要件事実」とは、法律要件に該当する具体的な事実のことをいう。

1 ア・ウ
2 ア・エ
3 イ・エ
4 イ・オ
5 ウ・オ

問題3 表現の自由に関する次の判断基準が想定している事例として、妥当なものはどれか。

　公共の利害に関する事項について自由に批判、論評を行うことは、もとより表現の自由の行使として尊重されるべきものであり、その対象が公務員の地位における行動である場合には、右批判等により当該公務員の社会的評価が低下することがあっても、その目的が専ら公益を図るものであり、かつ、その前提としている事実が主要な点において真実であることの証明があったときは、人身攻撃に及ぶなど論評としての域を逸脱したものでない限り、名誉侵害の不法行為の違法性を欠くものというべきである。

（最一小判平成元年 12 月 21 日民集 43 巻 12 号 2252 頁）

1　X は A 駅の構内で、駅員の許諾を受けず、また退去要求を無視して、乗降客や通行人に対して B 市の施策を批判する演説を行ったところ、不退去などを理由に起訴された。

2　Y は雑誌上で、宗教法人 X1 の会長 X2 に関する事実を批判的に報道したところ、X1・X2 の名誉を毀損したとして訴訟になった。

3　作家 Y は自らが執筆した小説に X をモデルとした人物を登場させ、この際に X が不特定多数への公開を望まない私生活上の事実を描いたため、X が出版差止めを求めて出訴した。

4　新聞記者 X は取材の過程で公務員 A に接近して親密になり、外交交渉に関する国の機密情報を聞き出したところ、機密漏洩をそそのかしたとして起訴された。

5　A 市の公立小学校で成績の評価方法をめぐる対立が生じ、市民 Y が教員 X を厳しく批判するビラを配布したところ、X が Y に対して損害賠償と謝罪広告を求めて出訴した。

問題4 薬局を営むXは、インターネットを介した医薬品の通信販売を始めたが、法律は一定の種類の医薬品の販売については、薬剤師が対面で情報の提供および薬学的知見に基づく指導を行うことを求めている。そこでXは、この法律の規定が違憲であり、この種の医薬品についてもネットで販売する権利が自らにあることを主張して出訴した。この問題に関する最高裁判所の判決の趣旨として、妥当なものはどれか。

1 憲法22条1項が保障するのは職業選択の自由のみであるが、職業活動の内容や態様に関する自由もまた、この規定の精神に照らして十分尊重に値する。後者に対する制約は、公共の福祉のために必要かつ合理的なものであることを要する。

2 規制の合憲性を判断する際に問題となる種々の考慮要素を比較考量するのは、第一次的には立法府の権限と責務であり、規制措置の内容や必要性・合理性については、立法府の判断が合理的裁量の範囲にとどまる限り、裁判所はこれを尊重する。

3 本件規制は、専らインターネットを介して販売を行う事業者にとっては職業選択の自由そのものに対する制限を意味するため、許可制の場合と同様にその必要性・合理性が厳格に審査されなければならない。

4 本件規制は、国民の生命および健康に対する危険の防止という消極目的ないし警察目的のための規制措置であり、この場合は積極目的の場合と異なり、基本的人権への制約がより小さい他の手段では立法目的を達成できないことを要する。

5 本件規制は、積極的な社会経済政策の一環として、社会経済の調和的発展を目的に設けられたものであり、この種の規制措置については、裁判所は立法府の政策的、技術的な裁量を尊重することを原則とする。

適正手続に関する次の記述のうち、最高裁判所の判例に照らし、妥当なものはどれか。

1 告知、弁解、防御の機会を与えることなく所有物を没収することは許されないが、貨物の密輸出で有罪となった被告人が、そうした手続的保障がないままに第三者の所有物が没収されたことを理由に、手続の違憲性を主張することはできない。

2 憲法は被疑者に対して弁護人に依頼する権利を保障するが、被疑者が弁護人と接見する機会の保障は捜査権の行使との間で合理的な調整に服さざるを得ないので、憲法は接見交通の機会までも実質的に保障するものとは言えない。

3 審理の著しい遅延の結果、迅速な裁判を受ける被告人の権利が害されたと認められる異常な事態が生じた場合であっても、法令上これに対処すべき具体的規定が存在しなければ、迅速な裁判を受ける権利を根拠に救済手段をとることはできない。

4 不利益供述の強要の禁止に関する憲法の保障は、純然たる刑事手続においてばかりだけでなく、それ以外にも、実質上、刑事責任追及のための資料の取得収集に直接結びつく作用を一般的に有する手続には、等しく及ぶ。

5 不正な方法で課税を免れた行為について、これを犯罪として刑罰を科すだけでなく、追徴税（加算税）を併科することは、刑罰と追徴税の目的の違いを考慮したとしても、実質的な二重処罰にあたり許されない。

内閣の権限に関する次の記述のうち、憲法の規定に照らし、妥当なものはどれか。

1 内閣は、事前に、時宜によっては事後に、国会の承認を経て条約を締結するが、やむを得ない事情があれば、事前または事後の国会の承認なく条約を締結できる。

2 内閣は、国会が閉会中で法律の制定が困難な場合には、事後に国会の承認を得ることを条件に、法律にかわる政令を制定することができる。

3 参議院の緊急集会は、衆議院の解散により国会が閉会している期間に、参議院の総議員の4分の1以上の要求があった場合、内閣によりその召集が決定される。

4 内閣総理大臣が欠けたとき、内閣は総辞職をしなければならないが、この場合の内閣は、あらたに内閣総理大臣が任命されるまで引き続きその職務を行う。

5 新年度開始までに予算が成立せず、しかも暫定予算も成立しない場合、内閣は、新年度予算成立までの間、自らの判断で予備費を設け予算を執行することができる。

問題7 裁判の公開に関する次の記述のうち、最高裁判所の判例に照らし、妥当なものはどれか。

1 裁判は、公開法廷における対審および判決によらなければならないので、カメラ取材を裁判所の許可の下に置き、開廷中のカメラ取材を制限することは、原則として許されない。

2 裁判所が過料を科する場合は、それが純然たる訴訟事件である刑事制裁を科す作用と同質であることに鑑み、公開法廷における対審および判決によらなければならない。

3 証人尋問の際に、傍聴人と証人との間で遮へい措置が採られても、審理が公開されていることに変わりはないから、裁判の公開に関する憲法の規定には違反しない。

4 傍聴人は法廷で裁判を見聞できるので、傍聴人が法廷でメモを取る行為は、権利として保障されている。

5 裁判官の懲戒の裁判は行政処分の性質を有するが、裁判官の身分に関わる手続であるから、裁判の公開の原則が適用され、審問は公開されなければならない。

公法上の権利の一身専属性に関する次の文章の空欄 ［　A　］
～ ［　C　］ に当てはまる文章の組合せとして、妥当なものは
どれか。

　最高裁判所昭和 42 年 5 月 24 日判決（いわゆる朝日訴訟判決）においては、
生活保護を受給する地位は、一身専属のものであって相続の対象とはなりえ
ず、その結果、原告の死亡と同時に当該訴訟は終了して、同人の相続人らが
当該訴訟を承継し得る余地はないとされた。そして、この判決は、その前提
として、 ［　A　］。
　その後も公法上の権利の一身専属性が問題となる事例が散見されたが、労
働者等のじん肺に係る労災保険給付を請求する権利については最高裁判所平
成 29 年 4 月 6 日判決が、原子爆弾被爆者に対する援護に関する法律に基づ
く認定の申請がされた健康管理手当の受給権については最高裁判所平成 29
年 12 月 18 日判決が、それぞれ判断をしており、 ［　B　］。
　なお、この健康管理手当の受給権の一身専属性について、最高裁判所平成
29 年 12 月 18 日判決では、受給権の性質が ［　C　］。

　空欄 ［　A　］
　　ア　生活保護法の規定に基づき、要保護者等が国から生活保護を受ける
　　　　のは、法的利益であって、保護受給権とも称すべきものであるとして
　　　　いる
　　イ　生活保護法の規定に基づき、要保護者等が国から生活保護を受ける
　　　　のは、国の恩恵ないし社会政策の実施に伴う反射的利益であるとして
　　　　いる
　空欄 ［　B　］
　　ウ　両判決ともに、権利の一身専属性を認めて、相続人による訴訟承継
　　　　を認めなかった
　　エ　両判決ともに、権利の一身専属性を認めず、相続人による訴訟承継
　　　　を認めた
　空欄 ［　C　］
　　オ　社会保障的性質を有することが、一身専属性が認められない根拠の
　　　　一つになるとの考え方が示されている
　　カ　国家補償的性質を有することが、一身専属性が認められない根拠の
　　　　一つになるとの考え方が示されている

	A	B	C
1	ア	ウ	オ
2	ア	エ	カ
3	イ	ウ	オ
4	イ	ウ	カ
5	イ	エ	カ

問題9 行政契約に関する次のア～オの記述のうち、法令または最高裁判所の判例に照らし、妥当なものの組合せはどれか。

ア 行政手続法は、行政契約につき定義規定を置いており、国は、それに該当する行政契約の締結及び履行にあたっては、行政契約に関して同法の定める手続に従わなければならない。

イ 地方公共団体が必要な物品を売買契約により調達する場合、当該契約は民法上の契約であり、専ら民法が適用されるため、地方自治法には契約の締結に関して特別な手続は規定されていない。

ウ 水道事業者たる地方公共団体は、給水契約の申込みが、適正かつ合理的な供給計画によっては対応することができないものである場合には、水道法の定める「正当の理由」があるものとして、給水契約を拒むことができる。

エ 公害防止協定など、地方公共団体が締結する規制行政にかかる契約は、法律に根拠のない権利制限として法律による行政の原理に抵触するため、法的拘束力を有しない。

オ 法令上、随意契約によることができない契約を地方公共団体が随意契約で行った場合であっても、当該契約の効力を無効としなければ法令の規定の趣旨を没却する結果となる特別の事情が存在しない限り、当該契約は私法上有効なものとされる。

1 ア・イ
2 ア・エ
3 イ・ウ
4 ウ・オ
5 エ・オ

行政調査に関する次の記述のうち、法令または最高裁判所の判例に照らし、妥当なものはどれか。

1 警察官職務執行法には、警察官は、職務質問に付随して所持品検査を行うことができると規定されており、この場合には、挙動が異常であることに加えて、所持品を確認する緊急の必要性を要するとされている。

2 交通の取締を目的として、警察官が自動車の検問を行う場合には、任意の手段により、走行の外観上不審な車両に限ってこれを停止させることができる。

3 行政手続法においては、行政調査を行う場合、調査の適正な遂行に支障を及ぼすと認められない限り、調査の日時、場所、目的等の項目を事前に通知しなければならないとされている。

4 国税通則法には、同法による質問検査権が犯罪捜査のために認められたものと解してはならないと定められていることから、当該調査において取得した資料をその後に犯則事件の証拠として利用することは認められない。

5 行政調査の実効性を確保するため、調査に応じなかった者に刑罰を科す場合、調査自体の根拠規定とは別に、刑罰を科すことにつき法律に明文の根拠規定を要する。

申請に対する処分について定める行政手続法の規定に関する次の記述のうち、妥当なものはどれか。

1 行政庁は、申請がその事務所に到達してから当該申請に対する処分をするまでに通常要すべき標準的な期間を定めるよう努め、これを定めたときは、行政手続法所定の方法により公にしておかなければならない。

2 行政庁は、法令に定められた申請の形式上の要件に適合しない申請について、それを理由として申請を拒否することはできず、申請者に対し速やかにその補正を求めなければならない。

3 行政庁は、申請により求められた許認可等の処分をする場合は、申請者に対し、同時に、当該処分の理由を示すよう努めなければなら

ない。
4　行政庁は、定められた標準処理期間を経過してもなお申請に対し諾否の応答ができないときは、申請者に対し、当該申請に係る審査の進行状況および処分の時期の見込みを書面で通知しなければならない。
5　行政庁は、申請に対する処分であって、申請者以外の者の利益を考慮すべきことが当該法令において許認可等の要件とされているものを行う場合には、当該申請者以外の者および申請者本人の意見を聴く機会を設けなければならない。

問題 12　行政手続法（以下、本問において「法」という。）が定める不利益処分の手続に関する次の記述のうち、妥当なものはどれか。

1　申請拒否処分は、申請により求められた許認可等を拒否するものとして、法の定義上、不利益処分に該当するので、それを行うにあたっては、申請者に対して意見陳述の機会を与えなければならない。
2　行政庁は、不利益処分がされないことにより権利を害されるおそれがある第三者がいると認めるときは、必要に応じ、その意見を聴く機会を設けるよう努めなければならない。
3　弁明の機会の付与は、処分を行うため意見陳述を要する場合で、聴聞によるべきものとして法が列挙している場合のいずれにも該当しないときに行われ、弁明は、行政庁が口頭ですることを認めたときを除き、弁明書の提出により行われる。
4　法が定める「聴聞」の節の規定に基づく処分またはその不作為に不服がある場合は、それについて行政不服審査法に基づく審査請求をすることができる。
5　聴聞は、行政庁が指名する職員その他政令で定める者が主宰するが、聴聞を主宰することができない者について、法はその定めを政令に委任している。

　行政手続法（以下、本問において「法」という。）が定める届出に関する次の記述のうち、妥当なものはどれか。

1　届出は、法の定めによれば、「行政庁に対し一定の事項の通知をする行為」であるが、「申請に該当するものを除く」という限定が付されている。

2　届出は、法の定めによれば、「行政庁に対し一定の事項の通知をする行為」であるが、「事前になされるものに限る」という限定が付されている。

3　届出は、法の定めによれば、「法令により直接に当該通知が義務付けられているもの」であるが、「自己の期待する一定の法律上の効果を発生させるためには当該通知をすべきこととされているものを除く」という限定が付されている。

4　法令に定められた届出書の記載事項に不備があるか否かにかかわらず、届出が法令によりその提出先とされている機関の事務所に到達したときに、当該届出をすべき手続上の義務が履行されたものとされる。

5　届出書に法令上必要とされる書類が添付されていない場合、事後に補正が求められることにはなるものの、当該届出が法令によりその提出先とされている機関の事務所に到達したときに、当該届出をすべき手続上の義務自体は履行されたものとされる。

問題 14　行政不服審査法の規定に関する次の記述のうち、妥当なものはどれか。

1　行政庁の処分につき処分庁以外の行政庁に審査請求をすることができる場合には、行政不服審査法の定める例外を除き、処分庁に対して再調査の請求をすることができる。

2　行政不服審査法に基づく審査請求を審理した審理員は、審理手続を終結したときは、遅滞なく、審査庁がすべき裁決に関する意見書を作成し、速やかに、これを事件記録とともに、審査庁に提出しなければならない。

3　法令に違反する事実がある場合において、その是正のためにされる

べき処分がされていないと思料する者は、行政不服審査法に基づく審査請求によって、当該処分をすることを求めることができる。

4 法令に違反する行為の是正を求める行政指導の相手方は、当該行政指導が違法なものであると思料するときは、行政不服審査法に基づく審査請求によって、当該行政指導の中止を求めることができる。

5 地方公共団体の機関がする処分であってその根拠となる規定が条例に置かれているものにも行政不服審査法が適用されるため、そのような処分についての審査請求がされた行政庁は、原則として総務省に置かれた行政不服審査会に諮問をしなければならない。

問題 15 審理員に関する行政不服審査法の規定に関する次の記述のうち、妥当なものはどれか。

1 審理員は、審査請求がされた行政庁が、審査請求の対象とされた処分の処分庁または不作為庁に所属する職員から指名する。

2 審理員は、職権により、物件の所持人に対し物件の提出を求めた上で、提出された当該物件を留め置くことができる。

3 審理員は、審査請求人または参加人の申立てがなければ、必要な場所についての検証をすることはできない。

4 審理員は、審査請求人または参加人の申立てがなければ、審査請求に係る事件に関し、審理関係人に質問することはできない。

5 審理員は、数個の審査請求に係る審理手続を併合することはできるが、ひとたび併合された審査請求に係る審理手続を分離することはできない。

　行政不服審査法が定める教示に関する次の記述のうち、妥当でないものはどれか。

1　処分庁が審査請求をすることができる処分をなす場合においては、それを書面でするか、口頭でするかにかかわらず、当該処分につき不服申立てをすることができる旨その他所定の事項を書面で教示をしなければならない。

2　処分庁が審査請求をすることができる処分をなす場合において、処分の相手方に対し、当該処分の執行停止の申立てをすることができる旨を教示する必要はない。

3　処分庁は、利害関係人から、当該処分が審査請求をすることができる処分であるかどうかにつき書面による教示を求められたときは、書面で教示をしなければならない。

4　処分をなすに際し、処分庁が行政不服審査法において必要とされる教示をしなかった場合、当該処分に不服がある者は、当該処分庁に不服申立書を提出することができる。

5　審査庁は、再審査請求をすることができる裁決をなす場合には、裁決書に、再審査請求をすることができる旨並びに再審査請求をすべき行政庁および再審査請求期間を記載してこれらを教示しなければならない。

1　行政庁の公権力の行使に関する不服の訴訟である抗告訴訟として適法に提起できる訴訟は、行政事件訴訟法に列挙されているものに限られる。

2　不作為の違法確認の訴えに対し、請求を認容する判決が確定した場合、当該訴えに係る申請を審査する行政庁は、当該申請により求められた処分をしなければならない。

3　不作為の違法確認の訴えは、処分または裁決についての申請をした者に限り提起することができるが、この申請が法令に基づくものであることは求められていない。

4　「行政庁の処分その他公権力の行使に当たる行為」に該当しない行為については、民事保全法に規定する仮処分をする余地がある。

5　当事者訴訟については、具体的な出訴期間が行政事件訴訟法において定められているが、正当な理由があるときは、その期間を経過した後であっても、これを提起することができる。

問題 18 抗告訴訟の対象に関する次の記述のうち、最高裁判所の判例に照らし、妥当でないものはどれか。

1 都市計画法に基づいて、公共施設の管理者である行政機関等が行う開発行為への同意は、これが不同意であった場合には、開発行為を行おうとする者は後続の開発許可申請を行うことができなくなるため、開発を行おうとする者の権利ないし法的地位に影響を及ぼすものとして、抗告訴訟の対象となる行政処分に該当する。

2 都市計画区域内において用途地域を指定する決定は、地域内の土地所有者等に建築基準法上新たな制約を課すものではあるが、その効果は、新たにそのような制約を課する法令が制定された場合と同様の当該地域内の不特定多数の者に対する一般的抽象的なものにすぎず、当該地域内の個人の具体的な権利を侵害するものではないから、抗告訴訟の対象となる行政処分に該当しない。

3 市町村の施行に係る土地区画整理事業計画の決定により、事業施行地区内の宅地所有者等は、所有権等に対する規制を伴う土地区画整理事業の手続に従って換地処分を受けるべき地位に立たされるため、当該計画の決定は、その法的地位に直接的な影響を及ぼし、抗告訴訟の対象となる行政処分に該当する。

4 地方公共団体が営む水道事業に係る条例所定の水道料金を改定する条例の制定行為は、同条例が上記水道料金を一般的に改定するものであって、限られた特定の者に対してのみ適用されるものではなく、同条例の制定行為をもって行政庁が法の執行として行う処分と実質的に同視することはできないから、抗告訴訟の対象となる行政処分に該当しない。

5 特定の保育所の廃止のみを内容とする条例は、他に行政庁の処分を待つことなく、その施行により各保育所廃止の効果を発生させ、当該保育所に現に入所中の児童およびその保護者という限られた特定の者らに対して、直接、当該保育所において保育を受けることを期待し得る法的地位を奪う結果を生じさせるものであるから、その制定行為は、行政庁の処分と実質的に同視し得るものということができ、抗告訴訟の対象となる行政処分に該当する。

行政事件訴訟法が定める処分無効確認訴訟（以下「無効確認訴訟」という。）に関する次の記述のうち、妥当なものはどれか。

1 無効確認訴訟は、処分が無効であることを主張して提起する訴訟であるから、当該処分に無効原因となる瑕疵が存在しない場合、当該訴えは不適法なものとして却下される。

2 無効確認訴訟には、取消訴訟の原告適格を定める規定が準用されておらず、原告適格に関する制約はない。

3 無効確認訴訟は、処分の取消訴訟につき審査請求の前置が要件とされている場合においても、審査請求に対する裁決を経ずにこれを提起することができる。

4 無効確認訴訟においては、訴訟の対象となる処分は当初から無効であるのが前提であるから、当該処分の執行停止を申し立てることはできない。

5 無効確認訴訟は、処分が無効であることを前提とする現在の法律関係に関する訴えによって目的を達することができる場合にも、提起することができる。

問題 20 国家賠償法 1 条 1 項に基づく国家賠償責任に関する次の記述のうち、最高裁判所の判例に照らし、妥当なものはどれか。

1 検察官が公訴を提起したものの、裁判で無罪が確定した場合、当該公訴提起は、国家賠償法 1 条 1 項の適用上、当然に違法の評価を受けることとなる。

2 指定確認検査機関による建築確認事務は、当該確認に係る建築物について確認権限を有する建築主事が置かれた地方公共団体の事務であり、当該地方公共団体が、当該事務について国家賠償法 1 条 1 項に基づく損害賠償責任を負う。

3 公立学校における教職員の教育活動は、私立学校の教育活動と変わるところはないため、原則として、国家賠償法 1 条 1 項にいう「公権力の行使」に当たらない。

4 税務署長のする所得税の更正が所得金額を過大に認定していた場合、当該更正は、国家賠償法 1 条 1 項の適用上、当然に違法の評価を受けることとなる。

5 警察官が交通法規に違反して逃走する車両をパトカーで追跡する職務執行中に、逃走車両の走行によって第三者が負傷した場合、当該追跡行為は、当該第三者との関係において、国家賠償法 1 条 1 項の適用上、当然に違法の評価を受けることとなる。

問題 21 国家賠償法2条1項に基づく国家賠償責任に関する次のア〜エの記述のうち、最高裁判所の判例に照らし、妥当なものの組合せはどれか。

ア 営造物の設置または管理の瑕疵には、当該営造物が併用目的に沿って利用されることとの関連においてその利用者以外の第三者に対して危害を生ぜしめる危険性がある場合を含むものと解されるが、具体的に道路の設置または管理につきそのような瑕疵があったと判断するにあたっては、当該第三者の被害について、道路管理者において回避可能性があったことが積極的要件とされる。

イ 営造物の併用が第三者に対する関係において違法な権利侵害ないし法益侵害となり、当該営造物の設置・管理者が賠償義務を負うかどうかを判断するにあたっては、侵害行為の開始とその後の継続の経過および状況、その間に採られた被害の防止に関する措置の有無およびその内容、効果等の事情も含めた諸要素の総合的な考察によりこれを決すべきである。

ウ 道路等の施設の周辺住民からその供用の差止めが求められた場合に差止請求を認容すべき違法性があるかどうかを判断するにあたって考慮すべき要素は、周辺住民から損害の賠償が求められた場合に賠償請求を認容すべき違法性があるかどうかを判断するにあたって考慮すべき要素とほぼ共通するが、双方の場合の違法性の有無の判断に差異が生じることがあっても不合理とはいえない。

エ 営造物の設置または管理の瑕疵には、当該営造物が供用目的に沿って利用されることとの関連においてその利用者以外の第三者に対して危害を生ぜしめる危険性がある場合を含むものと解すべきであるが、国営空港の設置管理は、営造物管理権のみならず、航空行政権の行使としても行われるものであるから、事理の当然として、この法理は、国営空港の設置管理の瑕疵には適用されない。

1 ア・ウ
2 ア・エ
3 イ・ウ
4 イ・エ
5 ウ・エ

A市議会においては、屋外での受動喫煙を防ぐために、繁華街での路上喫煙を禁止し、違反者に罰金もしくは過料のいずれかを科することを定める条例を制定しようとしている。この場合に関する次の記述のうち、妥当なものはどれか。

1 この条例に基づく過料は、行政上の秩序罰に当たるものであり、非訟事件手続法に基づき裁判所が科する。

2 条例の効力は属人的なものであるので、A市の住民以外の者については、この条例に基づき処罰することはできない。

3 この条例で過料を定める場合については、その上限が地方自治法によって制限されている。

4 地方自治法の定める上限の範囲内であれば、この条例によらず、A市長の定める規則で罰金を定めることもできる。

5 この条例において罰金を定める場合には、A市長は、あらかじめ総務大臣に協議しなければならない。

住民監査請求および住民訴訟に関する次の記述のうち、妥当なものはどれか。

1 住民訴訟は、普通地方公共団体の住民にのみ出訴が認められた客観訴訟であるが、訴訟提起の時点で当該地方公共団体の住民であれば足り、その後他に転出しても当該訴訟が不適法となることはない。

2 普通地方公共団体における違法な財務会計行為について住民訴訟を提起しようとする者は、当該財務会計行為が行われた時点において当該地方公共団体の住民であったことが必要となる。

3 普通地方公共団体における違法な財務会計行為について住民訴訟を提起しようとする者は、当該財務会計行為について、その者以外の住民が既に提起した住民監査請求の監査結果が出ている場合は、自ら別個に住民監査請求を行う必要はない。

4 普通地方公共団体において違法な財務会計行為があると認めるときは、当該財務会計行為と法律上の利害関係のある者は、当該地方公共団体の住民でなくとも住民監査請求をすることができる。

5 違法に公金の賦課や徴収を怠る事実に関し、住民が住民監査請求を

した場合において、それに対する監査委員の監査の結果または勧告に不服があるとき、当該住民は、地方自治法に定められた出訴期間内に住民訴訟を提起することができる。

問題 24 都道府県の事務にかかる地方自治法の規定に関する次の記述のうち、妥当なものはどれか。

1 都道府県は、都道府県知事の権限に属する事務の一部について、条例の定めるところにより、市町村が処理するものとすることができるとされている。

2 都道府県の事務の根拠となる法律が、当該事務について都道府県の自治事務とする旨を定めているときに限り、当該事務は自治事務となるとされている。

3 都道府県知事がする処分のうち、法定受託事務にかかるものについての審査請求は、すべて総務大臣に対してするものとするとされている。

4 都道府県は、その法定受託事務の処理に対しては、法令の規定によらずに、国の関与を受けることがあるとされている。

5 都道府県は、その自治事務について、独自の条例によって、法律が定める処分の基準に上乗せした基準を定めることができるとされている。

次に掲げる国家行政組織法の条文の空欄 | ア | ～ | オ | に当てはまる語句の組合せとして、妥当なものはどれか。

第1条　この法律は、内閣の統轄の下における行政機関で | ア | 及びデジタル庁以外のもの（以下「国の行政機関」という。）の組織の基準を定め、もって国の行政事務の能率的な遂行のために必要な国家行政組織を整えることを目的とする。

第3条第1項　国の行政機関の組織は、この法律でこれを定めるものとする。

同第2項　行政組織のため置かれる国の行政機関は、省、| イ | 及び庁とし、その設置及び廃止は、別に | ウ | の定めるところによる。

同第3項　省は、内閣の統轄の下に第5条第1項の規定により各省大臣の | エ | する行政事務及び同条第2項の規定により当該大臣が掌理する行政事務をつかさどる機関として置かれるものとし、| イ | 及び庁は、省に、その外局として置かれるものとする。

第5条第1項　各省の長は、それぞれ各省大臣とし、内閣法にいう主任の大臣として、それぞれ行政事務を | エ | する。

同第2項　各省大臣は、前項の規定により行政事務を | エ | するほか、それぞれ、その | エ | する行政事務に係る各省の任務に関連する特定の内閣の重要政策について、当該重要政策に関して閣議において決定された基本的な方針に基づいて、行政各部の施策の統一を図るために必要となる企画及び立案並びに総合調整に関する事務を掌理する。

同第3項　各省大臣は、国務大臣のうちから、| オ | が命ずる。（以下略）

	ア	イ	ウ	エ	オ
1	自衛隊	委員会	内閣府令	分担管理	内閣
2	防衛省	独立行政法人	政令	所轄	天皇
3	内閣府	内部部局	政令	所掌	内閣
4	自衛隊	内部部局	法律	統轄	天皇
5	内閣府	委員会	法律	分担管理	内閣総理大臣

国籍と住民としての地位に関する次の記述のうち、法令に照らし、妥当なものはどれか。

1 事務監査請求をする権利は、日本国籍を有しない住民にも認められている。

2 住民監査請求をする権利は、日本国籍を有する住民にのみ認められている。

3 公の施設の利用関係については、日本国籍を有しない住民についても、不当な差別的な取り扱いをしてはならない。

4 日本国籍を有しない住民のうち、一定の期間、同一地方公共団体の区域内に居住したものは、当該地方公共団体の長や議会の議員の選挙権を有する。

5 日本国籍を有しない住民は、住民基本台帳法に基づく住民登録をすることができない。

問題27 虚偽表示の無効を対抗できない善意の第三者に関する次の記述のうち、民法の規定および判例に照らし、妥当でないものはどれか。

1 AはBと通謀してA所有の土地をBに仮装譲渡したところ、Bは当該土地上に建物を建築し、これを善意のCに賃貸した。この場合、Aは、虚偽表示の無効をCに対抗できない。

2 AはBと通謀してA所有の土地をBに仮装譲渡したところ、Bが当該土地を悪意のCに譲渡し、さらにCが善意のDに譲渡した。この場合、Aは、虚偽表示の無効をDに対抗できない。

3 AはBと通謀してA所有の土地をBに仮装譲渡したところ、Bは善意の債権者Cのために当該土地に抵当権を設定した。この場合、Aは、虚偽表示の無効をCに対抗できない。

4 AはBと通謀してA所有の土地をBに仮装譲渡したところ、Bの債権者である善意のCが、当該土地に対して差押えを行った。この場合、Aは、虚偽表示の無効をCに対抗できない。

5 AはBと通謀してAのCに対する指名債権をBに仮装譲渡したところ、Bは当該債権を善意のDに譲渡した。この場合、Aは、虚偽表示の無効をDに対抗できない。

問題 28 占有権に関する次の記述のうち、民法の規定および判例に照らし、妥当でないものはどれか。

1 Aが所有する動産甲（以下「甲」という。）の保管をAから委ねられ占有しているBが、甲を自己の物と称してCに売却した場合、甲に対するCの即時取得の成立要件について、占有開始におけるCの平穏、公然、善意および無過失は推定される。

2 Aが所有する乙土地（以下「乙」という。）をBが20年以上にわたって占有し、所有権の取得時効の成否が問われる場合、Aが、Bによる乙の占有が他主占有権原に基づくものであることを証明しない限り、Bについての他主占有事情が証明されても、Bの所有の意思が認められる。

3 Aが所有する丙土地（以下「丙」という。）を無権利者であるBがCに売却し、Cが所有権を取得したものと信じて丙の占有を開始した場合、Aから本権の訴えがないときは、Cは、丙を耕作することによって得た収穫物を取得することができる。

4 Aが所有する動産丁（以下「丁」という。）を保管することをBに寄託し、これに基づいてBが丁を占有していたところ、丁をCに盗取された場合、Bは、占有回収の訴えにより、Cに対して丁の返還を請求することができる。

5 Aが所有する動産戊（以下「戊」という。）を保管することをBに寄託し、これをBに引き渡した後、Aは戊をCに譲渡した場合、Aが、Bに対して以後Cの所有物として戊を占有するよう指示し、Cが、これを承諾したときは、戊についてAからCへの引渡しが認められる。

問題29 機械部品の製造販売を行う A は、材料供給者 B と継続的取引関係を結ぶにあたり、A 所有の甲土地に、極度額 5,000 万円、被担保債権の範囲を「B の A に対する材料供給にかかる継続的取引関係から生じる債権」とする第 1 順位の根抵当権（以下「本件根抵当権」という。）を B のために設定してその旨の登記をした。その後、A は C から事業資金の融資を受け、その債務の担保として甲土地に第 2 順位の普通抵当権を C のために設定した。この場合に関する次の記述のうち、民法の規定に照らし、明らかに誤っているものはどれか。

1 本件根抵当権について元本確定期日が定められていない場合、A は、根抵当権の設定から 3 年が経過したときに元本確定を請求することができ、B は、いつでも元本確定を請求することができる。

2 本件根抵当権について元本確定前に被担保債権の範囲を変更する場合、C の承諾は不要であるが、その変更について元本確定前に登記をしなかったときは、その変更をしなかったものとみなす。

3 本件根抵当権について元本が確定した後、当該確定した元本の額が極度額に満たない場合には、A は、B に対して、極度額を法の定める額に減額することを請求することができる。

4 本件根抵当権について元本が確定した後、当該確定した元本の額が極度額に満たない場合には、B は、当該確定した元本に係る最後の 2 年分の利息、損害金については、極度額を超えても、本件根抵当権を行使して優先弁済を受けることができる。

5 本件根抵当権について元本が確定する前に、B が A に対して有する材料供給にかかる債権の一部を D に譲渡した場合、当該債権譲渡の対抗要件を具備していても、D は、当該譲渡された債権について根抵当権を行使することはできない。

問題 30　Aは、BにCから贈与を受けた動産甲を売却する旨の契約（以下「本件契約」という。）をBと締結したが、引渡し期日が過ぎても動産甲の引渡しは行われていない。この場合についての次の記述のうち、民法の規定に照らし、正しいものはどれか。

1　本件契約に「Cが亡くなった後に引き渡す」旨が定められていた場合、Cの死亡後にBから履行請求があったとしても、Aが実際にCの死亡を知るまではAの履行遅滞の責任は生じない。

2　動産甲が、契約締結前に生じた自然災害により滅失していたために引渡しが不能である場合、本件契約は、その成立の時に不能であるから、Aは、Bに履行の不能によって生じた損害を賠償する責任を負わない。

3　動産甲の引渡しについて、Aが履行補助者であるDを用いた場合、Dの過失により甲が滅失し引渡しができないときには、Aに当然に債務不履行責任が認められる。

4　動産甲が本件契約締結後引渡しまでの間にA・B双方の責めに帰すことができない事由によって滅失したときは、Aの引渡し債務は不能により消滅するが、Bの代金債務は消滅しないから、Bは、Aからの代金支払請求に応じなければならない。

5　Aが本件契約に基づき動産甲をBのもとに持参して引き渡そうとしたが、Bがその受領を拒んだ場合、その後にA・B双方の責めに帰すことができない事由によって甲が滅失したときは、Bは、本件契約の解除をすることも、Aからの代金支払請求を拒絶することもできない。

問題 31 債務不履行を理由とする契約の解除に関する次の記述のうち、民法の規定および判例に照らし、妥当なものはどれか。

1 債務者が債務の全部について履行を拒絶する意思を明確に示したとしても、債権者は、相当の期間を定めて履行の催告をし、その期間内に履行がない場合でなければ、契約を解除することができない。

2 特定物の売買契約において、契約締結後に目的物が不可抗力によって滅失した場合、買主は、履行不能を理由として契約を解除することができない。

3 建物賃貸借契約において、賃借人の用法違反が著しい背信行為にあたり、契約関係の継続が困難となるに至った場合であっても、賃貸人は相当の期間を定めて賃借人に利用態様を改めるよう催告をし、その期間が経過しても賃借人が態度を改めようとしない場合でなければ、賃貸人は、当該契約を解除することができない。

4 売買契約に基づいて目的物が引き渡された後に契約が解除された場合、買主が売主に対して負うべき原状回復義務には、目的物の返還に加えて、それまでに生じた目的物に関する使用利益の返還も含まれるが、当該契約が他人物売買であったときは、買主は売主に対して使用利益の返還義務を負わない。

5 売買契約において、買主が代金の一部の支払を遅滞した場合、売主が相当の期間を定めてその支払の催告をし、その期間内に買主が代金を完済しなかったとしても、その時点における代金額の不足が軽微であるときは、売主の売買契約の解除が制限されることがある。

問題 32　Aは、Bとの間でA所有の甲建物の賃貸借契約を締結し、甲建物を引き渡したが、その後、Aは、同建物をCに譲渡した。Aは、同賃貸借契約締結時にBから敷金を提供され、それを受け取っていた。この場合についての次の記述のうち、民法の規定に照らし、誤っているものはどれか。

1　甲建物についてのAのBに対する賃貸人たる地位は、Bの承諾を要しないで、AとCとの合意により、Cに移転させることができる。

2　甲建物の譲渡によるCへの賃貸人たる地位の移転は、甲建物についてAからCへの所有権移転登記をしなければ、Bに対抗することができない。

3　AとCが甲建物の賃貸人たる地位をAに留保する旨の合意および甲建物をCがAに賃貸する旨の合意をしたときは、賃貸人たる地位はCに移転しない。

4　賃貸人たる地位がCに移転した場合、Bは、Cの承諾を得なければ、甲建物の賃借権を譲り渡すことはできないが、甲建物を転貸するときは、Cの承諾を要しない。

5　賃貸人たる地位がCに移転した場合、敷金の返還に係る債務はCに承継され、Cが、Bに対し、その債務を負う。

問題 33 法定利率に関する次の記述のうち、民法の規定および判例に照らし、妥当でないものはどれか。

1 利息付金銭消費貸借契約において、利息について利率の定めがなかったときは、利息の利率は借主が金銭を受け取った日の法定利率による。

2 利息付金銭消費貸借契約において、当初適用された法定利率が変動したときは、当該消費貸借の利息に適用される法定利率も一緒に変動する。

3 利息付金銭消費貸借契約において、利息について利率の定めがあったが遅延損害の額の定めがなかった場合に、当該利息の約定利率が法定利率より低かったときは、遅延損害の額は法定利率によって定める。

4 不法行為に基づく損害賠償において、遅延損害金は、原則として不法行為時の法定利率によって定める。

5 将来において取得すべき利益についての損害賠償の額を定める場合において、その利益を取得すべき時までの利息相当額を控除するときは、その損害賠償の請求権が生じた時点における法定利率により、これをする。

問題 34 不法行為に関する次の記述のうち、民法の規定および判例に照らし、妥当なものはどれか。

1 未成年者が他人に損害を加えた場合、道徳上の是非善悪を判断できるだけの能力があるときは、当該未成年者は、損害賠償の責任を負う。

2 精神上の障害により自己の行為の責任を弁識する能力を欠く状態にある間に他人に損害を加えた者は、過失によって一時的にその状態を招いたとしても、損害賠償の責任を負わない。

3 野生の熊が襲ってきたので自己の身を守るために他人の宅地に飛び込み板塀を壊した者には、正当防衛が成立する。

4 路上でナイフを振り回して襲ってきた暴漢から自己の身を守るために他人の家の窓を割って逃げ込んだ者には、緊急避難が成立する。

5 路上でナイフを持った暴漢に襲われた者が自己の身を守るために他人の家の窓を割って逃げ込んだ場合、窓を壊された被害者は、窓を割った者に対して損害賠償を請求できないが、当該暴漢に対しては損害賠償を請求できる。

問題 35 相続に関する次の記述のうち、民法の規定および判例に照らし、妥当なものはどれか。

1 系譜、祭具及び墳墓の所有権は、被相続人の指定に従って祖先の祭祀を主宰すべき者があるときを除き、慣習に従って祖先の祭祀を主宰すべき者が承継する。
2 相続人は、相続開始の時から、一身専属的な性質を有するものを除き、被相続人の財産に属した一切の権利義務を承継するが、不法行為による慰謝料請求権は、被害者自身の精神的損害を填補するためのものであるから相続財産には含まれない。
3 相続財産中の預金債権は、分割債権であるから、相続開始時に共同相続人に対してその相続分に応じて当然に帰属し、遺産分割の対象とはならない。
4 相続開始後、遺産分割前に共同相続人の1人が、相続財産に属する財産を処分した場合、当該財産は遺産分割の対象となる相続財産ではなくなるため、残余の相続財産について遺産分割を行い、共同相続人間の不公平が生じたときには、別途訴訟等により回復する必要がある。
5 共同相続人は、相続の開始後3か月を経過した場合、いつでもその協議で遺産の全部または一部の分割をすることができる。

問題 36　営業譲渡に関する次の記述のうち、商法の規定に照らし、正しいものはどれか。なお、営業を譲渡した商人を甲、営業を譲り受けた商人を乙とし、甲および乙は小商人ではないものとする。

1　甲が営業とともにその商号を乙に譲渡する場合には、乙が商号の登記をしなければその効力は生じない。

2　乙が甲の商号を引き続き使用する場合には、乙は、甲の営業によって生じた債務を弁済する責任を負う。ただし、営業譲渡後、遅滞なく、乙が第三者である丙に対して、甲の債務を弁済する責任を負わない旨の通知をした場合には、乙は、丙に対して弁済責任を負わない。

3　乙が甲の商号を引き続き使用する場合に、甲の営業によって生じた債権について、債務者である丙が乙に対して行った弁済は、丙の過失の有無を問わず、丙が善意であるときに、その効力を有する。

4　乙が甲の商号を引き続き使用しない場合において、乙が甲の営業によって生じた債務を引き受ける旨の広告をしたときは、甲の弁済責任が消滅するため、甲の債権者である丙は、乙に対して弁済の請求をしなければならない。

5　甲および乙が、乙に承継されない債務の債権者（残存債権者）である丙を害することを知りながら、無償で営業を譲渡した場合には、丙は、乙に対して、甲から承継した財産の価額を限度として、当該債務の履行を請求することができる。

問題 37 株式会社の設立における発行可能株式総数の定め等に関する次のア～オの記述のうち、会社法の規定に照らし、誤っているものの組合せはどれか。

ア 発起設立において、発行可能株式総数を定款で定めていない場合には、発起人は、株式会社の成立の時までに、その全員の同意によって、定款を変更して発行可能株式総数の定めを設けなければならない。

イ 発起設立においては、発行可能株式総数を定款で定めている場合であっても、発起人は、株式会社の成立の時までに、その過半数の同意によって、発行可能株式総数についての定款を変更することができる。

ウ 募集設立において、発行可能株式総数を定款で定めていない場合には、発起人は、株式会社の成立の時までに、その全員の同意によって、定款を変更して発行可能株式総数の定めを設けなければならない。

エ 募集設立においては、発行可能株式総数を定款で定めている場合であっても、株式会社の成立の時までに、創立総会の決議によって、発行可能株式総数についての定款を変更することができる。

オ 設立時発行株式の総数は、設立しようとする株式会社が公開会社でない場合を除いて、発行可能株式総数の４分の１を下ることができない。

1 ア・ウ
2 ア・エ
3 イ・ウ
4 イ・オ
5 エ・オ

問題 38 特別支配株主の株式売渡請求に関する次の記述のうち、会社法の規定に照らし、誤っているものはどれか。

1 特別支配株主は、株式売渡請求に係る株式を発行している対象会社の他の株主（当該対象会社を除く。）の全員に対し、その有する当該対象会社の株式の全部を当該特別支配株主に売り渡すことを請求することができる。

2 株式売渡請求をしようとする特別支配株主は、株式売渡請求に係る株式を発行している対象会社に対し、株式売渡請求をする旨および対価として交付する金銭の額や売渡株式を取得する日等の一定の事項について通知し、当該対象会社の株主総会の承認を受けなければならない。

3 株式売渡請求をした特別支配株主は、株式売渡請求において定めた取得日に、株式売渡請求に係る株式を発行している対象会社の株主が有する売渡株式の全部を取得する。

4 売渡株主は、株式売渡請求が法令に違反する場合であって、売渡株主が不利益を受けるおそれがあるときは、特別支配株主に対し、売渡株式の全部の取得をやめることを請求することができる。

5 株式売渡請求において定めた取得日において公開会社の売渡株主であった者は、当該取得日から 6 か月以内に、訴えをもってのみ当該株式売渡請求に係る売渡株式の全部の取得の無効を主張することができる。

問題 39 公開会社における株主総会に関する次の記述のうち、会社法の規定に照らし、誤っているものはどれか。なお、定款に別段の定めはなく、かつ、株主総会の目的である事項の全部または一部について議決権を有しない株主はいないものとする。

1 総株主の議決権の 100 分の 3 以上の議決権を 6 か月前から引き続き有する株主は、取締役に対し、株主総会の目的である事項および招集の理由を示して、株主総会の招集を請求することができる。

2 総株主の議決権の 100 分の 1 以上の議決権または 300 個以上の議決権を 6 か月前から引き続き有する株主は、取締役に対し、株主総会の日の 8 週間前までに、一定の事項を株主総会の目的とすることを請求することができる。

3　株主は、株主総会において、当該株主総会の目的である事項につき議案を提出することができる。ただし、当該議案が法令もしくは定款に違反する場合または実質的に同一の議案につき株主総会において総株主の議決権の 10 分の 1 以上の賛成を得られなかった日から 3 年を経過していない場合は、この限りでない。

4　総株主の議決権の 100 分の 1 以上の議決権を 6 か月前から引き続き有する株主は、株主総会に係る招集の手続および決議の方法を調査させるため、当該株主総会に先立ち、取締役に対し、検査役を選任すべきことを請求することができる。

5　取締役、会計参与、監査役および執行役は、株主総会において、株主から特定の事項について説明を求められた場合には、当該事項について必要な説明をしなければならない。ただし、当該事項が株主総会の目的である事項に関しないものである場合、その説明をすることにより株主の共同の利益を著しく害する場合その他正当な理由があるとして法務省令で定める場合は、この限りでない。

問題 40　会計参与に関する次のア〜オの記述のうち、会社法の規定に照らし、正しいものの組合せはどれか。

ア　公開会社である大会社は、会計参与を置いてはならない。

イ　公開会社ではない大会社は、会計監査人に代えて、会計参与を置くことができる。

ウ　会計参与は、株主総会の決議によって選任する。

エ　会計参与は、公認会計士もしくは監査法人または税理士もしくは税理士法人でなければならない。

オ　会計参与は、すべての取締役会に出席し、必要があると認めるときは、意見を述べなければならない。

1　ア・イ
2　ア・エ
3　イ・オ
4　ウ・エ
5　ウ・オ

問題41 次の文章の空欄 ア 〜 エ に当てはまる語句を、枠内の選択肢（1 〜 20）から選びなさい。

ア の争訟は、①当事者間の具体的な権利義務ないし法律関係の存否に関する紛争であって、かつ、②それが法令の適用により終局的に解決することができるものに限られるとする当審の判例（引用略）に照らし、地方議会議員に対する出席停止の懲罰の取消しを求める訴えが、①②の要件を満たす以上、 ア の争訟に当たることは明らかであると思われる。

ア の争訟については、憲法32条により国民に裁判を受ける権利が保障されており、また、 ア の争訟について裁判を行うことは、憲法76条1項により司法権に課せられた義務であるから、本来、司法権を行使しないことは許されないはずであり、司法権に対する イ 制約があるとして司法審査の対象外とするのは、かかる例外を正当化する ウ の根拠がある場合に厳格に限定される必要がある。

国会については、国権の最高機関（憲法41条）としての エ を憲法が尊重していることは明確であり、憲法自身が議員の資格争訟の裁判権を議院に付与し（憲法55条）、議員が議院で行った演説、討論又は表決についての院外での免責規定を設けている（憲法51条）。しかし、地方議会については、憲法55条や51条のような規定は設けられておらず、憲法は、 エ の点において、国会と地方議会を同視していないことは明らかである。

（最大判令和2年11月25日民集74巻8号2229頁、宇賀克也裁判官補足意見）

1	法令上	2	一般的	3	公法上	4	地位
5	自律性	6	訴訟法上	7	外在的	8	必然的
9	公益上	10	法律上	11	独立性	12	社会的
13	慣習法上	14	権能	15	私法上	16	公共性
17	偶然的	18	実体法上	19	判例法上	20	憲法上

問題 42 次の文章の空欄 ［ ア ］ ～ ［ エ ］ に当てはまる語句を、枠内の選択肢（1 ～ 20）から選びなさい。

　行政機関の保有する情報の公開に関する法律（行政機関情報公開法）に基づき、行政機関の長に対して、当該行政機関が保有する ［ ア ］ の開示が請求された場合、当該行政機関の長は、当該 ［ ア ］ の開示又は不開示の決定（開示決定等）をしなければならない。

　開示決定等は、行政手続法上の ［ イ ］ であるから、同法の定めによれば、当該行政機関の長は、不開示決定（部分開示決定を含む。）をする場合、原則として、開示請求者に対し、同時に、当該決定の ［ ウ ］ を示さなければならない。

　開示決定等に不服がある者は、行政不服審査法に基づく審査請求をすることができる。審査請求に対する裁決をすべき行政機関の長は、原則として、［ エ ］ に諮問しなければならない（当該行政機関の長が会計検査院長である場合を除く）。［ エ ］ は、必要があると認めるときは、諮問をした行政機関の長（諮問庁）に対し、［ ア ］ の提示を求めることができ、諮問庁は、これを拒むことができない。この審査請求においては、処分庁は、当初に示された ［ ウ ］ と異なる ［ ウ ］ を主張することもできる。

1	届出に対する処分	2	個人情報保護委員会		
3	情報公開・個人情報保護審査会				
4	裁量処分	5	公文書	6	理由
7	行政情報	8	行政不服審査会	9	解釈基準
10	不利益処分	11	申請に対する処分	12	裁量基準
13	国地方係争処理委員会	14	行政文書ファイル	15	審査基準
16	公情報	17	授益的処分	18	処分基準
19	行政文書	20	情報公開委員会		

次の文章の空欄 　ア　 ～ 　エ　 に当てはまる語句を、枠内の選択肢（1～20）から選びなさい。

　国家補償制度は、国家賠償と損失補償によって構成されるが、両者のいずれによっても救済されない問題が存在する。公務員の 　ア　 の違法行為による被害は、国家賠償法の救済の対象とはならず、他方、憲法29条3項によって求められる損失補償は、 　イ　 以外の権利利益についての被害には及ばないと考えられるからである。この救済の空白地帯は「国家補償の谷間」と呼ばれている。

　「国家補償の谷間」の典型事例は予防接種による副反応被害である。この事例を損失補償により救済するアプローチは、 　イ　 よりも重要な利益である生命・身体の利益は、当然に憲法29条3項に規定する損失補償の対象となるとする 　ウ　 解釈によって、救済を図ろうとする。

　これに対して、国家賠償による救済のアプローチをとる場合、予防接種の性質上、予診を尽くしたとしても、接種を受けることが適切でない者（禁忌者）を完全に見分けることが困難であり、医師による予診を初めとする公務員の行為は 　ア　 とされる可能性が残る。この点について、最高裁判所昭和51年9月30日判決は、予防接種により重篤な副反応が発生した場合に、担当医師がこうした結果を予見しえたのに、過誤により予見しなかったものと 　エ　 することで、実質的に、自らが 　ア　 であることの立証責任を国側に負わせることで救済を図った。

1	自由裁量	2	合憲限定	3	生存権
4	無過失	5	正当な補償	6	文理
7	証明	8	緊急避難	9	重過失
10	特別の犠牲	11	推定	12	職務外
13	決定	14	事実行為	15	財産権
16	確定	17	反対	18	憲法上の権利
19	償うことのできない損害		20	勿論	

[問題44〜問題46は記述式]（解答は、必ず答案用紙裏面の解答欄（マス目）に記述すること。なお、字数には、句読点も含む。）

問題44　開発事業者であるAは、建築基準法に基づき、B市建築主事から建築確認を受けて、マンションの建築工事を行い、工事完成後、Aは当該マンションの建物につき、検査の上、検査済証の交付を受けた。これに対して、当該マンションの隣地に居住するXらは、当該マンションの建築計画は建築基準法令に適合せず、建築確認は違法であり、当該マンションも、そのような建築計画に沿って建てられたものであるから違法であって、当該マンションの建物に火災その他の災害が発生した場合、建物が倒壊、炎上することにより、Xらの身体の安全や家屋に甚大な被害が生ずるおそれがあるとして、建築基準法に基づき違反建築物の是正命令を発出するよう、特定行政庁であるB市長に申し入れた。しかしながら、B市長は、当該建築確認および当該マンションの建物に違法な点はないとして、これを拒否することとし、その旨を通知した。

　このようなB市長の対応を受け、Xらは、行政事件訴訟法の定める抗告訴訟を提起することにした。この場合において、①誰を被告として、②前記のような被害を受けるおそれがあることにつき、同法の定める訴訟要件として、当該是正命令がなされないことにより、どのような影響を生ずるおそれがあるものと主張し（同法の条文の表現を踏まえて記すこと。）、③どのような訴訟を起こすことが適切か。40字程度で記述しなさい。

（参照条文）

建築基準法

（違反建築物に対する措置）

第9条　特定行政庁は、建築基準法令の規定又はこの法律の規定に基づく許可に付した条件に違反した建築物又は建築物の敷地については、当該建築物の建築主、当該建築物に関する工事の請負人（請負工事の下請人を含む。）若しくは現場管理者又は当該建築物若しくは建築物の敷地の所有者、管理者若しくは占有者に対して、当該工事の施工の停止を命じ、

又は、相当の猶予期限を付けて、当該建築物の除却、移転、改築、増築、修繕、模様替、使用禁止、使用制限その他これらの規定又は条件に対する違反を是正するために必要な措置をとることを命ずることができる。

（下書用）
10　　　　　　15

問題 45　Ａが所有する甲不動産について、Ａの配偶者であるＢが、Ａから何ら代理権を与えられていないにもかかわらず、Ａの代理人と称して甲不動産をＣに売却する旨の本件売買契約を締結した後、Ｂが死亡してＡが単独で相続するに至った。ＣがＡに対して、売主として本件売買契約を履行するよう求めた場合に、Ａは、これを拒みたいと考えているが、認められるか。民法の規定および判例に照らし、その許否につき理由を付して 40 字程度で記述しなさい。

（下書用）
10　　　　　　15

問題46 Aは、工場を建設するために、Bから、Bが所有する甲土地（更地）を、賃貸借契約締結の日から賃借期間30年と定めて賃借した。ただし、甲土地の賃借権の登記は、現在に至るまでされていない。ところが、甲土地がBからAに引き渡される前に、甲土地に何らの権利も有しないCが、AおよびBに無断で、甲土地に塀を設置したため、Aは、甲土地に立ち入って工場の建設工事を開始することができなくなった。そこで、Aは、Bに対応を求めたが、Bは何らの対応もしないまま現在に至っている。Aが甲土地に工場の建設工事を開始するために、Aは、Cに対し、どのような請求をすることができるか。民法の規定および判例に照らし、40字程度で記述しなさい。

（下書用）

Aは、Cに対し、

[問題 47 〜問題 60 は択一式（5 肢択一式)]

問題 47 ロシア・旧ソ連の外交・軍事に関する次の記述のうち、妥当なものはどれか。

1 1853 年にロシアはオスマン朝トルコとウクライナ戦争を起こし、イギリス・フランスがトルコ側に参戦して、ウィーン体制に基づくヨーロッパの平和は崩壊した。

2 第一次世界大戦の末期の 1917 年に、ロシアでいわゆる名誉革命が生じ、革命政権は「平和に関する布告」を出し、社会主義インターナショナルの原則による和平を求めた。

3 独ソ不可侵条約・日ソ中立条約を締結してから、ソ連は 1939 年にポーランドに侵攻して東半分を占領し、さらにフィンランドとバルト三国とスウェーデンも占領した。

4 1962 年にキューバにソ連のミサイル基地が建設されていることが分かり、アメリカがこれを空爆したため、キューバ戦争が起こった。

5 1980 年代前半は新冷戦が進行したが、ソ連の最高指導者ゴルバチョフは新思考外交を展開し、1989 年の米ソ両首脳のマルタ会談において、東西冷戦の終結が宣言された。

問題 48 ヨーロッパの国際組織に関する次のア〜オの記述のうち、妥当なものの組合せはどれか。

ア 1960 年にイギリスが中心となって設立されたヨーロッパの経済統合を目指す国際機関を欧州経済共同体（EEC）という。

イ 国際連合の下部組織としてヨーロッパの一部の国際連合加盟国が参加して形成された国際機関を欧州連合（EU）という。

ウ ヨーロッパにおける人権保障、民主主義、法の支配の実現を目的とした国際機関を欧州評議会（Council of Europe）という。

エ ヨーロッパがヨーロッパ外部からの攻撃に対して防衛するためアメリカとヨーロッパ各国が結んだ西欧条約に基づいて設立された集団

防衛システムを西欧同盟（WEU）という。

オ　欧州自由貿易連合（EFTA）加盟国が欧州連合（EU）に加盟せずにヨーロッパの市場に参入することができるよう作られた仕組みを欧州経済領域（EEA）という。

1　ア・ウ
2　ア・エ
3　イ・エ
4　イ・オ
5　ウ・オ

問題 49　軍備縮小（軍縮）に関する次のア〜オの記述のうち、妥当でないものの組合せはどれか。

ア　コスタリカは軍隊を持たないことを憲法に明記し、フィリピンは非核政策を憲法に明記している。

イ　対人地雷禁止条約*では、対人地雷の使用や開発が全面的に禁止されている。

ウ　核拡散防止条約（NPT）では、すべての国の核兵器保有が禁止されているが、アメリカ、ロシア、イギリス、フランス、中国の5か国は批准していない。

エ　佐藤栄作は、生物・化学兵器禁止に尽力したことが評価され、2004年にノーベル平和賞を受賞した。

オ　中距離核戦力（INF）全廃条約は、アメリカとソ連との間に結ばれた条約で、2019年に失効した。

（注）　＊　対人地雷の使用、貯蔵、生産及び移譲の禁止並びに廃棄に関する条約

1　ア・イ
2　ア・オ
3　イ・ウ
4　ウ・エ
5　エ・オ

郵便局に関する次のア〜オの記述のうち、妥当でないものの組合せはどれか。

ア　郵便局は全国で2万か所以上あり、その数は全国のコンビニエンスストアの店舗数より多い。

イ　郵便局は郵便葉書などの信書の送達を全国一般で行っているが、一般信書便事業について許可を受けた民間事業者はいない。

ウ　郵便局では、農産物や地元特産品などの販売を行うことは、認められていない。

エ　郵便局では、簡易保険のほか、民間他社の保険も取り扱っている。

オ　郵便局内にあるゆうちょ銀行の現金自動預払機（ATM）では、硬貨による預金の預入れ・引出しの際に手数料を徴収している。

1　ア・ウ
2　ア・オ
3　イ・エ
4　イ・オ
5　ウ・エ

問題 51　次の文章の空欄　ア　〜　カ　に当てはまる国名の組合せとして、正しいものはどれか。

「国内総生産（GDP）」は、国の経済規模を表す指標である。GDPは一国内で一定期間に生産された付加価値の合計であり、その国の経済力を表す。それに対し、その国の人々の生活水準を知るためには、GDPの値を人口で割った「1人当たりGDP」が用いられる。

2022年4月段階での国際通貨基金（IMF）の推計資料によれば、世界のなかでGDPの水準が高い上位6か国をあげると、　ア　、　イ　、　ウ　、　エ　、　オ　、　カ　の順となる。ところが、これら6か国を「1人当たりGDP」の高い順に並びかえると、アメリカ、ドイツ、イギリス、日本、中国、インドの順となる。

	ア	イ	ウ	エ	オ	カ
1	アメリカ	日本	中国	インド	イギリス	ドイツ
2	中国	アメリカ	日本	イギリス	インド	ドイツ
3	アメリカ	中国	日本	ドイツ	インド	イギリス
4	中国	アメリカ	インド	イギリス	ドイツ	日本
5	アメリカ	中国	インド	日本	ドイツ	イギリス

問題 52 日本の森林・林業に関する次のア～オの記述のうち、妥当なものの組合せはどれか。

ア 日本の森林率は中国の森林率より高い。

イ 日本の森林には、国が所有する国有林と、それ以外の民有林があるが、国有林面積は森林面積全体の半分以上を占めている。

ウ 日本では、21世紀に入ってから、環境破壊に伴って木材価格の上昇が続き、2020年代に入ってもさらに急上昇している。

エ 荒廃する森林の保全のための財源確保に向けて、新たに森林環境税が国税として導入されることが決まった。

オ 日本は木材の多くを輸入に依存しており、木材自給率は年々低下する傾向にある。

1 ア・イ
2 ア・エ
3 イ・オ
4 ウ・エ
5 ウ・オ

問題 53 アメリカ合衆国における平等と差別に関する次の記述のうち、妥当でないものはどれか。

1 　黒人差別に抗議する公民権運動において中心的な役割を担ったキング牧師は、1963 年に 20 万人以上の支持者による「ワシントン大行進」を指導した。

2 　2017 年に、ヒラリー・クリントンは、女性として初めてアメリカ合衆国大統領に就任した。

3 　2020 年にミネアポリスで黒人男性が警察官によって殺害された後、人種差別に対する抗議運動が各地に広がった。

4 　人種差別に基づくリンチを連邦法の憎悪犯罪とする反リンチ法が、2022 年に成立した。

5 　2022 年に、ケタンジ・ブラウン・ジャクソンは、黒人女性として初めて連邦最高裁判所判事に就任した。

問題 54 次の文章の空欄 ｱ ～ ｵ に当てはまる語句の組合せとして、妥当なものはどれか。

　地球環境問題を解決するためには、国際的な協力体制が不可欠である。1971 年には特に水鳥の生息地として国際的に重要な湿地に関して、 ｱ が採択された。1972 年に国連人間環境会議がスウェーデンのストックホルムで開催され、国際的に環境問題に取り組むための ｲ が決定された。しかし、石油危機後の世界経済の落ち込みにより、環境対策より経済政策が各国で優先され、解決に向けた歩みは進まなかった。

　それでも、1992 年にブラジルのリオデジャネイロで国連環境開発会議（地球サミット）が開催され、「持続可能な開発」をスローガンに掲げたリオ宣言が採択された。同時に、環境保全に向けての行動計画であるアジェンダ21、地球温暖化対策に関する ｳ や、生物多様性条約なども採択された。その後、1997 年の第 3 回 ｳ 締約国会議（COP3）で ｴ が採択され、さらに、2015 年の第 21 回 ｳ 締約国会議（COP21）で ｵ が採択されるなど、取組が続けられている。

	ア	イ	ウ	エ	オ
1	国連環境計画	パリ協定	京都議定書	ラムサール条約	気候変動枠組条約
2	国連環境計画	京都議定書	パリ協定	気候変動枠組条約	ラムサール条約
3	ラムサール条約	パリ協定	国連環境計画	京都議定書	気候変動枠組条約
4	ラムサール条約	国連環境計画	気候変動枠組条約	京都議定書	パリ協定
5	京都議定書	気候変動枠組条約	ラムサール条約	国連環境計画	パリ協定

問題 55 次の文章の空欄 Ⅰ ～ Ⅴ には、それぞれあとのア～コのいずれかの語句が入る。その組合せとして妥当なものはどれか。

　人工知能（AI）という言葉は定義が難しく、定まった見解はない。しかしながら、人間が従来担ってきた知的生産作業を代替する機能を有するコンピュータを指していると考えたい。例えば、 Ⅰ や Ⅱ 、翻訳や文章生成、さまざまなゲームのプレイ、各種の予測作業においてAIが利用されていることはよく知られている。すでに、社会生活のさまざまな場面でAI技術の応用が見られており、 Ⅰ 技術を用いた例として文字起こしサービスが、 Ⅱ 技術を用いた例として生体認証がある。

　AIの発展の第一の背景として、コンピュータが予測を行うために利用する Ⅲ が収集できるようになってきたことが挙げられる。第二に、コンピュータの高速処理を可能にする中央処理装置（CPU）の開発がある。第三に、新しいテクノロジーである Ⅳ の登場がある。従来の学習機能とは異なって、コンピュータ自身が膨大なデータを読み解いて、その中からルールや相関関係などの特徴を発見する技術である。これは人間と同じ Ⅴ をコンピュータが行うことに特徴がある。さらに、この Ⅳ が優れているのは、コンピュータ自身が何度もデータを読み解く作業を継続して学習を続け、進化できる点にある。

（次ページへつづく）

	ア	音声認識	イ	声紋鑑定	ウ	画像認識

ア　音声認識　　　　　イ　声紋鑑定　　　　ウ　画像認識
エ　DNA 鑑定　　　　　オ　ビッグデータ　　カ　デバイス
キ　ディープラーニング　ク　スマートラーニング　ケ　帰納的推論
コ　演繹的推論

	I	II	III	IV	V
1	ア	ウ	オ	キ	ケ
2	ア	ウ	カ	ク	ケ
3	ア	エ	オ	キ	コ
4	イ	ウ	カ	ク	コ
5	イ	エ	オ	キ	ケ

問題 56　情報通信に関する用語を説明した次のア～オの記述のうち、妥当なものの組合せはどれか。

ア　自らに関する情報が利用される際に、ユーザ本人の許可を事前に得ておくシステム上の手続を「オプトイン」という。

イ　インターネット上で情報発信したりサービスを提供したりするための基盤を提供する事業者を「プラットフォーム事業者」という。

ウ　情報技術を用いて業務の電子化を進めるために政治体制を専制主義化することを「デジタルトランスフォーメーション」という。

エ　テレビ電話を使って離れた話者を繋ぐ情報システムのことを「テレワーク」という。

オ　ユーザが自身の好みのウェブページをブラウザに登録することを「ベース・レジストリ」という。

1　ア・イ
2　ア・ウ
3　イ・エ
4　ウ・オ
5　エ・オ

問題 57　個人情報保護制度に関する次の記述のうち、正しいものはどれか。

1　個人情報保護に関しては、一部の地方公共団体が先行して制度を整備した情報公開とは異なり、国の制度がすべての地方公共団体に先行して整備された。

2　個人情報保護委員会は、個人情報保護条例を制定していない地方公共団体に対して、個人情報保護法違反を理由とした是正命令を発出しなければならない。

3　個人番号カードは、個人情報保護法に基づいて、各都道府県が交付している。

4　個人情報保護委員会は、内閣総理大臣に対して、地方公共団体への指揮監督権限の行使を求める意見を具申することができる。

5　個人情報保護委員会は、認定個人情報保護団体に関する事務をつかさどる。

問題 58　本文中の空欄　　　　　に入る文章を、あとのア～オを並べ替えて作る場合、その順序として妥当なものはどれか。

　教育を他人からあたえられるもの、とかんがえる立場はとりもなおさず情報に使われる立場の原型である。あたえられた教科書を暗記し、先生からあたえられた宿題はする。しかし、指示のなかったことはなにもしない。そとからの入力がなくなったら、うごきをとめてしまう──そうした若ものたちにこそわたしはまず情報を使うことをおぼえてほしいと思う。ほんとうの教育とは、自発性にもとづいてみずからの力で情報を使うことだ。学校だの教師だのというのは、そういう主体的な努力を手つだう補助的な装置だ、とわたしはかんがえている。（中略）

　わたしは、学生たちに、どんなことでもよいから、「なぜ」ではじまる具体的な問いを毎日ひとつつくり、それを何日もつづけることを課題としてあたえてみたことがあった。

　ずいぶんふしぎな「なぜ」がたくさんあつまった。

|　　　　　　　　　　　　　　　　　　　　　　　|なにが必要なの

かをはっきりさせること────それが問題発見ということであり、問題意識
をもつということなのだ。

（出典　加藤秀俊「取材学」中央公論新社から）

ア　じぶんはなにを知りたいのか、なにを知ろうとしているのか、それ
　　がわかったときにはじめてどんな情報をじぶんが必要としているの
　　かがはっきりしてくるのだ。

イ　やみくもに、いろんな情報と行きあたりばったりに接触するのでな
　　く、必要な情報だけをじょうずに手にいれるためには、なにをじぶ
　　んが必要としているのかを知らねばならぬ。

ウ　しかし、そのさまざまな「なぜ」をつぎつぎに提出しながら、この
　　学生たちは問題発見ということへの第一歩をふみ出したのである。

エ　みんなで持ちよって読みあわせてみると、珍妙な「なぜ」が続出し
　　て大笑いになったりもした。

オ　情報を使うというのは、べつなことばでいえば、必要な情報だけを
　　えらび出す、ということである。

1　ア　→　イ　→　ウ　→　オ　→　エ
2　イ　→　ア　→　エ　→　ウ　→　オ
3　イ　→　エ　→　ア　→　オ　→　ウ
4　エ　→　ウ　→　ア　→　イ　→　オ
5　エ　→　オ　→　ア　→　ウ　→　イ

問題 59 本文中の空欄 [　　　] に入る文章として、妥当なものはどれか。

　戦後、日本軍の組織的特性は、まったく消滅してしまったのであろうか。それは連続的に今日の日本の組織のなかに生きているのか、それとも非連続的に進化された形で生きているのだろうか。この問いに明確に答えるためには、新たなプロジェクトを起こし、実証研究を積み上げなければなるまい。しかしながらわれわれは、現段階では、日本軍の特性は、連続的に今日の組織に生きている面と非連続的に革新している面との両面があると考えている。

　日本の政治組織についていえば、日本軍の戦略性の欠如はそのまま継承されているようである。[　　　] 原則に固執しなかったことが、環境変化の激しい国際環境下では、逆にフレキシブルな微調整的適応を意図せざる結果としてもたらしてきたのである。しかし、経済大国に成長してきた今日、日本がこれまでのような無原則性でこれからの国際環境を乗り切れる保証はなく、近年とみに国家としての戦略性を持つことが要請されるようになってきていると思われる。

（出典　戸部良一・寺本義也・鎌田伸一・杉之尾孝生・村井友秀・野中郁次郎「失敗の本質」ダイヤモンド社から）

1　しかしながら、日本政府の無原則性は、逆説的であるが、少なくともこれまでは国際社会において臨機応変な対応を可能にしてきた。

2　このようにして、日本政府の無原則性は、普遍的ではあるが、少なくともこれまでは国際社会において当意即妙な対応を可能にしてきた。

3　しかしながら、日本政府の無原則性は、自虐的ではあるが、少なくともこれまでは国際社会において優柔不断な対応を可能にしてきた。

4　このようにして、日本政府の無原則性は、抜本的ではあるが、少なくともこれまでは国際社会において融通無碍な対応を可能にしてきた。

5　しかしながら、日本政府の無原則性は、真説的ではあるが、少なくともこれまでは国際社会において孤立無援な対応を可能にしてきた。

本文中の空欄 　ア　 ～ 　オ　 に入る語句の組合せとして、妥当なものはどれか。

　一九九五年のNHK国民生活調査によれば、日本人が一日にテレビを見る時間は平均三時間二八分。仮に七五年間このペースで過ごせば、人生のまる一〇年間以上をテレビだけ見て過ごす計算になる。それに加えて、新聞・雑誌、映画、ラジオはもちろん、インターネットのホームページをチェックする時間などを加えれば、私たちは人生の大半をメディアとともに過ごしている、と言っても過言ではない。情報社会への移行が加速するなか、私たちは、時間や空間を軽々と飛び越えて、地球の裏側で起こっていることを見聞したり、数世紀前の歴史上の出来事や人物についてさえ知ることができる。　ア　たっぷりのライブ中継を目にすることは、それがテレビカメラを通したものであることを忘れさせ、あたかも自分がその場に立ち会っているかのような　イ　を覚えさせるほどだ。実際に経験したことよりも、メディアが伝えるリアリティの方が、現実味を帯びていると感じることも少なくない。メディアが　ウ　する情報は、世の中を理解する上での中心的な役割を果たし、私たちの考え方や価値観の形成、ものごとを選択する上でもますます大きな影響力を発揮するようになっている。

　ところが、メディアが送り出す情報は、現実そのものではなく、送り手の観点からとらえられたものの見方のひとつにしかすぎない。事実を切り取るためにはつねに主観が必要であり、また、何かを伝えるということは、裏返せば何かを伝えないということでもある。メディアが伝える情報は、　エ　の連続によって現実を再構成した　オ　なものであり、特別な意図がなくても、制作者の思惑や価値判断が入り込まざるを得ないのだ。

（出典　菅谷明子「メディア・リテラシー」岩波新書から）

	ア	イ	ウ	エ	オ
1	緊迫感	錯覚	斡旋	取捨選択	作為的
2	切迫感	錯綜	斡旋	換骨奪胎	虚偽的
3	切迫感	錯綜	仲介	実事求是	作為的
4	臨場感	幻滅	仲介	換骨奪胎	恣意的
5	臨場感	錯覚	媒介	取捨選択	恣意的

行政書士試験問題

令和3年度

試験時間に合わせて解いてみよう！！

■午後1：00～4：00（制限時間3時間）

法令等（46問）………… p.114

一般知識等（14問）…… p.153

p.270～271の解答用紙をコピーしてお使いください。

◆ 試験結果データ ◆

受験者数	47,870人
合格者数	5,353人
合格率	11.18%

[問題1〜問題40は択一式（5肢択一式）]

問題1　次の文章の空欄　ア　〜　エ　に当てはまる語句の組合せとして、正しいものはどれか。

　そもそも、刑罰は　ア　的に科すべきものであるか（　ア　刑論）あるいは　イ　を目的として科すべきものであるか（目的刑論）が、いわゆる刑法理論の争いである。　ア　刑論すなわち絶対論では、善因に善果あるべきが如く、悪因に悪果あるべきは当然とするのである。しかして、刑罰は、国家がこの原理に基づいてその権力を振るうもので、同時にこれによって国家ないし法律の権威が全うされるというのである。これに対して、　イ　論すなわち相対論においては、　イ　の必要に基づきて国家は刑罰を行うというのである。たとい小さな犯罪といえども、それが　ウ　となれば重く罰する必要があろう。たとい重い犯罪といえども、それが偶発的な犯罪であるならば、刑の　エ　ということにしてよかろうというのである。

（出典　牧野英一「法律に於ける正義と公平」有斐閣1920年から＜適宜新かな新漢字に修正した。＞）

	ア	イ	ウ	エ
1	応報	社会防衛	故意犯	仮執行
2	教育	社会防衛	累犯	執行猶予
3	応報	国家防衛	故意犯	仮執行
4	教育	国家防衛	累犯	執行猶予
5	応報	社会防衛	累犯	執行猶予

問題2　法令の効力に関する次の記述のうち、妥当なものはどれか。

　1　法律の内容を一般国民に広く知らせるには、法律の公布から施行まで一定の期間を置くことが必要であるため、公布日から直ちに法律

を施行することはできない。

2 法律の効力発生日を明確にする必要があるため、公布日とは別に、必ず施行期日を定めなければならない。

3 日本国の法令は、その領域内でのみ効力を有し、外国の領域内や公海上においては、日本国の船舶および航空機内であっても、その効力を有しない。

4 一般法に優先する特別法が制定され、その後に一般法が改正されて当該特別法が適用される範囲について一般法の規定が改められた場合には、当該改正部分については、後法である一般法が優先して適用され、当該特別法は効力を失う。

5 法律の有効期間を当該法律の中で明確に定めている場合には、原則としてその時期の到来により当該法律の効力は失われる。

問題3 インフルエンザウイルス感染症まん延防止のため、政府の行政指導により集団的な予防接種が実施されたところ、それに伴う重篤な副反応により死亡したXの遺族が、国を相手取り損害賠償もしくは損失補償を請求する訴訟を提起した（予防接種と副反応の因果関係は確認済み）場合に、これまで裁判例や学説において主張された憲法解釈論の例として、妥当でないものはどれか。

1 予防接種に伴う特別な犠牲については、財産権の特別犠牲に比べて不利に扱う理由はなく、後者の法理を類推適用すべきである。

2 予防接種自体は、結果として違法だったとしても無過失である場合には、いわゆる谷間の問題であり、立法による解決が必要である。

3 予防接種に伴い、公共の利益のために、生命・身体に対する特別な犠牲を被った者は、人格的自律権の一環として、損失補償を請求できる。

4 予防接種による違法な結果について、過失を認定することは原理的に不可能なため、損害賠償を請求する余地はないというべきである。

5 財産権の侵害に対して損失補償が出され得る以上、予防接種がひき起こした生命・身体への侵害についても同様に扱うのは当然である。

捜査とプライバシーに関する次の記述のうち、最高裁判所の判例に照らし、妥当なものはどれか。

1　個人の容ぼうや姿態は公道上などで誰もが容易に確認できるものであるから、個人の私生活上の自由の一つとして、警察官によって本人の承諾なしにみだりにその容ぼう・姿態を撮影されない自由を認めることはできない。

2　憲法は、住居、書類および所持品について侵入、捜索および押収を受けることのない権利を定めるが、その保障対象には、住居、書類および所持品に限らずこれらに準ずる私的領域に侵入されることのない権利が含まれる。

3　電話傍受は、通信の秘密や個人のプライバシーを侵害するが、必要性や緊急性が認められれば、電話傍受以外の方法によって当該犯罪に関する重要かつ必要な証拠を得ることが可能な場合であっても、これを行うことが憲法上広く許容される。

4　速度違反車両の自動撮影を行う装置により運転者本人の容ぼうを写真撮影することは憲法上許容されるが、運転者の近くにいるため除外できないことを理由としてであっても、同乗者の容ぼうまで撮影することは許されない。

5　GPS端末を秘かに車両に装着する捜査手法は、車両使用者の行動を継続的・網羅的に把握するものであるが、公道上の所在を肉眼で把握したりカメラで撮影したりする手法と本質的に異ならず、憲法が保障する私的領域を侵害するものではない。

問題5 地方公共団体がその土地を神社の敷地として無償で提供することの合憲性に関連して、最高裁判所判決で考慮要素とされたものの例として、妥当でないものはどれか。

1 国または地方公共団体が国公有地を無償で宗教的施設の敷地として提供する行為は、一般に、当該宗教的施設を設置する宗教団体等に対する便宜の供与として、憲法89条*との抵触が問題となる行為であるといわなければならない。

2 一般的には宗教的施設としての性格を有する施設であっても、同時に歴史的、文化財的な保護の対象となったり、観光資源、国際親善、地域の親睦の場としての意義を有するなど、文化的・社会的な価値に着目して国公有地に設置されている場合もあり得る。

3 日本では、多くの国民に宗教意識の雑居性が認められ、国民の宗教的関心が必ずしも高いとはいえない一方、神社神道には、祭祀儀礼に専念し、他の宗教にみられる積極的な布教・伝道などの対外活動をほとんど行わないという特色がみられる。

4 明治初期以来、一定の社寺領を国等に上知（上地）させ、官有地に編入し、または寄附により受け入れるなどの施策が広く採られたこともあって、国公有地が無償で社寺等の敷地として供される事例が多数生じており、これが解消されないまま残存している例もある。

5 当該神社を管理する氏子集団が、宗教的行事等を行うことを主たる目的とする宗教団体であり、寄附等を集めて当該神社の祭事を行っている場合、憲法89条*の「宗教上の組織若しくは団体」に該当するものと解される。

（注） ＊ 憲法89条
　　　公金その他の公の財産は、宗教上の組織若しくは団体の使用、便益若しくは維持のため、又は公の支配に属しない慈善、教育若しくは博愛の事業に対し、これを支出し、又はその利用に供してはならない。

次の文章の空欄 　ア　 ・ 　イ　 に当てはまる語句の組合せとして、妥当なものはどれか。

　憲法で、国会が国の「唯一の」立法機関であるとされるのは、憲法自身が定める例外を除き、 　ア　 、かつ、 　イ　 を意味すると解されている。

	ア	イ
1	内閣の法案提出権を否定し （国会中心立法の原則）	議員立法の活性化を求めること （国会単独立法の原則）
2	国権の最高機関は国会であり （国会中心立法の原則）	内閣の独立命令は禁止されること （国会単独立法の原則）
3	法律は国会の議決のみで成立し （国会単独立法の原則）	天皇による公布を要しないこと （国会中心立法の原則）
4	国会が立法権を独占し （国会中心立法の原則）	法律は国会の議決のみで成立すること （国会単独立法の原則）
5	国権の最高機関は国会であり （国会中心立法の原則）	立法権の委任は禁止されること （国会単独立法の原則）

問題7 次の文章の空欄 　ア　 ～ 　オ　 に当てはまる語句の組合せとして、妥当なものはどれか。

　国民投票制には種々の方法があるが、普通にこれを 　ア　 、 　イ　 及び 　ウ　 の三種に大別する。 　ア　 という言葉は、通俗には広く国民投票一般を意味するもののようにも用いられているが、その語の本来の意義は、代表者たる議会が一度議決した事柄を、主権者たる国民が確認又は否認して終局的に決定するということであって、国民表決という訳語も必ずしも正確ではない。・・・（中略）・・・。 　ア　 が議会の為したことの過誤を是正する手段であるのに対して、 　イ　 は議会が為さないことの怠慢を補完する方法である。即ち議会が国民の要望を採り上げないで、必要な立法を怠っている場合に、国民自ら法律案を提出し国民の投票によってその可否を決する制度である。・・・（中略）・・・。 　ウ　 即ち公務員を国民の投票によって罷免する制度は、元来選挙と表裏を成して人の問題を決定するもので、 　エ　 を前提とするものであるから、厳密な意味におけ

る　オ　ではないけれども、その思想及び制度の歴史に於いて他の国民投票制と形影相伴って発達して来たのみならず、その実行の方法に於いても、概ね共通しているから、通常やはり国民投票制の一種として取り扱われている。

（出典　河村又介「新憲法と民主主義」国立書院 1948 年から＜原文の表記の一部を改めた。＞）

	ア	イ	ウ	エ	オ
1	レファレンダム	国民発案	国民拒否	命令委任	プレビシット
2	イニシアティブ	国民拒否	不信任投票	直接民主制	代議制
3	レファレンダム	国民発案	国民拒否	代議制	直接民主制
4	イニシアティブ	国民拒否	解職投票	プレビシット	命令委任
5	レファレンダム	国民発案	解職投票	代議制	直接民主制

問題 8　法の一般原則に関わる最高裁判所の判決に関する次の記述のうち、妥当なものはどれか。

1　地方公共団体が、将来にわたって継続すべき一定内容の施策を決定した場合、その後社会情勢が変動したとしても、当該施策を変更することは住民や関係者の信頼保護の観点から許されないから、当該施策の変更は、当事者間に形成された信頼関係を不当に破壊するものとして、それにより損害を被る者との関係においては、違法となる。

2　租税法律主義の原則が貫かれるべき租税法律関係においては、租税法規に適合する課税処分について、法の一般原則である信義則の法理の適用がなされることはなく、租税法規の適用における納税者の平等、公平という要請を犠牲にしてもなお保護しなければ正義に反するといえるような特別の事情が存する場合であっても、課税処分が信義則の法理に反するものとして違法となることはない。

3　法の一般原則として権利濫用の禁止が行政上の法律関係において例外的に適用されることがあるとしても、その適用は慎重であるべきであるから、町からの申請に基づき知事がなした児童遊園設置認可処分が行政権の著しい濫用によるものであっても、それが、地域環境を守ると

いう公益上の要請から生じたものである場合には、当該処分が違法とされることはない。

4　地方自治法により、金銭の給付を目的とする普通地方公共団体の権利につきその時効消滅については援用を要しないとされているのは、当該権利の性質上、法令に従い適正かつ画一的にこれを処理することが地方公共団体の事務処理上の便宜および住民の平等的取扱の理念に資するものであり、当該権利について時効援用の制度を適用する必要がないと判断されたことによるものと解されるから、普通地方公共団体に対する債権に関する消滅時効の主張が信義則に反し許されないとされる場合は、極めて限定されるものというべきである。

5　国家公務員の雇傭関係は、私人間の関係とは異なる特別の法律関係において結ばれるものであり、国には、公務の管理にあたって公務員の生命および健康等を危険から保護するよう配慮する義務が認められるとしても、それは一般的かつ抽象的なものにとどまるものであって、国家公務員の公務上の死亡について、国は、法律に規定された補償等の支給を行うことで足り、それ以上に、上記の配慮義務違反に基づく損害賠償義務を負うことはない。

問題9　行政裁量に関する次のア～オの記述のうち、最高裁判所の判例に照らし、妥当なものの組合せはどれか。

ア　教科書検定の審査、判断は、申請図書について、内容が学問的に正確であるか、中立・公正であるか、教科の目標等を達成する上で適切であるか、児童、生徒の心身の発達段階に適応しているか、などの観点から行われる学術的、教育的な専門技術的判断であるから、事柄の性質上、文部大臣（当時）の合理的な裁量に委ねられる。

イ　国家公務員に対する懲戒処分において、処分要件にかかる処分対象者の行為に関する事実は、平素から庁内の事情に通暁し、配下職員の指揮監督の衝にあたる者が最もよく把握しうるところであるから、懲戒処分の司法審査にあたり、裁判所は懲戒権者が当該処分に当たって行った事実認定に拘束される。

ウ　公害健康被害の補償等に関する法律に基づく水俣病の認定は、水俣病の罹患の有無という現在または過去の確定した客観的事実を確認

する行為であって、この点に関する処分行政庁の判断はその裁量に委ねられるべき性質のものではない。

エ　生活保護法に基づく保護基準が前提とする「最低限度の生活」は、専門的、技術的な見地から客観的に定まるものであるから、保護基準中の老齢加算に係る部分を改定するに際し、最低限度の生活を維持する上で老齢であることに起因する特別な需要が存在するといえるか否かを判断するに当たって、厚生労働大臣に政策的な見地からの裁量権は認められない。

オ　学校施設の目的外使用を許可するか否かについては、原則として、管理者の裁量に委ねられており、学校教育上支障があれば使用を許可することができないことは明らかであるが、集会の開催を目的とする使用申請で、そのような支障がないものについては、集会の自由の保障の趣旨に鑑み、これを許可しなければならない。

1　ア・ウ
2　ア・オ
3　イ・ウ
4　イ・エ
5　エ・オ

問題10　行政立法についての最高裁判所の判決に関する次の記述のうち、妥当なものはどれか。

1　国家公務員の退職共済年金受給に伴う退職一時金の利子相当額の返還について定める国家公務員共済組合法の規定において、その利子の利率を政令で定めるよう委任をしていることは、直接に国民の権利義務に変更を生じさせる利子の利率の決定という、本来法律で定めるべき事項を政令に委任するものであり、当該委任は憲法41条に反し許されない。

2　監獄法（当時）の委任を受けて定められた同法施行規則（省令）において、原則として被勾留者と幼年者との接見を許さないと定めていることは、事物を弁別する能力のない幼年者の心情を害することがないようにという配慮の下に設けられたものであるとしても、法

律によらないで被勾留者の接見の自由を著しく制限するものであって、法の委任の範囲を超えるものといえ、当該施行規則の規定は無効である。

3 　薬事法（当時）の委任を受けて、同法施行規則（省令）において一部の医薬品について郵便等販売をしてはならないと定めることについて、当該施行規則の規定が法律の委任の範囲を逸脱したものではないというためには、もっぱら法律中の根拠規定それ自体から、郵便等販売を規制する内容の省令の制定を委任する授権の趣旨が明確に読み取れることを要するものというべきであり、その判断において立法過程における議論を考慮したり、根拠規定以外の諸規定を参照して判断をすることは許されない。

4 　児童扶養手当法の委任を受けて定められた同法施行令（政令）の規定において、支給対象となる婚姻外懐胎児童について「（父から認知された児童を除く。）」という括弧書きが設けられていることについては、憲法に違反するものでもなく、父の不存在を指標として児童扶養手当の支給対象となる児童の範囲を画することはそれなりに合理的なものともいえるから、それを設けたことは、政令制定者の裁量の範囲内に属するものであり、違憲、違法ではない。

5 　銃砲刀剣類所持等取締法が、銃砲刀剣類の所持を原則として禁止した上で、美術品として価値のある刀剣類の所持を認めるための登録の方法や鑑定基準等を定めることを銃砲刀剣類登録規則（省令）に委任している場合に、当該登録規則において登録の対象を日本刀に限定したことについては、法律によらないで美術品の所有の自由を著しく制限するものであって、法の委任の範囲を超えるものといえ、当該登録規則の規定は無効である。

問題 11 　行政手続法が定める意見公募手続に関する次の記述のうち、正しいものはどれか。

1 　命令等制定機関は、命令等を定めようとする場合には、当該命令等の案およびこれに関連する資料をあらかじめ公示して、広く一般の意見を求めなければならない。

2 　命令等制定機関は、定めようとする命令等が、他の行政機関が意見

公募手続を実施して定めた命令等と実質的に同一の命令等であったとしても、自らが意見公募手続を実施しなければならない。

3　命令等制定機関は、命令等を定める根拠となる法令の規定の削除に伴い当然必要とされる当該命令等の廃止をしようとするときでも、意見公募手続を実施しなければならない。

4　命令等制定機関は、意見公募手続の実施後に命令等を定めるときには所定の事項を公示する必要があるが、意見公募手続の実施後に命令等を定めないこととした場合には、その旨につき特段の公示を行う必要はない。

5　命令等制定機関は、所定の事由に該当することを理由として意見公募手続を実施しないで命令等を定めた場合には、当該命令等の交付と同時期に、命令等の題名及び趣旨について公示しなければならないが、意見公募手続を実施しなかった理由については公示する必要はない。

問題 12　理由の提示に関する次の記述のうち、行政手続法の規定または最高裁判所の判例に照らし、妥当なものはどれか。

1　行政庁は、申請により求められた許認可等の処分をする場合、当該申請をした者以外の当該処分につき利害関係を有するものと認められる者から請求があったときは、当該処分の理由を示さなければならない。

2　行政庁は、申請により求められた許認可等を拒否する処分をする場合でも、当該申請が法令に定められた形式上の要件に適合しないことを理由とするときは、申請者に対して当該処分の理由を示す必要はない。

3　行政庁は、理由を示さないで不利益処分をすべき差し迫った必要がある場合であれば、処分と同時にその理由を示す必要はなく、それが困難である場合を除き、当該処分後の相当の期間内にこれを示せば足りる。

4　公文書の非開示決定に付記すべき理由については、当該公文書の内容を秘匿する必要があるため、非開示の根拠規定を示すだけで足りる。

5 　旅券法に基づく一般旅券の発給拒否通知書に付記すべき理由については、いかなる事実関係に基づきいかなる法規を適用して拒否されたかに関し、その申請者が事前に了知しうる事情の下であれば、単に発給拒否の根拠規定を示すだけで足りる。

問題 13 　行政指導についての行政手続法の規定に関する次のア～エの記述のうち、正しいものの組合せはどれか。

ア　行政指導に携わる者は、その相手方が行政指導に従わなかったことを理由として、不利益な取扱いをしてはならないとされているが、その定めが適用されるのは当該行政指導の根拠規定が法律に置かれているものに限られる。

イ　行政指導に携わる者は、当該行政指導をする際に、行政機関が許認可等をする権限を行使し得る旨を示すときは、その相手方に対して、行政手続法が定める事項を示さなければならず、当該行政指導が口頭でされた場合において、これら各事項を記載した書面の交付をその相手方から求められたときは、行政上特別の支障がない限り、これを交付しなければならない。

ウ　行政指導をすることを求める申出が、当該行政指導をする権限を有する行政機関に対して適法になされたものであったとしても、当該行政機関は、当該申出に対して諾否の応答をすべきものとされているわけではない。

エ　地方公共団体の機関がする行政指導については、その根拠となる規定が法律に置かれているものであれば、行政指導について定める行政手続法の規定は適用される。

1　ア・イ
2　ア・ウ
3　イ・ウ
4　イ・エ
5　ウ・エ

問題 14 行政不服審査法が定める執行停止に関する次の記述のうち、正しいものはどれか。

1 審査請求人の申立てがあった場合において、処分、処分の執行または手続の続行により生ずる重大な損害を避けるために緊急の必要があると認めるときは、本案について理由がないとみえるときでも、審査庁は、執行停止をしなければならない。

2 審査庁は、いったんその必要性を認めて執行停止をした以上、その後の事情の変更を理由として、当該執行停止を取り消すことはできない。

3 審理員は執行停止をすべき旨の意見書を審査庁に提出することができ、提出を受けた当該審査庁は、速やかに、執行停止をするかどうかを決定しなければならない。

4 再調査の請求は、処分庁自身が簡易な手続で事実関係の調査をする手続であるから、再調査の請求において、請求人は執行停止を申し立てることはできない。

5 審査庁が処分庁または処分庁の上級行政庁のいずれでもない場合には、審査庁は、審査請求人の申立てにより執行停止を行うことはできない。

問題 15 再調査の請求について定める行政不服審査法の規定に関する次の記述のうち、正しいものはどれか。

1 行政庁の処分につき処分庁以外の行政庁に対して審査請求をすることができる場合に審査請求を行ったときは、法律に再調査の請求ができる旨の規定がある場合でも、審査請求人は、当該処分について再調査の請求を行うことができない。

2 行政庁の処分につき処分庁に対して再調査の請求を行ったときでも、法律に審査請求ができる旨の規定がある場合には、再調査の請求人は、当該再調査の請求と並行して、審査請求もすることができる。

3 法令に基づく処分についての申請に対して、当該申請から相当の期間が経過したにもかかわらず、行政庁が何らの処分をもしない場合、

申請者は当該不作為につき再調査の請求を行うことができる。

4 再調査の請求については、審理員による審理または行政不服審査会等への諮問は必要ないが、処分庁は決定を行った後に、行政不服審査会等への報告を行う必要がある。

5 再調査の請求においては、請求人または参加人が口頭で意見を述べる機会を与えられるのは、処分庁がこれを必要と認めた場合に限られる。

問題 16 行政不服審査法が定める審査請求に関する次のア〜オの記述のうち、誤っているものの組合せはどれか。

ア 処分の取消しを求める審査請求は、所定の審査請求期間を経過したときは、正当な理由があるときを除き、することができないが、審査請求期間を経過した後についても処分の無効の確認を求める審査請求ができる旨が規定されている。

イ 審査請求は、他の法律または条例にこれを口頭ですることができる旨の定めがある場合を除き、審査請求書を提出してしなければならない。

ウ 処分についての審査請求に理由があり、当該処分を変更する裁決をすることができる場合であっても、審査請求人の不利益に当該処分を変更することはできない。

エ 審査請求に対する裁決の裁決書に記載する主文が、審理員意見書または行政不服審査会等の答申書と異なる内容である場合であっても、異なることとなった理由を示すことまでは求められていない。

オ 処分の効力、処分の執行または手続の続行の全部または一部の停止その他の措置をとるよう求める申立ては、当該処分についての審査請求をした者でなければすることができない。

1 ア・イ
2 ア・エ
3 イ・オ
4 ウ・エ
5 ウ・オ

問題 17 次に掲げる行政事件訴訟法の条文の空欄　ア　～　オ　に当てはまる語句の組合せとして、正しいものはどれか。

第25条第2項　処分の取消しの訴えの提起があった場合において、処分、処分の執行又は手続の続行により生ずる　ア　を避けるため緊急の必要があるときは、裁判所は、申立てにより、決定をもって、処分の効力、処分の執行又は手続の続行の全部又は一部の停止・・・（略）・・・をすることができる。（以下略）

第36条　無効等確認の訴えは、当該処分又は裁決に続く処分により　イ　を受けるおそれのある者その他当該処分又は裁決の無効等の確認を求めるにつき法律上の利益を有する者で、当該処分若しくは裁決の存否又はその効力の有無を前提とする　ウ　に関する訴えによって目的を達することができないものに限り、提起することができる。

第37条の2第1項　第3条第6項第1号に掲げる場合〔直接型ないし非申請型義務付け訴訟〕において、義務付けの訴えは、一定の処分がされないことにより　エ　を生ずるおそれがあり、かつ、その　オ　を避けるため他に適当な方法がないときに限り、提起することができる。

	ア	イ	ウ	エ	オ
1	重大な損害	重大な損害	私法上の法律関係	損害	拡大
2	償うことのできない損害	重大な損害	現在の法律関係	重大な損害	損害
3	重大な損害	損害	現在の法律関係	重大な損害	損害
4	償うことのできない損害	損害	私法上の法律関係	損害	拡大
5	重大な損害	償うことのできない損害	公法上の法律関係	重大な損害	拡大

問題 18 行政事件訴訟法が定める処分取消訴訟に関する次の記述のうち、正しいものはどれか。

1 処分をした行政庁が国または公共団体に所属する場合における処分取消訴訟は、当該処分をした行政庁を被告として提起しなければならない。

2 処分取消訴訟は、原告の普通裁判籍の所在地を管轄する裁判所または処分をした行政庁の所在地を管轄する裁判所の管轄に属する。

3 処分をした行政庁が国または公共団体に所属しない場合における処分取消訴訟は、法務大臣を被告として提起しなければならない。

4 裁判所は、訴訟の結果により権利を害される第三者があるときは、決定をもって、当該第三者を訴訟に参加させることができるが、この決定は、当該第三者の申立てがない場合であっても、職権で行うことができる。

5 処分取消訴訟は、当該処分につき法令の規定により審査請求をすることができる場合においては、特段の定めがない限り、当該処分についての審査請求に対する裁決を経た後でなければこれを提起することができない。

問題 19 取消訴訟の原告適格に関する次の記述のうち、最高裁判所の判例に照らし、妥当なものはどれか。

1 地方鉄道法（当時）による鉄道料金の認可に基づく鉄道料金の改定は、当該鉄道の利用者に直接の影響を及ぼすものであるから、路線の周辺に居住し、特別急行を利用している者には、地方鉄道業者の特別急行料金の改定についての認可処分の取消しを求める原告適格が認められる。

2 文化財保護法は、文化財の研究者が史跡の保存・活用から受ける利益について、同法の目的とする一般的、抽象的公益のなかに吸収・解消させずに、特に文化財の学術研究者の学問研究上の利益の保護について特段の配慮をしている規定を置いているため、史跡を研究の対象とする学術研究者には、史跡の指定解除処分の取消しを求める原告適格が認められる。

3　不当景品類及び不当表示防止法は、公益保護を目的とし、個々の消費者の利益の保護を同時に目的とするものであるから、消費者が誤認をする可能性のある商品表示の認定によって不利益を受ける消費者には、当該商品表示の認定の取消しを求める原告適格が認められる。

4　航空機の騒音の防止は、航空機騒音防止法*の目的であるとともに、航空法の目的でもあるところ、定期航空運送事業免許の審査にあたっては、申請事業計画を騒音障害の有無および程度の点からも評価する必要があるから、航空機の騒音によって社会通念上著しい障害を受ける空港周辺の住民には、免許の取消しを求める原告適格が認められる。

5　都市計画事業の認可に関する都市計画法の規定は、事業地の周辺に居住する住民の具体的利益を保護するものではないため、これらの住民であって騒音、振動等による健康または生活環境に係る著しい被害を直接的に受けるおそれのあるものであっても、都市計画事業認可の取消しを求める原告適格は認められない。

（注）　＊　公共用飛行場周辺における航空機騒音による障害の防止等に関する法律

問題20　次の文章は、消防署の職員が出火の残り火の点検を怠ったことに起因して再出火した場合において、それにより損害を被ったと主張する者から提起された国家賠償請求訴訟にかかる最高裁判所の判決の一節である。空欄　ア　～　オ　に当てはまる語句の組合せとして、妥当なものはどれか。

　失火責任法は、失火者の責任条件について民法709条　ア　を規定したものであるから、国家賠償法4条の「民法」に　イ　と解するのが相当である。また、失火責任法の趣旨にかんがみても、公権力の行使にあたる公務員の失火による国又は公共団体の損害賠償責任についてのみ同法の適用を　ウ　合理的理由も存しない。したがって、公権力の行使にあたる公務員の失火による国又は公共団体の損害賠償責任については、国家賠償法4条により失火責任法が　エ　され、当該公務員に重大な過失のあること

— 129 —

を　　オ　　ものといわなければならない。

（最二小判昭和 53 年 7 月 17 日民集 32 巻 5 号 1000 頁）

	ア	イ	ウ	エ	オ
1	の特則	含まれる	排除すべき	適用	必要とする
2	が適用されないこと	含まれない	認めるべき	排除	必要としない
3	が適用されないこと	含まれない	排除すべき	適用	必要としない
4	が適用されないこと	含まれる	認めるべき	排除	必要とする
5	の特則	含まれない	排除すべき	適用	必要としない

問題 21 規制権限の不行使（不作為）を理由とする国家賠償請求に関する次のア～エの記述のうち、最高裁判所の判例に照らし、妥当なものの組合せはどれか。

ア　石綿製品の製造等を行う工場または作業場の労働者が石綿の粉じんにばく露したことにつき、一定の時点以降、労働大臣（当時）が労働基準法に基づく省令制定権限を行使して罰則をもって上記の工場等に局所排気装置を設置することを義務付けなかったことは、国家賠償法 1 条 1 項の適用上違法である。

イ　鉱山労働者が石炭等の粉じんを吸い込んでじん肺による健康被害を受けたことにつき、一定の時点以降、通商産業大臣（当時）が鉱山保安法に基づき粉じん発生防止策の権限を行使しなかったことは、国家賠償法 1 条 1 項の適用上違法である。

ウ　宅地建物取引業法に基づき免許を更新された業者が不正行為により個々の取引関係者に対して被害を負わせたことにつき、免許権者である知事が事前に更新を拒否しなかったことは、当該被害者との関係において国家賠償法 1 条 1 項の適用上違法である。

エ　いわゆる水俣病による健康被害につき、一定の時点以降、健康被害の拡大防止のために、水質規制に関する当時の法律に基づき指定水域の指定等の規制権限を国が行使しなかったことは、国家賠償法 1 条 1 項の適用上違法とはならない。

1　ア・イ
2　ア・ウ
3　イ・ウ
4　イ・エ
5　ウ・エ

問題 22　地方自治法が定める公の施設に関する次のア〜エの記述のうち、法令および最高裁判所の判例に照らし、妥当なものの組合せはどれか。

ア　普通地方公共団体は、法律またはこれに基づく政令に特別の定めがあるものを除くほか、公の施設の設置に関する事項を、条例で定めなければならない。

イ　普通地方公共団体の長以外の機関（指定管理者を含む。）がした公の施設を利用する権利に関する処分についての審査請求は、審査請求制度の客観性を確保する観点から、総務大臣に対してするものとされている。

ウ　普通地方公共団体が公の施設のうち条例で定める特に重要なものについて、これを廃止したり、特定の者に長期の独占的な使用を認めようとしたりするときは、議会の議決に加えて総務大臣の承認が必要となる。

エ　普通地方公共団体は、住民が公の施設を利用することについて不当な差別的取扱いをしてはならないが、この原則は、住民に準ずる地位にある者にも適用される。

1　ア・イ
2　ア・エ
3　イ・ウ
4　イ・エ
5　ウ・エ

問題 23 普通地方公共団体に適用される法令等に関する次の記述のうち、憲法および地方自治法の規定に照らし、正しいものはどれか。

1　国会は、当該普通地方公共団体の議会の同意を得なければ、特定の地方公共団体にのみ適用される法律を制定することはできない。

2　普通地方公共団体は、法的受託事務についても条例を制定することができるが、条例に違反した者に対する刑罰を規定するには、個別の法律による委任を必要とする。

3　普通地方公共団体の長は、その権限に属する事務に関し、規則を制定することができ、条例による委任のある場合には、規則で刑罰を規定することもできる。

4　条例の制定は、普通地方公共団体の議会の権限であるから、条例案を議会に提出できるのは議会の議員のみであり、長による提出は認められていない。

5　普通地方公共団体の議会の議員および長の選挙権を有する者は、法定数の連署をもって、当該普通地方公共団体の長に対し、条例の制定または改廃の請求をすることができるが、地方税の賦課徴収等に関する事項はその対象から除外されている。

問題 24 地方自治法が定める普通地方公共団体の長と議会の関係に関する次のア～オの記述のうち、正しいものの組合せはどれか。

ア　普通地方公共団体の議会による長の不信任の議決に対して、長が議会を解散した場合において、解散後に招集された議会において再び不信任が議決された場合、長は再度議会を解散することができる。

イ　普通地方公共団体の議会の議決が法令に違反していると認めた場合、長は裁量により、当該議決を再議に付すことができる。

ウ　普通地方公共団体の議会の議長が、議会運営委員会の議決を経て、臨時会の招集を請求した場合において、長が法定の期間内に臨時会を招集しないときは、議長がこれを招集することができる。

エ　普通地方公共団体の議会が成立し、開会している以上、議会において議決すべき事件が議決されないことを理由に、長が当該事件につ

いて処分（専決処分）を行うことはできない。

オ　地方自治法には、普通地方公共団体の議会が長の決定によらずに、自ら解散することを可能とする規定はないが、それを認める特例法が存在する。

1　ア・イ
2　ア・オ
3　イ・エ
4　ウ・エ
5　ウ・オ

問題 25

墓地埋葬法*13条は、「墓地、納骨堂又は火葬場の管理者は、埋葬、埋蔵、収蔵又は火葬の求めを受けたときは、正当の理由がなければこれを拒んではならない。」と定めているところ、同条の「正当の理由」について、厚生省（当時）の担当者が、従来の通達を変更し、依頼者が他の宗教団体の信者であることのみを理由として埋葬を拒否することは「正当の理由」によるものとは認められないという通達（以下「本件通達」という。）を発した。本件通達は、当時の制度の下で、主務大臣がその権限に基づき所掌事務について、知事をも含めた関係行政機関に対し、その職務権限の行使を指揮したものであるが、この通達の取消しを求める訴えに関する最高裁判所判決（最三小判昭和43年12月24日民集22巻13号3147頁）の内容として、妥当なものはどれか。

1　通達は、原則として、法規の性質をもつものであり、上級行政機関が関係下級行政機関および職員に対してその職務権限の行使を指揮し、職務に関して命令するために発するものであって、本件通達もこれに該当する。

2　通達は、関係下級機関および職員に対する行政組織内部における命令であるが、その内容が、法令の解釈や取扱いに関するものであって、国民の権利義務に重大なかかわりをもつようなものである場合には、法規の性質を有することとなり、本件通達の場合もこれに該

当する。

3 　行政機関が通達の趣旨に反する処分をした場合においても、そのことを理由として、その処分の効力が左右されるものではなく、その点では本件通達の場合も同様である。

4 　本件通達は従来とられていた法律の解釈や取扱いを変更するものであり、下級行政機関は当該通達に反する行為をすることはできないから、本件通達は、これを直接の根拠として墓地の経営者に対し新たに埋葬の受忍義務を課すものである。

5 　取消訴訟の対象となりうるものは、国民の権利義務、法律上の地位に直接具体的に法律上の影響を及ぼすような行政処分等でなければならないのであるから、本件通達の取消しを求める訴えは許されないものとして棄却されるべきものである。

（注）　＊　墓地、埋葬等に関する法律

問題 26　公立学校に関する次のア～エの記述のうち、最高裁判所の判例に照らし、妥当なものの組合せはどれか。

ア 　公立高等専門学校の校長が、必修科目を履修しない学生を原級留置処分または退学処分にするに際しては、その判断は校長の合理的な教育的裁量に委ねられる。

イ 　公立中学校の校庭が一般に開放され、校庭を利用していた住民が負傷したとしても、当該住民は本来の利用者とはいえないことから、その設置管理者が国家賠償法上の責任を負うことはない。

ウ 　公立小学校を廃止する条例について、当該条例は一般的規範を定めるにすぎないものの、保護者には特定の小学校で教育を受けさせる権利が認められることから、その処分性が肯定される。

エ 　市が設置する中学校の教員が起こした体罰事故について、当該教員の給与を負担する県が賠償金を被害者に支払った場合、県は国家賠償法に基づき、賠償金の全額を市に求償することができる。

1 　ア・イ

2 　ア・エ

3 イ・ウ

4 イ・エ

5 ウ・エ

問題 27 意思表示に関する次の記述のうち、民法の規定および判例に照らし、妥当なものはどれか。

1 意思表示の相手方が、正当な理由なく意思表示の通知が到達することを妨げたときは、その通知は通常到達すべきであった時に到達したものとみなされ、相手方が通知の受領を拒絶した場合には意思表示の到達が擬制される。これに対して、意思表示を通知する内容証明郵便が不在配達されたが、受取人が不在配達通知に対応しないまま留置期間が経過して差出人に還付され、通知が受領されなかった場合には、意思表示が到達したものと認められることはない。

2 契約の取消しの意思表示をしようとする者が、相手方の所在を知ることができない場合、公示の方法によって行うことができる。この場合、当該取消しの意思表示は、最後に官報に掲載した日またはその掲載に代わる掲示を始めた日から2週間を経過した時に相手方に到達したものとみなされるが、表意者に相手方の所在を知らないことについて過失があった場合には到達の効力は生じない。

3 契約の申込みの意思表示に対して承諾の意思表示が郵送でなされた場合、当該意思表示が相手方に到達しなければ意思表示が完成せず契約が成立しないとすると取引の迅速性が損なわれることになるから、当該承諾の意思表示が発信された時点で契約が成立する。

4 意思表示は、表意者が通知を発した後に制限行為能力者となった場合でもその影響を受けないが、契約の申込者が契約の申込み後に制限行為能力者となった場合において、契約の相手方がその事実を知りつつ承諾の通知を発したときには、当該制限行為能力者は契約を取り消すことができる。

5 意思表示の相手方が、その意思表示を受けた時に意思能力を有しなかったとき、または制限行為能力者であったときは、その意思表示をもってその相手方に対抗することができない。

Ａが従来の住所または居所を去って行方不明となった場合に関する次の記述のうち、民法の規定に照らし、誤っているものはどれか。

1　Ａは自己の財産につき管理人を置いていたが、権限について定めていなかった場合であっても、管理人は、保存行為およびその財産の性質を変えない範囲内において利用または改良を行うことができる。

2　Ａが自己の財産につき管理人を置かなかったときは、利害関係人または検察官の請求により、家庭裁判所は、その財産の管理について必要な処分を命ずることができる。

3　Ａが自己の財産につき管理人を置いた場合において、Ａの生死が明らかでないときは、利害関係人または検察官の請求により、家庭裁判所は、管理人を改任することができる。

4　Ａの生死が７年間明らかでないときは、利害関係人の請求により、家庭裁判所はＡについて失踪の宣告をすることができ、これにより、Ａは、失踪の宣告を受けた時に死亡したものとみなされる。

5　Ａについて失踪の宣告が行われた場合、Ａは死亡したものとみなされるが、Ａが生存しているときの権利能力自体は、これによって消滅するものではない。

物権的請求権に関する次の記述のうち、民法の規定および判例に照らし、妥当でないものはどれか。

1　Ａ所有の甲土地上に権原なくＢ所有の登記済みの乙建物が存在し、Ｂが乙建物をＣに譲渡した後も建物登記をＢ名義のままとしていた場合において、その登記がＢの意思に基づいてされていたときは、Ｂは、Ａに対して乙建物の収去および甲土地の明渡しの義務を免れない。

2　Ｄ所有の丙土地上に権原なくＥ所有の未登記の丁建物が存在し、Ｅが丁建物を未登記のままＦに譲渡した場合、Ｅは、Ｄに対して丁建物の収去および丙土地の明渡しの義務を負わない。

3　工場抵当法により工場に属する建物とともに抵当権の目的とされた動産が、抵当権者に無断で同建物から搬出された場合には、第三者

が即時取得しない限り、抵当権者は、目的動産をもとの備付場所である工場に戻すことを請求することができる。

4 抵当権設定登記後に設定者が抵当不動産を他人に賃貸した場合において、その賃借権の設定に抵当権の実行としての競売手続を妨害する目的が認められ、賃借人の占有により抵当不動産の交換価値の実現が妨げられて優先弁済請求権の行使が困難となるような状態があるときは、抵当権者は、賃借人に対して、抵当権に基づく妨害排除請求をすることができる。

5 動産売買につき売買代金を担保するために所有権留保がされた場合において、当該動産が第三者の土地上に存在してその土地所有権を侵害しているときは、留保所有権者は、被担保債権の弁済期到来の前後を問わず、所有者として当該動産を撤去する義務を免れない。

問題 30 留置権に関する次の記述のうち、民法の規定および判例に照らし、妥当なものはどれか。

1 留置権者は、善良な管理者の注意をもって留置物を占有すべきであるが、善良な管理者の注意とは、自己の財産に対するのと同一の注意より軽減されたものである。

2 留置権者は、債務者の承諾を得なければ、留置物について使用・賃貸・担保供与をなすことができず、留置権者が債務者の承諾を得ずに留置物を使用した場合、留置権は直ちに消滅する。

3 建物賃借人が賃料不払いにより賃貸借契約を解除された後に当該建物につき有益費を支出した場合、賃貸人による建物明渡請求に対して、賃借人は、有益費償還請求権を被担保債権として当該建物を留置することはできない。

4 Aが自己所有建物をBに売却し登記をB名義にしたものの代金未払のためAが占有を継続していたところ、Bは、同建物をCに転売し、登記は、C名義となった。Cが所有権に基づき同建物の明渡しを求めた場合、Aは、Bに対する売買代金債権を被担保債権として当該建物を留置することはできない。

5 Dが自己所有建物をEに売却し引渡した後、Fにも同建物を売却しFが所有権移転登記を得た。FがEに対して当該建物の明渡しを求

— 137 —

めた場合、Eは、Dに対する履行不能を理由とする損害賠償請求権を被担保債権として当該建物を留置することができる。

問題 31　ＡとＢは、令和３年７月１日にＡが所有する絵画をＢに1000万円で売却する売買契約を締結した。同契約では、目的物は契約当日引き渡すこと、代金はその半額を目的物と引き換えに現金で、残金は後日、銀行振込の方法で支払うこと等が約定され、Ｂは、契約当日、約定通りに500万円をＡに支払った。この契約に関する次のア～オのうち、民法の規定および判例に照らし、妥当でないものの組合せはどれか。

ア　残代金の支払期限が令和３年10月１日と定められていたところ、Ｂは正当な理由なく残代金500万円の支払いをしないまま２か月が徒過した。この場合、Ａは、Ｂに対して、２か月分の遅延損害金について損害の証明をしなくとも請求することができる。

イ　残代金の支払期限が令和３年10月１日と定められていたところ、Ｂは正当な理由なく残代金500万円の支払いをしないまま２か月が徒過した場合、Ａは、Ｂに対して、遅延損害金のほか弁護士費用その他取立てに要した費用等を債務不履行による損害の賠償として請求することができる。

ウ　残代金の支払期限が令和３年10月１日と定められていたところ、Ｂは残代金500万円の支払いをしないまま２か月が徒過した。Ｂは支払いの準備をしていたが、同年９月30日に発生した大規模災害の影響で振込システムに障害が発生して振込ができなくなった場合、Ａは、Ｂに対して残代金500万円に加えて２か月分の遅延損害金を請求することができる。

エ　Ａの母の葬儀費用にあてられるため、残代金の支払期限が「母の死亡日」と定められていたところ、令和３年10月１日にＡの母が死亡した。ＢがＡの母の死亡の事実を知らないまま２か月が徒過した場合、Ａは、Ｂに対して、残代金500万円に加えて２か月分の遅延損害金を請求することができる。

オ　残代金の支払期限について特段の定めがなかったところ、令和３年10月１日にＡがＢに対して残代金の支払いを請求した。Ｂが正当

な理由なく残代金の支払いをしないまま2か月が徒過した場合、A
は、Bに対して、残代金500万円に加えて2か月分の遅延損害金を
請求することができる。

1 ア・イ
2 ア・オ
3 イ・エ
4 ウ・エ
5 ウ・オ

問題 32　債権者代位権に関する次の記述のうち、民法の規定に照らし、
正しいものはどれか。

1 債権者は、債務者に属する権利（以下「被代位権利」という。）の
うち、債務者の取消権については、債務者に代位して行使すること
はできない。
2 債権者は、債務者の相手方に対する債権の期限が到来していれば、
自己の債務者に対する債権の期限が到来していなくても、被代位権
利を行使することができる。
3 債権者は、被代位権利を行使する場合において、被代位権利が動産
の引渡しを目的とするものであっても、債務者の相手方に対し、そ
の引渡しを自己に対してすることを求めることはできない。
4 債権者が、被代位権利の行使に係る訴えを提起し、遅滞なく債務者
に対し訴訟告知をした場合には、債務者は、被代位権利について、
自ら取立てその他の処分をすることはできない。
5 債権者が、被代位権利を行使した場合であっても、債務者の相手方
は、被代位権利について、債務者に対して履行をすることを妨げら
れない。

Ａが甲建物（以下「甲」という。）をＢに売却する旨の売買契約に関する次のア〜オの記述のうち、民法の規定に照らし、誤っているものはいくつあるか。

ア　甲の引渡しの履行期の直前に震災によって甲が滅失した場合であっても、Ｂは、履行不能を理由として代金の支払いを拒むことができない。

イ　Ｂに引き渡された甲が契約の内容に適合しない場合、Ｂは、Ａに対して、履行の追完または代金の減額を請求することができるが、これにより債務不履行を理由とする損害賠償の請求は妨げられない。

ウ　Ｂに引き渡された甲が契約の内容に適合しない場合、履行の追完が合理的に期待できるときであっても、Ｂは、その選択に従い、Ａに対して、履行の追完の催告をすることなく、直ちに代金の減額を請求することができる。

エ　Ｂに引き渡された甲が契約の内容に適合しない場合において、その不適合がＢの過失によって生じたときであっても、対価的均衡を図るために、ＢがＡに対して代金の減額を請求することは妨げられない。

オ　Ｂに引き渡された甲が契約の内容に適合しない場合において、ＢがＡに対して損害賠償を請求するためには、Ｂがその不適合を知った時から１年以内に、Ａに対して請求権を行使しなければならない。

1　一つ
2　二つ
3　三つ
4　四つ
5　五つ

問題 34 不法行為に関する次の記述のうち、民法の規定および判例に照らし、妥当でないものはどれか。

1 訴訟上の因果関係の立証は、一点の疑義も許されない自然科学的証明ではなく、経験則に照らして全証拠を総合検討し、特定の事実が特定の結果発生を招来した関係を是認しうる高度の蓋然性を証明することであり、その判定は、通常人が疑いを差し挟まない程度に真実性の確信を持ちうるものであることを必要とし、かつ、それで足りる。

2 損害賠償の額を定めるにあたり、被害者が平均的な体格ないし通常の体質と異なる身体的特徴を有していたとしても、身体的特徴が疾患に当たらない場合には、特段の事情の存しない限り、被害者の身体的特徴を斟酌することはできない。

3 過失相殺において、被害者たる未成年の過失を斟酌する場合には、未成年者に事理を弁識するに足る知能が具わっていれば足りる。

4 不法行為の被侵害利益としての名誉とは、人の品性、徳行、名声、信用等の人格的価値について社会から受ける客観的評価であり、名誉毀損とは、この客観的な社会的評価を低下させる行為をいう。

5 不法行為における故意・過失を認定するにあたり、医療過誤事件では診療当時のいわゆる臨床医学の実践における医療水準をもって、どの医療機関であっても一律に判断される。

Ａが死亡し、Ａの妻Ｂ、Ａ・Ｂ間の子ＣおよびＤを共同相続人として相続が開始した。相続財産にはＡが亡くなるまでＡとＢが居住していた甲建物がある。この場合に関する次のア〜オの記述のうち、民法の規定に照らし、正しいものの組合せはどれか。なお、次の各記述はそれぞれが独立した設例であり相互に関連しない。

ア　Ａが、Ａの死後、甲建物をＢに相続させる旨の遺言をしていたところ、Ｃが相続開始後、法定相続分を持分とする共同相続登記をしたうえで、自己の持分４分の１を第三者Ｅに譲渡して登記を了した。この場合、Ｂは、Ｅに対し、登記なくして甲建物の全部が自己の属することを対抗することができる。

イ　Ａの死後、遺産分割協議が調わない間に、Ｂが無償で甲建物の単独での居住を継続している場合、ＣおよびＤは自己の持分権に基づき、Ｂに対して甲建物を明け渡すよう請求することができるとともに、Ｂの居住による使用利益等について、不当利得返還請求権を有する。

ウ　Ａが遺言において、遺産分割協議の結果にかかわらずＢには甲建物を無償で使用および収益させることを認めるとしていた場合、Ｂは、原則として終身にわたり甲建物に無償で居住することができるが、甲建物が相続開始時にＡとＡの兄Ｆとの共有であった場合には、Ｂは配偶者居住権を取得しない。

エ　家庭裁判所に遺産分割の請求がなされた場合において、Ｂが甲建物に従前通り無償で居住し続けることを望むときには、Ｂは、家庭裁判所に対し配偶者居住権の取得を希望する旨を申し出ることができ、裁判所は甲建物の所有者となる者の不利益を考慮してもなおＢの生活を維持するために特に必要があると認めるときには、審判によってＢに配偶者居住権を与えることができる。

オ　遺産分割の結果、Ｄが甲建物の所有者と定まった場合において、Ｂが配偶者居住権を取得したときには、Ｂは、単独で同権利を登記することができる。

1　ア・イ
2　ア・オ
3　イ・エ

4　ウ・エ

5　ウ・オ

問題 36　商人でない個人の行為に関する次のア～オの記述のうち、商法の規定および判例に照らし、これを営業として行わない場合には商行為とならないものの組合せはどれか。

ア　利益を得て売却する意思で、時計を買い入れる行為

イ　利益を得て売却する意思で、買い入れた木材を加工し、製作した机を売却する行為

ウ　報酬を受ける意思で、結婚式のビデオ撮影を引き受ける行為

エ　賃貸して利益を得る意思で、レンタル用の DVD を買い入れる行為

オ　利益を得て転売する意思で、取得予定の時計を売却する行為

1　ア・イ

2　ア・エ

3　ウ・エ

4　ウ・オ

5　エ・オ

問題 37　株式会社の設立に係る責任等に関する次の記述のうち、会社法の規定に照らし、誤っているものはどれか。

1　株式会社の成立の時における現物出資財産等の価額が定款に記載または記録された価額に著しく不足するときは、発起人および設立時取締役は、検査役の調査を経た場合および当該発起人または設立時取締役がその職務を行うについて注意を怠らなかったことを証明した場合を除いて、当該株式会社に対して、連帯して、当該不足額を支払う義務を負う。

2　発起人は、その出資に係る金銭の払込みを仮装し、またはその出資に係る金銭以外の財産の給付を仮装した場合には、株式会社に対し、払込みを仮装した出資に係る金銭の全額を支払い、または給付を仮

装した出資に係る金銭以外の財産の全部を給付する義務を負う。

3　発起人、設立時取締役または設立時監査役は、株式会社の設立について、その任務を怠ったときは、当該株式会社に対し、これによって生じた損害を賠償する責任を負う。

4　発起人、設立時取締役または設立時監査役がその職務を行うについて過失があったときは、当該発起人、設立時取締役または設立時監査役は、これによって第三者に生じた損害を賠償する責任を負う。

5　発起人、設立時取締役または設立時監査役が株式会社または第三者に生じた損害を賠償する責任を負う場合において、他の発起人、設立時取締役または設立時監査役も当該損害を賠償する責任を負うときは、これらの者は、連帯債務者とする。

問題 38　株券が発行されない株式会社の株式であって、振替株式ではない株式の質入れに関する次の記述のうち、会社法の規定に照らし、正しいものはどれか。

1　株主が株式に質権を設定する場合には、質権者の氏名または名称および住所を株主名簿に記載または記録しなければ、質権の効力は生じない。

2　株主名簿に質権者の氏名または名称および住所等の記載または記録をするには、質権を設定した者は、質権者と共同して株式会社に対してそれを請求しなければならない。

3　譲渡制限株式に質権を設定するには、当該譲渡制限株式を発行した株式会社の取締役会または株主総会による承認が必要である。

4　株主名簿に記載または記録された質権者は、債権の弁済期が到来している場合には、当該質権の目的物である株式に対して交付される剰余金の配当（金銭に限る。）を受領し、自己の債権の弁済に充てることができる。

5　株主名簿に記載または記録された質権者は、株主名簿にしたがって株式会社から株主総会の招集通知を受け、自ら議決権を行使することができる。

問題39 社外取締役および社外監査役の設置に関する次のア～オの記述のうち、会社法の規定に照らし、誤っているものの組合せはどれか。

ア　監査役設置会社（公開会社であるものに限る。）が社外監査役を置いていない場合には、取締役は、当該事業年度に関する定時株主総会において、社外監査役を置くことが相当でない理由を説明しなければならない。

イ　監査役会設置会社においては、３人以上の監査役を置き、そのうち半数以上は、社外監査役でなければならない。

ウ　監査役会設置会社（公開会社であり、かつ、大会社であるものに限る。）であって金融商品取引法の規定によりその発行する株式について有価証券報告書を内閣総理大臣に提出しなければならないものにおいては、３人以上の取締役を置き、その過半数は、社外取締役でなければならない。

エ　監査等委員会設置会社においては、３人以上の監査等委員である取締役を置き、その過半数は、社外取締役でなければならない。

オ　指名委員会等設置会社においては、指名委員会、監査委員会または報酬委員会の各委員会は、３人以上の取締役である委員で組織し、各委員会の委員の過半数は、社外取締役でなければならない。

1　ア・ウ
2　ア・エ
3　イ・エ
4　イ・オ
5　ウ・オ

問題 40 剰余金の株主への配当に関する次のア〜オの記述のうち、会社法の規定に照らし、正しいものの組合せはどれか。

ア　株式会社は、剰余金の配当をする場合には、資本金の額の4分の1に達するまで、当該剰余金の配当により減少する剰余金の額に10分の1を乗じて得た額を、資本準備金または利益準備金として計上しなければならない。

イ　株式会社は、金銭以外の財産により剰余金の配当を行うことができるが、当該株式会社の株式等、当該株式会社の子会社の株式等および当該株式会社の親会社の株式等を配当財産とすることはできない。

ウ　株式会社は、純資産額が300万円を下回る場合には、剰余金の配当を行うことができない。

エ　株式会社が剰余金の配当を行う場合には、中間配当を行うときを除いて、その都度、株主総会の決議を要し、定款の定めによって剰余金の配当に関する事項の決定を取締役会の権限とすることはできない。

オ　株式会社が最終事業年度において当期純利益を計上した場合には、当該純利益の額を超えない範囲内で、分配可能額を超えて剰余金の配当を行うことができる。

1　ア・ウ
2　ア・エ
3　イ・エ
4　イ・オ
5　ウ・オ

[問題 41 ～問題 43 は択一式（多肢選択式）]

> **問題 41**　次の文章の空欄　ア　～　エ　に当てはまる語句を、
> 枠内の選択肢（1 ～ 20）から選びなさい。

　問題は、裁判員制度の下で裁判官と国民とにより構成される裁判体が、　ア　に関する様々な憲法上の要請に適合した「　イ　」といい得るものであるか否かにある。

・・・（中略）・・・。

　以上によれば、裁判員裁判対象事件を取り扱う裁判体は、身分保障の下、独立して職権を行使することが保障された裁判官と、公平性、中立性を確保できるよう配慮された手続の下に選任された裁判員とによって構成されるものとされている。また、裁判員の権限は、裁判官と共に公判廷で審理に臨み、評議において事実認定、　ウ　及び有罪の場合の刑の量定について意見を述べ、　エ　を行うことにある。これら裁判員の関与する判断は、いずれも司法作用の内容をなすものであるが、必ずしもあらかじめ法律的な知識、経験を有することが不可欠な事項であるとはいえない。さらに、裁判長は、裁判員がその職責を十分に果たすことができるように配慮しなければならないとされていることも考慮すると、上記のような権限を付与された裁判員が、様々な視点や感覚を反映させつつ、裁判官との協議を通じて良識ある結論に達することは、十分期待することができる。他方、憲法が定める　ア　の諸原則の保障は、裁判官の判断に委ねられている。

　このような裁判員制度の仕組みを考慮すれば、公平な「　イ　」における法と証拠に基づく適正な裁判が行われること（憲法 31 条、32 条、37 条 1 項）は制度的に十分保障されている上、裁判官は　ア　の基本的な担い手とされているものと認められ、憲法が定める　ア　の諸原則を確保する上での支障はないということができる。

（最大判平成 23 年 11 月 16 日刑集 65 巻 8 号 1285 頁）

（選択肢は次ページ）

1	憲法訴訟	2	民事裁判	3	裁決
4	行政裁判	5	情状酌量	6	判例との関係
7	司法権	8	公開法廷	9	判決
10	紛争解決機関	11	決定	12	法令の解釈
13	裁判所	14	人身の自由	15	立法事実
16	評決	17	参審制	18	議決
19	法令の適用	20	刑事裁判		

問題42 感染症法 *の令和3年2月改正に関する次の会話の空欄 ［ ア ］ ～ ［ エ ］ に当てはまる語句を、枠内の選択肢（1 ～ 20）から選びなさい。

教授A： 今日は最近の感染症法改正について少し検討してみましょう。

学生B： はい、新型コロナウイルスの感染症防止対策を強化するために、感染症法が改正されたことはニュースで知りました。

教授A： そうですね。改正のポイントは幾つかあったのですが、特に、入院措置に従わなかった者に対して新たに制裁を科することができるようになりました。もともと、入院措置とは、感染者を感染症指定医療機関等に強制的に入院させる措置であることは知っていましたか。

学生B： はい、それは講学上は ［ ア ］ に当たると言われていますが、直接強制に当たるとする説もあって、講学上の位置づけについては争いがあるようです。

教授A： そのとおりです。この問題には決着がついていないようですので、これ以上は話題として取り上げないことにしましょう。では、改正のポイントについて説明してください。

学生B： 確か、当初の政府案では、懲役や100万円以下の ［ イ ］ を科すことができるとなっていました。

教授A： よく知っていますね。これらは、講学上の分類では ［ ウ ］ に当たりますね。その特徴はなんでしょうか。

学生B： はい、刑法総則が適用されるほか、制裁を科す手続に関しても刑事訴訟法が適用されます。

教授A：　そのとおりですね。ただし、制裁として重すぎるのではないか、という批判もあったところです。

学生B：　結局、与野党間の協議で当初の政府案は修正されて、懲役や　イ　ではなく、　エ　を科すことになりました。この　エ　は講学上の分類では行政上の秩序罰に当たります。

教授A：　そうですね、制裁を科すとしても、その方法には様々なものがあることに注意しましょう。

（注）　＊　感染症の予防及び感染症の患者に対する医療に関する法律

1	罰金	2	過料	3	科料
4	死刑	5	公表	6	即時強制
7	行政代執行	8	仮処分	9	仮の義務付け
10	間接強制	11	課徴金	12	行政刑罰
13	拘留	14	損失補償	15	負担金
16	禁固	17	民事執行	18	執行罰
19	給付拒否	20	社会的制裁		

問題43　次の文章の空欄　ア　〜　エ　に当てはまる語句を、枠内の選択肢（1〜20）から選びなさい。

　行政手続法14条1項本文が、不利益処分をする場合に同時にその理由を名宛人に示さなければならないとしているのは、名宛人に直接に義務を課し又はその権利を制限するという不利益処分の性質に鑑み、行政庁の判断の　ア　と合理性を担保してその恣意を抑制するとともに、処分の理由を名宛人に知らせて　イ　に便宜を与える趣旨に出たものと解される。そして、同項本文に基づいてどの程度の理由を提示すべきかは、上記のような同項本文の趣旨に照らし、当該処分の根拠法令の規定内容、当該処分に係る　ウ　の存否及び内容並びに公表の有無、当該処分の性質及び内容、当該処分の原因となる事実関係の内容等を総合考慮してこれを決定すべきである。

　この見地に立って建築士法・・・（略）・・・による建築士に対する懲戒処分について見ると、・・・（略）・・・処分要件はいずれも抽象的である上、

これらに該当する場合に・・・（略）・・・所定の戒告、1年以内の業務停止又は免許取消しのいずれの処分を選択するかも処分行政庁の裁量に委ねられている。そして、建築士に対する上記懲戒処分については、処分内容の決定に関し、本件　ウ　が定められているところ、本件　ウ　は、　エ　の手続を経るなど適正を担保すべき手厚い手続を経た上で定められて公にされており、・・・（略）・・・多様な事例に対応すべくかなり複雑なものとなっている。

　そうすると、建築士に対する上記懲戒処分に際して同時に示されるべき理由としては、処分の原因となる事実及び処分の根拠法条に加えて、本件　ウ　の適用関係が示されなければ、処分の名宛人において、上記事実及び根拠法条の提示によって処分要件の該当性に係る理由は知り得るとしても、いかなる理由に基づいてどのような　ウ　の適用によって当該処分が選択されたのかを知ることは困難であるのが通例であると考えられる。

（最三小判平成 23 年 6 月 7 日民集 65 巻 4 号 2081 頁）

1	公平	2	審査基準	3	名宛人以外の第三者
4	弁明	5	条例	6	意見公募
7	説明責任	8	根拠	9	慎重
10	紛争の一回解決	11	要綱	12	諮問
13	処分基準	14	利害関係人	15	議会の議決
16	規則	17	不服の申立て	18	審査請求
19	適法性	20	聴聞		

[問題44〜問題46は記述式]（解答は、必ず答案用紙裏面の解答欄（マス目）に記述すること。なお、字数には、句読点も含む。）

問題44　私立の大学であるＡ大学は、その設備、授業その他の事項について、法令の規定に違反しているとして、学校教育法15条1項に基づき、文部科学大臣から必要な措置をとるべき旨の書面による勧告を受けた。しかしＡ大学は、指摘のような法令違反はないとの立場で、勧告に不服をもっている。この文部科学大臣の勧告は、行政手続法の定義に照らして何に該当するか。また、それを前提に同法に基づき、誰に対して、どのような手段をとることができるか。40字程度で記述しなさい。なお、当該勧告に関しては、Ａ大学について弁明その他意見陳述のための手続は規定されておらず、運用上もされなかったものとする。

（参照条文）

学校教育法

第15条第1項　文部科学大臣は、公立又は私立の大学及び高等専門学校が、設備、授業その他の事項について、法令の規定に違反していると認めるときは、当該学校に対し、必要な措置をとるべきことを勧告することができる。（以下略）

（下書用）

問題 45

A は、B に対して 100 万円の売掛代金債権（以下「本件代金債権」といい、解答にあたっても、この語を用いて解答すること。）を有し、本件代金債権については、A・B 間において、第三者への譲渡を禁止することが約されていた。しかし、A は、緊急に資金が必要になったため、本件代金債権を C に譲渡し、C から譲渡代金 90 万円を受領するとともに、同譲渡について、B に通知し、同通知は、B に到達した。そこで、C は、B に対して、本件代金債権の履行期後に本件代金債権の履行を請求した。B が本件代金債権に係る債務の履行を拒むことができるのは、どのような場合か。民法の規定に照らし、40字程度で記述しなさい。

なお、B の A に対する弁済その他の本件代金債権に係る債務の消滅事由はなく、また、B の本件代金債権に係る債務の供託はないものとする。

（下書用）

									10					15

問題 46

A が所有する甲家屋につき、B が賃借人として居住していたところ、甲家屋の 2 階部分の外壁が突然崩落して、付近を通行していた C が負傷した。甲家屋の外壁の設置または管理に瑕疵があった場合、民法の規定に照らし、誰が C に対して損害賠償責任を負うことになるか。必要に応じて場合分けをしながら、40 字程度で記述しなさい。

（下書用）

									10					15

[問題 47 〜問題 60 は択一式（5 肢択一式）]

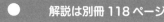

問題 47　以下の各年に開催された近代オリンピック大会と政治に関する次の記述のうち、妥当なものはどれか。

1　ベルリン大会（1936 年）は、ナチス・ドイツが政権を取る前に、不戦条約と国際協調のもとで実施された。

2　ロンドン大会（1948 年）は、第 2 次世界大戦後の初めての大会で、平和の祭典であるため日本やドイツも参加した。

3　東京大会（1964 年）には、日本とソ連・中華人民共和国との間では第 2 次世界大戦に関する講和条約が結ばれていなかったので、ソ連と中華人民共和国は参加しなかった。

4　モスクワ大会（1980 年）は、ソ連によるアフガニスタン侵攻に反発した米国が参加をボイコットし、日本なども不参加となった。

5　サラエボ（冬季）大会（1984 年）は、ボスニア・ヘルツェゴビナ紛争終結の和平を記念して、国際連合停戦監視団のもとに開催された。

問題 48　日本における新型コロナウイルス感染症対策と政治に関する次の記述のうち、妥当なものはどれか。

1　2020 年 3 月には、緊急に対処する必要があるとして、新型コロナウイルス感染症対策に特化した新規の法律が制定された。

2　2020 年 4 月には、雇用の維持と事業の継続、生活に困っている世帯や個人への支援などを盛り込んだ、緊急経済対策が決定された。

3　2020 年 4 月には、法令に基づき、緊急事態宣言が発出され、自宅から外出するためには、都道府県知事による外出許可が必要とされた。

4　2020 年 12 月末には、首相・大臣・首長およびその同居親族へのワクチンの優先接種が終了し、翌年 1 月末には、医療従事者・高齢者に対するワクチン接種が完了した。

5　2021年2月には、新型インフルエンザ等対策特別措置法が改正され、まん延防止等重点措置が導入されたが、同措置に関する命令や過料の制度化は見送られた。

問題 49　以下の公的役職の任命に関する次のア〜オの記述のうち、誤っているものの組合せはどれか。

ア　内閣法制局長官は、両議院の同意を得て内閣が任命する。

イ　日本銀行総裁は、両議院の同意を得て内閣が任命する。

ウ　検事総長は、最高裁判所の推薦に基づき内閣総理大臣が任命する。

エ　NHK（日本放送協会）経営委員は、両議院の同意を得て内閣総理大臣が任命する。

オ　日本学術会議会員は、同会議の推薦に基づき内閣総理大臣が任命する。

1　ア・イ
2　ア・ウ
3　イ・オ
4　ウ・エ
5　エ・オ

問題 50　いわゆる「ふるさと納税」に関する次のア〜オの記述のうち、誤っているものの組合せはどれか。

ア　ふるさと納税とは、居住する自治体に住民税を納めずに、自分が納付したい自治体を選んで、その自治体に住民税を納めることができる制度である。

イ　ふるさと納税は、個人が納付する個人住民税および固定資産税を対象としている。

ウ　ふるさと納税により税収が減少した自治体について、地方交付税の交付団体には減収分の一部が地方交付税制度によって補填される。

エ　納付を受けた市町村は、納付者に返礼品を贈ることが認められてお

り、全国の９割以上の市町村では、返礼品を提供している。

オ 高額な返礼品を用意する自治体や、地場産品とは無関係な返礼品を贈る自治体が出たことから、国は、ふるさと納税の対象自治体を指定する仕組みを導入した。

1 ア・イ
2 ア・ウ
3 イ・エ
4 ウ・オ
5 エ・オ

問題 51 国際収支に関する次の記述のうち、誤っているものはどれか。

1 海外旅行先における現地ホテルへの宿泊料を支払った場合、その金額は、自国の経常収支上で、マイナスとして計上される。

2 発展途上国への社会資本整備のために無償資金協力を自国が行なった場合、その金額は、自国の資本移転等収支上で、マイナスとして計上される。

3 海外留学中の子どもの生活費を仕送りした場合、その金額は、自国の経常収支上で、プラスとして計算される。

4 海外への投資から国内企業が配当や利子を得た場合、その金額は、自国の経常収支上で、プラスとして計算される。

5 日本企業が海外企業の株式を購入した場合、その金額は、日本の金融収支上で、プラスとして計算される。

問題 52　エネルギー需給動向やエネルギー政策に関する次のア〜オの記述のうち、妥当なものの組合せはどれか。

ア　2010 年代後半の日本では、一次エネルギーの 7 割以上を化石エネルギーに依存しており、再生可能エネルギーは 3 割にも満たない。

イ　2010 年代後半以降、日本では、原油ならびに天然ガスいずれもの大半を、中東から輸入している。

ウ　パリ協定に基づき、2050 年までに温室効果ガスの 80％排出削減を通じて「脱炭素社会」の実現を目指す長期戦略を日本政府はとりまとめた。

エ　現在、世界最大のエネルギー消費国は米国であり、中国がそれに続いている。

オ　2020 年前半には、新型コロナウイルス感染症拡大による先行き不安により、原油価格が高騰した。

1　ア・イ
2　ア・ウ
3　イ・オ
4　ウ・エ
5　エ・オ

問題 53　先住民族に関する次の記述のうち、妥当でないものはどれか。

1　2019 年制定のいわゆるアイヌ新法*で、アイヌが先住民族として明記された。

2　2020 年開設の国立アイヌ民族博物館は、日本で初めてのアイヌ文化の展示や調査研究などに特化した国立博物館である。

3　2007 年の国際連合総会で「先住民族の権利に関する宣言」が採択され、2014 年には「先住民族世界会議」が開催された。

4　カナダでは、過去における先住民族に対する同化政策の一環として寄宿学校に強制入学させたことについて、首相が 2008 年に公式に謝罪した。

5 　マオリはオーストラリアの先住民族であり、アボリジニはニュージーランドの先住民族である。

（注）　＊　アイヌの人々の誇りが尊重される社会を実現するための施策の推進に関する法律

問題 54　ジェンダーやセクシュアリティに関する次の記述のうち、妥当でないものはどれか。

1 　「LGBT」は、レズビアン、ゲイ、バイセクシュアル、トランスジェンダーを英語で表記したときの頭文字による語で、性的少数者を意味する。
2 　日本の女子大学の中には、出生時の性別が男性で自身を女性と認識する学生の入学を認める大学もある。
3 　米国では、連邦最高裁判所が「同性婚は合衆国憲法の下の権利であり、州は同性婚を認めなければならない」との判断を下した。
4 　日本では、同性婚の制度が立法化されておらず、同性カップルの関係を条例に基づいて証明する「パートナーシップ制度」を導入している自治体もない。
5 　台湾では、アジアで初めて同性婚の制度が立法化された。

次の文章の空欄　I　～　V　には、それぞれあとの
ア～コのいずれかの語句が入る。その組合せとして妥当なも
のはどれか。

　「顔認識（facial recognition）システム」とは、撮影された画像の中から人
間の顔を検出し、その顔の性別や年齢、　I　などを識別するシステムの
ことをいう。

　「顔認証（facial identification）システム」とは、検出した顔データを事前
に登録しているデータと照合することにより　II　を行うものをいう。

　日本の場合、こうした　III　の利用については、　IV　の規制を受
ける場合もある。たとえば、監視カメラによって、本人の同意を得ることな
く撮影された顔情報を犯罪歴と照合したり、照合する目的で撮影したりする
と、　IV　における要配慮個人情報に該当する問題となりうる。

　既に米国のいくつかの州では、　V　保護の観点から生体特定要素に
「顔の形状」が含まれるとして、顔データの収集について事前の同意を必要
とし第三者への生体データの販売に制限を設けるようになっている。欧州で
も、欧州委員会から公共空間で取得した顔認識を含む　III　を利用した
捜査を禁止する方針が明らかにされた。

ア	表情	イ	大きさ	ウ	前歴確認	エ	本人確認
オ	生体情報	カ	特定個人情報	キ	個人情報保護法	ク	刑事訴訟法
ケ	匿名性	コ	プライバシー				

	I	II	III	IV	V
1	ア	ウ	オ	キ	ケ
2	ア	ウ	カ	ク	ケ
3	ア	エ	オ	キ	コ
4	イ	エ	カ	ク	コ
5	イ	エ	オ	キ	コ

問題 56 国土交通省自動車局による自動運転ガイドラインに定められた車両の自動運転化の水準（レベル）に関する次の記述のうち、妥当でないものはどれか。

1 レベル1は、縦方向か横方向か、いずれかの車両運動制御に限定された機能についてシステムが運転支援を行い、安全運転については運転者が主体となる。

2 レベル2は、縦方向・横方向、両方の方向の車両運動制御について自動運転機能を有するが、安全運転については運転者が主体となる。

3 レベル3は、全ての方向の車両運動制御について自動運転機能を有し、人の介入を排除し、安全運転についてもシステム側が完全に主体となる。

4 レベル4は、限られた領域で無人自動運転を実施し、システム側が安全運転主体となる。

5 レベル5は、自動運転に関わるシステムが全ての運転タスクを実施し、システム側が安全運転主体となる。

問題 57 国の行政機関の個人情報保護制度に関する次の記述のうち、正しいものはどれか。

1 行政機関の長は、保有個人情報の利用停止請求があった場合には、当該利用停止請求者の求めに応じ、すべての事案において一時的に利用の停止を決定し、その上で利用停止の必要性、相当性について行政機関内において検討し、その必要がないと認められるときには、利用停止を解除する必要がある。

2 行政機関の長は、開示請求に係る保有個人情報に不開示情報が含まれている場合において、不開示情報に該当する部分を容易に区分して除くことができ、かつ、不開示情報に該当する箇所に関係する関係機関の同意が得られたときは、開示可能な部分について開示しなければならない。

3 行政機関の長は、開示請求に係る保有個人情報に不開示情報が含まれている場合には、個人の権利利益を保護するための特別の必要性の有無を考慮しても、開示請求者に対して開示することは一切認め

られない。

4　行政機関の長は、開示請求に係る保有個人情報に開示請求者以外の
　　ものに関する情報が含まれているときは、開示決定等をするにあた
　　って、当該第三者に関する情報の内容等を当該情報に係る第三者に
　　対して通知するとともに、聴聞の機会を付与しなければならない。

5　行政機関の長は、保有個人情報の開示について、当該保有個人情報
　　が電磁的記録に記録されているときは、その種別、情報化の進展状
　　況等を勘案して行政機関が定める方法により行う。

問題 58　本文中の空欄　　I　　～　　V　　には、それぞれあとのア
〜オのいずれかの文が入る。その組合せとして妥当なものは
どれか。

　「彼は大いに勉強したが、落第した。」という場合は、大いに勉強したとい
う事実と、落第したという事実とが同時に指摘されている。「彼は大いに勉
強したが、合格した。」という場合は、大いに勉強したという事実と、合格
したという事実とが同時に指摘されている。　　I　　。それが正直な気持
というものである。そして、この二つの事実は「が」で結ばれて、そのまま
表現されたのである。つまり、「が」は、こうした無規定的直接性をその通
り表現するのに役立つのである。「が」で結ばれた二つの句も、これはこれ
で文章である。　　II　　。「彼は大いに勉強したのに、落第した。」「彼は大
いに勉強したので、合格した。」こう書き換えると、「が」で繋いでいた時と
は違って、二つの句の関係がクッキリと浮かび上って来る。「のに」― もっ
と強く言えば、「にも拘らず」― を使えば、大いに勉強したという事実と、
落第したという事実とがただ一瞬に現われるのではなく、ハッキリした反対
の関係に立つことになり、こうなると、今度は、大いに勉強したという事実
は少し怪しいのではないか、あの程度の勉強では不十分なのではないかとい
う風に考えが進み始めるであろう。また、大いに勉強したという事実と、合
格したという事実との間を「ので」― もっと強く言えば、「結果」― で繋げば、
一つの因果関係が設定されることになり、運不運でなく、立派に勉強さえす
れば合格するものだという考えへ導かれるであろう。こちらの考えが決まり、
態度が決まって来る。　　III　　。無規定的直接性というのは、一種の抽象
的な原始状態であって、それはやがて、「のに」や「にも拘らず」、「ので」

や「ゆえに」を初めとして、多くの具体的関係がそこから成長し分化していく母胎である。

　　　Ⅳ　　。人間の精神が強く現実へ踏み込んで、その力で現実を成長させ、分化させるのである。人間の精神が受身の姿勢でいる間は、外部の事態にしろ、自分の気持にしろ、ただボンヤリと「が」で結ばれた諸部分から成り立っている。これらの諸部分の間に、「のに」や「にも拘らず」、「ので」や「ゆえに」を嵌め込むのには、精神が能動的姿勢にならなければ駄目である。　　　Ⅴ　　。本当に文章を書くというのは、無規定的直接性を克服すること、モヤモヤの原始的状態を抜け出ることである。

（出典　清水幾太郎「論文の書き方」岩波新書から）

ア　しかし、この成長や分化は自然に行われるものではない

イ　精神が多くのエネルギーを放出し、強く緊張しなければならぬ

ウ　しかし、「が」をやめて、次のように表現してみたら、どうであろう

エ　「が」は無規定的直接性をそのまま表現するのに適している言葉である

オ　最初の実感としては、それぞれ二つの事実が一度に眼前や心中に現われるに違いない

	Ⅰ	Ⅱ	Ⅲ	Ⅳ	Ⅴ
1	イ	ア	エ	ウ	オ
2	ウ	イ	エ	ア	オ
3	ウ	エ	イ	オ	ア
4	オ	エ	ア	ウ	イ
5	オ	ウ	エ	ア	イ

　いじめ対策として昨今とくに注目されているのは、いじめはけっして許さないという 　I　 たる態度を示すために、いじめの加害者を出席停止処分にするような強い措置を徹底すべきだという、たとえば教育再生会議の提言だろう。いじめ被害の深刻な生徒がしばしば転校を強いられているという事実からすれば、この発想はじゅうぶんに理解できる。加害者ではなく被害者にしわ寄せが行くような対処の仕方は、あまりに理不尽であって 　II　 ともいえるからである。

　出席停止にした加害者にもじゅうぶんな教育的指導のケアがなされるなら、このような処分が有効なケースも確かにあるだろう。しかし、それはあくまで加害と被害の関係が固定化した特殊なケースに対する緊急措置にすぎず、あらゆるいじめに対する 　III　 策ではない。

　特定の加害者を見つけ出して処分したからといって、それだけで問題の 　IV　 的な解決に至るわけではない。現象の上面に引きずられることなく、その本質にまで迫ろうとするなら、そのような 　V　 療法だけで終わりにせず、生徒たちがつねに晒されている人間関係のあり方にまで視野を広げていかなければならない。

（出典　土井隆義「友だち地獄」筑摩書房から）

	I	II	III	IV	V
1	厳然	荒唐無稽	一般	抜擢	対蹠
2	毅然	本末転倒	万能	抜本	対症
3	毅然	換骨奪胎	弥縫	抜粋	対処
4	浩然	本末転倒	弥縫	抜擢	対症
5	厳然	荒唐無稽	一般	抜本	対処

問題 60 本文中の空欄 ［ Ⅰ ］ には、あとのア～ウのいずれかの文が入り、空欄 ［ Ⅱ ］ には、あとのＡ～Ｃのいずれかの文が入る。その組合せとして妥当なものはどれか。

　ことばの「定義」の一番基本的なものは、何かを示して、「これは― です」と言うことである。それは普通「指示定義」と呼ばれている。「指示定義」は、「定義」の内では最も簡単なものであるけれども、またいろいろと不完全な点も多い。目の前に対象がなければならないことは勿論であるが、もっと重要な欠点は、そのことばを教える人が、眼前にある対象の持つ、どの部分に注目してそのことばを使っているのかが、教えられる人に分らないことである。

　たとえば、小さな幼児に、ボールを見せて、「これはまりだよ」と教えたとしよう。［ Ⅰ ］。

　しかしこの子供は、「まり」ということばをいろいろなものに使うたびに、はめられたり笑われたりしながら、ある球形をした対象が、どのような条件を持っている場合にのみ、「まり」と呼ばれるものか悟っていくのである。

　指示の代りに、ことばを使って或ることばを人に教えることは、本質的には「指示定義」をいろいろな情況の下で繰返すことの代りであると考えられる。つまり、自分がある特定のことばに関して持っている経験と、同等の経験を、他の人が持てるように、あれこれと、情況の範囲を制限し、条件をつけていくのである。したがって、ことばによることばの「定義」は、教える人の経験と、教わる人の経験の差、および「定義」をする目的などの条件で千差万別の形をとり得る。

　たとえばライオンを知らない子供にライオンとは何かを、ことばだけで教えようとする。［ Ⅱ ］。しかしこれだけでは虎との区別、ヒョウとの区別を子供がつけることはできないから、そこで、更に詳しい説明が必要となる。しかしいくら詳しく説明しても絶対的な意味での充分ということはないのである。

（出典　鈴木孝夫「ことばと文化」岩波新書から）

ア　子供は「まり」とは球技の用具を呼ぶのかと思い込んで、次に野球のボールを見ても、テニスのラケットを見ても「まり」と言うようになることがある。

イ　子供は球状をしたものを「まり」と呼ぶのかと思い込んで、次に西

瓜を見ても、豆を見ても「まり」と言うようになることがある。

ウ　子供はボールを別名「まり」と呼ぶのかと思い込んで、次にアメリカ人に見せても、フランス人に見せても「まり」と言うようになることがある。

A　もしその子がライオンの生態をあまり知らなかった場合でも、ライオンは猫のお友だちであるということで対象の範囲はかなり狭められる

B　もしその子が猫とライオンが虎やヒョウの仲間だと知っている場合には、ライオンは百獣の王だということで対象の範囲はかなり狭められる

C　もしその子が猫をすでに知っている場合には、ライオンとはとても大きな猫の一種だということで対象の範囲はかなり狭められる

	I	II
1	ア	C
2	イ	B
3	イ	C
4	ウ	A
5	ウ	C

行政書士試験問題

令和2年度

試験時間に合わせて解いてみよう!!

■午後1：00〜4：00（制限時間3時間）

法令等（46問）………… p.166

一般知識等（14問）…… p.203

p.270〜271の解答用紙をコピーしてお使いください。

◆ 試験結果データ ◆

受験者数	41,681人
合格者数	4,470人
合格率	10.72%

[問題 1 〜問題 40 は択一式（5 肢択一式）]

問題 1　次の文章の空欄 　ア　 〜 　エ　 に当てはまる語句の組合せとして、正しいものはどれか。

　現代の法律上の用語として「　ア　」というのは、紛争当事者以外の第三者が 　イ　 の条件（内容）を紛争当事者に示して、当事者の合意（　イ　）によって紛争を解決するように当事者にはたらきかけること、を意味する。このような意味での 　ア　 は、法律上の用語としての「　ウ　」とは区別されなければならない。「　ウ　」というのは、紛争解決の手段として、紛争当事者以外の第三者たる私人（　ウ　人）・・・が紛争に対し或る決定を下すこと、を意味する。

　「　ア　」は、紛争当事者の合意によって紛争を解決すること（　イ　）を第三者が援助し促進することであって、紛争を終わらせるかどうかの最終決定権は当事者にあるのに対し、「　ウ　」においては、　ウ　人が紛争について決定を下したときは、紛争当事者はそれに拘束されるのであって・・・、この点で 　ウ　 は 　エ　 に似ている・・・。

　（中略）

　しかし、このような用語法は、西洋の法意識を前提としそれに立脚したものであって、わが国の日常用語では、「　ア　」と「　ウ　」という二つのことばの間には明確な区別がない。『広辞苑』には、「　ア　」ということばの説明として、「双方の間に立って争いをやめさせること。中に立って双方を円くまとめること。　ウ　」と書かれている。そうして、奇しくもこの説明は、日本の伝統的な紛争解決方法においては 　ア　 と 　ウ　 とが明確に分化していなかったという事実を、巧まずして示しているのである。

（出典　川島武宜「日本人の法意識」岩波新書 1967 年から＜送り仮名を改めた部分がある。＞）

	ア	イ	ウ	エ
1	調停	和解	仲裁	裁判
2	仲裁	和解	調停	裁判
3	和解	示談	仲裁	調停

4	示談	仲裁	和解	調停
5	調停	示談	和解	仲裁

問題 2　簡易裁判所に関する次のア～オの記述のうち、正しいものの組合せはどれか。

ア　簡易裁判所は、禁固刑および懲役刑を科すことができず、これらを科す必要を認めたときは、事件を地方裁判所へ移送しなければならない。

イ　簡易裁判所における一部の民事事件の訴訟代理業務は、法務大臣の認定を受けた司法書士および行政書士にも認められている。

ウ　簡易裁判所で行う民事訴訟では、訴えは口頭でも提起することができる。

エ　少額訴訟による審理および裁判には、同一人が同一の簡易裁判所において同一の年に一定の回数を超えて求めることができないとする制限がある。

オ　簡易裁判所判事は、金銭その他の代替物または有価証券の一定の数量の給付を目的とする請求について、債権者の申立てにより、支払督促を発することができる。

1　ア・イ
2　ア・ウ
3　イ・オ
4　ウ・エ
5　エ・オ

問題3 次の文章の空欄 ア ～ オ に当てはまる語句の組合せとして、妥当なものはどれか。

　未決勾留は、刑事訴訟法の規定に基づき、逃亡又は罪証隠滅の防止を目的として、被疑者又は被告人の ア を監獄内に限定するものであつて、右の勾留により拘禁された者は、その限度で イ 的行動の自由を制限されるのみならず、前記逃亡又は罪証隠滅の防止の目的のために必要かつ ウ 的な範囲において、それ以外の行為の自由をも制限されることを免れない・・・。また、監獄は、多数の被拘禁者を外部から エ して収容する施設であり、右施設内でこれらの者を集団として管理するにあたつては、内部における規律及び秩序を維持し、その正常な状態を保持する必要があるから、・・・この面からその者の イ 的自由及びその他の行為の自由に一定の制限が加えられることは、やむをえないところというべきである・・・被拘禁者の新聞紙、図書等の閲読の自由を制限する場合・・・具体的事情のもとにおいて、その閲読を許すことにより監獄内の規律及び秩序の維持上放置することのできない程度の障害が生ずる相当の オ 性があると認められることが必要であり、かつ・・・制限の程度は、右の障害発生の防止のために必要かつ ウ 的な範囲にとどまるべきものと解するのが相当である。

（最大判昭和58年6月22日民集第37巻5号793頁）

	ア	イ	ウ	エ	オ
1	居住	身体	合理	隔離	蓋然
2	活動	身体	蓋然	遮断	合理
3	居住	日常	合理	遮断	蓋然
4	活動	日常	蓋然	隔離	合理
5	居住	身体	合理	遮断	蓋然

問題4 表現の自由の規制に関する次の記述のうち、妥当でないものはどれか。

1　表現の内容規制とは、ある表現が伝達しようとするメッセージを理由とした規制であり、政府の転覆を煽動する文書の禁止、国家機密に属する情報の公表の禁止などがその例である。

2 表現の内容を理由とした規制であっても、高い価値の表現でないことを理由に通常の内容規制よりも緩やかに審査され、規制が許されるべきだとされる場合があり、営利を目的とした表現や、人種的憎悪をあおる表現などがその例である。

3 表現内容中立規制とは、表現が伝達しようとするメッセージの内容には直接関係なく行われる規制であり、学校近くでの騒音の制限、一定の選挙運動の制限などがその例である。

4 表現行為を事前に規制することは原則として許されないとされ、検閲は判例によれば絶対的に禁じられるが、裁判所による表現行為の事前差し止めは厳格な要件のもとで許容される場合がある。

5 表現行為の規制には明確性が求められるため、表現行為を規制する刑罰法規の法文が漠然不明確であったり、過度に広汎であったりする場合には、そうした文言の射程を限定的に解釈し合憲とすることは、判例によれば許されない。

問題5 次の文章の下線部の趣旨に、最も適合しないものはどれか。

　議院が独立的機関であるなら、みずからの権能について、行使・不行使をみずから決定しえなければならない。議院の権能行使は、議院の自律にまかせられるを要する。けれども、憲法典は、通常、議院が、このような自律権を有することを明文で規定しない。独立の地位をもつことの、当然の帰結だからである。これに比べれば制度上の意味の限定的な議員の不逮捕特権や免責特権がかえって憲法典に規定されるのは、それが、独立的機関の構成員とされることからする当然の帰結とは考ええないことによる。憲法典に規定されなくても、議院の自律権は、議院の存在理由を確保するために不可欠で、議員特権などより重い意味をもっている。

　しかし、日本国憲法典をじっくり味読するなら、<u>議院に自律権あることを前提とし、これあることを指示する規定</u>がある。

（出典　小嶋和司「憲法学講話」有斐閣 1982 年から）

1 両議院は、各々その会議その他の手続及び内部の規律に関する規則を定めることができる。

2　両議院は、各々国政に関する調査を行い、これに関して、証人の出頭及び証言並びに記録の提出を要求することができる。

3　両議院は、各々その議長その他の役員を選任する。

4　両議院は、各々その議員の資格に関する争訟を裁判する。

5　両議院は、各々院内の秩序をみだした議員を懲罰することができる。

問題6　衆議院の解散に関する次の記述のうち、妥当なものはどれか。

1　衆議院議員総選挙は、衆議院議員の任期が満了した場合と衆議院が解散された場合に行われるが、実際の運用では、任期満了による総選挙が過半数を占め、解散による総選挙は例外となっている。

2　内閣による衆議院の解散は、高度の政治性を有する国家行為であるから、解散が憲法の明文規定に反して行われるなど、一見極めて明白に違憲無効と認められる場合を除き、司法審査は及ばないとするのが判例である。

3　最高裁判所が衆議院議員選挙における投票価値の不均衡について憲法違反の状態にあると判断した場合にも、内閣の解散権は制約されないとするのが政府見解であるが、実際には、不均衡を是正しないまま衆議院が解散された例はない。

4　衆議院が内閣不信任案を可決し、または信任案を否決したとき、内閣は衆議院を解散できるが、この場合には、内閣によりすでに解散が決定されているので、天皇は、内閣の助言と承認を経ず、国事行為として衆議院議員選挙の公示を行うことができると解される。

5　天皇の国事行為は本来、厳密に形式的儀礼的性格のものにすぎない、と考えるならば、国事行為としての衆議院の解散の宣言について内閣が助言と承認の権能を有しているからといって、内閣が憲法上当然に解散権を有していると決めつけることはできない、という結論が導かれる。

憲法訴訟における違憲性の主張適格が問題となった第三者没収に関する最高裁判所判決＊について、次のア〜オの記述のうち、法廷意見の見解として、正しいものをすべて挙げた組合せはどれか。

ア　第三者の所有物の没収は、所有物を没収される第三者にも告知、弁解、防禦の機会を与えることが必要であり、これなしに没収することは、適正な法律手続によらないで財産権を侵害することになる。

イ　かかる没収の言渡を受けた被告人は、たとえ第三者の所有物に関する場合であっても、それが被告人に対する附加刑である以上、没収の裁判の違憲を理由として上告をすることができる。

ウ　被告人としても、その物の占有権を剥奪され、これを使用・収益できない状態におかれ、所有権を剥奪された第三者から賠償請求権等を行使される危険に曝される等、利害関係を有することが明らかであるから、上告により救済を求めることができるものと解すべきである。

エ　被告人自身は本件没収によって現実の具体的不利益を蒙ってはいないから、現実の具体的不利益を蒙っていない被告人の申立に基づき没収の違憲性に判断を加えることは、将来を予想した抽象的判断を下すものに外ならず、憲法 81 条が付与する違憲審査権の範囲を逸脱する。

オ　刑事訴訟法では、被告人に対して言い渡される判決の直接の効力が被告人以外の第三者に及ぶことは認められていない以上、本件の没収の裁判によって第三者の所有権は侵害されていない。

（注）＊最大判昭和 37 年 11 月 28 日刑集 16 巻 11 号 1593 頁

1　ア・イ
2　ア・エ
3　イ・オ
4　ア・イ・ウ
5　ア・エ・オ

　食中毒事故が起こった場合、その発生原因を特定して公表することに関して、直接これを定めた法律の規定が存在しないのは原告の指摘するとおりである。しかし、行政機関が私人に関する事実を公表したとしても、それは直接その私人の権利を制限しあるいはその私人に義務を課すものではないから、行政行為には当たらず、いわゆる非権力的事実行為に該当し、その直接の根拠となる法律上の規定が存在しないからといって、それだけで直ちに違法の問題が生じることはないというべきである。もちろん、その所管する事務とまったくかけ離れた事項について公表した場合には、それだけで違法の問題が生じることも考えられるが、本件各報告の公表はそのような場合ではない。すなわち、厚生省は、公衆衛生行政・食品衛生行政を担い、その所管する食品衛生法は、「飲食に起因する衛生上の危害の発生を防止し、公衆衛生の向上及び増進に寄与すること」を目的としている（法1条）のであるから、本件集団下痢症の原因を究明する本件各報告の作成・公表は、厚生省及び厚生大臣の所管する事務の範囲内に含まれることは明らかである。このように、厚生大臣がその所管する事務の範囲内において行い、かつ、国民の権利を制限し、義務を課すことを目的としてなされたものではなく、またそのような効果も存しない本件各報告の公表について、これを許容する法律上の直接の根拠がないからといって、それだけで直ちに法治主義違反の違法の問題が生じるとはいえない。

（大阪地裁平成14年3月15日判決・判例時報1783号97頁）

1　法律の留保に関するさまざまな説のうち、いわゆる「侵害留保説」が前提とされている。
2　行政庁がその所掌事務からまったく逸脱した事項について公表を行った場合、当該公表は違法性を帯びることがありうるとの立場がとられている。
3　義務違反に対する制裁を目的としない情報提供型の「公表」は、非権力的事実行為に当たるとの立場がとられている。
4　集団下痢症の原因を究明する本件各報告の公表には、食品衛生法の

直接の根拠が存在しないとの立場がとられている。

5 本件公表は、国民の権利を制限し、義務を課すことを直接の目的とするものではないが、現実には特定の国民に重大な不利益をもたらす事実上の効果を有するものであることから、法律上の直接の根拠が必要であるとの立場がとられている。

問題9 行政行為（処分）に関する次の記述のうち、最高裁判所の判例に照らし、妥当なものはどれか。

1 処分に重大かつ明白な瑕疵があり、それが当然に無効とされる場合において、当該瑕疵が明白であるかどうかは、当該処分の外形上、客観的に誤認が一見看取し得るものであるかどうかにより決すべきである。

2 行政庁の処分の効力の発生時期については、特別の規定のない限り、その意思表示が相手方に到達した時ではなく、それが行政庁から相手方に向けて発信された時と解するのが相当である。

3 課税処分における内容の過誤が課税要件の根幹に関わる重大なものである場合であっても、当該瑕疵に明白性が認められなければ、当該課税処分が当然に無効となることはない。

4 相手方に利益を付与する処分の撤回は、撤回の対象となる当該処分について法令上の根拠規定が定められていたとしても、撤回それ自体について別途、法令上の根拠規定が定められていなければ、適法にすることはできない。

5 旧自作農創設特別措置法に基づく農地買収計画の決定に対してなされた訴願を認容する裁決は、これを実質的に見れば、その本質は法律上の争訟を裁判するものであるが、それが処分である以上、他の一般的な処分と同様、裁決庁自らの判断で取り消すことを妨げない。

　普通地方公共団体が締結する契約に関する次の記述のうち、地方自治法の定めに照らし、妥当なものはどれか。

1　売買、賃借、請負その他の契約は、一般競争入札、指名競争入札、随意契約、せり売りのほか、条例で定める方法によっても締結することができる。

2　売買、賃借、請負その他の契約を、指名競争入札、随意契約またはせり売りの方法により締結することができるのは、政令が定める場合に該当するときに限られる。

3　一般競争入札により契約を締結する場合においては、政令の定めるところにより、契約の目的に応じ、予定価格の制限の範囲内で最高または最低の価格をもって申込みをした者を契約の相手方とするものとされており、この点についての例外は認められていない。

4　随意契約の手続に関し必要な事項は、当該普通地方公共団体が条例でこれを定める。

5　契約を締結する場合に議会の議決を要するのは、種類および金額について政令で定める基準に従い条例で定めるものを締結するときであって、かつ指名競争入札による場合に限られる。

　行政手続法の用語に関する次の記述のうち、同法の定義に照らし、正しいものはどれか。

1　「不利益処分」とは、申請により求められた許認可等を拒否する処分など、申請に基づき当該申請をした者を名あて人としてされる処分のほか、行政庁が、法令に基づき、特定の者を名あて人として、直接に、これに義務を課し、またはその権利を制限する処分をいう。

2　「行政機関」には、国の一定の機関およびその職員が含まれるが、地方公共団体の機関はこれに含まれない。

3　「処分基準」とは、不利益処分をするかどうか、またはどのような不利益処分とするかについてその法令の定めに従って判断するために必要とされる基準をいう。

4　「申請」とは、法令に基づき、申請者本人または申請者以外の第三者に対し何らかの利益を付与する処分を求める行為であって、当該

行為に対して行政庁が諾否の応答をすべきこととされているものをいう。

5　「届出」とは、行政庁に対し一定の事項の通知をする行為であって、当該行政庁にそれに対する諾否の応答が義務づけられているものをいう。

問題 12　行政手続法の規定する聴聞と弁明の機会の付与に関する次の記述のうち、正しいものはどれか。

1　聴聞、弁明の機会の付与のいずれの場合についても、当事者は代理人を選任することができる。

2　聴聞は許認可等の取消しの場合に行われる手続であり、弁明の機会の付与は許認可等の拒否処分の場合に行われる手続である。

3　聴聞が口頭で行われるのに対し、弁明の機会の付与の手続は、書面で行われるのが原則であるが、当事者から求めがあったときは、口頭により弁明する機会を与えなければならない。

4　聴聞、弁明の機会の付与のいずれの場合についても、当該処分について利害関係を有する者がこれに参加することは、認められていない。

5　聴聞、弁明の機会の付与のいずれの場合についても、当事者は処分の原因に関するすべての文書を閲覧する権利を有する。

問題 13　行政手続法の定める申請の取扱いに関する次のア〜オの記述のうち、正しいものの組合せはどれか。

ア　申請がそれをすることができる期間内にされたものではない場合、当該申請は当然に不適法なものであるから、行政庁は、これに対して諾否の応答を行わず、その理由を示し、速やかに当該申請にかかる書類を申請者に返戻しなければならない。

イ　許認可等を求める申請に必要な書類が添付されていない場合、行政庁は、速やかに、相当の期間を定めて当該申請の補正を求めるか、あるいは当該申請により求められた許認可等を拒否しなければなら

ない。

ウ　行政庁は、申請により求められた許認可等のうち行政手続法に列挙
　　されたものについて、これを拒否する処分を行おうとするときは、
　　予めその旨を申請者に対し通知し、当該申請者に弁明書の提出によ
　　る意見陳述の機会を与えなければならない。

エ　行政庁が申請の取下げまたは内容の変更を求める行政指導を行うこ
　　とは、申請者がそれに従う意思がない旨を表明したにもかかわらず
　　これを継続すること等により当該申請者の権利の行使を妨げるもの
　　でない限り、直ちに違法とされるものではない。

オ　行政庁が、申請の処理につき標準処理期間を設定し、これを公表し
　　た場合において、当該標準処理期間を経過してもなお申請に対し何
　　らの処分がなされないときは、当該申請に対して拒否処分がなされ
　　たものとみなされる。

1　ア・イ
2　ア・オ
3　イ・エ
4　ウ・エ
5　ウ・オ

問題 14　　行政不服審査法に関する次のア～オの記述のうち、正しいも
　　　　　のの組合せはどれか。

ア　審査請求の目的である処分に係る権利を譲り受けた者は、審査請求
　　人の地位を承継することができるが、その場合は、審査庁の許可を
　　得ることが必要である。

イ　処分についての審査請求に関する審査請求期間については、処分が
　　あったことを知った日から起算するものと、処分があった日から起
　　算するものの2つが定められているが、いずれについても、その初
　　日が算入される。

ウ　法令に違反する事実がある場合において、その是正のためにされる
　　べき処分がなされないときは、当該行政庁の不作為について、当該
　　処分をすることを求める審査請求をすることができる。

エ　一定の利害関係人は、審理員の許可を得て、参加人として当該審査請求に参加することができるが、参加人は、審査請求人と同様に、口頭で審査請求に係る事件に関する意見を述べる機会を与えられ、証拠書類または証拠物を提出することができる。

オ　多数人が共同して行った審査請求においては、法定数以内の総代を共同審査請求人により互選することが認められているが、その場合においても、共同審査請求人各自が、総代を通じることなく単独で当該審査請求に関する一切の行為を行うことができる。

1　ア・エ
2　ア・オ
3　イ・ウ
4　イ・オ
5　ウ・エ

問題 15　再審査請求について定める行政不服審査法の規定に関する次の記述のうち、正しいものはどれか。

1　法律に再審査請求をすることができる旨の定めがない場合であっても、処分庁の同意を得れば再審査請求をすることが認められる。

2　審査請求の対象とされた処分（原処分）を適法として棄却した審査請求の裁決（原裁決）があった場合に、当該審査請求の裁決に係る再審査請求において、原裁決は違法であるが、原処分は違法でも不当でもないときは、再審査庁は、裁決で、当該再審査請求を棄却する。

3　再審査請求をすることができる処分について行う再審査請求の請求先（再審査庁）は、行政不服審査会となる。

4　再審査請求をすることができる処分について、審査請求の裁決が既になされている場合には、再審査請求は当該裁決を対象として行わなければならない。

5　再審査請求の再審査請求期間は、原裁決があった日ではなく、原処分があった日を基準として算定する。

不作為についての審査請求について定める行政不服審査法の規定に関する次のア〜エの記述のうち、正しいものの組合せはどれか。

ア 不作為についての審査請求が当該不作為に係る処分についての申請から相当の期間が経過しないでされたものである場合、審査庁は、裁決で、当該審査請求を棄却する。

イ 不作為についての審査請求について理由がない場合には、審査庁は、裁決で、当該審査請求を棄却する。

ウ 不作為についての審査請求について理由がある場合には、審査庁は、裁決で、当該不作為が違法または不当である旨を宣言する。

エ 不作為についての審査請求について理由がある場合、不作為庁の上級行政庁ではない審査庁は、当該不作為庁に対し、当該処分をすべき旨を勧告しなければならない。

1 ア・イ
2 ア・エ
3 イ・ウ
4 イ・エ
5 ウ・エ

狭義の訴えの利益に関する次のア〜エの記述のうち、最高裁判所の判例に照らし、正しいものの組合せはどれか。

ア 森林法に基づく保安林指定解除処分の取消しが求められた場合において、水資源確保等のための代替施設の設置によって洪水や渇水の危険が解消され、その防止上からは当該保安林の存続の必要性がなくなったと認められるとしても、当該処分の取消しを求める訴えの利益は失われない。

イ 土地改良法に基づく土地改良事業施行認可処分の取消しが求められた場合において、当該事業の計画に係る改良工事及び換地処分がすべて完了したため、当該認可処分に係る事業施行地域を当該事業施行以前の原状に回復することが、社会的、経済的損失の観点からみ

— 178 —

て、社会通念上、不可能であるとしても、当該認可処分の取消しを求める訴えの利益は失われない。

ウ　建築基準法に基づく建築確認の取消しが求められた場合において、当該建築確認に係る建築物の建築工事が完了した後でも、当該建築確認の取消しを求める訴えの利益は失われない。

エ　都市計画法に基づく開発許可のうち、市街化調整区域内にある土地を開発区域とするものの取消しが求められた場合において、当該許可に係る開発工事が完了し、検査済証の交付がされた後でも、当該許可の取消しを求める訴えの利益は失われない。

1　ア・イ
2　ア・ウ
3　イ・ウ
4　イ・エ
5　ウ・エ

問題 18　行政事件訴訟法が定める出訴期間に関する次の記述のうち、正しいものはどれか。

1　処分または裁決の取消しの訴えは、処分または裁決の日から6箇月を経過したときは提起することができないが、正当な理由があるときはこの限りでない。

2　処分につき審査請求をすることができる場合において審査請求があったときは、処分に係る取消訴訟は、その審査請求をした者については、これに対する裁決があったことを知った日から6箇月を経過したときは提起することができないが、正当な理由があるときはこの限りではない。

3　不作為の違法確認の訴えは、当該不作為に係る処分または裁決の申請をした日から6箇月を経過したときは提起することができないが、正当な理由があるときはこの限りではない。

4　義務付けの訴えは、処分または裁決がされるべきことを知った日から6箇月を経過したときは提起することができないが、正当な理由があるときはこの限りではない。

5 差止めの訴えは、処分または裁決がされようとしていることを知った日から6箇月を経過したときは提起することができないが、正当な理由があるときはこの限りではない。

問題 19 行政事件訴訟法が定める義務付け訴訟に関する次の記述のうち、正しいものはどれか。

1 申請拒否処分がなされた場合における申請型義務付け訴訟は、拒否処分の取消訴訟と併合提起しなければならないが、その無効確認訴訟と併合提起することはできない。
2 行政庁が義務付け判決に従った処分をしない場合には、裁判所は、行政庁に代わって当該処分を行うことができる。
3 義務付け判決には、取消判決の拘束力の規定は準用されているが、第三者効の規定は準用されていない。
4 処分がされないことにより生ずる償うことのできない損害を避けるため緊急の必要がある場合には、当該処分につき義務付け訴訟を提起しなくとも、仮の義務付けのみを単独で申し立てることができる。
5 義務付け訴訟は、行政庁の判断を待たず裁判所が一定の処分を義務付けるものであるから、申請型、非申請型のいずれの訴訟も、「重大な損害を生じるおそれ」がある場合のみ提起できる。

問題 20 国家賠償法に関する次のア～エの記述のうち、最高裁判所の判例に照らし、正しいものの組合せはどれか。

ア 同一の行政主体に属する複数の公務員のみによって一連の職務上の行為が行われ、その一連の過程で他人に損害が生じた場合、損害の直接の原因となった公務員の違法行為が特定できないときには、当該行政主体は国家賠償法1条1項に基づく損害賠償責任を負うことはない。
イ 税務署長が行った所得税の更正処分が、所得金額を過大に認定したものであるとして取消訴訟で取り消されたとしても、当該税務署長が更正処分をするに際して職務上通常尽くすべき注意義務を尽くし

ていた場合は、当該更正処分に国家賠償法 1 条 1 項にいう違法があったとはされない。

ウ　国家賠償法 1 条 1 項に基づく賠償責任は、国または公共団体が負うのであって、公務員個人が負うものではないから、公務員個人を被告とする賠償請求の訴えは不適法として却下される。

エ　国家賠償法 1 条 1 項が定める「公務員が、その職務を行うについて」という要件については、公務員が主観的に権限行使の意思をもってする場合に限らず、自己の利をはかる意図をもってする場合であっても、客観的に職務執行の外形をそなえる行為をしたときは、この要件に該当する。

1　ア・イ
2　ア・ウ
3　イ・ウ
4　イ・エ
5　ウ・エ

問題 21　国家賠償法に関する次の記述のうち、最高裁判所の判例に照らし、妥当なものはどれか。

1　宅地建物取引業法は、宅地建物取引業者の不正な行為によって個々の取引関係者が被る具体的な損害の防止、救済を制度の直接の目的とするものであるから、不正な行為をした業者に対する行政庁の監督権限の不行使は、被害者との関係においても、直ちに国家賠償法 1 条 1 項の適用上違法の評価を受ける。

2　建築基準法に基づく指定を受けた民間の指定確認検査機関による建築確認は、それに関する事務が行政庁の監督下において行われているものではないため、国家賠償法 1 条 1 項の「公権力の行使」に当たらない。

3　公害に係る健康被害の救済に関する特別措置法、または同法を引き継いだ公害健康被害補償法゛に基づいて水俣病患者の認定申請をした者が水俣病の認定処分を受けた場合でも、申請処理の遅延により相当の期間内に応答がなかったという事情があれば、当該遅延は、

直ちに国家賠償法 1 条 1 項の適用上違法の評価を受ける。

4 裁判官がおこなう争訟の裁判については、その裁判の内容に上訴等の訴訟法上の救済方法で是正されるべき瑕疵が存在し、当該裁判官が付与された権限の趣旨に明らかに背いてこれを行使したと認め得るような事情がみられたとしても、国家賠償法 1 条 1 項の適用上違法の評価を受けることはない。

5 検察官が公訴を提起した裁判において、無罪の判決が確定したとしても、そのことから直ちに、起訴前の逮捕や勾留とその後の公訴の提起などが国家賠償法 1 条 1 項の適用上違法の評価を受けるということにはならない。

（注）＊公害健康被害の補償等に関する法律

問題 22 住民について定める地方自治法の規定に関する次のア〜オの記述のうち、正しいものの組合せはどれか。

ア 市町村の区域内に住所を有する者は、当該市町村およびこれを包括する都道府県の住民とする。

イ 住民は、日本国籍の有無にかかわらず、その属する普通地方公共団体の選挙に参与する権利を有する。

ウ 住民は、法律の定めるところにより、その属する普通地方公共団体の役務の提供をひとしく受ける権利を有し、その負担を分任する義務を負う。

エ 日本国民たる普通地方公共団体の住民は、その属する普通地方公共団体のすべての条例について、その内容にかかわらず、制定または改廃を請求する権利を有する。

オ 都道府県は、別に法律の定めるところにより、その住民につき、住民たる地位に関する正確な記録を常に整備しておかなければならない。

1 ア・ウ
2 ア・オ
3 イ・ウ

4 イ・エ

5 エ・オ

問題 23 地方自治法の定める自治事務と法定受託事務に関する次の記述のうち、正しいものはどれか。

1 都道府県知事が法律に基づいて行政処分を行う場合、当該法律において、当該処分を都道府県の自治事務とする旨が特に定められているときに限り、当該処分は自治事務となる。

2 都道府県知事が法律に基づいて自治事務とされる行政処分を行う場合、当該法律に定められている処分の要件については、当該都道府県が条例によってこれを変更することができる。

3 普通地方公共団体は、法定受託事務の処理に関して法律またはこれに基づく政令によらなければ、国または都道府県の関与を受けることはないが、自治事務の処理に関しては、法律またはこれに基づく政令によることなく、国または都道府県の関与を受けることがある。

4 自治紛争処理委員は、普通地方公共団体の自治事務に関する紛争を処理するために設けられたものであり、都道府県は、必ず常勤の自治紛争処理委員をおかなければならない。

5 都道府県知事は、市町村長の担任する自治事務の処理が法令の規定に違反していると認めるとき、または著しく適正を欠き、かつ明らかに公益を害していると認めるときは、当該市町村に対し、当該自治事務の処理について違反の是正または改善のため必要な措置を講ずべきことを勧告することができる。

地方自治法に基づく住民訴訟に関する次の記述のうち、法令および最高裁判所の判例に照らし、妥当なものはどれか。

1 住民訴訟を提起した者が当該訴訟の係属中に死亡したとき、その相続人は、当該地方公共団体の住民である場合に限り、訴訟を承継することができる。

2 住民訴訟を提起する者は、その対象となる財務会計行為が行われた時点において当該普通地方公共団体の住民であることが必要である。

3 住民訴訟の前提となる住民監査請求は、条例で定める一定数の当該地方公共団体の住民の連署により、これをする必要がある。

4 普通地方公共団体の議会は、住民訴訟の対象とされた当該普通地方公共団体の不当利得返還請求権が裁判において確定したのちは、当該請求権に関する権利放棄の議決をすることはできない。

5 住民訴訟を提起した者は、当該住民訴訟に勝訴した場合、弁護士に支払う報酬額の範囲内で相当と認められる額の支払いを当該普通地方公共団体に対して請求することができる。

情報公開をめぐる最高裁判所の判例に関する次の記述のうち、妥当なものはどれか。

1 条例に基づく公文書非公開決定の取消訴訟において、被告は、当該決定が適法であることの理由として、実施機関が当該決定に付した非公開理由とは別の理由を主張することも許される。

2 行政機関情報公開法*に基づく開示請求の対象とされた行政文書を行政機関が保有していないことを理由とする不開示決定の取消訴訟において、不開示決定時に行政機関が当該文書を保有していなかったことについての主張立証責任は、被告が負う。

3 条例に基づく公文書非公開決定の取消訴訟において、当該公文書が書証として提出された場合には、当該決定の取消しを求める訴えの利益は消滅する。

4 条例に基づく公文書非開示決定に取消し得べき瑕疵があった場合には、そのことにより直ちに、国家賠償請求訴訟において、当該決定

は国家賠償法1条1項の適用上違法であるとの評価を受ける。

5 条例に基づき地方公共団体の長が建物の建築工事計画通知書についてした公開決定に対して、国が当該建物の所有者として有する固有の利益が侵害されることを理由としてその取消しを求める訴えは、法律上の争訟には当たらない。

（注）＊行政機関の保有する情報の公開に関する法律

問題26 自動車の運転免許に関する次の記述のうち、正しいものはどれか。

1 自動車の運転免許の交付事務を担当する都道府県公安委員会は合議制の機関であることから、免許の交付の権限は都道府県公安委員会の委員長ではなく、都道府県公安委員会が有する。

2 道路交通法に違反した行為を理由として運転免許停止処分を受けた者が、その取消しを求めて取消訴訟を提起したところ、訴訟継続中に免許停止期間が終了した場合、当該違反行為を理由とする違反点数の効力が残っていたとしても、当該訴訟の訴えの利益は消滅する。

3 運転免許証の「○年○月○日まで有効」という記載は、行政行為に付される附款の一種で、行政法学上は「条件」と呼ばれるものである。

4 自動車の運転免許は、免許を受けた者に対し、公道上で自動車を運転できるという権利を付与するものであるから、行政法学上の「特許」に当たる。

5 都道府県公安委員会は国家公安委員会の地方支分部局に当たるため、内閣総理大臣は、閣議にかけた方針に基づき都道府県公安委員会の運転免許交付事務を指揮監督することができる。

問題 27 制限行為能力者に関する次の記述のうち、民法の規定および判例に照らし、誤っているものはどれか。

1 未成年者について、親権を行う者が管理権を有しないときは、後見が開始する。

2 保佐人は、民法が定める被保佐人の一定の行為について同意権を有するほか、家庭裁判所が保佐人に代理権を付与する旨の審判をしたときには特定の法律行為の代理権も有する。

3 家庭裁判所は、被補助人の特定の法律行為につき補助人の同意を要する旨の審判、および補助人に代理権を付与する旨の審判をすることができる。

4 被保佐人が保佐人の同意を要する行為をその同意を得ずに行った場合において、相手方が被保佐人に対して、一定期間内に保佐人の追認を得るべき旨の催告をしたが、その期間内に回答がなかったときは、当該行為を追認したものと擬制される。

5 制限行為能力者が、相手方に制限行為能力者であることを黙秘して法律行為を行った場合であっても、それが他の言動と相まって相手方を誤信させ、または誤信を強めたものと認められるときは、詐術にあたる。

問題 28 占有改定等に関する次のア〜オの記述のうち、民法の規定および判例に照らし、妥当でないものの組合せはどれか。

ア 即時取得が成立するためには占有の取得が必要であるが、この占有の取得には、外観上従来の占有事実の状態に変更を来たさない、占有改定による占有の取得は含まれない。

イ 留置権が成立するためには他人の物を占有することが必要であるが、この占有には、債務者を占有代理人とした占有は含まれない。

ウ 先取特権の目的動産が売買契約に基づいて第三取得者に引き渡されると、その後は先取特権を当該動産に対して行使できないこととなるが、この引渡しには、現実の移転を伴わない占有改定による引渡しは含まれない。

エ 質権が成立するためには目的物の引渡しが必要であるが、この引渡

しには、設定者を以後、質権者の代理人として占有させる、占有改定による引渡しは含まれない。

オ　動産の譲渡担保権を第三者に対抗するためには目的物の引渡しが必要であるが、この引渡しには、公示性の乏しい占有改定による引渡しは含まれない。

1　ア・イ
2　ア・ウ
3　イ・エ
4　ウ・オ
5　エ・オ

問題 29　根抵当権に関する次の記述のうち、民法の規定に照らし、正しいものはどれか。

1　被担保債権の範囲は、確定した元本および元本確定後の利息その他の定期金の2年分である。
2　元本確定前においては、被担保債権の範囲を変更することができるが、後順位抵当権者その他の第三者の承諾を得た上で、その旨の登記をしなければ、変更がなかったものとみなされる。
3　元本確定期日は、当事者の合意のみで変更後の期日を5年以内の期日とする限りで変更することができるが、変更前の期日より前に変更の登記をしなければ、変更前の期日に元本が確定する。
4　元本確定前に根抵当権者から被担保債権を譲り受けた者は、その債権について根抵当権を行使することができないが、元本確定前に被担保債務の免責的債務引受があった場合には、根抵当権者は、引受人の債務について、その根抵当権を行使することができる。
5　根抵当権設定者は、元本確定後においては、根抵当権の極度額の一切の減額を請求することはできない。

問題 30　Ａ・Ｂ間において、Ａが、Ｂに対して、Ａの所有する甲建物または乙建物のうちいずれかを売買する旨の契約が締結された。この場合に関する次の記述のうち、民法の規定に照らし、正しいものはどれか。

1　給付の目的を甲建物とするか乙建物とするかについての選択権は、Ａ・Ｂ間に特約がない場合には、Ｂに帰属する。

2　Ａ・Ｂ間の特約によってＡが選択権者となった場合に、Ａは、給付の目的物として甲建物を選択する旨の意思表示をＢに対してした後であっても、Ｂの承諾を得ることなく、その意思表示を撤回して、乙建物を選択することができる。

3　Ａ・Ｂ間の特約によってＡが選択権者となった場合において、Ａの過失によって甲建物が焼失したためにその給付が不能となったときは、給付の目的物は、乙建物になる。

4　Ａ・Ｂ間の特約によって第三者Ｃが選択権者となった場合において、Ｃの選択権の行使は、ＡおよびＢの両者に対する意思表示によってしなければならない。

5　Ａ・Ｂ間の特約によって第三者Ｃが選択権者となった場合において、Ｃが選択をすることができないときは、選択権は、Ｂに移転する。

問題 31　Ａは、Ｂに対して金銭債務（以下、「甲債務」という。）を負っていたが、甲債務をＣが引き受ける場合（以下、「本件債務引受」という。）に関する次の記述のうち、民法の規定に照らし、誤っているものはどれか。

1　本件債務引受について、ＢとＣとの契約によって併存的債務引受とすることができる。

2　本件債務引受について、ＡとＣとの契約によって併存的債務引受とすることができ、この場合においては、ＢがＣに対して承諾をした時に、その効力が生ずる。

3　本件債務引受について、ＢとＣとの契約によって免責的債務引受とすることができ、この場合においては、ＢがＡに対してその契約をした旨を通知した時に、その効力が生ずる。

4 本件債務引受について、AとCが契約をし、BがCに対して承諾することによって、免責的債務引受とすることができる。

5 本件債務引受については、それが免責的債務引受である場合には、Cは、Aに対して当然に求償権を取得する。

問題 32 同時履行の抗弁権に関する次の記述のうち、民法の規定および判例に照らし、妥当なものはどれか。

1 双務契約が一方当事者の詐欺を理由として取り消された場合においては、詐欺を行った当事者は、当事者双方の原状回復義務の履行につき、同時履行の抗弁権を行使することができない。

2 家屋の賃貸借が終了し、賃借人が造作買取請求権を有する場合においては、賃貸人が造作代金を提供するまで、賃借人は、家屋の明渡しを拒むことができる。

3 家屋の賃貸借が終了し、賃借人が敷金返還請求権を有する場合においては、賃貸人が敷金を提供するまで、賃借人は、家屋の明渡しを拒むことができる。

4 請負契約においては仕事完成義務と報酬支払義務とが同時履行の関係に立つため、物の引渡しを要する場合であっても、特約がない限り、仕事を完成させた請負人は、目的物の引渡しに先立って報酬の支払を求めることができ、注文者はこれを拒むことができない。

5 売買契約の買主は、売主から履行の提供があっても、その提供が継続されない限り、同時履行の抗弁権を失わない。

問題 33 A 所有の甲土地を B に対して建物所有の目的で賃貸する旨の賃貸借契約（以下、「本件賃貸借契約」という。）が締結され、B が甲土地上に乙建物を建築して建物所有権保存登記をした後、A が C に甲土地を売却した。この場合に関する次の記述のうち、民法の規定および判例に照らし、妥当でないものはどれか。

1 本件賃貸借契約における賃貸人の地位は、別段の合意がない限り、A から C に移転する。

2 乙建物の所有権保存登記が B と同居する妻 D の名義であっても、B は、C に対して、甲土地の賃借権をもって対抗することができる。

3 C は、甲土地について所有権移転登記を備えなければ、B に対して、本件賃貸借契約に基づく賃料の支払を請求することができない。

4 本件賃貸借契約において A から C に賃貸人の地位が移転した場合、B が乙建物について賃貸人の負担に属する必要費を支出したときは、B は、C に対して、直ちにその償還を請求することができる。

5 本件賃貸借契約の締結にあたり B が A に対して敷金を交付していた場合において、本件賃貸借契約が期間満了によって終了したときは、B は、甲土地を明け渡した後に、C に対して、上記の敷金の返還を求めることができる。

問題 34 医療契約に基づく医師の患者に対する義務に関する次の記述のうち、民法の規定および判例に照らし、妥当なものはどれか。

1 過失の認定における医師の注意義務の基準は、診療当時のいわゆる臨床医学の実践における医療水準であるとされるが、この臨床医学の実践における医療水準は、医療機関の特性等によって異なるべきではなく、全国一律に絶対的な基準として考えられる。

2 医療水準は、過失の認定における医師の注意義務の基準となるものであるから、平均的医師が現に行っている医療慣行とは必ずしも一致するものではなく、医師が医療慣行に従った医療行為を行ったからといって、医療水準に従った注意義務を尽くしたと直ちにいうこ

とはできない。
3　医師は、治療法について選択の機会を患者に与える必要があるとはいえ、医療水準として未確立の療法については、その実施状況や当該患者の状況にかかわらず、説明義務を負うものではない。
4　医師は、医療水準にかなう検査および治療措置を自ら実施できない場合において、予後（今後の病状についての医学的な見通し）が一般に重篤で、予後の良否が早期治療に左右される何らかの重大で緊急性のある病気にかかっている可能性が高いことを認識できたときであっても、その病名を特定できない以上、患者を適切な医療機関に転送して適切な治療を受けさせるべき義務を負うものではない。
5　精神科医は、向精神薬を治療に用いる場合において、その使用する薬の副作用については、その薬の最新の添付文書を確認しなくても、当該医師の置かれた状況の下で情報を収集すれば足りる。

問題 35　特別養子制度に関する次のア〜オの記述のうち、民法の規定に照らし、正しいものの組合せはどれか。

ア　特別養子は、実父母と養父母の間の合意を家庭裁判所に届け出ることによって成立する。

イ　特別養子縁組において養親となる者は、配偶者のある者であって、夫婦いずれもが 20 歳以上であり、かつ、そのいずれかは 25 歳以上でなければならない。

ウ　すべての特別養子縁組の成立には、特別養子となる者の同意が要件であり、同意のない特別養子縁組は認められない。

エ　特別養子縁組が成立した場合、実父母及びその血族との親族関係は原則として終了し、特別養子は実父母の相続人となる資格を失う。

オ　特別養子縁組の解消は原則として認められないが、養親による虐待、悪意の遺棄その他養子の利益を著しく害する事由がある場合、または、実父母が相当の監護をすることができる場合には、家庭裁判所が離縁の審判を下すことができる。

1　ア・ウ
2　ア・オ

3 イ・ウ
4 イ・エ
5 ウ・オ

問題 36 運送品が高価品である場合における運送人の責任に関する特則について述べた次のア〜オの記述のうち、商法の規定および判例に照らし、誤っているものの組合せはどれか。

ア 商法にいう「高価品」とは、単に高価な物品を意味するのではなく、運送人が荷送人から収受する運送賃に照らして、著しく高価なものをいう。
イ 運送品が高価品であるときは、荷送人が運送を委託するにあたりその種類および価額を通知した場合を除き、運送人は運送品に関する損害賠償責任を負わない。
ウ 荷送人が種類および価額の通知をしないときであっても、運送契約の締結の当時、運送品が高価品であることを運送人が知っていたときは、運送人は免責されない。
エ 運送人の故意によって高価品に損害が生じた場合には運送人は免責されないが、運送人の重大な過失によって高価品に損害が生じたときは免責される。
オ 高価品について運送人が免責されるときは、運送人の不法行為による損害賠償責任も同様に免除される。

1 ア・イ
2 ア・エ
3 イ・ウ
4 ウ・オ
5 エ・オ

株式会社の設立等に関する次のア〜オの記述のうち、会社法の規定に照らし、正しいものの組合せはどれか。

ア　発起設立または募集設立のいずれの場合であっても、各発起人は、設立時発行株式を1株以上引き受けなければならない。

イ　株式会社の設立に際して作成される定款について、公証人の認証がない場合には、株主、取締役、監査役、執行役または清算人は、訴えの方法をもって、当該株式会社の設立の取消しを請求することができる。

ウ　現物出資財産等について定款に記載または記録された価額が相当であることについて弁護士、弁護士法人、公認会計士、監査法人、税理士または税理士法人の証明（現物出資財産等が不動産である場合は、当該証明および不動産鑑定士の鑑定評価）を受けた場合には、現物出資財産等については検査役による調査を要しない。

エ　株式会社が成立しなかったときは、発起人および設立時役員等は、連帯して、株式会社の設立に関してした行為について、その責任を負い、株式会社の設立に関して支出した費用を負担する。

オ　発起設立または募集設立のいずれの場合であっても、発起人は、設立時発行株式を引き受けた発起人または設立時募集株式の引受人による払込みの取扱いをした銀行等に対して、払い込まれた金額に相当する金銭の保管に関する証明書の交付を請求することができる。

1　ア・ウ
2　ア・エ
3　イ・エ
4　イ・オ
5　ウ・オ

株式会社が自己の発行する株式を取得する場合に関する次の記述のうち、会社法の規定に照らし、誤っているものはどれか。

1　株式会社は、その発行する全部または一部の株式の内容として、当該株式について、株主が当該株式会社に対してその取得を請求することができることを定めることができる。

2　株式会社は、その発行する全部または一部の株式の内容として、当該株式について、当該株式会社が一定の事由が生じたことを条件としてその取得を請求することができることを定めることができる。

3　株式会社が他の会社の事業の全部を譲り受ける場合には、当該株式会社は、当該他の会社が有する当該株式会社の株式を取得することができる。

4　取締役会設置会社は、市場取引等により当該株式会社の株式を取得することを取締役会の決議によって定めることができる旨を定款で定めることができる。

5　株式会社が、株主総会の決議に基づいて、株主との合意により当該株式会社の株式を有償で取得する場合には、当該行為の効力が生ずる日における分配可能額を超えて、株主に対して金銭等を交付することができる。

株主総会に関する次の記述のうち、会社法の規定に照らし、誤っているものはどれか。

1　株式会社は、基準日を定めて、当該基準日において株主名簿に記載または記録されている株主（以下、「基準日株主」という。）を株主総会において議決権を行使することができる者と定めることができる。

2　株式会社は、基準日株主の権利を害することがない範囲であれば、当該基準日後に株式を取得した者の全部または一部を株主総会における議決権を行使することができる者と定めることができる。

3　株主は、株主総会ごとに代理権を授与した代理人によってその議決権を行使することができる。

4 株主総会においてその延期または続行について決議があった場合には、株式会社は新たな基準日を定めなければならず、新たに定めた基準日における株主名簿に記載または記録されている株主が当該株主総会に出席することができる。

5 株主が議決権行使書面を送付した場合に、当該株主が株主総会に出席して議決権を行使したときには、書面による議決権行使の効力は失われる。

問題 40 公開会社であり、かつ大会社に関する次の記述のうち、会社法の規定に照らし、誤っているものはどれか。

1 譲渡制限株式を発行することができない。

2 発行可能株式総数は、発行済株式総数の４倍を超えることはできない。

3 株主総会の招集通知は書面で行わなければならない。

4 会計監査人を選任しなければならない。

5 取締役が株主でなければならない旨を定款で定めることができない。

問題41　次の文章の空欄　ア　～　エ　に当てはまる語句を、枠内の選択肢（1 ～ 20）から選びなさい。

　このような労働組合の結成を憲法および労働組合法で保障しているのは、社会的・経済的弱者である個々の労働者をして、その強者である　ア　との交渉において、対等の立場に立たせることにより、労働者の地位を向上させることを目的とするものであることは、さきに説示したとおりである。しかし、現実の政治・経済・社会機構のもとにおいて、労働者がその経済的地位の向上を図るにあたつては、単に対　ア　との交渉においてのみこれを求めても、十分にはその目的を達成することができず、労働組合が右の目的をより十分に達成するための手段として、その目的達成に必要な　イ　や社会活動を行なうことを妨げられるものではない。

　この見地からいつて、本件のような地方議会議員の選挙にあたり、労働組合が、その組合員の居住地域の生活環境の改善その他生活向上を図るうえに役立たしめるため、その　ウ　を議会に送り込むための選挙活動をすること、そして、その一方策として、いわゆる統一候補を決定し、組合を挙げてその選挙運動を推進することは、組合の活動として許されないわけではなく、また、統一候補以外の組合員であえて立候補しようとするものに対し、組合の所期の目的を達成するため、立候補を思いとどまるよう勧告または説得することも、それが単に勧告または説得にとどまるかぎり、組合の組合員に対する妥当な範囲の　エ　権の行使にほかならず、別段、法の禁ずるところとはいえない。しかし、このことから直ちに、組合の勧告または説得に応じないで個人的に立候補した組合員に対して、組合の　エ　をみだしたものとして、何らかの処分をすることができるかどうかは別個の問題である。

（最大判昭和 43 年 12 月 4 日刑集 22 巻 13 号 1425 頁）

1	統制	2	過半数代表	3	争議行為
4	指揮命令	5	政治献金	6	国民
7	地域代表	8	政治活動	9	支配
10	公権力	11	職能代表	12	経済活動
13	管理運営	14	自律	15	公益活動
16	純粋代表	17	利益代表	18	国
19	私的政府	20	使用者		

問題42 次の文章の空欄 ア ～ エ に当てはまる語句を、枠内の選択肢（1 ～ 20）から選びなさい。

行政指導とは、相手方の任意ないし合意を前提として行政目的を達成しようとする行政活動の一形式である。

行政手続法は、行政指導につき、「行政機関がその任務又は ア の範囲内において一定の行政目的を実現するために特定の者に一定の作為又は不作為を求める指導、 イ 、助言その他の行為であって処分に該当しないもの」と定義し、行政指導に関する幾つかの条文を規定している。例えば、行政手続法は、行政指導 ウ につき、「同一の行政目的を実現するため一定の条件に該当する複数の者に対し行政指導をしようとするときにこれらの行政指導に共通してその内容となるべき事項」と定義し、これが、 エ 手続の対象となることを定める規定がある。

行政指導は、一般的には、法的効果をもたないものとして処分性は認められず抗告訴訟の対象とすることはできないと解されているが、行政指導と位置づけられている行政活動に、処分性を認める最高裁判決も出現しており、医療法にもとづく イ について処分性を認めた最高裁判決（最二判平成17年7月15日民集59巻6号1661頁）が注目されている。

（選択肢は次ページ）

1	通知	2	通達	3	聴聞
4	所掌事務	5	告示	6	意見公募
7	担当事務	8	基準	9	勧告
10	命令	11	弁明	12	審理
13	担任事務	14	告知	15	自治事務
16	指針	17	要綱	18	規則
19	所管事務	20	指示		

問題43　次の文章は、普通地方公共団体の議会の議員に対する懲罰等が違法であるとして、当該懲罰を受けた議員が提起した国家賠償請求訴訟に関する最高裁判所の判決の一節である（一部修正してある）。空欄　ア　～　エ　に当てはまる語句を、枠内の選択肢（1～20）から選びなさい。

　本件は、被上告人（議員）が、議会運営委員会が厳重注意処分の決定をし、市議会議長がこれを公表したこと（以下、これらの行為を併せて「本件措置等」という。）によって、その名誉を毀損され、精神的損害を被ったとして、上告人（市）に対し、国家賠償法1条1項に基づき損害賠償を求めるものである。これは、　ア　の侵害を理由とする国家賠償請求であり、その性質上、法令の適用による終局的な解決に適しないものとはいえないから、本件訴えは、裁判所法3条1項にいう　イ　に当たり、適法というべきである。

　もっとも、被上告人の請求は、本件視察旅行を正当な理由なく欠席したことを理由とする本件措置等が国家賠償法1条1項の適用上違法であることを前提とするものである。

　普通地方公共団体の議会は、憲法の定める　ウ　に基づき自律的な法規範を有するものであり、議会の議員に対する懲罰その他の措置については、　エ　の問題にとどまる限り、その自律的な判断に委ねるのが適当である。そして、このことは、上記の措置が　ア　を侵害することを理由とする国家賠償請求の当否を判断する場合であっても、異なることはないというべきである。

　したがって、普通地方公共団体の議会の議員に対する懲罰その他の措置が当該議員の　ア　を侵害することを理由とする国家賠償請求の当否を判

断するに当たっては、当該措置が □ エ □ の問題にとどまる限り、議会の自律的な判断を尊重し、これを前提として請求の当否を判断すべきものと解するのが相当である。

（最一小判平成 31 年 2 月 14 日民集 73 巻 2 号 123 頁）

1	公法上の地位	2	一般市民法秩序	3	直接民主制
4	既得権	5	地方自治の本旨	6	知る権利
7	制度改革訴訟	8	行政立法	9	立法裁量
10	議会の内部規律	11	私法上の権利利益	12	統治行為
13	公法上の当事者訴訟	14	道州制	15	権力分立原理
16	当不当	17	自己情報コントロール権	18	法律上の争訟
19	抗告訴訟	20	司法権			

問題 44　A 県内の一定区域において、土地区画整理事業（これを「本件事業」という。）が計画された。それを施行するため、土地区画整理法に基づく A 県知事の認可（これを「本件認可処分」という。）を受けて、土地区画整理組合（これを「本件組合」という。）が設立され、あわせて本件事業にかかる事業計画も確定された。これを受けて本件事業が施行され、工事の完了などを経て、最終的に、本件組合は、換地処分（これを「本件換地処分」という。）を行った。

　X は、本件事業の区域内の宅地につき所有権を有し、本件組合の組合員であるところ、本件換地処分は換地の配分につき違法なものであるとして、その取消しの訴えを提起しようと考えたが、同訴訟の出訴期間がすでに経過していることが判明した。

　この時点において、本件換地処分の効力を争い、換地のやり直しを求めるため、X は、誰を被告として、どのような行為を対象とする、どのような訴訟（行政事件訴訟法に定められている抗告訴訟に限る。）を提起すべきか。40 字程度で記述しなさい。

（下書用）　　　　　　　　　　　　　　10　　　　　　　　　　15

問題 45

Aは、Bとの間で、A所有の甲土地をBに売却する旨の契約（以下、「本件契約」という。）を締結したが、Aが本件契約を締結するに至ったのは、平素からAに恨みをもっているCが、Aに対し、甲土地の地中には戦時中に軍隊によって爆弾が埋められており、いつ爆発するかわからないといった嘘の事実を述べたことによる。Aは、その爆弾が埋められている事実をBに伝えた上で、甲土地を時価の2分の1程度でBに売却した。売買から1年後に、Cに騙されたことを知ったAは、本件契約に係る意思表示を取り消すことができるか。民法の規定に照らし、40字程度で記述しなさい。なお、記述にあたっては、「本件契約に係るAの意思表示」を「契約」と表記すること。

（下書用）　　　　　　　　　　　　10　　　　　　　　　15

問題46 以下の［設例］および［判例の解説］を読んで記述せよ。

［設例］
　Ａ所有の甲不動産をＢが買い受けたが登記未了であったところ、その事実を知ったＣが日頃Ｂに対して抱いていた怨恨の情を晴らすため、ＡをそそのかしてもっぱらＢを害する目的で甲不動産を二重にＣに売却させ、Ｃは、登記を了した後、これをＤに転売して移転登記を完了した。Ｂは、Ｄに対して甲不動産の取得を主張することができるか。

［判例の解説］
　上記［設例］におけるＣはいわゆる背信的悪意者に該当するが、判例はかかる背信的悪意者からの転得者Ｄについて、無権利者からの譲受人ではなくＤ自身が背信的悪意者と評価されるのでない限り、甲不動産の取得をもってＢに対抗しうるとしている。

　上記の［設例］について、上記の［判例の解説］の説明は、どのような理由に基づくものか。「背信的悪意者は」に続けて、背信的悪意者の意義をふまえつつ、Ｄへの譲渡人Ｃが無権利者でない理由を、40字程度で記述しなさい。

（下書用）
背信的悪意者は、

									10					15

[問題 47 ～問題 60 は択一式（5 肢択一式）]

問題 47　普通選挙に関する次の記述のうち、妥当なものはどれか。

1　アメリカでは、女性参政権に反対した南軍が南北戦争で敗れたため、19 世紀末には男女普通選挙が実現した。

2　ドイツでは、帝政時代には男子についても普通選挙が認められていなかったが、ワイマール共和国になって男女普通選挙が実現した。

3　日本では、第一次世界大戦後に男子普通選挙となったが、男女普通選挙の実現は第二次世界大戦後である。

4　スイスでは、男子国民皆兵制と直接民主主義の伝統があり、現在まで女子普通選挙は行われていない。

5　イギリスでは、三次にわたる選挙法改正が行われ、19 世紀末には男女普通選挙が実現していた。

問題 48　「フランス人権宣言」に関する次の記述のうち、妥当なものはどれか。

1　個人の権利としての人権を否定して、フランスの第三身分の階級的な権利を宣言したものである。

2　人権の不知、忘却または蔑視が、公共の不幸と政府の腐敗の原因に他ならない、とされている。

3　人は生まれながらに不平等ではあるが、教育をすることによって人としての権利を得る、とされている。

4　あらゆる主権の源泉は、神や国王あるいは国民ではなく、本質的に領土に由来する、とされている。

5　権利の保障が確保されず、権力の分立が規定されないすべての社会は公の武力を持ってはならない、とされている。

日本のバブル経済とその崩壊に関する次の文章の空欄 I ～ V に当てはまる語句の組合せとして、妥当なものはどれか。

1985 年のプラザ合意の後に I が急速に進むと、 II に依存した日本経済は大きな打撃を受けた。 I の影響を回避するために、多くの工場が海外に移され、産業の空洞化に対する懸念が生じた。

G7 諸国の合意によって、為替相場が安定を取り戻した 1987 年半ばから景気は好転し、日本経済は 1990 年代初頭まで、平成景気と呼ばれる好景気を持続させた。 III の下で調達された資金は、新製品開発や合理化のための投資に充てられる一方で、株式や土地の購入にも向けられ、株価や地価が経済の実態をはるかに超えて上昇した。こうした資産効果を通じて消費熱があおられ、高級品が飛ぶように売れるとともに、さらなる投資を誘発することとなった。

その後、日本銀行が IV に転じ、また V が導入された。そして、株価や地価は低落し始め、バブル経済は崩壊、平成不況に突入することとなった。

	I	II	III	IV	V
1	円安	外需	低金利政策	金融引締め	売上税
2	円安	輸入	財政政策	金融緩和	売上税
3	円高	輸出	低金利政策	金融引締め	地価税
4	円高	外需	財政政策	金融緩和	売上税
5	円高	輸入	高金利政策	金融引締め	地価税

問題 50 日本の国債制度とその運用に関する次のア〜オの記述のうち、妥当なものの組合せはどれか。

ア 東京オリンピックの 1964 年の開催に向けたインフラ整備にかかる財源調達を目的として、1950 年代末から建設国債の発行が始まった。

イ いわゆる第二次臨時行政調査会の増税なき財政再建の方針のもと、落ち込んだ税収を補填する目的で、1980 年代に、初めて特例国債が発行された。

ウ 1990 年代初頭のバブル期には、税収が大幅に増大したことから、国債発行が行われなかった年がある。

エ 東日本大震災からの復旧・復興事業に必要な財源を調達する目的で、2011 年度から、復興債が発行された。

オ 増大する社会保障給付費等を賄う必要があることから、2014 年度の消費税率の引上げ後も、毎年度の新規国債発行額は 30 兆円を超えている。

1 ア・イ
2 ア・ウ
3 イ・エ
4 ウ・オ
5 エ・オ

日本の子ども・子育て政策に関する次のア～オの記述のうち、妥当なものの組合せはどれか。

ア　児童手当とは、次代の社会を担う児童の健やかな成長に資することを目的とし、家庭等における生活の安定に寄与するために、12歳までの子ども本人に毎月一定額の給付を行う制度である。

イ　児童扶養手当とは、母子世帯・父子世帯を問わず、ひとり親家庭などにおける生活の安定と自立の促進に寄与し、子どもの福祉の増進を図ることを目的として給付を行う制度である。

ウ　就学援助とは、経済的理由によって、就学困難と認められる学齢児童生徒の保護者に対し、市町村が学用品費や学校給食費などの必要な援助を与える制度であり、生活保護世帯以外も対象となるが、支援の基準や対象は市町村により異なっている。

エ　小学生以下の子どもが病気やけがにより医療機関を受診した場合、医療費の自己負担分は国費によって賄われることとされ、保護者の所得水準に関係なく、すべての子どもが無償で医療を受けることができる。

オ　幼稚園、保育所、認定こども園の利用料を国費で賄う制度が創設され、0歳から小学校就学前の子どもは、保護者の所得水準に関係なくサービスを無償で利用できることとされた。

1　ア・エ
2　ア・オ
3　イ・ウ
4　イ・エ
5　ウ・オ

　新しい消費の形態に関する次のア～エの記述のうち、妥当なものの組合せはどれか。

ア　定額の代金を支払うことで、一定の期間内に映画やドラマなどを制限なく視聴できるサービスは、ギグエコノミーの一つの形態である。

イ　シェアリングエコノミーと呼ばれる、服や車など個人の資産を相互利用する消費形態が広がりつつある。

ウ　戸建住宅やマンションの部屋を旅行者等に提供する宿泊サービスを民泊と呼び、ホテルや旅館よりも安く泊まることや、現地の生活体験をすることを目的に利用する人々もいる。

エ　詰替え用のシャンプーや洗剤などの購入は、自然環境を破壊しないことに配慮したサブスクリプションの一つである。

1　ア・イ
2　ア・エ
3　イ・ウ
4　イ・エ
5　ウ・エ

令和2年度問題／一般知識等

問題 53 現在の日本における地域再生、地域活性化などの政策や事業に関する次のア〜オの記述のうち、妥当でないものの組合せはどれか。

ア　まち・ひと・しごと創生基本方針は、地方への新しい人の流れをつくるとともに、地方に仕事をつくり、人々が安心して働けるようにすることなどを目的としている。

イ　高齢化、過疎化が進む中山間地域や離島の一部では、アート（芸術）のイベントの開催など、アートを活用した地域再生の取組みが行われている。

ウ　地域おこし協力隊は、ドーナツ化や高齢化が進む大都市の都心部に地方の若者を呼び込み、衰退している町内会の活性化や都市・地方の交流を図ることを目的としている。

エ　シャッター街の増加など中心市街地の商店街の衰退が進むなかで、商店街の一部では空き店舗を活用して新たな起業の拠点とする取組みが行われている。

オ　エリアマネジメントは、複数の市町村を束ねた圏域において、中心都市の自治体が主体となって、民間の力を借りずに地域活性化を図ることを目的としている。

1　ア・イ
2　ア・エ
3　イ・ウ
4　ウ・オ
5　エ・オ

　日本の人口動態に関する次のア～オの記述のうち、妥当なものの組合せはどれか。

ア　死因の中で、近年最も多いのは心疾患で、次に悪性新生物（腫瘍）、脳血管疾患、老衰、肺炎が続く。

イ　婚姻については平均初婚年齢が上昇してきたが、ここ 10 年では男女共 30 歳前後で変わらない。

ウ　戦後、ベビーブーム期を二度経験しているが、ベビーブーム期に生まれた世代はいずれも次のベビーブーム期をもたらした。

エ　出生数と死亡数の差である自然増減数を見ると、ここ 10 年では自然減の程度が拡大している。

オ　出産した母の年齢層別統計を見ると、ここ 30 年間は一貫して 20 代が最多を占めている。

1　ア・イ
2　ア・ウ
3　イ・エ
4　ウ・オ
5　エ・オ

問題 55 インターネット通信で用いられる略称に関する次のア～オの記述のうち、妥当なものの組合せはどれか。

ア BCC とは、Backup Code for Client の略称。インターネット通信を利用する場合に利用者のデータのバックアップをおこなう機能。

イ SMTP とは、Simple Mail Transfer Protocol の略称。電子メールを送信するための通信プロトコル。

ウ SSL とは、Social Service Line の略称。インターネット上で SNS を安全に利用するための専用線。

エ HTTP とは、Hypertext Transfer Protocol の略称。Web 上でホストサーバーとクライアント間で情報を送受信することを可能にする通信プロトコル。

オ URL とは、User Referencing Location の略称。インターネット上の情報発信ユーザーの位置を特定する符号。

1 ア・イ
2 ア・オ
3 イ・エ
4 ウ・エ
5 ウ・オ

問題 56 個人情報の保護に関する法律に関する次の記述のうち、正しいものはどれか。

1 行政機関の長は、開示請求に係る保有個人情報が他の行政機関から提供されたものであるときは、いったん開示請求を却下しなければならない。

2 行政機関の長は、開示することにより、公共の安全と秩序の維持に支障を及ぼすおそれがあると行政機関の長が認めることにつき相当の理由がある情報は、開示する必要はない。

3 行政機関の長は、開示請求に係る保有個人情報については、必ず当該保有個人情報の存否を明らかにしたうえで、開示または非開示を決定しなければならない。

4 行政機関の長は、開示請求に係る保有個人情報に個人識別符号が含まれていない場合には、当該開示請求につき情報公開法*にもとづく開示請求をするように教示しなければならない。

5 行政機関の長は、開示請求に係る保有個人情報に法令の規定上開示することができない情報が含まれている場合には、請求を却下する前に、開示請求者に対して当該請求を取り下げるように通知しなければならない。

（注）＊行政機関の保有する情報の公開に関する法律

　個人情報の保護に関する法律に関する次の記述のうち、正しいものはどれか。

1　個人情報取扱事業者は、個人データの取扱いの安全管理を図る措置をとった上で、個人データの取扱いについて、その一部を委託することは可能であるが、全部を委託することは禁止されている。

2　個人情報取扱事業者は、公衆衛生の向上のため特に必要がある場合には、個人情報によって識別される特定の個人である本人の同意を得ることが困難でない場合でも、個人データを当該本人から取得することができ、当該情報の第三者提供にあたっても、あらためて、当該本人の同意を得る必要はない。

3　個人情報取扱事業者は、合併その他の事由による事業の承継に伴って個人データの提供を受ける者が生じる場合には、個人情報によって識別される特定の個人である本人の同意を得なければならない。

4　個人情報取扱事業者は、地方公共団体が法令の定める事務を遂行することに対して協力する必要がある場合でも、個人情報によって識別される特定の個人である本人の同意を得た場合に限り、個人データを当該地方公共団体に提供することができる。

5　個人情報取扱事業者は、個人情報の取得にあたって通知し、又は公表した利用目的を変更した場合は、変更した利用目的について、個人情報によって識別される特定の個人である本人に通知し、又は公表しなければならない。

問題 58　本文中の空欄　Ⅰ　および　Ⅱ　には、それぞれあとのア～カのいずれかの文が入る。その組合せとして妥当なものはどれか。

　コミュニケーション失調からの回復のいちばん基本的な方法は、いったん口をつぐむこと、いったん自分の立場を「かっこにいれる」ことです。「あなたは何が言いたいのか、私にはわかりません。そこで、しばらく私のほうは黙って耳を傾けることにしますから、私にもわかるように説明してください」。そうやって相手に発言の優先権を譲るのが対話というマナーです。

　でも、この対話というマナーは、今の日本社会ではもうほとんど採択されてい

ません。今の日本でのコミュニケーションの基本的なマナーは、「　Ⅰ　」だからです。相手に「私を説得するチャンス」を与える人間より、相手に何も言わせない人間のほうが社会的に高い評価を得ている。そんな社会でコミュニケーション能力が育つはずがありません。

「相手に私を説得するチャンスを与える」というのは、コミュニケーションが成り立つかどうかを決する死活的な条件です。それは「　Ⅱ　」ということを意味するからです。

それはボクシングの世界タイトルマッチで、試合の前にチャンピオンベルトを返還して、それをどちらにも属さない中立的なところに保管するのに似ています。真理がいずれにあるのか、それについては対話が終わるまで未決にしておく。いずれに理があるのかを、しばらく宙づりにする。これが対話です。論争とはそこが違います。論争というのはチャンピオンベルトを巻いたもの同士が殴り合って、相手のベルトを剥ぎ取ろうとすることだからです。

対話において、真理は仮説的にではあれ、未決状態に置かれねばなりません。そうしないと説得という手続きには入れない。説得というのは、相手の知性を信頼することです。両者がともに認める前提から出発し、両者がともに認める論理に沿って話を進めれば、いずれ私たちは同じ結論にたどりつくはずだ、そう思わなければ人は「説得」することはできません。

（出典　内田樹「街場の共同体論」潮出版社から）

ア　自分の言いたいことばかりを必死に情緒に訴えて、相手を感動に導くこと

イ　自分の言いたいことのみを先んじて冷淡に述べ、相手の発言意欲を引き出すこと

ウ　自分の言いたいことだけを大声でがなり立て、相手を黙らせること

エ　あなたの言い分も私の言い分も、どちらも立つように、しばらく判断をキャスティングする

オ　あなたの言い分が正しいのか、私の言い分が正しいのか、しばらく判断をペンディングする

カ　あなたの言い分も正しいけれど、私の言い分はもっと正しいと、しばらく判断をマウンティングする

（選択肢は次ページ）

	I	II
1	ア	エ
2	イ	エ
3	イ	オ
4	ウ	オ
5	ウ	カ

問題 59 本文中の空欄 [   ] に入る文章を、あとのア～オを並べ替えて作る場合、その順序として妥当なものはどれか。

　それにしても、科学というものは、常識的なものの見方を超えた客観性をもつと考えられている。深い経験的な知識が、特定の範囲にかぎって「ほぼ妥当する」のとは違って、科学の知識は「いつでも必ず成り立つ客観性」をもつと信じられている。なぜこのように、科学は万能ともいえる「絶対的な客観性」をもっているのだろうか。万能というと、これはもう信仰の対象に近く、わたしたちは宗教と似たかたちで、科学の客観性を信じているのかもしれない。ところが、実のところ科学は、もっと控えめな客観性しか持ち合わせていないのである。それでも立派に科学の役割は果たされる。

```



```

　たとえば、技術上の画期的なアイデアが生まれた場面や、科学的な知識が革命的な飛躍をとげた場面を調べてみると、それらの場面ではほとんど例外なく、発明家や科学者たちが驚きとともに斬新な「ものの見方」を獲得していた事実に気づかされる。科学の歴史をたどると、それこそ無数に実例があるのだが、ここでは話を分かりやすくするために、より身近な具体例で考えてみたい。
（出典　瀬戸一夫「科学的思考とは何だろうか」ちくま新書、電子書籍版から）

　ア　深い経験的な知識や知恵が、驚きとともにわたしたちの目を見開かせ、常識の揺らぎを新たな発見へと誘うように、科学にもこれと同様の性格が備わっている。

イ　その客観性は人間の主体的な創造へとつながる「ものの見方」に由来するのである。

ウ　しかし、その性格は、信仰に類する絶対的な客観性や万能性とは違う。

エ　科学はむしろ「控えめな客観性」に留まる点で素晴らしい。

オ　科学がもつのは、もっと控えめな客観性にすぎない。

1　ア→ウ→イ→オ→エ
2　エ→ア→ウ→オ→イ
3　エ→ウ→イ→ア→オ
4　オ→イ→ウ→エ→ア
5　オ→ウ→ア→エ→イ

問題60　本文中の空欄　I　〜　V　に入る語句の組合せとして、妥当なものはどれか。

　自信のあること、当然だと思うことは、小さい声で言うようにしましょう。その小さな声が、池に小石を投げ入れたときのように　I　を広げていって、はじめてそれまでの流れが変わり、決定が覆る可能性が出てくるのです。普段から大きい声を出さないようにする習慣を身につけていたほうがいいかもしれません。

　また、怒っている気持ちを外に表すような言い方や態度での発言も感心しません。会議では、それはほとんどの場合、逆効果です。

　議論が　II　するにつれて、言葉が荒く汚くなる人がいますが、これにも注意しましょう。感情的になりすぎない姿勢が大切です。

　議論というのは言葉で行われるものであり、まずは　III　であることが求められます。それには、仕事のなかでの鍛錬が大きな意味を持ちます。また独り善がりでなく、相手が聞いてくれる話し方が必要になります。それは、立場を変えて考えてみれば容易にわかるはずです。

　とくに、話し合いの場が厳しいときほどユーモアを交えた話し方ができると一目置かれます。言うまでもありませんが、ユーモアは、社交を　IV　し、表明した意見のアタリを弱める役割があるのです。

　反論や問題提起は、言う側も言われる側も、心理的　V　が高まります。

そうしたときに、場にあったユーモアを発することは大きな味方になります。

　自分の意見が受け入れられたときに「勝ち誇った」顔を見せないことも大事です。

（出典　岡本浩一「会議を制する心理学」中央公論新社から）

	I	II	III	IV	V
1	波紋	白熱	正確	促進	葛藤
2	波乱	熱中	親密	推進	抑圧
3	波紋	過熱	正常	推進	葛藤
4	波及	白熱	親密	進捗	抑圧
5	波乱	過熱	正確	進捗	懊悩

行政書士試験問題

令和元年度

試験時間に合わせて解いてみよう！！

■午後 1：00 〜 4：00（制限時間 3 時間）

　　法令等（46 問）………… p.218

　　一般知識等（14 問）…… p.255

p.270 〜 271 の解答用紙をコピーしてお使いください。

◆ 試験結果データ ◆

受験者数	39,821 人
合格者数	4,571 人
合格率	11.48%

[問題 1 ～問題 40 は択一式（5 肢択一式）]

問題 1　次の文章の空欄　ア　～　エ　に当てはまる語の組合せとして、妥当なものはどれか。

　もとより、わが国におけるヨーロッパ法輸入の端緒は、明治以前に遡り、わが留学生が最初に学んだヨーロッパ法学は　ア　法学であった。又、明治初年に　イ　が来朝して、司法省法学校に法学を講じ又 1810 年の　ウ　刑法を模範として旧刑法を起草するに及んで、　ウ　法学が輸入されることとなった。そうして、これらの　ア　及び　ウ　の法学は自然法論によるものであった。・・・（中略）・・・。しかし・・・解釈学の立場からは、一層論理的・体系的な　エ　法学が　ウ　法学よりも喜び迎えられることとなり、　エ　法学の影響は漸次に　ウ　法学の影響を凌駕するに至った。　イ　の起案に成る旧民法典の施行が延期された後、現行民法典の草案が　エ　民法典第一草案を範として作られるに至ったことは、かかる情勢を反映する。

（出典　船田享二「法律思想史」愛文館 1946 年から＜旧漢字・旧仮名遣い　等は適宜修正した。＞）

	ア	イ	ウ	エ
1	オランダ	ボアソナード	フランス	ドイツ
2	イタリア	ロエスレル	イギリス	フランス
3	オランダ	ボアソナード	ドイツ	フランス
4	イタリア	ボアソナード	オランダ	ドイツ
5	オランダ	ロエスレル	イギリス	ドイツ

問題 2　裁判の審級制度等に関する次のア～オの記述のうち、妥当なものの組合せはどれか。

ア　民事訴訟および刑事訴訟のいずれにおいても、簡易裁判所が第 1 審の裁判所である場合は、控訴審の裁判権は地方裁判所が有し、上告

審の裁判権は高等裁判所が有する。

イ 民事訴訟における控訴審の裁判は、第1審の裁判の記録に基づいて、その判断の当否を事後的に審査するもの（事後審）とされている。

ウ 刑事訴訟における控訴審の裁判は、第1審の裁判の審理とは無関係に、新たに審理をやり直すもの（覆審）とされている。

エ 上告審の裁判は、原則として法律問題を審理するもの（法律審）とされるが、刑事訴訟において原審の裁判に重大な事実誤認等がある場合には、事実問題について審理することがある。

オ 上級審の裁判所の裁判における判断は、その事件について、下級審の裁判所を拘束する。

1 ア・イ
2 ア・オ
3 イ・ウ
4 ウ・エ
5 エ・オ

※4

問題3 議員の地位に関する次の記述のうち、法令および最高裁判所の判例に照らし、妥当なものはどれか。

1 衆参両議院の比例代表選出議員に欠員が出た場合、当選順位に従い繰上補充が行われるが、名簿登載者のうち、除名、離党その他の事由により名簿届出政党等に所属する者でなくなった旨の届出がなされているものは、繰上補充の対象とならない。

2 両議院の議員は、国会の会期中逮捕されないとの不逮捕特権が認められ、憲法が定めるところにより、院外における現行犯の場合でも逮捕されない。

3 両議院には憲法上自律権が認められており、所属議員への懲罰については司法審査が及ばないが、除名処分については、一般市民法秩序と関連するため、裁判所は審査を行うことができる。

4 地方議会の自律権は、議院の自律権とは異なり法律上認められたものにすぎないので、裁判所は、除名に限らず、地方議会による議員への懲罰について広く審査を行うことができる。

5 地方議会の議員は、住民から直接選挙されるので、国会議員と同様に免責特権が認められ、議会で行った演説、討論または表決について議会外で責任を問われない。

問題 4 家族・婚姻に関する次の記述のうち、最高裁判所の判例に照らし、妥当なものはどれか。

1 嫡出でない子の法定相続分を嫡出子の2分の1とする民法の規定は、当該規定が補充的に機能する規定であることから本来は立法裁量が広く認められる事柄であるが、法律婚の保護という立法目的に照らすと著しく不合理であり、憲法に違反する。
2 国籍法が血統主義を採用することには合理性があるが、日本国民との法律上の親子関係の存否に加え、日本との密接な結びつきの指標として一定の要件を設け、これを満たす場合に限り出生後の国籍取得を認めるとする立法目的には、合理的な根拠がないため不合理な差別に当たる。
3 出生届に嫡出子または嫡出でない子の別を記載すべきものとする戸籍法の規定は、嫡出でない子について嫡出子との関係で不合理な差別的取扱いを定めたものであり、憲法に違反する。
4 厳密に父性の推定が重複することを回避するための期間（100日）を超えて女性の再婚を禁止する民法の規定は、婚姻および家族に関する事項について国会に認められる合理的な立法裁量の範囲を超え、憲法に違反するに至った。
5 夫婦となろうとする者の間の個々の協議の結果として夫の氏を選択する夫婦が圧倒的多数を占める状況は実質的に法の下の平等に違反する状態といいうるが、婚姻前の氏の通称使用が広く定着していることからすると、直ちに違憲とまではいえない。

選挙権・選挙制度に関する次の記述のうち、最高裁判所の判例に照らし、妥当でないものはどれか。

1　国民の選挙権それ自体を制限することは原則として許されず、制約が正当化されるためにはやむを得ない事由がなければならないが、選挙権を行使するための条件は立法府が選択する選挙制度によって具体化されるものであるから、選挙権行使の制約をめぐっては国会の広い裁量が認められる。

2　立候補の自由は、選挙権の自由な行使と表裏の関係にあり、自由かつ公正な選挙を維持する上で、きわめて重要な基本的人権であることに鑑みれば、これに対する制約は特に慎重でなければならない。

3　一定の要件を満たした政党にも選挙運動を認めることが是認される以上、そうした政党に所属する候補者とそれ以外の候補者との間に選挙運動上の差異が生じても、それが一般的に合理性を有するとは到底考えられない程度に達している場合に、はじめて国会の裁量の範囲を逸脱し、平等原則に違反することになる。

4　小選挙区制は、死票を多く生む可能性のある制度であることは否定し難いが、死票はいかなる制度でも生ずるものであり、特定の政党のみを優遇する制度とはいえないのであって、選挙を通じて国民の総意を議席に反映させる一つの合理的方法といい得る。

5　比例代表選挙において、選挙人が政党等を選択して投票し、各政党等の得票数の多寡に応じて、政党等があらかじめ定めた当該名簿の順位に従って当選人を決定する方式は、投票の結果、すなわち選挙人の総意により当選人が決定される点で選挙人が候補者個人を直接選択して投票する方式と異ならず、直接選挙といい得る。

令和元年度問題／法令等

教科書検定制度の合憲性に関する次の記述のうち、最高裁判所の判例に照らし、妥当でないものはどれか。

1 国は、広く適切な教育政策を樹立、実施すべき者として、また、子供自身の利益を擁護し、子供の成長に対する社会公共の利益と関心にこたえるため、必要かつ相当な範囲で教育内容についてもこれを決定する権能を有する。

2 教科書検定による不合格処分は、発表前の審査によって一般図書としての発行を制限するため、表現の自由の事前抑制に該当するが、思想内容の禁止が目的ではないから、検閲には当たらず、憲法 21 条 2 項前段の規定に違反するものではない。

3 教育の中立・公正、教育水準の確保などを実現するための必要性、教科書という特殊な形態での発行を禁ずるにすぎないという制限の程度などを考慮すると、ここでの表現の自由の制限は合理的で必要やむを得ない限度のものというべきである。

4 教科書は学術研究の結果の発表を目的とするものではなく、検定制度は一定の場合に教科書の形態における研究結果の発表を制限するにすぎないから、学問の自由を保障した憲法 23 条の規定に違反しない。

5 行政処分には、憲法 31 条による法定手続の保障が及ぶと解すべき場合があるにしても、行政手続は行政目的に応じて多種多様であるから、常に必ず行政処分の相手方に告知、弁解、防御の機会を与える必要はなく、教科書検定の手続は憲法 31 条に違反しない。

動物愛護や自然保護に強い関心を持つ裁判官 A 氏は、毛皮の採取を目的とした野生動物の乱獲を批判するため、休日に仲間と語らって派手なボディペインティングをした風体でデモ行進を行い、その写真をソーシャルメディアに掲載したところ、賛否両論の社会的反響を呼ぶことになった。事態を重く見た裁判所は、A 氏に対する懲戒手続を開始した。

　このニュースに関心を持った B さんは、事件の今後の成り行きを予測するため情報収集を試みたところ、裁判官の懲戒手続一般についてインターネット上で次の 1 〜 5 の出所不明

の情報を発見した。このうち、法令や最高裁判所の判例に照らし、妥当なものはどれか。

1 裁判官の身分保障を手続的に確保するため、罷免については国会に設置された弾劾裁判所が、懲戒については独立の懲戒委員会が決定を行う。
2 裁判官の懲戒の内容は、職務停止、減給、戒告または過料とされる。
3 司法権を行使する裁判官に対する政治運動禁止の要請は、一般職の国家公務員に対する政治的行為禁止の要請よりも強い。
4 政治運動を理由とした懲戒が憲法21条に違反するか否かは、当該政治運動の目的や効果、裁判官の関わり合いの程度の3点から判断されなければならない。
5 表現の自由の重要性に鑑みれば、裁判官の品位を辱める行状があったと認定される事例は、著しく品位に反する場合のみに限定されなければならない。

問題8 行政上の義務の履行確保手段に関する次の記述のうち、法令および判例に照らし、正しいものはどれか。

1 即時強制とは、非常の場合または危険切迫の場合において、行政上の義務を速やかに履行させることが緊急に必要とされる場合に、個別の法律や条例の定めにより行われる簡易な義務履行確保手段をいう。
2 直接強制は、義務者の身体または財産に直接に実力を行使して、義務の履行があった状態を実現するものであり、代執行を補完するものとして、その手続が行政代執行法に規定されている。
3 行政代執行法に基づく代執行の対象となる義務は、「法律」により直接に命じられ、または「法律」に基づき行政庁により命じられる代替的作為義務に限られるが、ここにいう「法律」に条例は含まれない旨があわせて規定されているため、条例を根拠とする同種の義務の代執行については、別途、その根拠となる条例を定める必要がある。
4 行政上の秩序罰とは、行政上の秩序に障害を与える危険がある義務

違反に対して科される罰であるが、刑法上の罰ではないので、国の法律違反に対する秩序罰については、非訟事件手続法の定めるところにより、所定の裁判所によって科される。

5　道路交通法に基づく違反行為に対する反則金の納付通知について不服がある場合は、被通知者において、刑事手続で無罪を主張するか、当該納付通知の取消訴訟を提起するかのいずれかを選択することができる。

問題9　内閣法および国家行政組織法の規定に関する次の記述のうち、正しいものはどれか。

1　各省大臣は、国務大臣のうちから内閣総理大臣が命ずるが、内閣総理大臣が自ら各省大臣に当たることはできない。

2　各省大臣は、その機関の事務を統括し、職員の服務について、これを統督するが、その機関の所掌事務について、命令または示達をするため、所管の諸機関および職員に対し、告示を発することができる。

3　各省大臣は、主任の行政事務について、法律または政令の制定、改正または廃止を必要と認めるときは、案をそなえて、内閣総理大臣に提出して、閣議を求めなければならない。

4　各省大臣は、主任の行政事務について、法律もしくは政令を施行するため、または法律もしくは政令の特別の委任に基づいて、それぞれその機関の命令として規則その他の特別の命令を発することができる。

5　各省大臣は、主任の大臣として、それぞれ行政事務を分担管理するものとされ、内閣総理大臣が行政各部を指揮監督することはできない。

次の文章は、公有水面埋立てに関する最高裁判所判決の一節である。次の下線を引いた（ア）〜（オ）の用語のうち、誤っているものの組合せはどれか。

（1）海は、特定人による独占的排他的支配の許されないものであり、現行法上、海水に覆われたままの状態でその一定範囲を区画してこれを私人の所有に帰属させるという制度は採用されていないから、海水に覆われたままの状態においては、私法上（ア）所有権の客体となる土地に当たらない（略）。また、海面を埋め立てるために土砂が投入されて埋立地が造成されても、原則として、埋立権者が竣功認可を受けて当該埋立地の（ア）所有権を取得するまでは、その土砂は、海面下の地盤に付合するものではなく、公有水面埋立法・・・に定める原状回復義務の対象となり得るものである（略）。これらのことからすれば、海面の埋立工事が完成して陸地が形成されても、同項に定める原状回復義務の対象となり得る限りは、海面下の地盤の上に独立した動産たる土砂が置かれているにすぎないから、この時点ではいまだ当該埋立地は私法上（ア）所有権の客体となる土地に当たらないというべきである。

（2）公有水面埋立法・・・に定める上記原状回復義務は、海の公共性を回復するために埋立てをした者に課せられた義務である。そうすると、長年にわたり当該埋立地が事実上公の目的に使用されることもなく放置され、（イ）公共用財産としての形態、機能を完全に喪失し、その上に他人の平穏かつ公然の（ウ）占有が継続したが、そのため実際上公の目的が害されるようなこともなく、これを（イ）公共用財産として維持すべき理由がなくなった場合には、もはや同項に定める原状回復義務の対象とならないと解すべきである。したがって、竣功未認可埋立地であっても、上記の場合には、当該埋立地は、もはや公有水面に復元されることなく私法上所有権の客体となる土地として存続することが確定し、同時に（エ）明示的に公用が廃止されたものとして、（オ）消滅時効の対象となるというべきである。

（最二小判平成 17 年 12 月 16 日民集 59 巻 10 号 2931 頁）

1　ア・ウ
2　ア・オ
3　イ・ウ
4　イ・エ
5　エ・オ

問題11　行政指導についての行政手続法の規定に関する次の記述のうち、正しいものはどれか。

1　法令に違反する行為の是正を求める行政指導で、その根拠となる規定が法律に置かれているものが当該法律に規定する要件に適合しないと思料するときは、何人も、当該行政指導をした行政機関に対し、その旨を申し出て、当該行政指導の中止その他必要な措置をとることを求めることができる。

2　行政指導は、行政機関がその任務または所掌事務の範囲内において一定の行政目的を実現するため一定の作為または不作為を求める指導、勧告、助言その他の行為であって処分に該当しないものをいい、その相手方が特定か不特定かは問わない。

3　地方公共団体の機関がする行政指導のうち、その根拠が条例または規則に置かれているものについては、行政手続法の行政指導に関する定めの適用はないが、その根拠が国の法律に置かれているものについては、その適用がある。

4　行政指導が口頭でされた場合において、その相手方から当該行政指導の趣旨および内容ならびに責任者を記載した書面の交付を求められたときは、当該行政指導に携わる者は、行政上特別の支障がない限り、これを交付しなければならない。

5　行政指導指針を定めるに当たって、行政手続法による意見公募手続をとらなければならないとされているのは、当該行政指導の根拠が法律、条例または規則に基づくものに限られ、それらの根拠なく行われるものについては、意見公募手続に関する定めの適用はない。

問題12　聴聞についての行政手続法の規定に関する次のア～オの記述のうち、正しいものの組合せはどれか。

ア　聴聞は、行政庁が指名する職員その他政令で定める者が主宰するが、当該聴聞の当事者*や参加人など、当該不利益処分の対象者に一定の関連を有する者のほか、行政庁の職員のうち、当該不利益処分に係る事案の処理に直接関与した者は、主宰者となることができない。

イ　行政庁は、予定している不利益処分につき、聴聞の主宰者から当該

聴聞に係る報告書の提出を受けてから、当該不利益処分を行うか否か決定するまでに通常要すべき標準的な期間を定め、これを当該聴聞の当事者*に通知するよう努めなければならない。

ウ　主宰者は、当事者*の全部または一部が正当な理由なく聴聞の期日に出頭せず、かつ、陳述書または証拠書類等を提出しない場合、これらの者に対し改めて意見を述べ、および証拠書類等を提出する機会を与えることなく、聴聞を終結することができる。

エ　行政庁は、申請に対する処分であって、申請者以外の者の利害を考慮すべきことが当該処分の根拠法令において許認可等の要件とされているものを行う場合には、当該申請者以外の者に対し、不利益処分を行う場合に準じた聴聞を行わなければならない。

オ　聴聞の通知があった時から聴聞が終結するまでの間、当事者*から行政庁に対し、当該不利益処分の原因となる事実を証する資料の閲覧を求められた場合、行政庁は、第三者の利益を害するおそれがあるときその他正当な理由があるときは、その閲覧を拒むことができる。

（注）＊当事者　　行政庁は、聴聞を行うに当たっては、聴聞を行うべき期日までに相当な期間をおいて、不利益処分の名あて人となるべき者に対し、所定の事項を書面により通知しなければならない。この通知を受けた者を「当事者」という。

1　ア・イ
2　ア・オ
3　イ・エ
4　ウ・エ
5　ウ・オ

行政手続法に関する次のア〜オの記述のうち、正しいものの組合せはどれか。

ア 行政指導指針は、行政機関がこれを定めたときは、行政上特別の支障がない限り、公表しなければならない。

イ 申請に対する処分が標準処理期間内に行われない場合には、そのことを理由として直ちに、不作為の違法確認の訴えにおいて、その請求が認容される。

ウ 行政庁が、処分基準を定めたときは、行政上特別の支障があるときを除き、法令により申請の提出先とされている機関の事務所における備付けその他の適当な方法により公にしておかなければならない。

エ 申請により求められた許認可等を拒否する場合において、申請者に対する理由の提示が必要とされるのは、申請を全部拒否するときに限られ、一部拒否のときはその限りでない。

オ 法律に基づく命令、審査基準、処分基準および行政指導指針を定める場合、公益上、緊急に定める必要がある場合など行政手続法が定める例外を除いて、意見公募手続をとらなければならない。

1 ア・エ
2 ア・オ
3 イ・ウ
4 イ・エ
5 ウ・オ

問題 **14** 裁決および決定についての行政不服審査法の規定に関する次のア〜オの記述のうち、正しいものの組合せはどれか。

ア 審査請求人は、処分についての審査請求をした日（審査請求書につき不備の補正を命じられた場合は、当該不備を補正した日）から、行政不服審査法に定められた期間内に裁決がないときは、当該審査請求が審査庁により棄却されたものとみなすことができる。

イ 審査請求については、裁決は関係行政庁を拘束する旨の規定が置か

れており、この規定は、再審査請求の裁決についても準用されているが、再調査の請求に対する決定については、準用されていない。

ウ　審査請求および再審査請求に対する裁決については、認容、棄却、却下の３つの類型があるが、再調査の請求については請求期間の定めがないので、これに対する決定は、認容と棄却の２つの類型のみである。

エ　審査請求においては、処分その他公権力の行使に当たる行為が違法または不当であるにもかかわらず、例外的にこれを認容せず、裁決主文で違法または不当を宣言し、棄却裁決をする制度（いわゆる事情裁決）があるが、再調査の請求に対する決定についても、類似の制度が規定されている。

オ　事実上の行為のうち、処分庁である審査庁に審査請求をすべきとされているものについて、審査請求に理由がある場合には、審査庁は、事情裁決の場合を除き、裁決で、当該事実上の行為が違法または不当である旨を宣言するとともに、当該事実上の行為の全部もしくは一部を撤廃し、またはこれを変更する。

1　ア・ウ
2　ア・エ
3　イ・エ
4　イ・オ
5　ウ・オ

問題 15　行政不服審査法が定める審査請求の手続等に関する次の記述のうち、誤っているものはどれか。

1　審査請求は、審査請求をすべき行政庁が処分庁と異なる場合には、処分庁を経由してすることもできるが、処分庁は提出された審査請求書を直ちに審査庁となるべき行政庁に送付しなければならない。

2　審査庁は、審査請求が不適法であって補正をすることができないことが明らかなときは、審理員による審理手続を経ないで、裁決で、当該審査請求を却下することができる。

3　審査請求人は、審理手続が終了するまでの間、審理員に対し、提出

書類等の閲覧を求めることができるが、その写しの交付を求めることもできる。

4 審理員は、審査請求人の申立てがあった場合には、口頭意見陳述の機会を与えなければならないが、参加人がこれを申し立てることはできない。

5 行政庁の処分に不服がある者は、当該処分が法律上適用除外とされていない限り、当該処分の根拠となる法律に審査請求をすることができる旨の定めがないものについても、審査請求をすることができる。

問題16 行政不服審査法の規定に関する次の記述のうち、正しいものはどれか。

1 地方公共団体は、行政不服審査法の規定の趣旨にのっとり、国民が簡易迅速かつ公正な手続の下で広く行政庁に対する不服申立てをすることができるために必要な措置を講ずるよう努めなければならない。

2 地方公共団体の行政庁が審査庁として、審理員となるべき者の名簿を作成したときは、それについて当該地方公共団体の議会の議決を経なければならない。

3 不服申立ての状況等に鑑み、地方公共団体に当該地方公共団体の行政不服審査機関*を設置することが不適当または困難であるときは、審査庁は、審査請求に係る事件につき、国の行政不服審査会に諮問を行うことができる。

4 地方公共団体の議会の議決によってされる処分については、当該地方公共団体の議会の議長がその審査庁となる。

5 地方公共団体におかれる行政不服審査機関*の組織及び運営に必要な事項は、当該地方公共団体の条例でこれを定める。

（注）＊行政不服審査機関　行政不服審査法の規定によりその権限に属させられた事項を処理するため、地方公共団体に置かれる機関をいう。

問題 17 行政事件訴訟法が定める執行停止に関する次の記述のうち、正しいものはどれか。

1 執行停止の決定は、裁判所が疎明に基づいて行うが、口頭弁論を経て行わなければならない。
2 執行停止の決定は、取消訴訟の提起があった場合においては、裁判所が職権で行うことができる。
3 執行停止の決定は、償うことができない損害を避けるための緊急の必要がある場合でなければ、することができない。
4 執行停止の決定は、本案について理由があるとみえる場合でなければ、することができない。
5 執行停止による処分の効力の停止は、処分の執行または手続の続行の停止によって目的を達することができる場合には、することができない。

問題 18 行政事件訴訟法が定める行政庁の訴訟上の地位に関する次の記述のうち、誤っているものはどれか。

1 処分をした行政庁が国または公共団体に所属しない場合は、取消訴訟は、当該行政庁を被告として提起しなければならない。
2 処分をした行政庁は、当該処分の取消訴訟について、裁判上の一切の行為をする権限を有する。
3 審査請求の裁決をした行政庁は、それが国または公共団体に所属する場合であっても、当該裁決の取消訴訟において被告となる。
4 裁判所は、義務付けの訴えに係る処分につき、訴えに理由があると認めるときは、当該処分の担当行政庁が当該処分をすべき旨を命ずる判決をする。
5 裁判所は、私法上の法律関係に関する訴訟において処分の効力の有無が争われている場合、決定をもって、その処分に関係する行政庁を当該訴訟に参加させることができる。

抗告訴訟に関する次の記述について、正しいものはどれか。

1 裁判所は、処分または裁決をした行政庁以外の行政庁を訴訟に参加させることが必要であると認めるときは、当事者または当該行政庁の申立てを待たず、当該行政庁を職権で訴訟に参加させることができる。

2 処分の取消しの訴えにおいて、裁判所は職権で証拠調べをすることができるが、その対象は、訴訟要件に関するものに限られ、本案に関するものは含まれない。

3 取消訴訟の訴訟物は、処分の違法性一般であるから、取消訴訟を提起した原告は、自己の法律上の利益に関係のない違法についても、それを理由として処分の取消しを求めることができる。

4 裁判所は、処分の取消しの訴えにおいて、当該処分が違法であっても、これを取り消すことにより公の利益に著しい障害を生ずる場合において、原告の受ける損害の程度、その損害の賠償または防止の程度および方法その他一切の事情を考慮した上、当該処分を取り消すことが公共の福祉に適合しないと認めるときは、当該訴えを却下することができる。

5 行政庁に対して一定の処分を求める申請を拒否された者が、処分の義務付けの訴えを提起する場合、重大な損害を避けるため緊急の必要があるときは、処分の義務付けの訴えのみを単独で提起することができる。

次の文章は、長期にわたる都市計画法上の建築制限に係る損失補償が請求された事件において、最高裁判所が下した判決に付された補足意見の一部である。空欄　ア　～　ウ　に当てはまる語句の組合せとして、正しいものはどれか。

　私人の土地に対する都市計画法・・・に基づく建築制限が、それのみで直ちに憲法29条3項にいう私有財産を「公のために用ひる」ことにはならず、当然に同項にいう「正当な補償」を必要とするものではないことは、原審のいうとおりである。しかし、　ア　を理由としてそのような制限が損失補償を伴うことなく認められるのは、あくまでも、その制限が都市計画の実現を担保するために必要不可欠であり、かつ、権利者に無補償での制限を受忍させることに合理的な理由があることを前提とした上でのことというべきであるから、そのような前提を欠く事態となった場合には、　イ　であることを理由に補償を拒むことは許されないものというべきである。そして、当該制限に対するこの意味での　ウ　を考えるに当たっては、制限の内容と同時に、制限の及ぶ期間が問題とされなければならないと考えられる・・・。
（最三小判平成17年11月1日判例時報1928号25頁・藤田宙靖裁判官補足意見）

	ア	イ	ウ
1	公共の利益	都市計画制限	受忍限度
2	通常受ける損失に該当すること	特別の犠牲	受忍限度
3	通常受ける損失に該当すること	特別の犠牲	補償の要否
4	財産権の内在的制約	特別の犠牲	補償の要否
5	財産権の内在的制約	都市計画制限	賠償請求権の成否

次の文章は、国家賠償法 2 条 1 項の責任の成否が問題となった事案に関する最高裁判所判決の一節である。空欄 ア ～ エ に入る語句の組合せとして、正しいものはどれか。

国家賠償法 2 条 1 項の営造物の設置または管理の瑕疵とは、営造物が ア を欠いていることをいい、これに基づく国および公共団体の賠償責任については、その イ の存在を必要としないと解するを相当とする。ところで、原審の確定するところによれば、本件道路（は）・・・従来山側から屡々落石があり、さらに崩土さえも何回かあったのであるから、いつなんどき落石や崩土が起こるかも知れず、本件道路を通行する人および車はたえずその危険におびやかされていたにもかかわらず、道路管理者においては、「落石注意」等の標識を立て、あるいは竹竿の先に赤の布切をつけて立て、これによって通行車に対し注意を促す等の処置を講じたにすぎず、本件道路の右のような危険性に対して防護柵または防護覆を設置し、あるいは山側に金網を張るとか、常時山地斜面部分を調査して、落下しそうな岩石があるときは、これを除去し、崩土の起こるおそれのあるときは、事前に通行止めをする等の措置をとったことはない、というのである。・・・かかる事実関係のもとにおいては、本件道路は、その通行の安全性の確保において欠け、その管理に瑕疵があったものというべきである旨、・・・そして、本件道路における防護柵を設置するとした場合、その費用の額が相当の多額にのぼり、上告人県としてその ウ に困却するであろうことは推察できるが、それにより直ちに道路の管理の瑕疵によって生じた損害に対する賠償責任を免れうるものと考えることはできないのであり、その他、本件事故が不可抗力ないし エ のない場合であることを認めることができない旨の原審の判断は、いずれも正当として是認することができる。

（最一小判昭和 45 年 8 月 20 日民集 24 巻 9 号 1268 頁）

	ア	イ	ウ	エ
1	過渡的な安全性	重過失	予算措置	回避可能性
2	通常有すべき安全性	故意	予算措置	予見可能性
3	過渡的な安全性	重過失	事務処理	予見可能性
4	通常有すべき安全性	過失	事務処理	予見可能性
5	通常有すべき安全性	過失	予算措置	回避可能性

問題 22 普通地方公共団体の議会に関する次の記述のうち、正しいものはどれか。

1 議会は、長がこれを招集するほか、議長も、議会運営委員会の議決を経て、自ら臨時会を招集することができる。

2 議員は、法定数以上の議員により、長に対して臨時会の招集を請求することができるが、その場合における長の招集に関し、招集の時期などについて、地方自治法は特段の定めを置いていない。

3 議会は、定例会および臨時会からなり、臨時会は、必要がある場合において、付議すべき事件を長があらかじめ告示し、その事件に限り招集される。

4 議員は、予算を除く議会の議決すべき事件につき、議会に議案を提出することができるが、条例の定めがあれば、1人の議員によってもこれを提出することができる。

5 議会の運営に関する事項のうち、議員の請求による会議の開催、会議の公開については、議会の定める会議規則によるものとし、地方自治法は具体的な定めを置いていない。

問題 23 公の施設についての地方自治法の規定に関する次の記述のうち、誤っているものはどれか。

1 公の施設とは、地方公共団体が設置する施設のうち、住民の福祉を増進する目的のため、その利用に供する施設をいう。

2 公の施設の設置およびその管理に関する事項は、条例により定めなければならない。

3 普通地方公共団体は、当該普通地方公共団体が指定する法人その他の団体に、公の施設の管理を行わせることができるが、そのためには長の定める規則によらなければならない。

4 普通地方公共団体は、公の施設の管理を行わせる法人その他の団体の指定をしようとするときは、あらかじめ、当該普通地方公共団体の議会の議決を経なければならない。

5 普通地方公共団体は、適当と認めるときは、当該普通地方公共団体が指定する法人その他の団体に、その管理する公の施設の利用に係

る料金をその者の収入として収受させることができる。

問題 24 地方自治法が定める監査委員に関する次の記述のうち、正しいものはどれか。

1 普通地方公共団体の常勤の職員は、監査委員を兼務することができない。
2 普通地方公共団体の議会の議員は、条例に特に定めのない限り、当該普通地方公共団体の監査委員となることができない。
3 監査委員は、普通地方公共団体の長が選任し、それについて議会の同意を得る必要はない。
4 監査委員の定数は、条例により、法律上定められている数以上に増加させることはできない。
5 都道府県とは異なり、政令で定める市においては、常勤の監査委員を置く必要はない。

問題 25 上水道に関する次のア〜エの記述のうち、最高裁判所の判例に照らし、正しいものの組合せはどれか。

ア 自然的条件において、取水源が貧困で現在の取水量を増加させることが困難である状況等があるとき、水道事業者としての市町村は、需要量が給水量を上回り水不足が生ずることのないように、もっぱら水の供給を保つという観点から水道水の需要の著しい増加を抑制するための施策をとることも、やむを得ない措置として許される。
イ 行政指導として教育施設の充実に充てるために事業主に対して寄付金の納付を求めること自体は、強制にわたるなど事業主の任意性を損なうことがない限り、違法ということはできないが、水道の給水契約の締結等の拒否を背景として、その遵守を余儀なくさせることは、違法である。
ウ 水道事業者である地方公共団体が、建築指導要綱に従わないことを理由に建築中のマンションの給水契約の拒否を行うことも、当該建築指導要綱を遵守させるために行政指導を継続する理由があるとい

った事情がある場合には、給水契約の拒否を行うについて水道法が定める「正当な理由」があるものとして適法なものとされる。

エ　建築基準法に違反し、建築確認を受けずになされた増築部分につき、水道事業者である地方公共団体の職員が給水装置新設工事の申込書を返戻した場合、それが、当該申込みの受理を最終的に拒否する旨の意思表示をしたものではなく、同法違反の状態を是正し、建築確認を受けた上で申込みをするよう一応の勧告をしたものにすぎないものであったとしても、かかる措置は、違法な拒否に当たる。

1　ア・イ
2　ア・ウ
3　イ・ウ
4　イ・エ
5　ウ・エ

問題 26　国公立学校をめぐる行政法上の問題に関する次のア〜エの記述のうち、最高裁判所の判例に照らし、妥当なものの組合せはどれか。

ア　公立高等専門学校の校長が学生に対し原級留置処分または退学処分を行うかどうかの判断は、校長の合理的な教育的裁量にゆだねられるべきものであり、裁判所がその処分の適否を審査するに当たっては、校長と同一の立場に立って当該処分をすべきであったかどうか等について判断し、その結果と当該処分とを比較してその適否、軽重等を論ずべきである。

イ　公立中学校教員を同一市内の他の中学校に転任させる処分は、仮にそれが被処分者の法律上の地位に何ら不利益な変更を及ぼすものではないとしても、その名誉につき重大な損害が生じるおそれがある場合は、そのことを理由に当該処分の取消しを求める法律上の利益が認められる。

ウ　公立学校の儀式的行事における教育公務員としての職務の遂行の在り方に関し校長が教職員に対して発した職務命令は、教職員個人の身分や勤務条件に係る権利義務に直接影響を及ぼすものではないか

ら、抗告訴訟の対象となる行政処分には当たらない。

エ　国公立大学が専攻科修了の認定をしないことは、一般市民としての学生が国公立大学の利用を拒否することにほかならず、一般市民として有する公の施設を利用する権利を侵害するものであるから、専攻科修了の認定、不認定に関する争いは司法審査の対象となる。

1　ア・イ
2　ア・ウ
3　イ・ウ
4　イ・エ
5　ウ・エ

問題 27　時効の援用に関する次のア～オの記述のうち、民法の規定および判例に照らし、妥当でないものの組合せはどれか。

ア　時効による債権の消滅の効果は、時効期間の経過とともに確定的に生ずるものではなく、時効が援用されたときにはじめて確定的に生ずるものである。

イ　時効の援用を裁判上行使する場合には、事実審の口頭弁論終結時までにする必要がある。

ウ　被相続人の占有により取得時効が完成していた場合に、その共同相続人の一人は、自己の相続分の限度においてのみ取得時効を援用することができる。

エ　保証人や連帯保証人は、主たる債務の消滅時効を援用することはできるが、物上保証人や抵当不動産の第三取得者は、被担保債権の消滅時効を援用することはできない。

オ　主たる債務者である破産者が免責許可決定を受けた場合であっても、その保証人は、自己の保証債務を免れるためには、免責許可決定を受けた破産者の主たる債務について、消滅時効を援用しなければならない。

1　ア・イ
2　ア・エ

3　イ・ウ
4　ウ・オ
5　エ・オ

＊ 問題 28 は、試験問題に誤りがあったため、全員の解答が正解とされました。

問題 28　代理に関する次の記述のうち、民法の規定および判例に照らし、妥当でないものはどれか。

1　代理人が代理行為につき、相手方に対して詐欺を行った場合、本人がその事実を知らなかったときであっても、相手方はその代理行為を取り消すことができる。

2　無権代理行為につき、相手方が本人に対し、相当の期間を定めてその期間内に追認するかどうかを確答すべき旨の催告を行った場合において、本人が確答をしないときは、追認を拒絶したものとみなされる。

3　代理人が本人になりすまして、直接本人の名において権限外の行為を行った場合に、相手方においてその代理人が本人自身であると信じ、かつ、そのように信じたことにつき正当な理由がある場合でも、権限外の行為の表見代理の規定が類推される余地はない。

4　代理人が本人の許諾を得て復代理人を選任した場合において、復代理人が代理行為の履行として相手方から目的物を受領したときは、同人はこれを代理人に対してではなく、本人に対して引き渡す義務を負う。

5　無権代理行為につき、相手方はこれを取り消すことができるが、この取消しは本人が追認しない間に行わなければならない。

問題 29　動産物権変動に関する次の記述のうち、民法等の規定および判例に照らし、妥当でないものはどれか。

1　Aは自己所有の甲機械をBに譲渡したが、その引渡しをしないうちにAの債権者であるCが甲機械に対して差押えを行った。この場合において、Bは、差押えに先立って甲機械の所有権を取得したことを理由として、Cによる強制執行の不許を求めることはできない。

2　Dは自己所有の乙機械をEに賃貸し、Eはその引渡しを受けて使用収益を開始したが、Dは賃貸借期間の途中でFに対して乙機械を譲渡した。FがEに対して所有権に基づいて乙機械の引渡しを求めた場合には、Eは乙機械の動産賃借権をもってFに対抗することができないため、D・F間において乙機械に関する指図による占有移転が行われていなかったとしても、EはFの請求に応じなければならない。

3　Gは自己所有の丙機械をHに寄託し、Hがその引渡しを受けて保管していたところ、GはIに対して丙機械を譲渡した。この場合に、HがGに代って一時丙機械を保管するに過ぎないときには、Hは、G・I間の譲渡を否認するにつき正当な利害関係を有していないので、Iの所有権に基づく引渡しの請求に応じなければならない。

4　Jは、自己所有の丁機械をKに対して負っている貸金債務の担保としてKのために譲渡担保権を設定した。動産に関する譲渡担保権の対抗要件としては占有改定による引渡しで足り、譲渡担保権設定契約の締結後もJが丁機械の直接占有を継続している事実をもって、J・K間で占有改定による引渡しが行われたものと認められる。

5　集合動産譲渡担保が認められる場合において、種類、量的範囲、場所で特定された集合物を譲渡担保の目的とする旨の譲渡担保権設定契約が締結され、占有改定による引渡しが行われたときは、集合物としての同一性が損なわれない限り、後に新たにその構成部分となった動産についても譲渡担保に関する対抗要件の効力が及ぶ。

問題 30　A 所有の甲土地と B 所有の乙土地が隣接し、甲土地の上には C 所有の丙建物が存在している。この場合における次のア〜オの記述のうち、民法の規定および判例に照らし、妥当なものの組合せはどれか。

ア　B が、甲土地に乙土地からの排水のための地役権を A・B 間で設定し登記していた場合において、C が A に無断で甲土地に丙建物を築造してその建物の一部が乙土地からの排水の円滑な流れを阻害するときは、B は、C に対して地役権に基づき丙建物全部の収去および甲土地の明渡しを求めることができる。

イ　A・B 間で、乙土地の眺望を確保するため、甲土地にいかなる工作物も築造しないことを内容とする地役権を設定し登記していた場合において、C が賃借権に基づいて甲土地に丙建物を築造したときは、B は地役権に基づき建物の収去を求めることができる。

ウ　甲土地が乙土地を通らなければ公道に至ることができない、いわゆる袋地である場合において、C が、A との地上権設定行為に基づいて甲土地に丙建物を建築し乙土地を通行しようとするときは、C は、甲土地の所有者でないため、B との間で乙土地の通行利用のため賃貸借契約を結ぶ必要がある。

エ　A は、自己の債務の担保として甲土地に抵当権を設定したが、それ以前に賃借権に基づいて甲土地に丙建物を築造していた C から A が当該抵当権の設定後に丙建物を買い受けた場合において、抵当権が実行されたときは、丙建物のために、地上権が甲土地の上に当然に発生する。

オ　C が、地上権設定行為に基づいて甲土地上に丙建物を築造していたところ、期間の満了により地上権が消滅した場合において、A が時価で丙建物を買い取る旨を申し出たときは、C は、正当な事由がない限りこれを拒むことができない。

1　ア・ウ
2　ア・オ
3　イ・エ
4　イ・オ
5　ウ・エ

　質権に関する次の記述のうち、民法の規定および判例に照らし、妥当でないものはどれか。

1　動産質権者は、継続して質物を占有しなければ、その質権をもって第三者に対抗することができず、また、質物の占有を第三者によって奪われたときは、占有回収の訴えによってのみ、その質物を回復することができる。

2　不動産質権は、目的不動産を債権者に引き渡すことによってその効力を生ずるが、不動産質権者は、質権設定登記をしなければ、その質権をもって第三者に対抗することができない。

3　債務者が他人の所有に属する動産につき質権を設定した場合であっても、債権者は、その動産が債務者の所有物であることについて過失なく信じたときは、質権を即時取得することができる。

4　不動産質権者は、設定者の承諾を得ることを要件として、目的不動産の用法に従ってその使用収益をすることができる。

5　質権は、債権などの財産権の上にこれを設定することができる。

　建物が転貸された場合における賃貸人（建物の所有者）、賃借人（転貸人）および転借人の法律関係に関する次のア～オの記述のうち、民法の規定および判例に照らし、妥当なものの組合せはどれか。

ア　賃貸人の承諾がある転貸において、賃貸人が当該建物を転借人に譲渡し、賃貸人の地位と転借人の地位とが同一人に帰属したときであっても、賃借人と転借人間に転貸借関係を消滅させる特別の合意がない限り、転貸借関係は当然には消滅しない。

イ　賃貸人の承諾がある転貸において、賃借人による賃料の不払があったときは、賃貸人は、賃借人および転借人に対してその支払につき催告しなければ、原賃貸借を解除することができない。

ウ　賃貸人の承諾がある転貸であっても、これにより賃貸人と転借人間に賃貸借契約が成立するわけではないので、賃貸人は、転借人に直接に賃料の支払を請求することはできない。

エ　無断転貸であっても、賃借人と転借人間においては転貸借は有効で

あるので、原賃貸借を解除しなければ、賃貸人は、転借人に対して所有権に基づく建物の明渡しを請求することはできない。

オ　無断転貸において、賃貸人が転借人に建物の明渡しを請求したときは、転借人は建物を使用収益できなくなるおそれがあるので、賃借人が転借人に相当の担保を提供していない限り、転借人は、賃借人に対して転貸借の賃料の支払を拒絶できる。

1　ア・イ
2　ア・オ
3　イ・ウ
4　ウ・エ
5　エ・オ

問題 33　甲建物（以下「甲」という。）を所有するＡが不在の間に台風が襲来し、甲の窓ガラスが破損したため、隣りに住むＢがこれを取り換えた場合に関する次の記述のうち、民法の規定および判例に照らし、妥当でないものはどれか。

1　ＢがＡから甲の管理を頼まれていた場合であっても、Ａ・Ｂ間において特約がない限り、Ｂは、Ａに対して報酬を請求することができない。

2　ＢがＡから甲の管理を頼まれていなかった場合であっても、Ｂは、Ａに対して窓ガラスを取り換えるために支出した費用を請求することができる。

3　ＢがＡから甲の管理を頼まれていなかった場合であっても、Ｂが自己の名において窓ガラスの取換えを業者Ｃに発注したときは、Ｂは、Ａに対して自己に代わって代金をＣに支払うことを請求することができる。

4　ＢがＡから甲の管理を頼まれていなかった場合においては、ＢがＡの名において窓ガラスの取換えを業者Ｄに発注したとしても、Ａの追認がない限り、Ｄは、Ａに対してその請負契約に基づいて代金の支払を請求することはできない。

5　ＢがＡから甲の管理を頼まれていた場合であっても、Ａ・Ｂ間にお

いて特約がなければ、窓ガラスを取り換えるに当たって、Bは、Aに対して事前にその費用の支払を請求することはできない。

問題 34 不法行為に関する次の記述のうち、民法の規定および判例に照らし、妥当でないものはどれか。

1 精神障害者と同居する配偶者は法定の監督義務者に該当しないが、責任無能力者との身分関係や日常生活における接触状況に照らし、第三者に対する加害行為の防止に向けてその者が当該責任無能力者の監督を現に行い、その態様が単なる事実上の監督を超えているなどその監督義務を引き受けたとみるべき特段の事情が認められる場合には、当該配偶者は法定の監督義務者に準ずべき者として責任無能力者の監督者責任を負う。

2 兄が自己所有の自動車を弟に運転させて迎えに来させた上、弟に自動車の運転を継続させ、これに同乗して自宅に戻る途中に、弟の過失により追突事故が惹起された。その際、兄の同乗後は運転経験の長い兄が助手席に座って、運転経験の浅い弟の運転に気を配り、事故発生の直前にも弟に対して発進の指示をしていたときには、一時的にせよ兄と弟との間に使用関係が肯定され、兄は使用者責任を負う。

3 宅地の崖地部分に設けられたコンクリートの擁壁の設置または保存による瑕疵が前所有者の所有していた際に生じていた場合に、現所有者が当該擁壁には瑕疵がないと過失なく信じて当該宅地を買い受けて占有していたとしても、現所有者は土地の工作物責任を負う。

4 犬の飼主がその雇人に犬の散歩をさせていたところ、当該犬が幼児に噛みついて負傷させた場合には、雇人が占有補助者であるときでも、当該雇人は、現実に犬の散歩を行っていた以上、動物占有者の責任を負う。

5 交通事故によりそのまま放置すれば死亡に至る傷害を負った被害者が、搬入された病院において通常期待されるべき適切な治療が施されていれば、高度の蓋然性をもって救命されていたときには、当該交通事故と当該医療事故とのいずれもが、その者の死亡という不可分の一個の結果を招来し、この結果について相当因果関係がある。

したがって、当該交通事故における運転行為と当該医療事故における医療行為とは共同不法行為に当たり、各不法行為者は共同不法行為の責任を負う。

問題 35 氏に関する次のア～オの記述のうち、民法の規定および判例に照らし、妥当なものの組合せはどれか。

ア 甲山太郎と乙川花子が婚姻届に署名捺印した場合において、慣れ親しんだ呼称として婚姻後もそれぞれ甲山、乙川の氏を引き続き称したいと考え、婚姻後の氏を定めずに婚姻届を提出したときは、この婚姻届は受理されない。

イ 夫婦である乙川太郎と乙川花子が離婚届を提出し受理されたが、太郎が慣れ親しんだ呼称として、離婚後も婚姻前の氏である甲山でなく乙川の氏を引き続き称したいと考えたとしても、離婚により復氏が確定し、離婚前の氏を称することができない。

ウ 甲山太郎を夫とする妻甲山花子は、夫が死亡した場合において、戸籍法の定めるところにより届け出ることによって婚姻前の氏である乙川を称することができる。

エ 夫婦である甲山花子と甲山太郎の間に出生した子である一郎は、両親が離婚をして、母花子が復氏により婚姻前の氏である乙川を称するようになった場合には、届け出ることで母と同じ乙川の氏を称することができる。

オ 甲山花子と、婚姻により改氏した甲山太郎の夫婦において、太郎が縁組みにより丙谷二郎の養子となったときは、太郎および花子は養親の氏である丙谷を称する。

1 ア・イ
2 ア・ウ
3 イ・エ
4 ウ・オ
5 エ・オ

問題 36　商行為の代理人が本人のためにすることを示さないでこれを した場合であって、相手方が、代理人が本人のためにするこ とを知らなかったときの法律関係に関する次の記述のうち、 商法の規定および判例に照らし、妥当なものはどれか。なお、 代理人が本人のためにすることを知らなかったことにつき、 相手方に過失はないものとする。

1　相手方と本人および代理人のいずれの間にも法律関係が生じ、本人 および代理人は連帯して履行の責任を負う。
2　相手方と代理人との間に法律関係が生じ、本人には何らの効果も及 ばない。
3　相手方と本人との間に法律関係が生じるが、相手方は代理人に対し ても、履行の請求に限り、これをすることができる。
4　相手方と代理人との間に法律関係が生じるが、相手方は本人に対し ても、履行の請求に限り、これをすることができる。
5　相手方は、その選択により、本人との法律関係または代理人との法 律関係のいずれかを主張することができる。

問題 37　株式会社の設立における出資の履行等に関する次のア〜オの 記述のうち、会社法の規定に照らし、誤っているものの組合 せはどれか。

ア　株式会社の定款には、設立に際して出資される財産の価額またはそ の最低額を記載または記録しなければならない。
イ　発起人は、設立時発行株式の引受け後遅滞なく、その引き受けた設 立時発行株式につき、出資の履行をしなければならないが、発起人 全員の同意があるときは、登記、登録その他権利の設定または移転 を第三者に対抗するために必要な行為は、株式会社の成立後にする ことができる。
ウ　発起人が出資の履行をすることにより設立時発行株式の株主となる 権利の譲渡は、成立後の株式会社に対抗することができない。
エ　設立時募集株式の引受人のうち出資の履行をしていないものがある 場合には、発起人は、出資の履行をしていない引受人に対して、期

日を定め、その期日までに当該出資の履行をしなければならない旨を通知しなければならない。

オ　設立時募集株式の引受人が金銭以外の財産により出資の履行をする場合には、発起人は、裁判所に対し検査役の選任の申立てをしなければならない。

1　ア・イ
2　ア・オ
3　イ・ウ
4　ウ・エ
5　エ・オ

問題 38　公開会社の株主であって、かつ、権利行使の6か月（これを下回る期間を定款で定めた場合にあっては、その期間）前から引き続き株式を有する株主のみが権利を行使できる場合について、会社法が定めているのは、次の記述のうちどれか。

1　株主総会において議決権を行使するとき
2　会計帳簿の閲覧請求をするとき
3　新株発行無効の訴えを提起するとき
4　株主総会の決議の取消しの訴えを提起するとき
5　取締役の責任を追及する訴えを提起するとき

問題 39　取締役会設置会社（指名委員会等設置会社および監査等委員会設置会社を除く。）の取締役会に関する次の記述のうち、会社法の規定に照らし、誤っているものの組合せはどれか。なお、定款または取締役会において別段の定めはないものとする。

ア　取締役会は、代表取締役がこれを招集しなければならない。
イ　取締役会を招集する場合には、取締役会の日の1週間前までに、各取締役（監査役設置会社にあっては、各取締役および各監査役）に

対して、取締役会の目的である事項および議案を示して、招集の通知を発しなければならない。

ウ　取締役会の決議は、議決に加わることができる取締役の過半数が出席し、その過半数をもって行う。

エ　取締役会の決議について特別の利害関係を有する取締役は、議決に加わることができない。

オ　取締役会の決議に参加した取締役であって、取締役会の議事録に異議をとどめないものは、その決議に賛成したものと推定する。

1　ア・イ
2　ア・オ
3　イ・ウ
4　ウ・エ
5　エ・オ

問題 40　公開会社でない株式会社で、かつ、取締役会を設置していない株式会社に関する次の記述のうち、会社法の規定に照らし、誤っているものはどれか。

1　株主総会は、会社法に規定する事項および株主総会の組織、運営、管理その他株式会社に関する一切の事項について決議することができる。

2　株主は、持株数にかかわらず、取締役に対して、当該株主が議決権を行使することができる事項を株主総会の目的とすることを請求することができる。

3　株式会社は、コーポレートガバナンスの観点から、2人以上の取締役を置かなければならない。

4　株式会社は、取締役が株主でなければならない旨を定款で定めることができる。

5　取締役が、自己のために株式会社の事業の部類に属する取引をしようとするときは、株主総会において、当該取引につき重要な事実を開示し、その承認を受けなければならない。

問題41 次の文章は、NHK が原告として受信料の支払等を求めた事件の最高裁判所判決の一節である。空欄　ア　〜　エ　に当てはまる語句を、枠内の選択肢（1 〜 20）から選びなさい。

　放送は、憲法 21 条が規定する表現の自由の保障の下で、国民の知る権利を実質的に充足し、健全な民主主義の発達に寄与するものとして、国民に広く普及されるべきものである。放送法が、「放送が国民に最大限に普及されて、その効用をもたらすことを保障すること」、「放送の不偏不党、真実及び　ア　を保障することによって、放送による表現の自由を確保すること」及び「放送に携わる者の職責を明らかにすることによって、放送が健全な民主主義の発達に資するようにすること」という原則に従って、放送を公共の福祉に適合するように規律し、その健全な発達を図ることを目的として（1 条）制定されたのは、上記のような放送の意義を反映したものにほかならない。

　上記の目的を実現するため、放送法は、・・・旧法下において社団法人日本放送協会のみが行っていた放送事業について、公共放送事業者と民間放送事業者とが、各々その長所を発揮するとともに、互いに他を啓もうし、各々その欠点を補い、放送により国民が十分福祉を享受することができるように図るべく、　イ　を採ることとしたものである。そして、同法は、　イ　の一方を担う公共放送事業者として原告を設立することとし、その目的、業務、運営体制等を前記のように定め、原告を、民主的かつ　ウ　的な基盤に基づきつつ　ア　的に運営される事業体として性格付け、これに公共の福祉のための放送を行わせることとしたものである。

　放送法が、・・・原告につき、　エ　を目的として業務を行うこと及び他人の営業に関する広告の放送をすることを禁止し・・・、事業運営の財源を受信設備設置者から支払われる受信料によって賄うこととしているのは、原告が公共的性格を有することをその財源の面から特徴付けるものである。

（最大判平成 29 年 12 月 6 日民集 71 巻 10 号 1817 頁）

（選択肢は次ページ）

1	国営放送制	2	党利党略	3	政府広報
4	特殊利益	5	良心	6	自由競争体制
7	品位	8	誠実	9	自律
10	二本立て体制	11	多元	12	国際
13	娯楽	14	全国	15	地域
16	部分規制	17	集中	18	免許制
19	自主管理	20	営利		

問題 42 次の文章の空欄 ［ ア ］ ～ ［ エ ］ に当てはまる語句を、枠内の選択肢（1 ～ 20）から選びなさい。

行政手続法は、行政運営における ［ ア ］ の確保と透明性の向上を図り、もって国民の権利利益の保護に資することをその目的とし（1 条 1 項）、行政庁は、［ イ ］ 処分をするかどうか又はどのような ［ イ ］ 処分とするかについてその法令の定めに従って判断するために必要とされる基準である ［ ウ ］（2 条 8 号ハ）を定め、かつ、これを公にしておくよう努めなければならないものと規定している（12 条 1 項）。上記のような行政手続法の規定の文言や趣旨等に照らすと、同法 12 条 1 項に基づいて定められ公にされている ［ ウ ］ は、単に行政庁の行政運営上の便宜のためにとどまらず、［ イ ］ 処分に係る判断過程の ［ ア ］ と透明性を確保し、その相手方の権利利益の保護に資するために定められ公にされるものというべきである。したがって、行政庁が同項の規定により定めて公にしている ［ ウ ］ において、先行の処分を受けたことを理由として後行の処分に係る量定を加重する旨の ［ イ ］ な取扱いの定めがある場合に、当該行政庁が後行の処分につき当該 ［ ウ ］ の定めと異なる取扱いをするならば、［ エ ］ の行使における ［ ア ］ かつ平等な取扱いの要請や基準の内容に係る相手方の信頼の保護等の観点から、当該 ［ ウ ］ の定めと異なる取扱いをすることを相当と認めるべき特段の事情がない限り、そのような取扱いは ［ エ ］ の範囲の逸脱又はその濫用に当たることとなるものと解され、この意味において、当該行政庁の後行の処分における ［ エ ］ は当該 ［ ウ ］ に従って行使されるべきことがき束されており、先行の処分を受けた者が後行の処分の対象となるときは、上記特段の事情がない限り当該 ［ ウ ］ の定めにより所定の量定

の加重がされることになるものということができる。以上に鑑みると、行政手続法 12 条 1 項の規定により定められ公にされている 　ウ　 において、先行の処分を受けたことを理由として後行の処分に係る量定を加重する旨の 　イ　 な取扱いの定めがある場合には、上記先行の処分に当たる処分を受けた者は、将来において上記後行の処分に当たる処分の対象となり得るときは、上記先行の処分に当たる処分の効果が期間の経過によりなくなった後においても、当該 　ウ　 の定めにより上記の 　イ　 な取扱いを受けるべき期間内はなお当該処分の取消しによって回復すべき法律上の利益を有するものと解するのが相当である。

（最三小判平成 27 年 3 月 3 日民集 69 巻 2 号 143 頁）

1	処分基準	2	合理的	3	衡平
4	適正	5	迅速性	6	公正
7	利益	8	侵害	9	授益
10	不平等	11	審査基準	12	不利益
13	解釈基準	14	行政規則	15	法規命令
16	解釈権	17	判断権	18	処分権
19	裁量権	20	決定権		

問題 43　次の文章の空欄 　ア　 〜 　エ　 に当てはまる語句を、枠内の選択肢（1 〜 20）から選びなさい。

　行政事件訴訟法は、行政事件訴訟の類型を、抗告訴訟、 　ア　 訴訟、民衆訴訟、機関訴訟の 4 つとしている。

　抗告訴訟は、公権力の行使に関する不服の訴訟をいうものとされる。処分や裁決の取消しを求める取消訴訟がその典型である。

　 　ア　 訴訟には、 　ア　 間の法律関係を確認しまたは形成する処分・裁決に関する訴訟で法令の規定によりこの訴訟類型とされる形式的 　ア　 訴訟と、公法上の法律関係に関する訴えを包括する実質的 　ア　 訴訟の 2 種類がある。後者の例を請求上の内容に性質に照らして見ると、国籍確認を求める訴えのような確認訴訟のほか、公法上の法律関係に基づく金銭の支払を求める訴えのような 　イ　 訴訟もある。

　 　ア　 訴訟は、公法上の法律関係に関する訴えであるが、私法上の法律

関係に関する訴えで処分・裁決の効力の有無が　ウ　となっているものは、　ウ　訴訟と呼ばれる。基礎となっている法律関係の性質から、　ウ　訴訟は行政事件訴訟ではないと位置付けられる。例えば、土地収用法に基づく収用裁決が無効であることを前提として、起業者に対し土地の明け渡しという　イ　を求める訴えは、　ウ　訴訟である。

　民衆訴訟は、国または公共団体の機関の法規に適合しない行為の是正を求める訴訟で、選挙人たる資格その他自己の法律上の利益にかかわらない資格で提起するものをいう。例えば、普通地方公共団体の公金の支出が違法だとして　エ　監査請求をしたにもかかわらず監査委員が是正の措置をとらない場合に、当該普通地方公共団体の　エ　としての資格で提起する　エ　訴訟は民衆訴訟の一種である。

　機関訴訟は、国または公共団体の機関相互間における権限の存否またはその行使に関する紛争についての訴訟をいう。法定受託事務の管理や執行について国の大臣が提起する地方自治法所定の代執行訴訟がその例である。

1	規範統制	2	財務	3	義務付け
4	給付	5	代表	6	前提問題
7	客観	8	差止め	9	未確定
10	職員	11	審査対象	12	争点
13	要件事実	14	当事者	15	主観
16	国家賠償	17	保留	18	住民
19	民事	20	基準		

[問題44〜問題46は記述式]（解答は、必ず答案用紙裏面の解答欄（マス目）に記述すること。なお、字数には、句読点も含む。）

問題44　A所有の雑居ビルは、消防法上の防火対象物であるが、非常口が設けられていないなど、消防法等の法令で定められた防火施設に不備があり、危険な状態にある。しかし、その地域を管轄する消防署の署長Yは、Aに対して改善するよう行政指導を繰り返すのみで、消防法5条1項所定の必要な措置をなすべき旨の命令（「命令」という。）をすることなく、放置している。こうした場合、行政手続法によれば、Yに対して、

どのような者が、どのような行動をとることができるか。また、これに対して、Yは、どのような対応をとるべきこととされているか。40字程度で記述しなさい。

（参照条文）
消防法
第5条第1項 消防長又は消防署長は、防火対象物の位置、構造、設備又は管理の状況について、火災の予防に危険であると認める場合、消火、避難その他の消防の活動に支障になると認める場合、火災が発生したならば人命に危険であると認める場合その他火災の予防上必要があると認める場合には、権限を有する関係者（略）に対し、当該防火対象物の改修、移転、除去、工事の停止又は中止その他の必要な措置をなすべきことを命ずることができる。（以下略）

（下書用）

						10					15

問題45

Aは、木造2階建ての別荘一棟（同建物は、区分所有建物でない建物である。）をBら4名と共有しているが、同建物は、建築後40年が経過したこともあり、雨漏りや建物の多くの部分の損傷が目立つようになってきた。そこで、Aは、同建物を建て替えるか、または、いくつかの建物部分を修繕・改良（以下「修繕等」といい、解答においても「修繕等」と記すること。）する必要があると考えている。これらを実施するためには、建替えと修繕等のそれぞれの場合について、前記共有者5名の間でどのようなことが必要か。「建替えには」に続けて、民法の規定に照らし、下線部について40字程度で記述しなさい（「建替えには」は、40字程度に数えない。）。
　　なお、上記の修繕等については民法の定める「変更」や「保存行為」には該当しないものとし、また、同建物の敷地の権

— 253 —

利については考慮しないものとする。

（下書用）
建替えには、

									10					15

問題 46

Ａは、自己所有の時計を代金50万円でＢに売る契約を結んだ。その際、Ａは、Ｃから借りていた50万円をまだ返済していなかったので、Ｂとの間で、Ｃへの返済方法としてＢがＣに50万円を支払う旨を合意し、時計の代金50万円はＢがＣに直接支払うこととした。このようなＡ・Ｂ間の契約を何といい、また、この契約に基づき、Ｃの上記50万円の代金支払請求権が発生するためには、誰が誰に対してどのようなことをする必要があるか。民法の規定に照らし、下線部について40字程度で記述しなさい。

（下書用）

									10					15

[問題 47 〜問題 60 は択一式（5 肢択一式）]

問題 47 次の各年に起こった日中関係に関する記述のうち、妥当なものはどれか。

1 1894 年に勃発した日清戦争は、翌年のポーツマス条約で講和が成立した。それによれば、清は台湾の独立を認める、清は遼東半島・澎湖諸島などを日本に割譲する、清は日本に賠償金 2 億両を支払う、などが決定された。

2 1914 年の第一次世界大戦の勃発を、大隈重信内閣は、日本が南満州の権益を保持し、中国に勢力を拡大する好機とみて、ロシアの根拠地であるハルビンなどを占領した。1915 年には、中国の袁世凱政府に「二十一カ条要求」を突き付けた。

3 1928 年に関東軍の一部は、満州軍閥の張作霖を殺害して、満州を占領しようとした。この事件の真相は国民に知らされず、「満州某重大事件」と呼ばれた。田中義一内閣や陸軍は、この事件を日本軍人が関与していないこととして、処理しようとした。

4 1937 年の盧溝橋事件に対して、東条英機内閣は不拡大方針の声明を出した。しかし、現地軍が軍事行動を拡大すると、それを追認して戦線を拡大し、ついに、宣戦布告をして日中戦争が全面化していった。

5 1972 年に佐藤栄作首相は中華人民共和国を訪れ、日中共同宣言を発表して、日中の国交を正常化したが、台湾の国民政府に対する外交関係をとめた。さらに、1978 年に田中角栄内閣は、日中平和友好条約を締結した。

女性の政治参加に関する次の文章の空欄 ア ～ オ に当てはまる語句の組合せとして、妥当なものはどれか。

日本において女性の国政参加が認められたのは、 ア である。その最初の衆議院議員総選挙の結果、39 人の女性議員が誕生した。それから時を経て、2017 年末段階での衆議院議員の女性比率は イ である。列国議会同盟（IPU）の資料によれば、2017 年末の時点では、世界 193 か国のうち、下院または一院制の議会における女性議員の比率の多い順では、日本はかなり下の方に位置している。

また、国政の行政府の長（首相など）について見ると、これまで、イギリス、ドイツ、 ウ 、インドなどで女性の行政府の長が誕生している。しかし、日本では、女性の知事・市区町村長は誕生してきたが、女性の首相は誕生していない。

2018 年には、「政治分野における エ の推進に関する法律」が公布・施行され、衆議院議員、参議院議員及び オ の議会の議員の選挙において、男女の候補者の数ができる限り均等になることを目指すことなどを基本原則とし、国・地方公共団体の責務や、政党等が所属する男女のそれぞれの公職の候補者の数について目標を定めるなど自主的に取り組むように務めることなどが、定められた。

	ア	イ	ウ	エ	オ
1	第二次世界大戦後	約 3 割	アメリカ	男女機会均等	都道府県
2	第二次世界大戦後	約 1 割	タイ	男女共同参画	地方公共団体
3	大正デモクラシー期	約 3 割	ロシア	男女共同参画	都道府県
4	第二次世界大戦後	約 1%	中国	女性活躍	地方公共団体
5	大正デモクラシー期	約 1 割	北朝鮮	男女機会均等	都道府県

　次の各時期になされた国の行政改革の取組に関する記述のうち、妥当でないものはどれか。

1　1969 年に成立したいわゆる総定員法[*1] では、内閣の機関ならびに総理府および各省の所掌事務を遂行するために恒常的に置く必要がある職に充てるべき常勤職員の定員総数の上限が定められた。

2　1981 年に発足したいわゆる土光臨調（第 2 次臨時行政調査会）を受けて、1980 年代には増税なき財政再建のスローガンの下、許認可・補助金・特殊法人等の整理合理化や、3 公社（国鉄・電電公社・専売公社）の民営化が進められた。

3　1990 年に発足したいわゆる第 3 次行革審（第 3 次臨時行政改革推進審議会）の答申を受けて、処分、行政指導、行政上の強制執行、行政立法および計画策定を対象とした行政手続法が制定された。

4　1998 年に成立した中央省庁等改革基本法では、内閣機能の強化、国の行政機関の再編成、独立行政法人制度の創設を含む国の行政組織等の減量・効率化などが規定された。

5　2006 年に成立したいわゆる行政改革推進法[*2] では、民間活動の領域を拡大し簡素で効率的な政府を実現するため、政策金融改革、独立行政法人の見直し、特別会計改革、総人件費改革、政府の資産・債務改革などが規定された。

（注）　*1　行政機関の職員の定員に関する法律
　　　　*2　簡素で効率的な政府を実現するための行政改革の推進に関する法律

問題 50 日本の雇用・労働に関する次のア〜オの記述のうち、妥当なものの組合せはどれか。

ア 日本型雇用慣行として、終身雇用、年功序列、職能別労働組合が挙げられていたが、働き方の多様化が進み、これらの慣行は変化している。

イ 近年、非正規雇用労働者数は増加する傾向にあり、最近では、役員を除く雇用者全体のおおよそ4割程度を占めるようになった。

ウ 兼業・副業について、許可なく他の企業の業務に従事しないよう法律で規定されていたが、近年、人口減少と人手不足の中で、この規定が廃止された。

エ いわゆる働き方改革関連法*により、医師のほか、金融商品開発者やアナリスト、コンサルタント、研究者に対して高度プロフェッショナル制度が導入され、残業や休日・深夜の割増賃金などに関する規制対象から外されることとなった。

オ いわゆる働き方改革関連法*により、年次有給休暇が年10日以上付与される労働者に対して年5日の年次有給休暇を取得させることが、使用者に義務付けられた。

（注）* 働き方改革を推進するための関係法律の整備に関する法律

1 ア・ウ
2 ア・エ
3 イ・ウ
4 イ・オ
5 エ・オ

問題 51 経済用語に関する次の記述のうち、妥当なものはどれか。

1 信用乗数（貨幣乗数）とは、マネーストックがベースマネーの何倍かを示す比率であり、その値は、預金準備率が上昇すると大きくなる。

2 消費者物価指数とは、全国の世帯が購入する各種の財・サービスの価格の平均的な変動を測定するものであり、基準となる年の物価を100として指数値で表わす。

3 完全失業率とは、就労を希望しているにもかかわらず働くことができない人の割合であり、その値は、失業者数を総人口で除して求められる。

4 労働分配率とは、労働者間で所得がどのように分配されたのかを示した値であり、その値が高いほど、労働者間の所得格差が大きいことを示す。

5 国内総支出とは、一国全体で見た支出の総計であり、民間最終消費支出、国内総資本形成、政府最終消費支出および輸入を合計したものである。

問題 52 元号制定の手続に関する次の記述のうち、妥当なものはどれか。

1 元号は、憲法に基づいて内閣総理大臣が告示で定める。

2 元号は、皇室典範に基づいて天皇が布告で定める。

3 元号は、法律に基づいて内閣が政令で定める。

4 元号は、法律に基づいて天皇が勅令で定める。

5 元号は、慣習に基づいて皇室会議が公示で定める。

日本の廃棄物処理に関する次のア～オの記述のうち、妥当でないものの組合せはどれか。

ア 廃棄物処理法*では、廃棄物を、産業廃棄物とそれ以外の一般廃棄物とに大きく区分している。

イ 家庭から排出される一般廃棄物の処理は市区町村の責務とされており、排出量を抑制するなどの方策の一つとして、ごみ処理の有料化を実施している市区町村がある。

ウ 産業廃棄物の処理は、排出した事業者ではなく、都道府県が行うこととされており、排出量を抑制するために、産業廃棄物税を課す都道府県がある。

エ 産業廃棄物の排出量増大に加えて、再生利用や減量化が進まないことから、最終処分場の残余容量と残余年数はともに、ここ数年で急減している。

オ 一定の有害廃棄物の国境を越える移動およびその処分の規制について、国際的な枠組みおよび手続等を規定したバーゼル条約があり、日本はこれに加入している。

（注）＊廃棄物の処理及び清掃に関する法律

1 ア・イ
2 ア・オ
3 イ・ウ
4 ウ・エ
5 エ・オ

問題 54 情報や通信に関する次のア〜オの記述にふさわしい略語等の組合せとして、妥当なものはどれか。

ア　現実ではないが、実質的に同じように感じられる環境を、利用者の感覚器官への刺激などによって人工的に作り出す技術

イ　大量のデータや画像を学習・パターン認識することにより、高度な推論や言語理解などの知的行動を人間に代わってコンピュータが行う技術

ウ　ミリ波などの高い周波数帯域も用いて、高速大容量、低遅延、多数同時接続の通信を可能とする次世代無線通信方式

エ　人が介在することなしに、多数のモノがインターネットに直接接続し、相互に情報交換し、制御することが可能となる仕組み

オ　加入している会員同士での情報交換により、社会的なつながりを維持・促進することを可能とするインターネット上のサービス

	ア	イ	ウ	エ	オ
1	SNS	IoT	5G	VR	AI
2	SNS	AI	5G	VR	IoT
3	VR	5G	AI	SNS	IoT
4	VR	5G	AI	IoT	SNS
5	VR	AI	5G	IoT	SNS

問題 55 通信の秘密に関する次のア～オの記述のうち、妥当でないものの組合せはどれか。

ア　通信の秘密を守る義務を負うのは電気通信回線設備を保有・管理する電気通信事業者であり、プロバイダなど他の電気通信事業者の回線設備を借りている電気通信事業者には通信の秘密保持義務は及ばない。

イ　電気通信事業者のみならず、通信役務に携わっていない者が通信の秘密を侵した場合にも、処罰の対象となる。

ウ　通信傍受法＊によれば、薬物関連、銃器関連、集団密航関連など特定の犯罪に限り、捜査機関が裁判所の令状なしに通信の傍受をすることが認められる。

エ　刑事施設の長は、通信の秘密の原則に対する例外として、受刑者が発受信する信書を検査し、その内容によっては差止めをすることができる。

オ　通信の秘密には、通信の内容のみならず、通信当事者の氏名・住所、通信日時、通信回数も含まれる。

（注）＊犯罪捜査のための通信傍受に関する法律

1　ア・イ
2　ア・ウ
3　イ・エ
4　ウ・オ
5　エ・オ

問題 56 放送または通信の手法に関する次のア～オのうち、主として
アナログ方式で送られているものの組合せとして、妥当なも
のはどれか。

ア　AM ラジオ放送
イ　公衆交換電話網
ウ　ISDN
エ　無線 LAN
オ　イーサネット

1　ア・イ
2　ア・エ
3　イ・オ
4　ウ・エ
5　ウ・オ

問題 57 個人情報保護委員会に関する次の記述のうち、妥当でないものはどれか。

1 個人情報保護委員会は、総務大臣、経済産業大臣および厚生労働大臣の共管である。

2 個人情報保護委員会は、法律の施行に必要な限度において、個人情報取扱事業者に対し、必要な報告または資料の提出を求めることができる。

3 個人情報保護委員会の委員長および委員は、在任中、政党その他の政治団体の役員となり、または積極的に政治運動をしてはならない。

4 個人情報保護委員会は、認定個人情報保護団体＊が法律の定める認定取消要件に該当する場合には、その認定を取り消すことができる。

5 個人情報保護委員会の委員長、委員、専門委員および事務局の職員は、その職務を退いた後も、職務上知ることのできた秘密を漏らし、または盗用してはならない。

（注）＊認定個人情報保護団体とは、個人情報の適正な取扱いの確保を目的として、個人情報保護委員会の認定（個人情報の保護に関する法律 47 条）を受けた団体を指す。

問題 58 本文中の空欄 _____ に入る文章として、妥当なものはどれか。

　人は悲しいから泣くのだろうか、それとも泣くから悲しいのだろうか。もちろん悲しいとわかっているから泣くのだ、という人がほとんどだろう。しかし心理学者、生理学者たちはむしろ泣くから悲しく感じるのだ、と主張してきた。

　この説は直感に反するように見えるかも知れない。しかし実際に感情（生理反応を含めて情動と呼ぶ）を経験する場面を考えると、案外そうでもない。

　　　　　　　　　　　　　　　　　　　　　　　　また人を好きになるときは、「気が

ついたらもう好きになっていた」ということがむしろ多いのではないか。身体の情動反応が先にあり、それが原因になって感情経験が自覚されるという訳だ。「身体の情動反応が感情に先立つ」という話の順序が逆に見えるのは、身体の情動反応が無自覚的（不随意的ともいう）であることが多く、気づきにくいからだ。

（出典　朝日新聞　2003（平成15）年12月4日付け夕刊　下條信輔「体と心の相互作用　知らぬ間に、見ることで好きになる」から）

1　たとえば会社のエレベーターで偶然嫌な上司と乗り合わせたとしよう。まず状況を分析し、あの人は本当はいい人なのだ、と言いきかせてからおもむろにエレベーターから降りる人がいるだろうか。その場は表面的にとりつくろい、デスクに戻って落ち着いてからあらためて嫌悪感が込み上げて来る、という方が普通ではないか。

2　たとえば山道で突然クマに出会ったとしよう。まず状況を分析し、自分は怖いのだ、と結論してからおもむろに逃げる人がいるだろうか。足が反射的に動いて山道を駆け下り、人里に辿り着いて一息ついてから恐怖が込み上げて来る、という方が普通ではないか。

3　たとえば街で突然昔の恋人を見かけたとしよう。まず状況を分析し、自分が好きだった人だ、と確認してからおもむろにすれ違う人がいるだろうか。表情は理性的に装って通り過ぎ、自分の家に戻ってから懐かしさが込み上げて来る、という方が普通ではないか。

4　たとえば台所で偶然ゴキブリを見つけたとしよう。まず状況を分析し、害虫は殺してもいいのだ、と弁別してからおもむろに殺虫剤を探す人がいるだろうか。手が反射的に敲きまくり、ごみ箱の前で我に返ってから生命の重さを考える、という方が普通ではないか。

5　たとえば夜中にトイレで突然幽霊と遭遇したとしよう。まず状況を分析し、あれは人間ではないのだ、と認知してからおもむろに叫び声をあげる人がいるだろうか。目を反射的に覆って用を足して、ベッドに戻って一息ついてから幽霊は存在しないのだと科学的に考える、という方が普通ではないか。

　身体には個人の意図からは独立した自然の秩序が存在する。骨格の構造にしても、体内の循環機能にしても、また自然体と言われる姿勢の ⌈　I　⌋ にしても、それらは個人の意図からは独立した本来的秩序の上に成り立っている。体内の流れに自然な調和を保つはたらきのことを恒常性機能というが、そのメカニズムについては ⌈　II　⌋ 的にも明らかになっている。しかし、人間の身体に「なぜそのような秩序が存在するのか？」という問いについては科学的な説明のおよぶところではなく、「事実としてそうである」としか言いようがない。

　古来、日本人の態度として、人間の力によらないものについては敢えて意味付けをしない風習のようなものがあった。ある意味それは自然に対する ⌈　III　⌋ の念からでもあっただろうし、つまり、⌈　IV　⌋ を超えたところではたらいている秩序に対して、人間に理解可能な理屈のなかだけで向き合おうとするのは ⌈　V　⌋ きわまりない態度である、と昔の日本人ならばそう考えたかも知れない。そこでわれわれの先祖は、理屈で物事を考える前に、まずは「観る」ということを、物事と向き合う基本に据えたのであろう。
（出典　矢田部英正「たたずまいの美学 – 日本人の身体技法」中央公論新社から）

	I	II	III	IV	V
1	形態	現象学	尊敬	人知	無法
2	形態	遺伝学	尊攘	既知	不遜
3	形態	解剖学	畏敬	人知	不遜
4	態度	遺伝学	畏敬	想定	無法
5	態度	解剖学	尊攘	既知	不埒

本文中の空欄　　I　　～　　V　　には、それぞれあとのア
～オのいずれかの文が入る。その組合せとして、妥当なもの
はどれか。

　言葉というのは、人間が持っているコミュニケーション手段であり、これ
が人間の最大の特徴だといっても良い。言葉によってコミュニケーションが
取れない状態というのは、人間的な行為がほとんどできない状況に近い。し
かし、それでも、その言葉は、それを発する人の本心だという保証はまった
くないのである。故意に嘘をつくこともできるし、また、言い間違える、つ
いうっかり発言してしまう、無意識に言ってしまう、売り言葉に買い言葉で
返してしまう、などなど、多分にエラーを含んだものである。　　I　　。行
動で判断できるのは、単に「好意的」か「敵対的」かといった雰囲気でしか
ない。

　したがって、自分が認められていない、という判断は、多分に主観である
から、自分で自分の寂しさ、孤独感を誘発することになる。仲間の中に自分
がいても、孤独を感じることになる。　　II　　。孤独とは、基本的に主観が
作るものなのである。

　　　III　　。大人になれば、あからさまな危害というのは（法律で禁止され
ているわけだから）滅多に受けないが、子供のうちは、そうともいえない。
突然暴力を振るってくる他者がすぐ近くにいるかもしれない。相手にも相手
の理屈があって、「目つきが悪い」というような言いがかりをつけられるこ
とだってあるだろう（大人でも、不良ややくざならあるかも）。　　IV　　。
こういった物理的な被害があれば、誰でも、「自分はあいつにとっては良い
子ではない」と判断するだろう。　　V　　。これなどは、客観に近いといえ
るかもしれない。

（出典　森博嗣「孤独の価値」幻冬舎新書から）

ア　しかし、これ以外に、相手の気持ちというのはなかなか認知できな
　　い
イ　勝手な主観で、「敵対的」だと判断され、先制攻撃を受けるわけで
　　ある
ウ　ようするに「気に入られていない」状況であり、つまりは、認めら
　　れていないわけである
エ　ただ、もちろん、主観とはいえないような状況も存在する

オ　それは、たとえば、都会のような大勢の人々がいる場所でも孤独に
　　なれるということだ

	I	II	III	IV	V
1	ア	イ	エ	オ	ウ
2	ア	オ	エ	イ	ウ
3	イ	オ	ウ	ア	エ
4	エ	ウ	オ	イ	ア
5	オ	エ	イ	ア	ウ

MEMO

令和5年〜令和元年度　問題　《解答用紙》

法令等（択一式）

	① ② ③ ④ ⑤		① ② ③ ④ ⑤		① ② ③ ④ ⑤
問題 1	① ② ③ ④ ⑤	問題 11	① ② ③ ④ ⑤	問題 21	① ② ③ ④ ⑤
問題 2	① ② ③ ④ ⑤	問題 12	① ② ③ ④ ⑤	問題 22	① ② ③ ④ ⑤
問題 3	① ② ③ ④ ⑤	問題 13	① ② ③ ④ ⑤	問題 23	① ② ③ ④ ⑤
問題 4	① ② ③ ④ ⑤	問題 14	① ② ③ ④ ⑤	問題 24	① ② ③ ④ ⑤
問題 5	① ② ③ ④ ⑤	問題 15	① ② ③ ④ ⑤	問題 25	① ② ③ ④ ⑤
問題 6	① ② ③ ④ ⑤	問題 16	① ② ③ ④ ⑤	問題 26	① ② ③ ④ ⑤
問題 7	① ② ③ ④ ⑤	問題 17	① ② ③ ④ ⑤	問題 27	① ② ③ ④ ⑤
問題 8	① ② ③ ④ ⑤	問題 18	① ② ③ ④ ⑤	問題 28	① ② ③ ④ ⑤
問題 9	① ② ③ ④ ⑤	問題 19	① ② ③ ④ ⑤	問題 29	① ② ③ ④ ⑤
問題 10	① ② ③ ④ ⑤	問題 20	① ② ③ ④ ⑤	問題 30	① ② ③ ④ ⑤

	① ② ③ ④ ⑤
問題 31	① ② ③ ④ ⑤
問題 32	① ② ③ ④ ⑤
問題 33	① ② ③ ④ ⑤
問題 34	① ② ③ ④ ⑤
問題 35	① ② ③ ④ ⑤
問題 36	① ② ③ ④ ⑤
問題 37	① ② ③ ④ ⑤
問題 38	① ② ③ ④ ⑤
問題 39	① ② ③ ④ ⑤
問題 40	① ② ③ ④ ⑤

法令等（多肢選択式）

問題 41	ア	① ② ③ ④ ⑤ ⑥ ⑦ ⑧ ⑨ ⑩ ⑪ ⑫ ⑬ ⑭ ⑮ ⑯ ⑰ ⑱ ⑲ ⑳
	イ	① ② ③ ④ ⑤ ⑥ ⑦ ⑧ ⑨ ⑩ ⑪ ⑫ ⑬ ⑭ ⑮ ⑯ ⑰ ⑱ ⑲ ⑳
	ウ	① ② ③ ④ ⑤ ⑥ ⑦ ⑧ ⑨ ⑩ ⑪ ⑫ ⑬ ⑭ ⑮ ⑯ ⑰ ⑱ ⑲ ⑳
	エ	① ② ③ ④ ⑤ ⑥ ⑦ ⑧ ⑨ ⑩ ⑪ ⑫ ⑬ ⑭ ⑮ ⑯ ⑰ ⑱ ⑲ ⑳
問題 42	ア	① ② ③ ④ ⑤ ⑥ ⑦ ⑧ ⑨ ⑩ ⑪ ⑫ ⑬ ⑭ ⑮ ⑯ ⑰ ⑱ ⑲ ⑳
	イ	① ② ③ ④ ⑤ ⑥ ⑦ ⑧ ⑨ ⑩ ⑪ ⑫ ⑬ ⑭ ⑮ ⑯ ⑰ ⑱ ⑲ ⑳
	ウ	① ② ③ ④ ⑤ ⑥ ⑦ ⑧ ⑨ ⑩ ⑪ ⑫ ⑬ ⑭ ⑮ ⑯ ⑰ ⑱ ⑲ ⑳
	エ	① ② ③ ④ ⑤ ⑥ ⑦ ⑧ ⑨ ⑩ ⑪ ⑫ ⑬ ⑭ ⑮ ⑯ ⑰ ⑱ ⑲ ⑳
問題 43	ア	① ② ③ ④ ⑤ ⑥ ⑦ ⑧ ⑨ ⑩ ⑪ ⑫ ⑬ ⑭ ⑮ ⑯ ⑰ ⑱ ⑲ ⑳
	イ	① ② ③ ④ ⑤ ⑥ ⑦ ⑧ ⑨ ⑩ ⑪ ⑫ ⑬ ⑭ ⑮ ⑯ ⑰ ⑱ ⑲ ⑳
	ウ	① ② ③ ④ ⑤ ⑥ ⑦ ⑧ ⑨ ⑩ ⑪ ⑫ ⑬ ⑭ ⑮ ⑯ ⑰ ⑱ ⑲ ⑳
	エ	① ② ③ ④ ⑤ ⑥ ⑦ ⑧ ⑨ ⑩ ⑪ ⑫ ⑬ ⑭ ⑮ ⑯ ⑰ ⑱ ⑲ ⑳

・得点 (300 点満点)

法令等 (5肢択一式) …各4点	／160点
法令等 (多肢選択式) …各8点 空欄 (ア〜エ) 一つにつき2点	
法令等 (記述式) …各20点	／24点
	／60点
法令等合計	／244点
一般知識等…各4点	／56点
総計	／300点

法令等 (記述式)

														15
問題44										10				
問題45														
問題46														

一般知識等 (択一式)

問題47	① ② ③ ④ ⑤
問題48	① ② ③ ④ ⑤
問題49	① ② ③ ④ ⑤
問題50	① ② ③ ④ ⑤
問題51	① ② ③ ④ ⑤
問題52	① ② ③ ④ ⑤
問題53	① ② ③ ④ ⑤
問題54	① ② ③ ④ ⑤
問題55	① ② ③ ④ ⑤
問題56	① ② ③ ④ ⑤
問題57	① ② ③ ④ ⑤
問題58	① ② ③ ④ ⑤
問題59	① ② ③ ④ ⑤
問題60	① ② ③ ④ ⑤

本書の正誤情報や本書編集時点から 2024 年 4 月 1 日（2024 年度試験の出題法令基準日〈予定〉）までに施行される法改正情報等は、下記のアドレスでご確認ください。
http://www.s-henshu.info/gskm2401/

上記掲載以外の箇所で正誤についてお気づきの場合は、**書名・発行日・質問事項**（該当ページ・行数・問題番号などと誤りだと思う理由）・**氏名・連絡先**を明記のうえ、お問い合わせください。
・web からのお問い合わせ：上記アドレス内【正誤情報】へ
・郵便または FAX でのお問い合わせ：下記住所または FAX 番号へ
※電話でのお問い合わせはお受けできません。

[宛先] コンデックス情報研究所
『詳解 行政書士過去5年問題集 '24 年版』係
住所：〒 359-0042　所沢市並木 3-1-9
FAX 番号：04-2995-4362　（10:00 ～ 17:00　土日祝日を除く）

※本書の正誤以外に関するご質問にはお答えいたしかねます。また受験指導などは行っておりません。
※ご質問の受付期限は、2024 年 11 月の試験日の 10 日前必着といたします。
※回答日時の指定はできません。また、ご質問の内容によっては回答まで 10 日前後お時間をいただく場合があります。
あらかじめご了承ください。

監修者：織田　博子（おりた　ひろこ）
早稲田大学法学部卒業。早稲田大学大学院法学研究科博士後期課程単位取得後退学。和光大学非常勤講師、国税庁税務大学校部外講師等を経て、駿河台大学名誉教授。専門は民法。元行政書士試験委員。

編著：コンデックス情報研究所
1990 年 6 月設立。法律・福祉・技術・教育分野において、書籍の企画・執筆・編集、大学および通信教育機関との共同教材開発を行っている研究者・実務家・編集者のグループ。

詳解 行政書士過去5年問題集 '24年版

2024年 3 月20日発行

監　修　織田博子
（おり た ひろ こ）

編　著　コンデックス情報研究所
（じょうほう けんきゅうしょ）

発行者　深見公子

発行所　成美堂出版
　　　　〒162-8445　東京都新宿区新小川町1-7
　　　　電話(03)5206-8151　FAX(03)5206-8159

印　刷　大盛印刷株式会社

CONTENTS

〈法令名の略称〉

　解説で引用した根拠法令等の名称については、下記のような略称を用いている場合があります。

北朝鮮人権侵害対処法…………拉致問題その他北朝鮮当局による人権侵害問題への対処に関する法律

行政機関個人情報保護法………行政機関の保有する個人情報の保護に関する法律

行政手続オンライン化法………行政手続等における情報通信の技術の利用に関する法律

公的個人認証法…………………電子署名等に係る地方公共団体情報システム機構の認証業務に関する法律

国民保護法………………………武力攻撃事態等における国民の保護のための措置に関する法律

個人情報保護法…………………個人情報の保護に関する法律

失火責任法………………………失火ノ責任ニ関スル法律

情報公開法………………………行政機関の保有する情報の公開に関する法律

青少年インターネット利用法 ……青少年が安全に安心してインターネットを利用できる環境の整備等に関する法律

男女雇用機会均等法……………雇用の分野における男女の均等な機会及び待遇の確保等に関する法律

通則法……………………………法の適用に関する通則法

電子消費者契約法………………電子消費者契約及び電子承諾通知に関する民法の特例に関する法律

電子署名法………………………電子署名及び認証業務に関する法律

独立行政法人等個人情報保護法 …独立行政法人等の保有する個人情報の保護に関する法律

破防法……………………………破壊活動防止法

プロバイダ責任制限法…………特定電気通信役務提供者の損害賠償責任の制限及び発信者情報の開示に関する法律

米軍行動関連措置法……………武力攻撃事態等及び存立危機事態におけるアメリカ合衆国等の軍隊の行動に伴い我が国が実施する措置に関する法律

迷惑メール防止法………………特定電子メールの送信の適正化等に関する法律

e-文書通則法 ……………………民間事業者等が行う書面の保存等における情報通信の技術の利用に関する法律

令和5年度

法令等

問題1　正解1

太政官（だじょうかん）布告は、明治時代初期に太政官によって公布された法令の形式である。厳密には、全国一般に相達しなければならないものだけが太政官布告と呼ばれ、官庁に限り心得なければならない太政官達と区別された。

本問の問題文の中にある明治八年太政官布告第百三号（裁判事務心得）3条は、「**民事ノ裁判ニ成文ノ法律ナキモノハ習慣ニ依リ習慣ナキモノハ条理ヲ推考シテ裁判スヘシ**」としている。

ア：習慣　太政官布告で用いられている「習慣」という語は、一般的には、「慣習」と同じく、その国やその地方の人々のあいだで、普通に行われる社会的なしきたりやならわしという意味で用いられる。成文法主義の我が国でも、**慣習は不文法として重要な法源となることがあり**、民法92条が、法令中の公の秩序に関しない規定と異なる慣習がある場合において、法律行為の当事者がその慣習による意思を有しているものと認められるときは、その慣習に従うとして

いることから推論すると、**ア**には習慣が当てはまると考えられる。

イ：条理　ある問題につき、制定法も、判例法も、慣習法も、慣習もないときには、**裁判官は判断の最後のよりどころとして「条理」に則して判断をせざるをえない**。したがって、**イ**には条理が当てはまる。

ウ：罪刑法定主義　「刑罰の欠如は当の行為につき犯罪の成立を否定する」という考え方は、行為のときに、その行為を犯罪とし、刑罰を科す旨を定めた成文法がなければ、その行為を処罰することができないという原則である罪刑法定主義に基づく。したがって、**ウ**には罪刑法定主義が当てはまる。

エ：裁判の拒否　条理に法源性が認められるかについては議論のあるところであるが、**憲法32条が、何人も、裁判所において裁判を受ける権利を奪われないと規定して裁判を受ける権利を保障している趣旨から、裁判官は、法が見当たらないからといって、裁判を拒否することはできない**と考えられる。したがって、**エ**には裁判の拒否が当てはまる。

以上より、**ア**には「習慣」、**イ**には「条理」、**ウ**には「罪刑法定主義」、**エ**には「裁判の拒否」が当てはまる。

したがって、肢1が正解となる。

問題2　正解5

ア×　権利能力なき社団とは、実質的に社団法人の同様の実体を持ちながら法人格を有しない団体である。**権利能力なき社団は、構成員の固有財**

産から独立して積極財産・消極財産の主体となり得るものであり、訴訟における当事者適格が認められている（民事訴訟法29条）。

イ× 行政書士法人、弁護士法人、司法書士法人は、営利法人である。また、非営利法人であっても、収益事業を行うことはできる。

ウ× 一般社団法人及び一般財団法人が行うことができる事業に制限はなく、公益的な事業だけでなく、収益事業を行うこともできる（「一般社団法人及び一般財団法人制度Ｑ＆Ａ」法務省）。

エ〇 公益社団法人及び公益財団法人とは、学術、技芸、慈善その他の公益に関する種類の事業であって、不特定かつ多数の者の利益の増進に寄与する事業を行うことを主たる目的とする行政庁の公益認定を受けた一般社団法人及び一般財団法人をいう（公益社団法人及び公益財団法人の認定等に関する法律2条1号・2号・4号、4条、5条1号）。

オ〇 特定非営利活動法人とは、不特定かつ多数の者の利益の増進に寄与することを目的とする保健、医療又は福祉の増進を図る活動その他の法令で定められた特定の活動を行うことを主たる目的とし、所轄庁の認証を受けて設立された法人をいう（特定非営利活動促進法2条1項、別表2条関係、同法10条）。

以上より、妥当なものの組み合わせはエ・オであるから、肢5が正解である。

問題3　正解2

ア〇 戸別訪問の禁止は、意見表明そのものの制約を目的とするものではなく、**意見表明の手段方法のもたらす弊害を防止し**、もって選挙の自由と公正を確保することを目的として行われる場合、**戸別訪問以外の手段方法による意見表明の自由を制約するものではなく、単に手段方法の禁止に伴う限度での間接的、付随的な制約にすぎない**（最判昭56.6.15）。

イ× **出版その他の表現の自由は、民主主義の基礎をなすきわめて重要なものであるが、絶対無制限なものではなく、その濫用が禁ぜられ、公共の福祉の制限の下に立つ**。そして、芸術的・思想的価値のある文書についても、それがわいせつ性をもつものである場合には、性生活に関する秩序及び健全な風俗を維持するため、**これを処罰の対象とすることが国民生活全体の利益に合致する**（最大判昭32.3.13：チャタレイ事件、最大判昭44.10.15：悪徳の栄え事件）。これらの判決は、芸術的価値のある文学作品の頒布が処罰される場合の芸術的表現の自由への制約が、わいせつ物の規制に伴う間接的、付随的な制約にすぎないとはしていない。

ウ〇 **裁判官が積極的に政治運動をすることを、これに内包される意見表明そのものの制約をねらいとしてではなく、その行動のもたらす弊害の防止をねらいとして禁止するときは**、同時にそれにより意見表明の自由が制約されることにはなるが、**それは単に行動の禁止に伴う限度での間接**

的、付随的な制約にすぎない（最大決平 10.12.1：寺西判事補分限事件）。

エ×　未決勾留により監獄に拘禁されている者の新聞紙、図書等の閲読の自由についても、逃亡及び罪証隠滅の防止という勾留の目的のためのほか、**監獄内の規律及び秩序の維持のために必要とされる場合にも、一定の制限を加えられることはやむをえない**（最大判昭 58.6.22：よど号ハイジャック記事抹消事件）。この判決は、刑事施設内での新聞閲読の自由の制限を、施設管理上必要な措置に伴う間接的、付随的な制約にすぎないとはしていない。

以上より、妥当なものの組み合わせは**ア・ウ**であるから、肢2が正解である。

問題4　正解3

1×　**請願法に適合する請願は、官公署において、これを受理し誠実に処理しなければならないが**（請願法5条）、**請願の内容を審理及び判定する法的義務は課されていない**。

2×　**国会議員の立法行為は、立法の内容が憲法の一義的な文言に違反しているにもかかわらず国会があえて当該立法を行うというような、容易に想定し難いような例外的な場合でない限り、国家賠償法1条1項の規定の適用上、違法の評価を受けない**（最判昭 60.11.21：在宅投票制度廃止事件上告審）。この判決は、**立法行為も国家賠償の対象となることを前提**に、国家賠償法上違法の評価を受ける場合を判示している。

3○　**裁判を受ける権利は、裁判所の**裁判によらなければ民事事件において義務を課されない権利、刑事事件において刑罰を科されない権利を意味し、自由権的な側面を有している。

4×　**少年法による不処分決定は、非**行事実が認められないことを理由とするものであっても、**刑事補償法1条1項にいう「無罪の裁判」には当たらない**（最決平 3.3.29）。

5×　**性質上純然たる訴訟事件**につき、当事者の意思いかんに拘わらず終局的に、**事実を確定し当事者の主張する権利義務の存否を確定するような裁判が**、憲法所定の例外の場合を除き、公開の法廷における対審及び判決によってなされないとするならば、**それは憲法82条**（対審及び判決の公開）**に違反する**（最大決昭 35.7.6）。

問題5　正解3

1×　**衆議院又は参議院の比例代表選出議員が、議員となった日以後において、当該議員が名簿登載者であった名簿届出政党等以外の政党その他の政治団体で、当該議員が選出された選挙における名簿届出政党等であるものに所属する者となったときは、退職者となる**（国会法 109 条の2第1項・2項）。つまり、**当選を失うのは**、衆議院、参議院の比例代表選出議員で、所属政党等（選挙時に登載された名簿を提出した政治団体等）を離れて、**選挙時に存在した別の名簿届出政党等へ所属変更した議員だけであり、無所属になる場合や、選挙時に存在していなかった新党に所属することになる場合には、直ちに当選**

を失うわけではない。

2 × 　議員の資格争訟の裁判は、資格について問題のある議員が所属する議院の議員が訴えを提起し、**衆議院では懲罰委員会**（衆議院規則92条17号）、**参議院では資格争訟特別委員会**（参議院規則193条の2）**が審査した後、議院の審理を経て、その3分の1以上の多数による議決によって判決する**（国会法111条1項、憲法55条但書）。両院から選出された国会議員が裁判するのではない。

3 ○ 　閣議による内閣の意思決定は、内閣が一体として連帯責任を負うことから、**慣例上、多数決ではなく、全会一致で行われる**。したがって、本肢のような場合には、**解散の決定に反対する大臣を罷免して内閣としての意思決定をすることになる**。このような解散の決定の例として、2005年に小泉純一郎首相が郵政民営化法案の参院での否決を理由に解散をしようとした際、島村宜伸農林水産大臣が閣議で署名を拒んだため、小泉首相が島村氏を罷免し、自ら農林水産大臣を兼任して解散した例がある。

4 × 　最高裁判所の裁判官の任命は、**その任命後初めて行われる衆議院議員総選挙の際、国民審査に付される**（憲法79条2項）。その後、最高裁判所の長官に任命されたときは、改めて国民審査に付されなければならないとする学説もあるが、**最高裁判所の長官に任命されたときの国民審査が実際に行われたことはない。**

5 × 　**裁判官は**、裁判により、心身の故障のために職務を執ることができないと決定された場合を除いては、**公の弾劾によらなければ罷免されないが**（同法78条前段）、**裁判官の懲戒は、戒告又は1万円以下の過料であり、懲戒免職することはできない**（裁判官分限法2条）。

問題6　正解2

①司法権の独立とは、**裁判官が何らの「指揮命令」に服さないこと、裁判活動について何ら職務上の監督を受けないこと**を意味する。

②司法権の独立の実質的な意義は、**裁判官の内心における法的確信の自由な形成を担保すること**にある。

③司法権の独立は、「あらゆる現実の諸条件を考えた上で、**社会通念上、裁判官が独立に裁判を行うことに対して、事実上重大な影響を及ぼす可能性ある行動**」を排斥する。

④立法権・行政権による現に裁判所に**係属中の訴訟手続への干渉は一切禁止される。**

⑤他の国家機関による判決の内容の批判はいかに適切であろうとも、**許容されない。**

以上を前提に、各選択肢を検討する。

1 ○ 　議院が刑事事件についての調査を、立法や行政監督に資する目的で行うことは、③「**社会通念上、裁判官が独立に裁判を行うことに対して、事実上重大な影響を及ぼす可能性ある行動**」にはあたらない。また、④「**立法権による現に裁判所に係属中の訴**

訟手続への干渉」にもあたらない。したがって、引用文の趣旨に照らして、妥当でないとはいえない。

2 × 議院による裁判の調査・批判は、「何らの法的効果を持たない」としても、③社会通念上、裁判官が独立に裁判を行うことに対して、事実上重大な影響を及ぼす可能性のある行動」にあたる。また、議院による裁判の批判が判決の内容に向けられたものであれば、⑤「他の国家機関による判決の内容批判」にもあたる。したがって、引用文の趣旨に照らして、妥当でない。

3 ○ ⑤「他の国家機関による判決の内容の批判はいかに適切であろうとも許容されない」。したがって、国政調査権によって、裁判の内容の当否につきその批判自体を目的として調査を行うことは、司法権の独立を侵害するとする本肢は、引用文の趣旨に照らして、妥当でないとはいえない。

4 ○ ④「立法権による現に裁判所に係属中の訴訟手続への干渉は一切禁止される」が、刑事裁判で審理中の事件の事実について議院が裁判所とは異なる目的から、裁判と並行して調査することは、訴訟手続への干渉にはあたらない。したがって、引用文の趣旨に照らして、妥当でないとはいえない。

5 ○ ①「司法権の独立とは、裁判官が何らの『指揮命令』に服さないこと、裁判活動について何ら職務上の監督を受けないことを意味する」。また、④「立法権による現に裁判所に係属

中の訴訟手続への干渉は一切許されない」。したがって、国政調査権によって、裁判所に係属中の事件につき裁判官の法廷指揮など裁判手続自体を調査することは許されないから、引用文の趣旨に照らして、妥当でないとはいえない。

問題7　正解2

1 × 法律、政令、条約を公布することは、憲法上、天皇の国事行為とされているが、予算の公布は天皇の国事行為とはされていない（憲法7条1号）。

2 ○ 予算の法的性質に関する予算行政説の立場から、増額修正は内閣の予算提出権を侵すことを理由に、予算を増額する修正は許されないとする見解もあるが、現行法には、予算の増額修正を予想した規定が置かれている（国会法57条但書、57条の3）。

3 × 予算が成立したにもかかわらず、予算が予定する支出の根拠となる法律が制定されていないような場合、内閣は予算を支出することはできず、予算を執行するための法律案を、国会に提出する義務を負うことになる。法律が制定されるまでの間、暫定的に予算を執行することはできない。

4 × すべて皇室の費用は、予算に計上して国会の議決を経なければならず（憲法88条後段）、皇室に財産を譲り渡し、又は皇室が、財産を譲り受け、若しくは賜与することは、国会の議決に基づかなければならない（同法8条）。

5 × 国の収入支出の決算は、すべて

毎年会計検査院がこれを検査し、**内閣は、次の年度に**、その検査報告とともに、**これを国会**（翌年度の通常国会）**に提出しなければならない**（同法90条1項）。

問題8　正解3

ア× ある行政行為が違法である場合に、それが別の行為としては法令の要件を満たし適法である場合に、後者の行為として扱うことを違法行為の転換という。最大判昭29.7.19は、旧自作農創設特別措置法施行令に基づく買収計画を、その買収計画に関する訴願裁決で維持することは違法ではないとして、**違法行為の転換を認めている。**したがって、**新たな行政行為を行うに等しいから当然に許されないといい切ることはできない。**

イ○ 最大判昭35.12.7によれば、**普通地方公共団体の長に対する解職請求を可とする賛否投票の効力の無効**が宣言されても、賛否投票の有効なことを前提として、それまでの間になされた後任の長の行政処分は無効となるものではない。

ウ× 処分性のある後行行為の取消訴訟において、先行行為の違法を理由に後行行為を違法とできるのかという問題を、違法性の承継という。この問題について、最判平21.12.17は、**先行行為**（安全認定）**の出訴期間経過後の後行行為**（建築確認）**の取消訴訟において、先行行為の違法を理由に後行行為の違法を主張できる旨**を判示して、**違法性の承継を認めている。**

エ× 行政行為の取消しには、①**行政行為の相手方などが**、行政不服審査法、行政事件訴訟法または個別法に基づき**取消しを申し立てた場合に**、**行政機関や裁判所が取り消す争訟取消と、②処分庁またはその上級行政庁が、自発的に取り消す職権取消しがある。いずれの取消しの場合も、瑕疵ある行政行為は初めに遡って効力を失う。**

オ○ 最判昭47.12.5によれば、**更正処分における附記理由不備の瑕疵は、後日これに対する審査裁決において処分の具体的根拠が明らかにされたとしても、それにより治癒されるものではない。**

以上より、妥当なものの組み合わせはイ・オであるから、肢**3**が正解である。

問題9　正解3

ア× 労働基準監督署長の行う**労災就学援護費の支給又は不支給の決定は、**法を根拠とする優越的地位に基づいて一方的に行う公権力の行使であり、被災労働者又はその遺族の労災就学援護費の支給を受ける権利に直接影響を及ぼす法的効果を有するものであるから、**抗告訴訟の対象となる行政処分に当たる**（最判平15.9.4）。したがって、社会保障給付における行政主体と私人の関係は、対等なものとはいえず、もっぱら契約によって規律されるものとはいえない。

イ○ 未決勾留による拘禁関係は、勾留の裁判に基づき被勾留者の意思にかかわらず形成され、法令等の規定に従って規律されるものである。そ

うすると、未決勾留による拘禁関係は、当事者の一方又は双方が相手方に対して信義則上の安全配慮義務を負うべき特別な社会的接触の関係とはいえない。したがって、**国は、拘置所に収容された被勾留者に対して、その不履行が損害賠償責任を生じさせることとなる信義則上の安全配慮義務を負わない**（最判平28.4.21）。

ウ〇 食品衛生法は単なる取締法規にすぎないものと解するのが相当であるから、同法の食肉販売業の許可を受けていない者が、食品の販売をしたとしても、**売買契約の効力は否定されず、当然に無効となるわけではない**（最判昭35.3.18）。

エ× 租税法律主義の原則が貫かれるべき租税法律関係においては、法の**一般原理である信義則の法理の適用については慎重でなければならず**、租税法規の適用における納税者間の平等、公平という要請を犠牲にしてもなお当該課税処分に係る課税を免れしめて納税者の信頼を保護しなければ正義に反するといえるような**特別の事情が存する場合に、初めて信義則の適用の是非を考えるべきものである**（最判昭62.10.30）。したがって、租税法律関係にも信義則が適用される余地がある。

以上より、妥当なものの組み合わせは**イ・ウ**であるから、肢**3**が正解である。

問題10 正解3

最大判昭和53年10月4日（マクリーン事件判決）は、**外国人の在留期間更新拒否処分につき、法務大臣の広汎な裁量権を認めた、行政法学上非常に著名な判決である。**

ア× 法務大臣は、在留期間の更新の許否を決するにあたっては、外国人に対する出入国の管理及び在留の規制の目的である国内の治安と善良の風俗の維持、保健・衛生の確保、労働市場の安定などの国益の保持の見地に立って、申請者の申請事由の当否のみならず、**当該外国人の在留中の一切の行状、国内の政治・経済・社会等の諸事情、国際情勢、外交関係、国際礼譲など諸般の事情を斟酌し、時宜に応じた的確な判断をしなければならない**（最大判昭53.10.4）。したがって、**国内の政治・経済・社会等の諸事情を考慮することも許される。**

イ〇 裁判所は、法務大臣の「在留期間の更新を適当と認めるに足りる相当の理由」があるかどうかの判断が違法となるかどうかを審理、判断するにあたっては、その判断が法務大臣の裁量権の行使としてされたものであることを前提として、**当該判断の基礎とされた重要な事実に誤認があること等によりその判断が全く事実の基礎を欠くかどうか、又は事実に対する評価が明白に合理性を欠くこと等により、当該判断が社会通念に照らし著しく妥当性を欠くことが明らかであるかどうかについて審理し、それが認められる場合に限り、法務大臣の判断が裁量権の範囲を超え又はその濫用があったものとして違法であるとすることができる**（最大判昭53.10.4）。

ウ× 出入国管理所定の「在留期間の更新を適当と認めるに足りる相当の理由」があるかどうかの判断における法務大臣の裁量権の範囲が広汎なものとされているのは当然のことであって、上陸拒否事由又は退去強制事由に準ずる事由に該当しない限り更新申請を不許可にすることは許されないと解すべきものではない（最大判昭53.10.4）。

エ〇 外国人の在留期間中の政治活動に我が国の基本的な外交政策を非難するものが含まれている場合、日本国にとって好ましいものではないと評価し、また、その外国人を将来日本国の利益を害する行為を行うおそれがある者と認めて、在留期間の更新を適当と認めるに足りる相当の理由があるものとはいえないと判断したとしても、裁量権の範囲を超え又はその濫用があったとして、法務大臣の処分を違法であると判断することはできない（最大判昭53.10.4）。

オ× 基本的人権の保障は、権利の性質上日本国民のみをその対象としていると解されるものを除き、我が国に在留する外国人に対しても等しく及ぶものと解すべきであり、政治活動の自由についても、我が国の政治的意思決定又はその実施に影響を及ぼす活動等外国人の地位に鑑みこれを認めることが相当でないと解されるものを除き、その保障が及ぶ。しかし、外国人に対する憲法の基本的人権の保障は、外国人在留制度の枠内で与えられているに過ぎず、在留の許否を決する国の裁量を拘束する

までの保障、すなわち、在留期間中の憲法の基本的人権の保障を受ける行為を在留期間の更新の際に、消極的な事情として斟酌されないことまでの保障が与えられているものと解することはできない（最大判昭53.10.4）。したがって、在留期間中に政治活動を行ったことについて、在留期間の更新の際に消極的事情として考慮することは許されない。

　以上より、妥当なものの組み合わせはイ・エであるから、肢3が正解である。

問題11　正解2

1× 行政手続法において用いられる「**法令**」には、法律、法律に基づく告示を含む命令、条例だけではなく、地方公共団体の執行機関の規程を含む規則も含まれる（行政手続法2条1号）。

2〇 名宛人となるべき者の同意の下にすることとされている処分は、不利益処分とはされていない（同条4号ハ）。

3× 行政手続法の規定が適用される**行政指導とは、行政機関がその任務又は所掌事務の範囲内において一定の行政目的を実現するため特定の者に一定の作為又は不作為を求める指導、勧告、助言その他の行為であって処分に該当しないものをいう（同条6号）。したがって、不特定の者に対し一般的に行われる情報提供は、行政指導には含まれない。

4× 行政指導に携わる者は、その相手方に対して、当該行政指導の趣旨及び内容並びに責任者を明確に示さ

なければならない（同法35条1項）。法令に違反する行為の是正を求める行政指導をする場合に限られるわけではない。

5 ×　同一の行政目的を実現するため一定の条件に該当する複数の者に対し行政指導をしようとするときは、行政機関は、あらかじめ、事案に応じ、行政指導指針を定め、かつ、行政上特別の支障がない限り、これを公表しなければならない（同法36条）。根拠となる規定が法律に置かれている行政指導をしようとする場合に限られるわけではない。

問題12　正解5

1 ○　聴聞の審理の経過を記載した調書（聴聞調書）が作成されるのは、聴聞の期日における審理が行われた場合には各期日ごと、または審理が行われなかった場合には聴聞の終結後である（行政手続法24条2項）。したがって、当事者又は参加人は、聴聞の終結後であっても、聴聞調書の閲覧を求めることができる（同条4項）。

2 ○　聴聞の当事者及び当該不利益処分がされた場合に自己の利益を害されることとなる参加人は、聴聞の通知があった時から聴聞が終結する時までの間、行政庁に対し、当該事案についてした調査の結果に係る調書その他の当該不利益処分の原因となる事実を証する資料の閲覧を求めることができる（同法18条1項）。

3 ○　当事者又は参加人は、聴聞の期日に出頭して、意見を述べ、及び証拠書類等を提出し、並びに主宰者の許可を得て行政庁の職員に対し質問を発することができる（同法20条2項）。

4 ○　当事者又は参加人は、聴聞の期日への出頭に代えて、主宰者に対し、聴聞の期日までに陳述書及び証拠書類等を提出することができる（同法21条1項）。

5 ×　主宰者は、①聴聞の当事者の全部若しくは一部が正当な理由なく聴聞の期日に出頭せず、かつ、陳述書等を提出しない場合、又は②参加人の全部若しくは一部が聴聞の期日に出頭しない場合には、これらの者に対し改めて意見を述べ、及び証拠書類等を提出する機会を与えることなく、聴聞を終結することができる（同法23条1項）。

問題13　正解1

ア○　行政庁は、申請に対する処分であって、申請者以外の者の利害を考慮すべきことが当該法令において許認可等の要件とされているものを行う場合には、必要に応じ、公聴会の開催その他の適当な方法により当該申請者以外の者の意見を聴く機会を設けるよう努めなければならない（行政手続法10条）。したがって、公聴会の開催は努力義務である。

イ×　行政庁は、審査基準を定め、行政上特別の支障があるときを除き、法令により申請の提出先とされている機関の事務所における備付けその他の適当な方法により審査基準を公にしておかなければならない（同法

5条1項、3項)。したがって、審査基準の設定・公表は**法的義務**であり、**努力義務ではない**。

ウ〇 行政庁は、**処分基準を定め、かつ、これを公にしておくよう努めなければならない**（同法12条1項）。したがって、処分基準の設定・公表は**努力義務**である。

エ× 行政庁は、**申請がその事務所に到達してから当該申請に対する処分をするまでに通常要すべき標準的な期間（標準処理期間）を定めるよう努めるとともに、これを定めたときは、これらの当該申請の提出先とされている機関の事務所における備付けその他の適当な方法により公にしておかなければならない**。したがって、標準処理期間の**設定は努力義務**であるが、標準処理期間を定めたときの公表は法的義務であり、**努力義務ではない**（同法6条）。

以上より、努力義務として規定されているものの組み合わせは、ア・ウであるから、肢1が正解である。

問題14　正解2

1× 不作為についての審査請求をすることができるのは、**法令に基づき行政庁に対して処分についての申請をした者である**（行政不服審査法3条）。**当該処分がなされることにつき法律上の利益を有する者は、不作為についての審査請求をすることはできない。**

2〇 **不作為についての審査請求に理由がある場合には、審査庁は、裁決で、当該不作為が違法又は不当である旨**

を宣言し、**申請に対して一定の処分をすべきものと認める場合、審査庁が不作為庁の上級行政庁であるときは、当該不作為庁に対し、当該処分をすべき旨を命ずる**（同法49条3項1号）。

3× 不作為についての審査請求をすることができるのは、申請から相当の期間が経過したにもかかわらず、行政庁が法令に基づく申請に対して何らの処分をもしないときである（同法3条）。**申請がなされた日から法定された一定の期間が経過したときではない。**

4× 行政事件訴訟法には、仮の救済として仮の義務付けや仮の差止めの制度があるが（同法37条の5）、**行政不服審査法には、本肢のような仮の救済措置に関する規定は存在しない。**

5× 不作為についての審査請求に際しても、**審理員を指名して審理手続が行われる**（行政不服審査法9条1項、3条、4条）。

問題15　正解3

1× 事実上の行為を除く処分についての審査請求に理由がある場合（一定の場合を除く）**には、審査庁は、審査庁が処分庁の上級行政庁又は処分庁のいずれでもない場合を除き、裁決で、当該処分の全部若しくは一部を取り消し、又はこれを変更する**（行政不服審査法46条1項本文）。審査庁が不利益処分を取り消す裁決をした場合に、当該不利益処分を取り消すのは、**審査庁**であり、**処分庁**

ではない。

2 × 　裁決は、関係行政庁を拘束する（同法52条）。この拘束力は、裁決の実効性を確保するために認められる効力であるから、裁決の主文及び主文を導くのに必要な要件事実の認定及び法的判断について生じる。したがって、不利益処分につき根拠となった事実がないとして取り消す裁決を受けた処分庁が、同一の事実を根拠として同一の不利益処分を再び行うことはできない。

3 ○ 　一定の場合を除き事実上の行為についての審査請求に理由がある場合には、処分庁である審査庁は、裁決で、当該事実上の行為が違法又は不当である旨を宣言するとともに、当該事実上の行為の全部若しくは一部を撤廃し、又はこれを変更する（同法47条本文、2号）。

4 × 　事実上の行為を除く処分についての審査請求に理由がある場合（一定の場合を除く）、審査庁が処分庁の上級行政庁又は処分庁のいずれでもない場合には、当該処分を変更することはできない（同法46条1項但書）。したがって、処分庁の上級行政庁または処分庁ではない審査庁は、不利益変更に限らず、そもそも審査請求に対する認容裁決によって処分を変更することはできない。

5 × 　申請を却下し、若しくは棄却した処分が、裁決で取り消された場合には、処分庁である審査庁は、裁決の趣旨に従い、改めて申請に対する処分をしなければならない（同法52条2項）。許認可の申請に対する拒否処分を取り消す裁決が、当該申請に対する許認可処分とみなされるわけではない。

問題16　正解4

1 ○ 　審査請求をすべき行政庁が処分庁等と異なる場合における審査請求は、処分庁等を経由してすることができる（行政不服審査法21条1項）。

2 ○ 　審査請求は、原則として、審査請求書を提出してしなければならないが、行政不服審査法以外の法律や条例に口頭ですることができる旨の定めがある場合には、口頭で行うことができる（同法19条1項）。

3 ○ 　審査請求人は、裁決があるまでは、いつでも審査請求を取り下げることができ、取り下げの理由に特に制限は設けられていない（同法27条1項）。

4 × 　審査請求書に形式上の不備がある場合には、審査庁は、相当の期間内に不備を補正すべきことを命じなければならない（同法23条）。この場合において、審査請求人が相当の期間内に不備を補正しないときは、審査庁は、審理手続を経ないで、裁決で、当該審査請求を却下することができる（同法24条1項）。

5 ○ 　審査請求人又は参加人の申立てがあった場合には、審理員は、一定の場合を除き、当該申立てをした者（申立人）に口頭で審査請求に係る事件に関する意見を述べる機会を与えなければならない（同法31条1項本文）。口頭意見陳述には、申立人は、審理員の許可を得て、補佐人ととも

に出頭することができる（同条3項）。

問題17　正解2

ア〇　行政代執行法に基づく**代執行を
なすべき旨の戒告**について、戒告の
段階ですでに行政庁の意思が確定的
に表れていること、戒告に従わなけ
れば特段の行政庁の判断が介在しな
いで行政代執行が行われることなど
を理由に、**処分性を認める学説が一
般的である**。また、**戒告は**、後に続
く代執行と一体となって、義務者に
おいて戒告に指定された期限までに
義務を履行しないときは代執行も実
施すべき旨の意思を表示するもので
あるから、いわゆる**行政処分に準ず
るものとして、これに対し抗告訴訟
を提起することができる**とした裁判
例もある（東京地判昭41.10.5）。し
たがって、Xは、本件処分の無効確
認訴訟を提起するだけでなく、**本件
戒告等の取消訴訟をも提起できる**。

イ×　**代執行手続においては**、法的安
定性の観点からそれぞれの行政行為
を早期に確定する必要があることか
ら、原則として、本件処分のような
義務賦課行為（先行行為）**の違法性が、
戒告などの代執行手続**（後行行為）
に承継されることはない（「行政代執
行制度の基本と実務」地方自治研究
機構）。

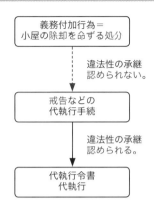

```
┌─────────────────────┐
│ 義務付加行為＝       │
│ 小屋の除却を命ずる処分 │
└─────────────────────┘
          ┊         違法性の承継
          ┊         認められない。
          ▼
┌─────────────────────┐
│ 戒告などの           │
│ 代執行手続           │
└─────────────────────┘
          │         違法性の承継
          │         認められる。
          ▼
┌─────────────────────┐
│ 代執行令書           │
│ 代執行               │
└─────────────────────┘
```

したがって、本件戒告等の取消訴訟
において、Xは、**本件処分の違法性
を主張することはできない**。

ウ×　取消訴訟は、正当な理由がある
ときを除き、**処分又は裁決があった
ことを知った日から6か月を経過し
たときは、提起することができない**
（行政事件訴訟法14条1項）。本肢
の事例では、Xは、**本件処分の通知
を受け取ってから8か月が経過した**
時点で本件戒告等を受け、代執行を
阻止するために抗告訴訟を提起する
ことを考えているから、本件処分の
取消訴訟を提起しても、**出訴期間の
徒過を理由として却下される**ことに
なる。

エ〇　除却命令を受けた建築物につい
**て代執行による除却工事が完了した
ときは、その除却命令などの処分の
取消しを求める訴えの利益は失われ
る**（最判昭48.3.6）。

以上より、妥当なものの組み合わせ
は**ア・エ**であるから、肢**2**が正解である。

問題18　正解2

取消訴訟に関する規定の準用を規定

している行政事件訴訟法38条の条文は、次の通りである。

【行政事件訴訟法38条】

1　**第11条から第13条まで、第16条から第19条まで、第21条から第23条まで、第24条、第33条及び第35条の規定は、取消訴訟以外の抗告訴訟について準用する。**

2　第10条第2項の規定は、処分の無効等確認の訴えとその処分についての審査請求を棄却した裁決に係る抗告訴訟とを提起することができる場合に、第20条の規定は、処分の無効等確認の訴えをその処分についての審査請求を棄却した裁決に係る抗告訴訟に併合して提起する場合に準用する。

3　第23条の2、第25条から第29条まで及び第32条第2項の規定は、無効等確認の訴えについて準用する。

4　第8条及び第10条第2項の規定は、不作為の違法確認の訴えに準用する。

ア：正しい　取消訴訟の出訴期間に関する行政事件訴訟法14条は、無効等確認訴訟にも、その他の抗告訴訟にも、**準用されていない**（同法38条1項）。

イ：誤り　執行停止に関する行政事件訴訟法25条は、**当事者訴訟には準用されていない**（同法38条1項）。

ウ：誤り　取消判決等の効力に関する行政事件訴訟法32条は、**義務付け訴訟にも、差止訴訟にも、準用されていない**（同条項）。

　以上より、正誤を判定した組み合わせは、**ア「正しい」、イ「誤り」、ウ「誤り」**であるから、肢2が正解である。

問題19　正解3

1×　過大に登録免許税を納付して登記等を受けた者が**登録免許税法に基づいてした登記機関から税務署長に還付通知をすべき旨の請求に対し、登記機関のする拒否通知は、抗告訴訟の対象となる行政処分に当たる**（最判平17.4.14）。

2×　告示により一定の条件に合致する道を一括して指定する方法でされた建築基準法所定のいわゆる**みなし道路の指定は、抗告訴訟の対象となる行政処分に当たる**（最判平14.1.17）。

3○　労災就学援護費は、労働基準監督署長の支給決定によって初めて具体的な支給請求権を取得するため、労働基準監督署長の行う**労災就学援護費の支給又は不支給の決定は、労働者災害補償保険法を根拠とする優越的地位に基づいて一方的に行う公権力の行使であり、被災労働者又はその遺族の上記権利に直接影響を及ぼす法的効果を有するものであるから、抗告訴訟の対象となる行政処分に当たる**（最判平15.9.4）。

4×　市町村長が住民基本台帳法に基づき住民票に続柄に関する事項を記載する行為は、元来、公の権威をもって住民の居住関係に関するこれらの事項を証明し、それに公の証拠力を与えるいわゆる公証行為であり、**それ自体によって新たに国民の権利義務を形成し、又はその範囲を確定する法的効果を有するものではない。**したがって、**住民票に世帯主との続柄を記載する行為は、抗告訴訟の対**

象となる行政処分には当たらない（最
判平 11.1.21）。

5 ×　都市計画法に基づく**用途地域の
指定は、処分性を欠き、抗告訴訟の
対象とはならない**（最判昭 57.4.22）。
同日の小法廷判決も、高度地区の指
定について、全く同じ論理構成で用
途地域指定の決定の処分性を否定し
ている。

問題 20　正解 5

1 ×　落石事故の発生した道路に防護
柵を設置するとした場合、その費用
の額が相当の多額にのぼり、**道路管
理者である県としてその予算措置に
困却するであろうことが推察できる
場合であっても、それにより直ちに
道路の管理の瑕疵によって生じた損
害に対する賠償責任を免れうるもの
と考えることはできない**（最判昭
45.8.20）。

2 ×　事故発生当時、道路管理者が設
置した工事標識板、バリケード及び
赤色灯標柱が道路上に倒れたまま放
置されていたことは、道路の安全性
に欠如があったといわざるをえない
が、それは**夜間、しかも事故発生の
直前に先行した他車によって惹起さ
れたものであり**、時間的に道路管理
者において遅滞なくこれを原状に復
し道路を安全良好な状態に保つこと
は不可能であったという状況のもと
においては、**道路管理者の道路管理
に瑕疵がなかったと認めるのが相当
である**（最判昭 50.6.26）。

3 ×　防護柵は、道路を通行する人や
車が誤って転落するのを防止するた

めに道路管理者によって設置された
ものであり、その材質、高さその他
その構造に徴し、**通行時における転
落防止の目的からみればその安全性
に欠けるところがないもの**であれば、
当該転落事故は、被害者が当時危険
性の判断能力に乏しい 6 歳の幼児で
あったとしても、道路及び防護柵の
設置管理者である**道路管理者におい
て通常予測することのできない行動
に起因するもの**であったということ
ができる。したがって、**営造物につ
き本来それが具有すべき安全性に欠
けるところがあったとはいえず**、通
常の用法に即しない行動の結果生じ
た事故につき、**道路管理者はその設
置管理者としての責任を負うべき理
由はない**（最判昭 53.7.4）。

4 ×　道路の周辺住民から道路の設置・
管理者に対して損害賠償の請求がさ
れた場合において、当該道路からの
騒音、排気ガス等が**周辺住民に対し
て現実に社会生活上受忍すべき限度
を超える被害をもたらしたことが認
定判断されたときは**、当然に周辺住
民との関係において道路が他人に危
害を及ぼす危険性のある状態にあっ
たことが認定判断されたことになる
から、道路の設置又は管理に瑕疵が
認められる（最判平 7.7.7：国道 43
号線訴訟①事件）。したがって、本肢
のような場合に、**当該道路の供用の
違法性を認定することもできる**。

（参考）国道 43 号線訴訟
最判平 7.7.7（国道 43 号線訴訟）は、
道路管理者に道路の設置又は管理の瑕
疵があったかどうかが争われた①事件

と、道路の供用の差し止めが請求された②事件の2つの事件として、別個に判決がなされている。

5〇 走行中の自動車がキツネ等の**小動物と接触すること自体により自動車の運転者等が死傷するような事故が発生する危険性は高いものではな**く、通常は、自動車の運転者が適切な運転操作を行うことにより死傷事故を回避することを期待することができるものというべきである。そして、**金網の柵をすき間なく設置して地面にコンクリートを敷くという対策が全国の高速道路において広く採**られていたという事情はうかがわれず、そのような対策を講ずるためには多額の費用を要することは明らかであり、**動物注意の標識が設置されていた**というのであって、加えて、**自動車の運転者に対しては、道路に侵入した動物についての適切な注意喚起がされていた**などの事情を総合すると、**高速道路が通常有すべき安全性を欠いていたということはでき**ず、高速道路に設置又は管理の瑕疵があったとみることはできない（最判平22.3.2）。

問題21　正解1

▶**代位責任説**

国家賠償法1条1項の責任は、**本来加害者である公務員が負うべき責任を、国または地方公共団体が代わって負うものである**とする説。

▶**自己責任説**

国家賠償法1条1項の責任は、**行政活動に伴う国民に損害を与える危険**の発現による損害に対して、国または地方公共団体自身の責任として負うべき責任であるとする説。

ア：代位責任 代位責任説は、**本来加害者である公務員が負うべき責任を、国または地方公共団体が代わって負うものである**とする考え方であるから、①**加害公務員又は加害行為が特定されていること**、②**加害公務員に故意又は過失があること**が、国または地方公共団体が国家賠償法1条1項の責任を負う前提となる。したがって、**代位責任によれば、①や②の前提を欠いている場合には、国または**地方公共団体に**国家賠償責任は生**じ得ない。よって、**ア**には代位責任が当てはまる。

イ：自己責任 自己責任説は、**公務員に損害賠償責任が生じない場合であっても、国または地方公共団体自身は、行政活動に伴う危険の発現としての損害に対する責任を負うべきである**とする考え方であるから、上記①②の前提を欠いている場合であっても、国または地方公共団体に**国家賠償責任が生じ得る**。したがって、**イ**には自己責任が当てはまる。

ウ：有責性 「公務員」に「過失」があれば、有責性が認められる。したがって、**ウ**には有責性が当てはまる。

エ：組織的 加害公務員又は加害行為が特定できない場合や、加害公務員の故意又は過失がない場合であっても、「**公務員**」の過失を組織的な過失であると捉えれば、「**個々の公務員**」の有責性を問題にする必要はない。したがって、**エ**には組織的が当ては

まる。

以上より、**ア**には「**代位責任**」、**イ**には「**自己責任**」、**ウ**には「**有責性**」、**エ**には「**組織的**」が当てはまる。

したがって、肢**1**が正解となる。

なお、最三小判令和2年7月14日における宇賀克也裁判官の補足意見中、本問で引用されている部分は以下の通りである。

国家賠償法1条1項の性質については ア：代位責任 説と イ：自己責任 説が存在する。両説を区別する実益は、加害公務員又は加害行為が特定できない場合や加害公務員に ウ：有責性 がない場合に、 ア：代位責任 説では国家賠償責任が生じ得ないが イ：自己責任 説では生じ得る点に求められていた。しかし、最一小判昭和57年4月1日民集36巻4号519頁は、 ア：代位責任 説か イ：自己責任 説かを明示することなく、「国又は公共団体の公務員による一連の職務上の行為の過程において他人に被害を生ぜしめた場合において、それが具体的にどの公務員のどのような違法行為によるものであるかを特定することができなくても、右の一連の行為のうちのいずれかに行為者の故意又は過失による違法行為があったのでなければ右の被害が生ずることはなかったであろうと認められ、かつ、それがどの行為であるにせよこれによる被害につき行為者の属する国又は公共団体が法律上賠償の責任を負うべき関係が存在するときは、国又は公共団体は、加害行為不特定の故をもって国家賠償法又は民法上の損害賠償責任を免れることができないと解する

のが相当」であると判示している。さらに、公務員の過失を エ：組織的 過失と捉える裁判例が支配的となっており、個々の公務員の ウ：有責性 を問題にする必要はないと思われる。したがって、 ア：代位責任 説、 イ：自己責任 説は、解釈論上の道具概念としての意義をほとんど失っているといってよい。

問題22　正解1

1○　普通地方公共団体の区域は、従来の区域による（地方自治法5条1項）。ここにいう**従来の区域**とは、地方自治法が施行された1947年当時の区域をいう。

2×　市町村の境界変更は、関係市町村の申請に基づき、都道府県知事が当該都道府県の議会の議決を経てこれを定め、直ちにその旨を総務大臣に届け出なければならない（同法7条1項）。国会の承認は必要ない。

3×　都道府県の境界変更をしようとするときは、法律でこれを定める（同法6条1項）。関係都道府県が協定を締結し、総務大臣に届け出ることによって成立するのではない。

4×　市となるべき普通地方公共団体の人口要件（人口50,000人以上）は、地方自治法が規定している（同法8条1項1号）。条例で人口要件を定めることができるのではない。

5×　市町村の境界に関し争論があるときは、都道府県知事は、関係市町村の申請に基づき、自治紛争処理委員の調停（同法251条の2）に付することができる（同法9条1項）。

裁判所の調停に付すことはできない。

問題23　正解4

1 × 　事務監査請求ができるのは、普通地方公共団体の議会の議員及び長の選挙権を有する者、すなわち選挙権を有する者である（地方自治法75条1項、74条1項）。

2 × 　条例の制定又は改廃の請求の対象にできないのは、地方税の賦課徴収並びに分担金、使用料及び手数料の徴収に関する条例である（同条項）。法定受託事務に関する条例であっても、制定改廃請求の対象とすることができる。

3 × 　市町村の条例の制定又は改廃の請求における署名簿の署名に関し異議があるときは、関係人は、縦覧期間内に当該市町村の選挙管理委員会にこれを申し出ることができる（同法74条の2第4項）。この申出の申出先は、総務大臣ではない。

4 ○ 　日本国民たる地方公共団体の住民であって選挙権を有する者は、政令の定めるところにより、その総数のうち法所定の数以上の者の連署をもって、その代表者から、普通地方公共団体の選挙管理委員会に対し、当該普通地方公共団体の議会の解散の請求をすることができる（同法76条1項）。この連署の成立要件には、選挙権を有する者の総数が一定の数以上の普通地方公共団体について、連署の数を緩和する特例が設けられている（同条項かっこ書）。

5 × 　普通地方公共団体の議会は、議会の解散の住民投票において過半数の同意があったときは、解散するものとされているが（同法78条、76条3項）、議会の解散の住民投票について、成立要件を緩和する特例は設けられていない。

問題24　正解4

1 ○ 　連携協約とは、普通地方公共団体が、他の普通地方公共団体との事務の処理に当たっての連携を図るため、協議により、当該普通地方公共団体及び当該他の普通地方公共団体が連携して事務を処理するに当たっての基本的な方針及び役割分担を定める協約をいう（地方自治法252条の2第1項）。

2 ○ 　普通地方公共団体の協議会とは、普通地方公共団体が、普通地方公共団体の事務の一部を共同して管理し及び執行し、若しくは普通地方公共団体の事務の管理及び執行について連絡調整を図り、又は広域にわたる総合的な計画を共同して作成するため、協議により規約を定めて設置するものいう（同法252条の2の2第1項）。

3 ○ 　機関等の共同設置とは、協議により規約を定め、共同して、議会事務局、執行機関の附属機関、長の権限を分掌する内部組織などを置くことをいう（同法252条の7第1項）。

4 × 　事務の代替執行とは、普通地方公共団体が、他の普通地方公共団体の求めに応じて、協議により規約を定め、当該他の普通地方公共団体の事務の一部を、当該他の普通地方公共団体又は当該他の普通地方公共団

体の長若しくは同種の委員会若しくは委員の名において管理し及び執行することをいう（同法252条の16の2第1項）。本肢は、事務の委託（同法252条の14第1項）について述べたものである。

5 ◯　職員の派遣とは、普通地方公共団体の長又は委員会若しくは委員が、当該普通地方公共団体の事務の処理のため特別の必要があると認めるときに、他の普通地方公共団体の長又は委員会若しくは委員に対し、当該普通地方公共団体の職員の派遣を求めることをいう（同法252条の17第1項）。

問題25　正解3

1 ×　定期航空運送事業免許に係る路線を航行する**航空機の騒音によって社会通念上著しい障害を受けることとなる飛行場周辺住民は、定期航空運送事業免許の取消しを訴求する原告適格を有する**（最判平元.2.17：新潟空港訴訟）。

2 ×　人格権又は環境権に基づく妨害排除又は妨害予防の請求として、いわゆる**狭義の民事訴訟の手続により一定の時間帯につき空港を航空機の離着陸に使用させることの差止めを求める訴訟は、不適法である**（最大判昭56.12.16：大阪空港訴訟）。

3 ◯　自衛隊機の離着陸に係る運航を行政処分（防衛大臣の権限行使）と捉えると、自衛隊機の離着陸に伴い処分が完結するため、**事後的に処分の違法を争い取消訴訟等によって米軍機及び自衛隊機の発する騒音によ**り軽視し難い程度の睡眠妨害や精神的苦痛を反復継続して受けている状況を解消する救済を得る余地は認め難い。このような騒音による被害の程度、自衛隊機の運航の特質等に照らすと、**自衛隊機の運航の差止めの訴えについては、行政事件訴訟法37条の4第1項に定める「重大な損害を生ずるおそれ」があるといえ、訴訟要件を充足する**（最判平28.12.8：厚木基地航空機運航差止訴訟）。よって、**本肢の訴訟は適法である**。

4 ×　憲法31条の定める法定手続の保障による保障が及ぶと解すべき場合であっても、一般に、**行政手続は、刑事手続とその性質においておのずから差異があり、また、行政目的に応じて多種多様であるから、行政処分の相手方に、常に必ず事前の告知、弁解、防御の機会を与えることを必要とするものではない**（最大判平4.7.1 成田新法訴訟）。

5 ×　成田空港と東京駅を結ぶ**新幹線の工事実施計画の認可は、いわば上級行政機関としての運輸大臣（当時）が下級行政機関としての日本鉄道建設公団（現独立行政法人鉄道建設・運輸施設整備支援機構）に対し、その作成した工事実施計画の整備計画との整合性等を審査してなす監督手段としての承認の性質を有するもので、行政機関相互の行為と同視すべきものであり、行政行為として外部に対する効力を有するものではなく、また、これによって直接国民の権利義務を形成し、又はその範囲を確定する効果を伴うものではないから、**

抗告訴訟の対象となる行政処分にあたらない（最判昭53.12.8：成田新幹線訴訟）。したがって、**建設予定地付近に居住する住民に原告適格は認められない**。

問題26　正解5

1 × **根拠となる規定が条例又は規則に置かれている地方公共団体の機関がする処分については、行政手続法の規定は適用されない**（同法3条3項）。

2 × 地方公共団体には、執行機関の附属機関として、行政不服審査法の規定によりその権限に属させられた事項を処理するための機関が置かれる（同法81条1項）。この**執行機関の附属機関は、当該地方公共団体における不服申立ての状況等に鑑みその機関を置くことが不適当又は困難であるときは、条例で定めるところにより、事件ごとに置くことができる**から、**常設の不服申立機関とは言い切れない**（同条2項）。なお、この執行機関の附属機関は、国に準じて行政不服審査会と呼ばれている（「自治体における行政不服審査制度の運用と自治体法務の課題に関する調査研究」一般財団法人地方自治研究機構）。

3 × **地方公共団体は、公文書等の管理に関する法律の趣旨にのっとり、その保有する文書の適正な管理に関して必要な施策を策定し、及びこれを実施するよう努めなければならない**が（公文書管理法34条）、**公文書の管理及び公開等に関する条例を定め**

なければならないとはされていない。

4 × **行政上の義務の履行確保に関しては、別に法律で定めるものを除いては、行政代執行法の定めるところによる**（行政代執行法1条）。したがって、条例により直接命ぜられた行為についての履行の確保についても、行政代執行法の定めるところによることになるから、**各地方公共団体が条例により定める必要はない**。

5 ○ 地方公共団体は、行政機関の保有する情報の公開に関する法律の趣旨にのっとり、**その保有する情報の公開に関し必要な施策を策定し、及びこれを実施するよう努めなければならない**（行政機関の保有する情報の公開に関する法25条）。

問題27　正解4

1 ○ **債権は、債権者が権利を行使することができることを知った時から5年間行使しないときは、時効によって消滅する**（民法166条1項1号）。

2 ○ **不法行為による損害賠償請求権以外の債権**（人の生命又は身体の侵害による損害賠償請求権を除く）**は、権利を行使することができる時から10年間行使しないときには、債権者がその権利を行使できることを知っているか知らないかにかかわらず、時効によって消滅する**（同法166条1項2号、167条）。

3 ○ **不法行為による損害賠償請求権は、債権者がその権利を行使できることを知っているか知らないかにかかわらず、不法行為の時から20年間行使しないときには、時効によっ**

て消滅する（同法167条）。

4× 不法行為による損害賠償の請求権は、被害者又はその法定代理人が損害及び加害者を知った時から3年間行使しないときには、時効によって消滅する（同法724条柱書、1号）。しかし、**人の生命又は身体を害する不法行為による損害賠償請求権の消滅時効については、被害者又はその法定代理人が損害及び加害者を知った時から5年間とされている**（同法724条の2）。

5○ **債権又は所有権以外の財産権は、権利を行使することができる時から20年間行使しないときは、時効によって消滅する**（同法166条2項）。

問題28　正解2

1○ 時効による不動産の所有権の取得は、時効完成時において所有者であった者に対する関係では、登記を必要としない（大判大7.3.2）。したがって、本肢事例のBは、Cに対して、登記なくして時効による甲土地の所有権取得をもって対抗できる。

2× 時効取得者は、登記がなければ、時効完成後に所有権を取得した第三者に対し、所有権の所得を対抗できない（大判大14.7.8、最判昭33.8.28）。しかし、**時効取得した不動産について、その取得時効完成後に当該不動産の譲渡を受けて所有権移転登記を了した者に、登記の欠缺を主張することが信義に反するものと認められる特段の事情が存在するときは、背信的悪意者に当たり**（最判平18.1.17）、**登記がなくても所有**

権の取得を対抗できる（最判昭43.8.2）。したがって、本肢事例のBは、登記がなくても時効による甲土地の所有権取得をDに対抗できる。

3○ 不動産の取得時効が完成しても、その登記がなければ、時効完成後に所有権取得登記を経由した第三者に対しては時効による権利の取得を対抗できないが、**第三者の登記後に占有者が再度時効取得に要する期間占有を継続した場合には、その第三者に対し、登記を経由しなくとも時効取得をもって対抗できる**（最判昭36.7.20）。したがって、本肢事例のBは、Eに対し時効を援用すれば、時効による甲土地の所有権の取得を登記なくして対抗できる。

4○ **不動産の取得時効の完成後、所有権移転登記がされることのないまま、第三者が原所有者から抵当権の設定を受けて抵当権設定登記を了した場合において、その不動産の時効取得者である占有者が、その後引き続き時効取得に必要な期間占有を継続し、その期間の経過後に取得時効を援用したときは、占有者が抵当権の存在を容認していたなど抵当権の消滅を妨げる特段の事情がない限り、占有者が、不動産を時効取得する結果、抵当権は消滅する**（最判平24.3.16）。したがって、本肢事例では、Bが抵当権の存在を容認していたなど抵当権の消滅を妨げる特段の事情がない限り、Bが甲土地を時効取得する結果、Fの抵当権は消滅する。

5○ **時効により不動産の所有権を取得しても、その登記がないときは、**

令和5年度解説／法令等

時効完成後旧所有者から所有権を取得し登記を経た第三者に対し、その善意であると否とを問わず、**所有権の取得を対抗できない**（最判昭33.8.28）。この場合、**時効期間は、時効の基礎たる事実の開始された時を起算点として計算すべきものであるから、時効援用者において起算点を選択し、時効完成の時期を早めたり遅らせたりすることはできない**（最判昭35.7.27）。したがって、本肢事例のBは、甲土地の占有開始時点を任意に選択して取得時効の成立を主張することは許されない。

問題29　正解5

1 ○　**構成部分の変動する集合動産であっても、その種類所在場所及び量的範囲を指定するなどの方法により目的物の範囲が特定される場合には、一個の集合物として譲渡担保の目的となりうる**（最判昭54.2.15）。また、**債務者が動産を売渡担保（譲渡担保）に供し引きつづきこれを占有する場合においては、債権者は、契約の成立と同時に、占有改定によりその物の占有権を取得し、その所有権取得をもって第三者に対抗することができる**（最判昭30.6.2）。したがって、AはBから占有改定の引き渡しを受けることによって動産集合譲渡担保権の対抗要件が具備される。

2 ○　集合物を目的とする譲渡担保権設定契約が締結され、**債権者が当該集合物を目的とする譲渡担保権につき対抗要件を具備した場合、この対抗要件具備の効力は、その後構成部**分が変動したとしても、集合物としての同一性が損なわれない限り、新たにその構成部分となった動産を包含する集合物について及ぶ（最判昭62.11.10）。したがって、集合物としての同一性が損なわれない限り、Bが甲倉庫に新たに搬入した家電製品乙にも、本件譲渡担保の効力が及ぶ。

3 ○　**構成部分の変動する集合動産を目的とする譲渡担保においては**、集合物の内容が譲渡担保設定者の営業活動を通じて当然に変動することが予定されているのであるから、**譲渡担保設定者には、その通常の営業の範囲内で、譲渡担保の目的を構成する動産を処分する権限が付与されている**（最判平18.7.20）。したがって、通常の営業の範囲内であれば、Bは甲倉庫内の在庫商品を処分する権限を有する。

4 ○　**構成部分の変動する集合動産を目的とする集合物譲渡担保権者は**、特段の事情のない限り、**民法333条所定の第三取得者に該当するものとして、第三者異議の訴えによって動産売買先取特権者がその集合物の構成部分となった動産についてした競売の不許を求めることができる**（最判昭62.11.10）。したがって、家電製品丙についてAが既に占有改定による引渡しを受けている本肢事例では、特段の事情のない限り、Cは丙について動産先取特権を行使することができない。

5 ×　継続的な売買契約において**目的物の所有権が売買代金の完済まで売主に留保される旨が定められた場合**

に、在庫製品等につき集合動産譲渡担保権の設定を受けた者は、売買代金が完済されていない製品につき売主に譲渡担保権を主張することはできない（最判平30.12.7）。したがって、本肢事例では、家電製品丁についてＡが既に占有改定による引渡しを受けていたとしても、Ａは、Ｄに対して当然に本件譲渡担保権を主張することができるとはいえない。

問題30　正解5

〔連帯債務の相対的効力の原則と絶対効事由（例外）〕

▶相対的効力の原則

連帯債務者の１人について生じた事由は、債権者及び他の連帯債務者の一人が別段の意思を表示したときを除き、他の連帯債務者に対してその効力を生じない。

▶絶対効事由（例外）

連帯債務者の１人に次のいずれかの事由が生じると、他の連帯債務者にも効力が及ぶ。

①弁済　②更改　③相殺　④混同

ア：他の連帯債務者に対して効力が生じる　連帯債務者の一人と債権者との間に混同があったときは、その連帯債務者は、弁済をしたものとみなされる（民法440条）。つまり、**他の連帯債務者に対して効力が生じる**。

イ：他の連帯債務者に対して効力が生じる　弁済などの債権に満足をもたらす事由は、他の連帯債務者に対して効力が生じるところ、代物弁済は弁済と同一の効力を有する（同法482条）。したがって、代物弁済は、他の連帯債務者に対して効力が生じる。

ウ：他の連帯債務者に対して効力が生じる　連帯債務者の一人が債権者に対して債権を有する場合において、その**連帯債務者が相殺を援用したときは、債権は、全ての連帯債務者の利益のために消滅する**（同法439条１項）。つまり、**他の連帯債務者に対して効力が生じる**。

エ：他の連帯債務者に対して効力が生じない　連帯債務者の１人に対する履行の請求は、債権者及び他の連帯債務者の一人が別段の意思を表示したときを除き、**他の連帯債務者に対してその効力を生じない**（同法441条：相対的効力の原則）。

オ：他の連帯債務者に対して効力が生じない　連帯債務者の１人に対する**債務の免除は、債権者及び他の連帯債務者の一人が別段の意思を表示したときを除き、他の連帯債務者に対してその効力を生じない**（同条：相対的効力の原則）。

以上より、他の連帯債務者に対して効力が生じないものの組み合わせは、エ・オであるから、肢5が正解である。

問題31　正解5

１〇　差押えを受けた債権の第三債務者は、差押え後に取得した債権による相殺をもって差押債権者に対抗することはできないのが原則であるが（民法511条１項）、**差押え後に取得した債権が差押え前の原因に基づいて生じたものであるときは、その第三債務者が差押え後に他人の債権を**

取得したときを除き、**その第三債務者は、その債権による相殺をもって差押債権者に対抗することができる**（同条2項）。

【民法511条2項】

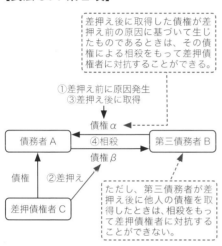

差押え後に取得した債権が差押え前の原因に基づいて生じたものであるときは、その債権による相殺をもって差押債権者に対抗することができる。

①差押え前に原因発生
③差押え後に取得

債権α

債務者A ──④相殺──→ 第三債務者B

債権β

債権 ②差押え

差押債権者C

ただし、第三債務者が差押え後に他人の債権を取得したときは、相殺をもって差押債権者に対抗することができない。

2○ 時効によって消滅した債権がその消滅以前に相殺適状にあった場合には、その債権者は、相殺をすることができる（同法508条）。

3○ 当事者が相殺を禁止し、又は制限する旨の意思表示をした場合には、その意思表示（相殺禁止特約）は、**第三者がこれを知り、又は重大な過失によって知らなかったときに限り、その第三者に対抗することができる**（同法505条2項）。

4○ 悪意による不法行為に基づく損害賠償の債務の債務者は、債権者がその債務に係る債権を他人から譲り受けたときを除き、**相殺をもって債権者に対抗することができない**（同法509条柱書、1号）。したがって、債権者が、債権回収が困難なため、

腹いせに悪意で債務者の物を破損した場合、債権者は、当該行為による損害賠償債務を受働債権として、自己が有する貸金債権と相殺することはできない。

5× 人の生命又は身体の侵害による**損害賠償の債務の債務者は**、債権者がその債務に係る債権を他人から譲り受けたときを除き、**相殺をもって債権者に対抗することができない**（同条柱書、2号）。したがって、過失によって人の生命又は身体に損害を与えた場合、その加害者は、その被害者に対して有する貸金債権を自働債権として、被害者に対する損害賠償債務と相殺することはできない。

問題32　正解4

1× 債務者は弁済の提供の時から債務不履行しないことによって生ずべき責任を免れる（民法492条）。この弁済の提供は、債務の本旨に従って現実にしなければならないが、債権者があらかじめその受領を拒み、又は債務の履行について債権者の行為を要するときは、弁済の準備をしたことを通知してその受領の催告をすれば足りる（同法493条）。もっとも、**債権者が契約の存在を否定する等、弁済を受領しない意思が明確と認められるときは、債務者は言語上の提供（口頭の提供）をしなくても債務不履行の責を免れる**（最大判昭32.6.5）。したがって、Aは、Bが予め甲の受領を明確に拒んでいる本肢事例では、甲につき弁済期に現実の提供をしなくても、履行遅滞の責

任を免れる。

2 × 債務者がその債務の全部の履行を拒絶する意思を明確に表示したときは、相当の期間を定めて履行の催告をすることなく直ちに契約の解除をすることができる（同法542条1項柱書、2号）。したがって、Aは、Bが代金の支払を明確に拒んでいる本肢事例では、相当の期間を定めて支払の催告をすることなく、直ちに売買契約を解除することができる。

3 × 売主が契約の内容に適合する目的物をもって、その引渡しの債務の履行を提供したにもかかわらず、買主がその履行を受けることを拒み、又は受けることができない場合において、履行の提供があった時以後に当事者双方の責めに帰することができない事由によってその目的物が滅失し、又は損傷したときは、買主は、その滅失又は損傷を理由として、履行の追完の請求をすることができない（同法567条2項）。したがって、本肢事例のBは、Aに対して甲の修補を請求することはできない。

4 ○ 売主が契約の内容に適合する目的物をもって、その引渡しの債務の履行を提供したにもかかわらず、買主がその履行を受けることを拒み、又は受けることができない場合において、履行の提供があった時以後に当事者双方の責めに帰することができない事由によってその目的物が滅失し、又は損傷したときは、買主は、代金の支払を拒むことができない（同条項）。したがって、本肢事例では、Bは、代金の支払を拒むことはでき

ない。

5 × 売主が契約の内容に適合する目的物をもって、その引渡しの債務の履行を提供したにもかかわらず、買主がその履行を受けることを拒み、又は受けることができない場合において、履行の提供があった時以後に当事者双方の責めに帰することができない事由によってその目的物が滅失し、又は損傷したときは、買主は、その滅失又は損傷を理由として、契約の解除をすることができない（同条項）。したがって、本肢事例のBは売買契約を解除することはできない。

問題33　正解4

ア○ 使用貸借の借主は、いつでも契約の解除をすることができる（民法598条3項）。

イ○ 賃借物の全部が滅失その他の事由により使用及び収益をすることができなくなった場合には、賃貸借は、これによって終了する（同法616条の2）。

ウ× 請負契約において、注文者が、いつでも損害を賠償して契約の解除をすることができるのは、請負人が仕事を完成しない間に限られる（同法641条）。

エ○ 委任は、各当事者がいつでもその解除をすることができる（同法651条1項）。

オ× 無報酬で寄託を受けた書面による寄託の受寄者が、契約の解除をすることができるのは、寄託物を受け取るべき時期を経過したにもかかわらず、寄託者が寄託物を引き渡さな

いだけでなく、**相当の期間を定めてその引渡しの催告をし、その期間内に引渡しがないときに限られる**（同法657条の2第3項）。

以上より、妥当でないものの組み合わせは**ウ・オ**であるから、肢4が正解である。

問題34　正解4

▶損益相殺

損益相殺とは、**債務不履行や不法行為によって損害を受けた者が**、損害を受けたのと同じ原因により利益を受けた場合に、その利益を損害から控除して損害賠償額を定めることである。

▶損益相殺的調整

判例によれば、損益相殺的調整とは、**被害者が不法行為によって損害を被ると同時に同一の原因によって利益を受ける場合や、被害者が不法行為によって死亡しその損害賠償請求権を取得した相続人が不法行為と同一の原因によって利益を受ける場合**に、損害と利益との間に同質性がある限り、公平の見地から、**その利益の額を被害者が加害者に対して賠償を求める損害額から控除する**ことによって調整を図ることである（最大判平5.3.24）。

1×　交通事故により**死亡した幼児の財産上の損害賠償額の算定については**、幼児の損害賠償債権を相続した者が一方で**幼児の養育費の支出を必要としなくなった場合においても、将来得べかりし収入額から養育費を控除すべきではない**（最判昭53.10.20）。

2×　生命保険契約に基づいて給付される保険金は、すでに払い込んだ保険料の対価の性質を有し、もともと不法行為の原因と関係なく支払わるべきものであるから、たまたま**不法行為により被保険者が死亡したためにその相続人に保険金の給付がされたとしても、これを不法行為による損害賠償額から控除すべきではない**（最判昭39.9.25）。

3×　相続人のうちに、退職年金の受給者の死亡を原因として、遺族年金の受給権を取得した者があるときは、**遺族年金の支給を受けるべき者につき、支給を受けることが確定した遺族年金の額の限度で、その者が加害者に対して賠償を求め得る損害額からこれを控除すべきものであるが、いまだ支給を受けることが確定していない遺族年金の額についてまで損害額から控除することを要しない**（最大判平5.3.24）。そうすると、支給を受けることが確定していない遺族年金の額についても、将来支給を受けることが確定すれば控除されることになるから、損害賠償額から控除されることはないとは言い切れない。

4○　いわゆるヤミ金融の組織に属する業者が、借主から元利金等の名目で違法に金員を取得して多大の利益を得る手段として、著しく高利の貸付けという形をとって借主に金員を交付し、これにより、借主が、弁済として交付した金員に相当する損害を被った場合、**ヤミ金融組織の統括者に対する不法行為に基づく損害賠償請求において、貸付けとしての金員の交付によって借主が得た利益を、損益相殺ないし損益相殺的な調整の**

対象として借主の損害額から控除することは、民法708条の趣旨に反するものとして許されない（最判平20.6.10）。

5 ×　売買の目的物である新築建物に重大な瑕疵がありこれを建て替えざるを得ない場合において、当該瑕疵が構造耐力上の安全性にかかわるものであるため建物が倒壊する具体的なおそれがあるなど、社会通念上、建物自体が社会経済的な価値を有しないと評価すべきものであるときには、建物の買主の居住利益は、買主からの工事施工者等に対する建て替え費用相当額の損害賠償請求において損益相殺ないし損益相殺的な調整の対象として損害額から控除することはできない（最判平22.6.17）。

問題35　正解3

ア×　成年被後見人の法律行為に関する規定（民法9条）は、遺言には適用されない（同法962条）。したがって、後見開始の審判が取り消されなくても、医師2人以上の立会いがあれば、成年被後見人が事理を弁識する能力を一時回復した時において遺言をすることもできる（同法973条1項）。

イ○　自筆証書（同法968条1項）によって遺言をするに際し、カーボン複写の方法によって記載された場合であっても、自筆の要件を満たし、遺言は有効である（最判平5.10.19）。

ウ○　遺言は、たとえ夫婦であっても、2人以上の者が同一の証書ですることができない（同法975条）。2人以上の者が、同一の証書に遺言をした場合には、遺言の自由が制約され、遺言の撤回も自由にできなくなってしまうからである。

エ×　遺贈は、遺言者の死亡以前に受遺者が死亡したときは、その効力を生じない（同法994条1項）。受遺者の相続人が受遺者の地位を承継するのではない。

オ×　遺言者は、いつでも、遺言の方式に従って、その遺言の全部又は一部を撤回することができる（同法1022条）。ここにいう「遺言の方式に従って」とは、口頭での意思表示やメモを書き残す程度では撤回の効力が認められず、きちんと遺言の方式に従う必要があるということである。必ずしも公正証書遺言は公正証書遺言により、自筆証書遺言は自筆証書遺言で撤回しなければならないという意味ではない。

以上より、妥当なものの組み合わせはイ・ウであるから、肢3が正解である。

問題36　正解5

1 ○　商行為の代理人が本人のためにすることを示さないでこれをした場合であっても、その行為は、本人に対してその効力を生ずる（商法504条本文）。ただし、相手方が、代理人が本人のためにすることを知らなかったときは、代理人に対して履行の請求をすることを妨げない（同条但書）。

2 ○　商行為の受任者は、委任の本旨に反しない範囲内において、委任を受けていない行為をすることができ

る（同法505条）。

3○　商人である隔地者の間において承諾の期間を定めないで契約の申込みを受けた者が相当の期間内に承諾の通知を発しなかったときは、その申込みは、その効力を失う（同法508条1項）。

4○　商人が平常取引をする者からその営業の部類に属する契約の申込みを受けたときは、遅滞なく、契約の申込みに対する諾否の通知を発しなければならない（同法509条1項）。この通知を発することを怠ったときは、その商人は、契約の申込みを承諾したものとみなされる（同条2項）。

5×　商人がその営業の部類に属する契約の申込みを受けた場合において、その申込みとともに受け取った物品があるときは、一定の場合を除き、その申込みを拒絶したときであっても、申込者の費用をもってその物品を保管しなければならない（同法510条）。商人が、この契約の申込みを受けた者の物品保管義務を負うのは、営業の部類に属する契約の申込みを受けた場合であり、平常取引をする者から契約の申込みを受けた場合に限られない。

問題37　正解5

ア○　発起設立（会社法25条1項1号）においては、発起人は、出資の履行が完了した後、遅滞なく、設立時取締役を選任しなければならないが（同法38条1項）、定款で設立時取締役として定められた者は、出資の履行が完了した時に、設立時取締役に選任さ

れたものとみなされる（同条4項）。

イ○　募集設立（同法25条1項2号）においては、設立時取締役の選任は、創立総会の決議（同法73条1項）によって行わなければならない（同法88条1項）。

ウ○　設立しようとする株式会社が監査等委員会設置会社である場合には、設立時監査等委員である設立時取締役は、3人以上でなければならない（同法39条3項）。

エ×　発起設立、募集設立のいずれの場合でも、法人が設立時取締役に就任することはできないが、発起人が設立時取締役に就任することはできる（同法39条4項、331条1項1号）。

オ×　設立時取締役は、その選任後遅滞なく、現物出資財産等について定款に記載され、又は記録された価額が相当であることや、出資の履行が完了していることなどを調査しなければならないが（同法46条1項）、選任後、株式会社が成立するまでの間、発起人と共同して株式会社の業務を執行しなければならないとはされていない。

以上より、誤っているものの組み合わせはエ・オであるから、肢5が正解である。

問題38　正解2

1○　株式会社は、内容の異なる2以上の種類の株式を発行する場合には、発行可能種類株式総数などを定款で定めなければならない（会社法108条2項）。

2×　株主が株主総会において有する

議決権は、原則として、株式会社がその経営を実質的に支配することが可能な関係にある一定の株主を除き、**その有する株式1株につき1個である**（同法308条1項本文）。したがって、**1つの株式につき2個以上の議決権を有することを内容とする種類株式を発行することはできない。**

3○　**株式会社は、**株主総会において決議すべき事項のうち、当該決議のほか、**当該種類の株式の種類株主を構成員とする種類株主総会の決議があることを必要とすることを内容とする種類株式を発行することができる**（同法108条1項8号）。このような特定の株主の持分に取締役会決議に対する拒否権といった特別な権限を付した種類株式のことを拒否権付株式といい、発行会社に友好的な株主に拒否権付株式を持たせることにより、敵対的買収に対する防衛策となる。

4○　**公開会社および指名委員会等設置会社のいずれでもない株式会社は、**当該種類の株式の種類株主を構成員とする種類株主総会において取締役**又は監査役を選任することを内容とする種類株式を発行することができる**（同法108条1項9号）。

5○　**株式会社は、**株主総会において議決権を行使することができる事項について異なる定めをした種類株式として、**株主総会での議決権を有しないことを内容とする無議決権株式を発行することができる**（同法108条1項3号）。

問題39　正解3

1○　取締役又は執行役が、利益相反取引の制限に違反する取引をしたことによって会社に損害が生じたときは、利益相反取引をした取締役又は執行役は、株主総会又は取締役会の承認の有無にかかわらず、**任務を怠ったものと推定される**（会社法423条3項1号、356条1項1号）。

2○　取締役又は執行役が、競業取引の制限に違反して取引をしたときは、当該取引によって取締役、執行役又は第三者が得た利益の額は、損害賠償を負う損害の額と推定される（同法423条2項、356条1項2号）。

3×　監査等委員会設置会社の取締役の利益相反取引により株式会社に損害が生じた場合、当該取引につき監査等委員会の承認を受けていれば、**任務を怠ったものとは推定されない。**しかし、**当該取締役が監査等委員であるときは、原則どおり任務を怠ったものと推定される**（同法423条4項、356条1項2号）。したがって、**当該取締役が任務を怠ったものと推定されることはないとは言い切れない。**

4○　株式会社は、**業務執行取締役等以外の取締役**（非業務執行取締役）**の損賠賠償責任について、当該非業務執行取締役等が職務を行うにつき善意でかつ重大な過失がないときは、**定款で定めた額の範囲内であらかじめ株式会社が定めた額と最低責任限度額とのいずれか高い額を限度とする旨の契約（責任限定契約）を非業務執行取締役等と締結することがで

きる旨を定款で定めることができる（同法 427 条 1 項）。

5 ○　自己のために利益相反取引をした取締役又は執行役の損害賠償責任は、任務を怠ったことが当該取締役又は執行役の責めに帰することができない事由によるものであることをもって免れることができない（同法 428 条 1 項）。

問題 40　正解 5

1 ○　大会社、監査等委員会設置会社及び指名委員会等設置会社は、会計監査人の設置が義務付けられているが（会社法 328 条 1 項、327 条 5 項）、会計参与人の設置は任意である（同法 326 条 2 項）。

2 ○　取締役、会計参与及び監査役は役員に位置づけられているが、会計監査人は役員に含まれない（同法 329 条 1 項）。

3 ○　会計参与は、定時株主総会の決議によって選任される（同条項）。一方、会計監査人は、定時株主総会において別段の決議がされなかったときは、当該定時株主総会において再任されたものとみなされる（同法 338 条 2 項）。

4 ○　会計参与は、取締役と共同して、計算書類などを作成する（同法 374 条 1 項前段）。一方、会計監査人は、株式会社の計算書類などを監査する（同法 396 条 1 項前段）。

5 ×　会計監査人は、その職務を行うに際して取締役の職務の執行に関し不正の行為又は法令若しくは定款に違反する重大な事実があることを発見したときは、遅滞なく、これを監査役に報告しなければならない（同法 397 条 1 項）。また、会計参与は、その職務を行うに際して取締役の職務の執行に関し不正の行為又は法令若しくは定款に違反する重大な事実があることを発見したときは、遅滞なく、これを株主（監査役設置会社にあっては、監査役）に報告しなければならない（同法 375 条 1 項）。したがって、会計監査人にも会計参与にも報告義務がある。

問題 41　正解　ア：6　イ：18　ウ：13　エ：8

　本問は、行政書士本試験でも、度々出題されている最大判昭 61.6.11：北方ジャーナル事件を素材にした問題である。この判決は、名誉毀損に対する救済として裁判所による事前差止めを一定の厳格な要件の下で肯定したものであり、現在でも重要な意義を有する判決であると評価されている。

ア：公の批判　「表現物がその自由市場に出る」ことによって、「読者」「聴視者」の批判、すなわち公の批判に晒されることになる。したがって、アには公の批判が当てはまる。

イ：明確　「表現行為に対する事前抑制」は、「事後制裁の場合よりも広汎にわたり易く、濫用の虞があるうえ、実際上の抑止的効果が事後制裁の場合より大きい」のであれば、事前抑制を許容するための要件は、厳格かつ「明確」なものでなければならないと考えられる。したがって、イには明確が当てはまる。

ウ：公共の利害 「公務員又は公職選挙の候補者に対する評価、批判等の表現行為」は、公共の利害に関する表現行為である。したがって、**ウ**には公共の利害が当てはまる。

エ：公益 「表現行為に対する事前差止めは」、「許されない」という原則に対して、例外的に事前差止めを認めるための厳格な実体的要件としては、①表現内容が真実でないこと、②被害者が重大にして著しく回復困難な損害を被る虞があることと並んで、③専ら公益を図る目的のものではないことが明白であることが必要であると考えられる。したがって、**エ**には公益が当てはまる。

以上より、**ア**には6-公の批判、**イ**には18-明確、**ウ**には13-公共の利害、**エ**には8-公益が当てはまる。

なお、最大判昭和61年6月11日（北方ジャーナル事件）の判決文中、本問で引用されている部分は次の通りである。

表現行為に対する事前抑制は、新聞、雑誌その他の出版物や放送等の表現物がその自由市場に出る前に抑止してその内容を読者ないし聴視者の側に到達させる途を閉ざし又はその到達を遅らせてその意義を失わせ、 ア：公の批判 の機会を減少させるものであり、また、事前抑制たることの性質上、予測に基づくものとならざるをえないこと等から事後制裁の場合よりも広汎にわたり易く、濫用の虞があるうえ、実際上の抑止的効果が事後制裁の場合より大きいと考えられるのであって、表現行為に対する事前抑制は、表現の自由を保障し検閲を禁止する憲法21条の趣旨に照らし、厳格かつ イ：明確 な要件のもとにおいてのみ許容されうるものといわなければならない。

出版物の頒布等の事前差止めは、このような事前抑制に該当するものであって、とりわけ、その対象が公務員又は公職選挙の候補者に対する評価、批判等の表現行為に関するものである場合には、そのこと自体から、一般にそれが ウ：公共の利害 に関する事項であるということができ、前示のような憲法21条1項の趣旨（略）に照らし、その表現が私人の名誉権に優先する社会的価値を含み憲法上特に保護されるべきであることにかんがみると、当該表現行為に対する事前差止めは、原則として許されないものといわなければならない。ただ、右のような場合においても、その表現内容が真実でなく、又はそれが専ら エ：公益 を図る目的のものでないことが明白であって、かつ、被害者が重大にして著しく回復困難な損害を被る虞があるときは、…（中略）…例外的に事前差止めが許されるものというべきであ〔る〕。（以下略）

問題42　正解　ア：5　イ：18　ウ：12　エ：3

本問は、行政書士本試験でも、度々出題されている最判昭59.12.13を素材にした問題である。この判決は、①公営住宅の使用関係について、信頼関係の法理の適用があることを認めたこと、②公営住宅の使用関係においては、特別法である公営住宅法などが優先して適用されるが、**公営住宅法などに特**

別の規定がない場合は、一般法である民法及び借地借家法が適用されることを、最高裁判所として初めて認めた判決である。

ア：社会福祉 「国及び地方公共団体が」、「住宅を建設し、これを住宅に困窮する低額所得者に対して低廉な家賃で賃貸すること」は、国民生活の安定と社会福祉の増進に寄与すると考えられる。したがって、**ア**には社会福祉が当てはまる。

イ：公の営造物 「公営住宅」は公の営造物であるから、**イ**には公の営造物が当てはまる。

ウ：賃貸借関係 「公営住宅」を「住宅に困窮する低額所得者に対して低廉な家賃で賃貸する」「事業主体と入居者との間の法律関係」は、賃貸借関係であると考えられる。したがって、**ウ**には賃貸借関係が当てはまる。

エ：信頼関係 公営住宅「法及び条例に特別の定めがない限り、原則として一般法である民法及び借家法（現借地借家法）の適用があ」るのであれば、公営住宅の使用関係にも、原則として信頼関係の法理の適用があると考えられる。したがって、**エ**には信頼関係が当てはまる。

以上より、**ア**には5-社会福祉、**イ**には18-公の営造物、**ウ**には12-賃貸借関係、**エ**には3-信頼関係が当てはまる。

なお、最一小判昭和59年12月13日の判決文中、本問で引用されている部分は次の通りである。

公営住宅法は、国及び地方公共団体が協力して、健康で文化的な生活を営むに足りる住宅を建設し、これを住宅に困窮する低額所得者に対して低廉な家賃で賃貸することにより、国民生活の安定と ア：社会福祉 の増進に寄与することを目的とするものであって（1条）、この法律によって建設された公営住宅の使用関係については、管理に関する規定を設け、家賃の決定、家賃の変更、家賃の徴収猶予、修繕義務、入居者の募集方法、入居者資格、入居者の選考、家賃の報告、家賃の変更命令、入居者の保管義務、明渡等について規定し（第3章）、また、法の委任（25条）に基づいて制定された条例も、使用許可、使用申込、申込者の資格、使用者選考、使用手続、使用料の決定、使用料の変更、使用料の徴収、明渡等について具体的な定めをしているところである（3条ないし22条）。右法及び条例の規定によれば、公営住宅の使用関係には、 イ：公の営造物 の利用関係として公法的な一面があることは否定しえないところであって、入居者の募集は公募の方法によるべきこと（法16条）、入居者は一定の条件を具備した者でなければならないこと（法17条）、事業主体の長は入居者を一定の基準に従い公正な方法で選考すべきこと（法18条）などが定められており、また、特定の者が公営住宅に入居するためには、事業主体の長から使用許可を受けなければならない旨定められているのであるが（条例3条）、他方、入居者が右使用許可を受けて事業主体と入居者との間に公営住宅の使用関係が設定されたのちにおいては、前示のような法及び条例による規制はあっても、事

業主体と入居者との間の法律関係は、基本的には私人間の家屋 ウ：賃貸借関係 と異なるところはなく、このことは、法が賃貸（1条、2条）、家賃（1条、2条、12条、13条、14条）等私法上の ウ：賃貸借関係 に通常用いられる用語を使用して公営住宅の使用関係を律していることからも明らかであるといわなければならない。したがって、公営住宅の使用関係については、公営住宅法及びこれに基づく条例が特別法として民法及び借家法に優先して適用されるが、法及び条例に特別の定めがない限り、原則として一般法である民法及び借家法の適用があり、その契約関係を規律するについては、エ：信頼関係 の法理の適用があるものと解すべきである。ところで、右法及び条例の規定によれば、事業主体は、公営住宅の入居者を決定するについては入居者を選択する自由を有しないものと解されるが、事業主体と入居者との間に公営住宅の使用関係が設定されたのちにおいては、両者の間には エ：信頼関係 を基礎とする法律関係が存するものというべきであるから、公営住宅の使用者が法の定める公営住宅の明渡請求事由に該当する行為をした場合であっても、賃貸人である事業主体との間の エ：信頼関係 を破壊するとは認め難い特段の事情があるときには、事業主体の長は、当該使用者に対し、その住宅の使用関係を取り消し、その明渡を請求することはできないものと解するのが相当である。

問題43　正解　ア：14　イ：6　ウ：19　エ：9

ア：無効　処分の取消しの訴えには出訴期間の制限があるが（行政事件訴訟法14条）、**他の抗告訴訟には出訴期間の制限がない**（同法38条1項）。そのため**処分の取消しの訴えの出訴期間が経過した場合、別の訴えにより処分の無効を主張する**ことが考えられる。したがって、**ア**には**無効**が当てはまる。

イ：無効確認の訴え　取消しの訴え以外の訴訟類型のうち、**処分の無効を主張するときに、まず考えられるのは処分の無効確認の訴えである**と考えられる（同法3条4項）。したがって、**イ**には**無効確認の訴え**が当てはまる。

ウ：争点訴訟　私法上の法律関係に関する訴訟で、**行政処分の存否や効力の有無が争点になるのが争点訴訟である**（同法45条）。したがって、**ウ**には**争点訴訟**が当てはまる。

エ：重大かつ明白　行政処分は、それが当該国家機関の権限に属する処分としての外観的形式を具有する限り、仮に**その処分に関し違法があったとしても、その違法が重大かつ明白である場合以外は、これを法律上当然無効とすべきではない**（最大判昭31.7.18）。したがって、処分が無効であるというためには、**当該処分に重大かつ明白な瑕疵がなければならない**から、**エ**には**重大かつ明白**が当てはまる。

　以上より、**ア**には**14-無効**、**イ**には**6-無効確認の訴え**、**ウ**には**19-争点**

訴訟、エには 9- 重大かつ明白 が当てはまる。

なお、本問の問題文の空欄を補充すると次のようになる。

処分の取消しの訴え（行政事件訴訟法3条2項）には出訴期間の制限があり、当該処分があったことを知った日又は当該処分の日から一定期間を経過したときは、原則としてすることができない（同法14条1項、2項）。ただし、出訴期間が経過した後でも、当該処分が ア：無効 であれば、当該処分の取消しの訴えとは別の訴えで争うことができる。

そのような訴えとしては複数のものがある。まず、行政事件訴訟法上の法定抗告訴訟としては、イ：無効確認の訴え がこれに当たる。また、私法上の法律関係に関する訴訟においても処分が ア：無効 か否かが争われ得るところ、この訴えは ウ：争点訴訟 と呼ばれ、行政事件訴訟法の一部が準用される。

最高裁判所の判例は、処分が ア：無効 であるというためには、当該処分に エ：重大かつ明白 な瑕疵がなければならないとする考えを原則としている。

問題44

正解例：Y市に対して、出席停止の懲罰の差止訴訟を提起するとともに、仮の差止めを申し立てる。（41字）

【どのような手段をとることが有効適切か】

Xは、出席停止の懲罰を回避するための手段を検討している。**出席停止の**

懲罰は処分であるから、行政庁が一定の処分をすべきでないにかかわらずこれがされようとしている場合において、行政庁がその処分をしてはならない旨を命ずることを求める訴訟である差止訴訟を提起することが考えられる（行政事件訴訟法3条7項）。

差止訴訟を提起した場合において、その差止訴訟に係る処分がされることにより生ずる償うことのできない損害を避けるため緊急の必要があり、かつ、本案について理由があるとみえるときは、**裁判所に処分の仮の差止めを申し立て、仮に行政庁がその処分をしてはならない旨を命ずる決定を求める**ことができる（同法37条の5第2項）。

よって、Xは、Y市に対し、差止訴訟を提起して、仮の差止めを申し立てるのが有効適切である。

【誰に対して上記の手段をとることが有効適切か】

処分をした行政庁が国又は公共団体に所属する場合には、差止訴訟は、当該処分をした行政庁の所属する国又は公共団体を被告として提起しなければならない（同法38条1項が準用する同法11条1項）。よって、Xは、Y市議会が所属するY市を被告として差止訴訟を提起するのが有効適切である。

問題45

正解例：物上代位により、Cによる保険金の払渡し前に、Aが保険金債権を差し押さえなければならない。（44字）

【どのような法的手段によるべきか】

抵当権は、その目的物の売却、賃貸、滅失又は損傷によって債務者が受ける

べき金銭その他の物に対しても、行使することができる（民法372条が準用する同法304条1項本文：物上代位）。本問事例では、**甲建物は火災によって焼失し、Bに保険会社Cに対する保険金債権が発生している**。したがって、**抵当権者Aは、甲建物の滅失によって債務者Bが受けるべき金銭である保険金請求権に物上代位する**ことによって、優先弁済を受けるべきである。

【何をしなければならないか】

物上代位をするためには、抵当者は、その払渡し又は引渡しの前に差押えをしなければならない（同法372条が準用する同法304条1項但書）。したがって、Aは、**保険金が払い渡される前に、これを差し押さえなければならない。**

問題46
正解例①：契約不適合責任を根拠に、報酬減額請求、損害賠償請求、契約の解除を主張することができる。（43字）
正解例②：請負人の担保責任を根拠に、報酬減額請求、損害賠償請求、契約の解除を主張することができる。（44字）

本問事例では、Aが、Bとの間で締結した住宅の建築請負契約に基づき引き渡しを受けた住宅に雨漏りが生じている。よって、Aは、Bに対して**請負人の契約不適合責任（担保責任）を問う**ことが考えられる。

請負人の契約不適合責任のうち、瑕疵修補請求（追完請求）以外に考えられるのは、①報酬の減額請求、②損害賠償請求、③契約の解除である（民法559条が準用する同法563条、同法564条）。したがって、注文者Aには、請負人Bに対して、契約不適合責任を根拠として、報酬の減額請求、損害賠償請求、請負契約の解除の3つの権利行使の方法がある。**

これらの権利を行使する場合、注文主は、原則として不適合を知った時から1年以内にその旨を請負人に通知しなければならないが（同法637条1項）、本問事例では、Aは、雨漏りが生じていることの判明後、直ちにBにそのことを通知しているから、上記の3つの権利行使が可能である。

一般知識等

問題47　正解2

　G7とは参加7か国の総称としての「Group of Seven」を意味している。本問の解説は、すべて「G7に関する基礎的なQ&A」「G7/G8首脳会議・外相会議」外務省に基づいている。

1× **G7は、フランス、アメリカ、イギリス、ドイツ、日本、イタリア、カナダ（議長国順）の7か国及びEU（欧州連合）が参加する枠組である**。G7の会議には、G7メンバー以外の招待国や国際機関などが参加することもある。

2○ **G7議長国の任期は、1月〜12月の1年間である。議長国は、事務レベルの準備会合や関連閣僚会合の開催を通じて、その年のサミット（首脳会合）の準備および議事進行を行う。**さらに、その時々の国際情勢などを受けて緊急会合の呼びかけを行うこともある。

3× **2023年の広島サミットの議長国は、日本である。また、日本はこれまで6回G7議長を務めており、1979年（東京サミット）、1986年（東京サミット）、1993年（東京サミット）、2000年（九州・沖縄サミット）、2008年（北海道洞爺湖サミット）、2016年（伊勢志摩サミット）にそれぞれサミットを開催している。**日本は、2007年、2014年、2021年には開催していない。

4× 1970年代に入り、ニクソン・ショック（1971年）や第1次石油危機（1973年）などの諸問題に直面した先進国の間では、マクロ経済、通貨、貿易、エネルギーなどに対する政策協調について、首脳レベルで総合的に議論する場が必要であるとの認識が生まれた。このような背景の下、**ジスカール・デスタン仏大統領（当時）の提案により、1975年11月、パリ郊外のランブイエ城において、フランス、アメリカ、イギリス、ドイツ、日本、イタリアの6か国による第1回サミットが開催された。**日本が参加したのは1979年からではない。

5× **G7サミットの開催地が、特定の国の特定の都市に固定されていたことはない。**

問題48　正解5

1○ **日本が締結したテロ防止に関連する条約として最も古いのは、1970年に締結された航空機内で行われた犯罪その他ある種の行為に関する条約（航空機内の犯罪防止条約：東京条約）である。**この条約は、航空機内で行われた犯罪の裁判権、これらを取り締まるための機長の権限等について規定している（「テロ防止関連諸条約について」外務省）。

2○ **テロ対策特別措置法は、2001年にアメリカにおいて発生した同時多発テロ事件に対応するための支援活動のために制定された法律である。**正式名称は、平成13年9月11日のアメリカ合衆国において発生したテロリストによる攻撃等に対応して行

われる国際連合憲章の目的達成のための諸外国の活動に対して我が国が実施する措置及び関連する国際連合決議等に基づく人道的措置に対する特別措置法である（「国際平和協力活動に関わる用語・リンク」防衛省）。

3 ○ 2014年にサイバーセキュリティ基本法が制定され、これに基づきサイバーセキュリティ戦略が2015年9月に閣議決定された（「サイバーセキュリティ戦略の変更について」閣議決定）。

4 ○ テロ等準備罪は、テロを含む組織犯罪を未然に防止し、これと戦うための条約である国際組織犯罪防止条約（TOC条約）を締結するために、2017年に組織犯罪処罰法の改正として新設された（「テロ等準備罪について」法務省）。

5 × 内閣府に、テロ対策庁は存在しない（「内閣府組織概要図」内閣府）。

問題49 正解3

ア ○ 東南アジア10か国から成る東南アジア諸国連合（ASEAN）は、1967年の「バンコク宣言」によって設立された。原加盟国はタイ、インドネシア、シンガポール、フィリピン、マレーシアの5か国であった。その後、1984年にブルネイが加盟後、加盟国が順次増加し、現在は10か国で構成されている（「ASEAN（東南アジア諸国連合）」外務省）。

イ × ペレストロイカは、旧ソ連の自由化、民主化、市場指向型経済への移行といった政策のことである。ベトナムの政策ではない（「新しい国際

秩序の構築のための課題とわが国の役割」外務省）。

ウ × ラオスは、1953年に仏・ラオス条約により完全独立した後、内戦が繰り返されたが、1973年に「ラオスにおける平和の回復及び民族和解に関する協定」が成立。インドシナ情勢急変に伴って、1975年にラオス人民民主共和国が成立した。ラオスの政治体制は人民革命党による一党指導体制である（「ラオス人民民主共和国基礎データ」外務省）。王政ではない。

エ ○ インドネシアでは、アジア通貨危機をきっかけに、ジャカルタを中心に全国で暴動が発生、民主化運動も拡大し、1998年にスハルト政権が倒れて民政に移管した（「インドネシア基礎データ」外務省）。

オ ○ ミャンマーでは、2021年に軍事クーデターが発生し、軍部が全権を掌握した（「ミャンマー連邦共和国基礎データ」外務省）。

以上より、妥当でないものの組み合わせはイ・ウであるから、肢3が正解である。

問題50 正解5

ア × 法人税は、法人の所得（法人の企業活動により得られる所得）に対して課される税である。法人税の税率は、普通法人、一般社団法人等又は人格のない社団等については23.2％（資本金1億円以下の普通法人、一般社団法人等又は人格のない社団等の所得の金額のうち年800万円以下の金額については15％）とさ

れている。企業の所得水準に応じて税率が決まる**累進税率は採用されていない**。

イ✕ 次世代育成支援政策の中心となる**子育て支援政策の財源には、公費**（すなわち租税）**と社会保険料だけではなく**、厚生年金保険の適用事業所となっている事業主が負担する租税とも社会保険料ともつかない**第3の財源である「子ども・子育て拠出金」が充てられている**（「子ども・子育ての財源は拠出金ではなく租税を」東京財団政策研究所）。法人税の税率を引き上げて、次世代育成支援に充当するとはされていない。また、**法人税の税率は、平成27年度の法人税改革以降引き下げ傾向にある**（「法人課税に関する基本的な資料」財務省）。

ウ〇 外形標準課税とは、2004年4月1日以降に開始する事業年度から、資本金1億円超の法人について導入された、法人事業税の計算方法である。**外形標準課税では、事業所の床面積や従業員数、資本金の額など、外形から客観的に判断することができる基準をもとに課税される**。法人事業税（会社が利用する都道府県の行政サービスの費用を分担する道府県民税）**には、法人の所得や収入に応じた課税だけでなく、外形標準課税も導入されている**。

エ〇 OECDでは、近年のグローバルなビジネスモデルの構造変化により生じた多国籍企業の活動実態と各国の税制や国際課税ルールとの間のずれを利用することで、多国籍企業がその課税所得を人為的に操作し、課税逃れを行っている問題（BEPS）に対処するため、2012年よりBEPSプロジェクトを立ち上げ、日本もこれに参加している（「税源浸食と利益移転（BEPS: Base Erosion and Profit Shifting）への取り組みについて－BEPSプロジェクト－」国税庁）。

オ✕ 地方公共団体が安定的に行政サービスを提供するためには、税源の偏在性が小さく税収が安定的な地方税体系が望ましい。そこで、**地方法人課税については、平成20年度税制改正において**、税制抜本改革により偏在性の小さい地方税体系の構築が行われるまでの間の暫定措置として、**法人事業税の一部を分離して地方法人特別税（国税）とし、その全額を譲与税として譲与する仕組みが創設された**（「地方法人課税の偏在是正」総務省）。

以上より、妥当なものの組み合わせは**ウ・エ**であるから、肢5が正解である。

問題51　正解1

1〇 **中央銀行（日本銀行など）が、政策金利を引き下げたり、資金の供給量を増やしたりすることを金融緩和という**。金融緩和政策によって、金融機関の貸出金利の低下や、貸し出しの増加が促され、経済活動を刺激する効果が期待できるとされている。**2016年1月には、日本銀行が消費者物価指数の上昇率を年率2%とする物価安定目標の早期の実現を目指し、「マイナス金利付き量的・質的金融緩和」の導入を決定し、現在も維持されている**。

2 × 選択肢１の解説にもあるとおり、日本でも、日本銀行により 2016 年に２％の物価安定目標の早期の実現をはかるため、「マイナス金利付き量的・質的金融緩和」を決定、金融機関が日本銀行に預ける当座預金の一部の金利をマイナス 0.1％に引き下げ、必要な場合にはさらに引き下げるとした。

3 × 日本銀行は、民間の金融機関から預金を預かり、金融機関に貸出を行う「銀行の銀行」として、金融機関から日本銀行当座預金を受け入れ、当座預金の振替によって**金融機関の間の資金決済を行うシステムを提供**している。１つの金融機関の破綻などが他の金融機関や金融システム全体などに連鎖的に波及するシステミック・リスクの顕在化を回避するため、一時的に資金が不足した民間金融機関に「最後の貸し手」として資金を供給することはあるが、地方銀行に対する支援策として、都市銀行よりも低い金利で貸し付けを行っているという事実はない。

4 × 財務省と日本銀行は、2024 年**７月前半に新しい日本銀行券**（紙幣）**を発行することを公表している**が、その際、**デジタル通貨を導入するとはしていない。**

5 × 選択肢１の解説にもあるとおり、いわゆる「（異次元の）金融緩和政策の出口戦略」は模索されているものの、**政府・日本銀行による金融緩和政策は現在も維持されており**、近時の円高対策として、**金利の引き上げが行われたという事実はない。**

問題 52　正解２

1 ○ 1969 年から始まった同和対策事業特別措置法に基づく事業は、**2002 年に期限切れを迎えた**。その後は同特別措置法から一般対策に移行され、現在に至っている。その後、**2016 年に部落差別の解消の推進に関する法律が施行された。**

2 × **男女雇用機会均等法は、1985年に制定された**（「男女雇用機会均等法の変遷」厚生労働省）。女子差別撤廃条約（女子に対するあらゆる形態の差別の撤廃に関する条約）は、1979 年の第 34 回国連総会において採択され、1981 年に発効、**日本は1985 年に女子差別撤廃条約を批准している**（「女子差別撤廃条約」外務省、「女子差別撤廃条約」内閣府男女共同参画局）。

3 ○ 国の**ハンセン病政策**の転換が遅れたことなどの責任を問う「ハンセン病国家賠償請求訴訟」に対し、**熊本地方裁判所は、2001 年の判決で国の責任を認め、元患者に対する損害賠償を認めた**（熊本県）。

4 ○ **2016 年に制定されたヘイトスピーチ解消法**（「本邦外出身者に対する不当な差別的言動の解消に向けた取組の推進に関する法律」）**は、いわゆる理念法である**（「ヘイトスピーチ解消法の問題点」J-STAGE）。**理念法は**、ある事柄に関する基本理念を定め、**具体的な規制や罰則については特に規定していない法律のことである。**

5 ○ 2021 年に障害者差別解消法（障害を理由とする差別の解消の推進に

関する法律）が改正され、2024年6
月1日から、**事業者による合理的配
慮の提供が義務化される**（「令和6年
4月1日から合理的配慮の提供が義
務化されます！」内閣府）。

問題53　正解4

1× 社会保障は、社会保険、社会福祉、
公的扶助、保健医療・公衆衛生から
なり、子どもから子育て世代、お年
寄りまで、**全ての人々の生活を生涯
にわたって支えるセーフティネット
である**（「社会保障とは何か」厚生労
働省）。**社会保障給付費を賄う財源の
構成をみると、保険料負担**（被保険
者が支払う保険料及び企業等が支払
う事業主負担）**が約60%、税負担**（国
及び地方公共団体が税収を財源とし
て支払う負担）**が約40%となって
いる**（「社会保障給付費の構造をみる」
厚生労働省）。**全額が租税で賄われて
いるのではない。**

2× 「ゆりかごから墓場まで」という
スローガンは、1940年以降のイギ
リス政府、特に労働党政権が進めて
きた積極的な福祉政策を象徴するも
のである。それは、その場限りの、「困
っている人、貧しい人」の救済措置
ではなく、国の基本方針として、福
祉主義とでもいうべき、国全体の「福
祉化」を目的としたものであった。

3× 生活保護の給付として支給され
る扶助は、次の通りである。

生活を営む上で生じる費用	扶助
日常生活に必要な費用 （食費・被服費・光熱費等）	生活扶助
アパートなどの賃料	住宅扶助
義務教育を受けるために 必要な学用品費	教育扶助
医療サービスの費用	医療扶助
介護サービスの費用	介護扶助
出産費用	出産扶助
就労に必要な技能の修得等 にかかる費用	生業扶助
葬祭費用	葬祭扶助

※「生活保護制度」厚生労働省

よって、**生活保護の給付は医療、介護、
出産に限定されてはおらず、生活扶
助、住宅扶助も行われている。**

4○ **2008年に、後期高齢者**（75歳
以上）**を対象とした後期高齢者医療
制度が創設された**（「平成20年版高
齢社会白書」（全体版）厚生労働省）。

5× **児童手当は、15歳到達後の最
初の3月31日までの間にある児童**
（中学校卒業まで）**を養育している者
に支給される**（児童手当法4条1項）。
本人に支給する制度ではない。

問題54　正解4

ア○ **RPA**（Robotic Process Auto-
mation）**はこれまで人間が行ってき
た定型的なパソコン操作をソフトウ
ェアのロボットに代行させ自動化す
るものであり、人手不足を補いなが
ら生産効率を上げるための手段とし
て期待されている**（「RPA（働き方改
革：業務自動化による生産性向上）」
総務省）。

イ× **ガバメントクラウド**は、アプリ
ケーション開発者の要求に応じて自
動で柔軟かつ迅速にインフラを用意
できるように、**最新のクラウド技術**

を最大限に活用して提供する政府共通のクラウドサービスの利用環境である。デジタル庁は、地方自治体も、基幹業務システムについて、ガバメントクラウド上に構築されたアプリケーションの中から自らに適したものを効率的かつ効果的に選択することが可能となる環境の整備を進めている（「ガバメントクラウド」「地方公共団体の基幹業務システムの統一・標準化」デジタル庁）。よって、**地方自治体もメガバントクラウドを利用できる。**

ウ〇　**eLTAX**(エルタックス)は、**地方税ポータルシステムの呼称で、地方税の申告、申請、納税などの手続きをインターネットを利用して電子的に行うシステムである**（「eLTAXの概要」自治税務局）。国税には、e-TAX(イータックス)という呼称の国税電子申告・納税システムがあり、国税と地方税は別のシステムとなっている。

エ〇　**LGWAN**（エルジーワン：Local Government Wide Area Network）**は、総合行政ネットワークの略称であり、**地方公共団体の組織内ネットワーク（庁内LAN）を相互に接続し、高度情報流通を可能とする通信ネットワークとして整備し、地方公共団体相互のコミュニケーションの円滑化、情報の共有による情報の高度利用等を図ることにより、**各地方公共団体と国の各府省、住民等との間の情報交換手段の確保のための基盤とすることを目的とした、高度なセキュリティを維持した行政専用の閉域ネッ**トワークである（「LGWANの概要」地方公共団体情報システム機構）。このような特性から、LGWANは、自治体内や自治体間でのメールや掲示板の機能を持つ連絡ツールとしても活用されている。

オ×　**オープンデータは、国、地方公共団体及び事業者が保有する官民データのうち、国民誰もがインターネット等を通じて容易に利用**（加工、編集、再配布等）**できるよう、**営利目的、非営利目的を問わず二次利用可能なルールが適用されたものであるなどの**一定の形で公開されたデータである**（「地方公共団体のオープンデータの推進」総務省）。官民データ活用推進基本法において、**国及び地方公共団体はオープンデータに取り組むことが義務付けられており**（「オープンデータ」デジタル庁）、**地方公共団体が保有する情報のオープンデータ化は禁止されていない。**

以上より、妥当でないものの組み合わせは**イ・オ**であるから、肢**4**が正解である。

問題55　正解4

1〇　**リスクウェア（Riskware）は、**リスク（Risk）とソフトウェア（Software）を合わせた造語で、**インストール・実行した場合にシステムにリスクをもたらす可能性のあるソフトウェア**をいう。リスクウェアには、OSに対し強い権限をもつものや、脆弱性をもつもの、攻撃者による悪用の可能性が高いものなどがある。

2〇　**ランサムウェアは、「Ransom（身**

代金）」と「Software（ソフトウェア）」を組み合わせた造語であり、**感染したパソコンに特定の制限をかけ、その制限の解除と引き換えに金銭（身代金）を要求する挙動から、このような不正プログラムはランサムウェアと呼ばれている**（「ランサムウェア対策特設ページ」IPA 独立行政法人情報処理推進機構）。

3○ フリースウェア（Fleece Ware）は、主に iPhone や Android などスマートフォン向けアプリで流行している悪性アプリである。ユーザーを無料トライアルなどに誘導し、サブスクリプション解除方法を知らせずに高額の利用料を請求する。フリース（fleece）は英語で「金品を巻き上げる」という意味があるため、フリースウェアと呼ばれている。

4× **ハードウェアの基本的な制御のために、コンピュータなど機器に組み込まれたソフトウェアのことである。**コンピュータなどの機器に固定的に搭載され、あまり変更が加えられないことから、ハードウェアとソフトウェアの中間的な存在として**ファームウェア**と呼ばれている。アプリケーションのパフォーマンスを劣化させる悪性のプログラムではない（「国民のためのサイバーセキュリティサイト」総務省）。

5○ **クリッパー・マルウェアは、標的のクリップボードにコピーされた仮想通貨（暗号通貨）ウォレットアドレスを、攻撃者のアドレスに置き換えることで、被害者から仮想通貨を盗むように設計された悪意のある**ソフトウェアである。この手法では、正当な仮想通貨取引が発生した際に標的を欺くことにより、攻撃者がその取引の新しい受領者になるよう設計されている。

問題56 正解5

Gメールが、ユーザーからの批判を受けたのは、「Gメール」で表示され、**利用者のメールの中身をスキャンして生成するユーザーの通信内容に関連する広告である。**また、Facebook の広告機能ビーコンは、過去に詐欺的である、プライバシーの侵害であるといった批判を受けている。したがって、空欄に当てはまる語句として、妥当なものは**広告**であるから、肢5が正解である。

問題57 正解1

ア○ **モザイク・アプローチ（ジグソー・アプローチ）は、**SNS などに投稿された文章や画像、動画などから、少しずつ情報を集めて組み合わせ、個人を特定する場合のように、**ある情報のみでは個人を識別することはできないが、他の情報と照合することで特定の個人を識別する手法である。**モザイク・アプローチにより、他の情報と容易に照合することで特定の個人を識別できることになる場合、個人情報に該当することになる（個人情報保護法2条1項1号かっこ書）。

イ○ EU 加盟国及び欧州経済領域（EEA）の一部であるアイスランド、ノルウェー、リヒテンシュタインでは、個人データやプライバシーの保

護に関して、EUデータ保護指令より厳格に規定するGDPR（欧州データ保護規則）が、2018年から施行されている。GDPRは、**死亡した者の個人データには適用されないから**（欧州データ保護規制前文27項）、**死者の情報の取扱いについては加盟国の裁量に委ねられている**と考えられる。

ウ× **要配慮個人情報とは、本人の人種、信条、社会的身分、病歴、犯罪の経歴、犯罪により害を被った事実**その他**本人に対する不当な差別、偏見その他の不利益が生じないようにその取扱いに特に配慮を要するものとして政令で定める記述等が含まれる個人情報をいう**（個人情報保護法2条3項）。一方、**機微情報（センシティブインフォメーション）とは、**思想、信条、宗教、政治的見解などの社会的な差別につながるような慎重な取扱いを要する機微な個人情報であり、**要配慮個人情報とは内容が異なる。**

エ× デジタル社会形成基本法に基づく**2021年の個人情報保護法の改正により、個人情報保護法、行政機関個人情報保護法、独立行政法人等個人情報保護法の3本の法律が1本の法律に一元化された。**しかし、この改正により、**個人情報保護法に規定される規律が、公的部門と民間部門で、まったく同一になったわけではない。**

以上より、妥当なものの組み合わせは**ア・イ**であるから、肢1が正解である。

問題58　正解2

空欄Ⅰ：イ 「植物を食べる草食の動物がいて、…草食動物を食べる肉食の動物がいて食物連鎖が形成されている」という文に続く空欄Ⅰには、人間が草食、肉食両方の性質を備えた雑食性であることを述べたイ：「人間は植物も肉も食べる雑食性の動物である」が相応しい。

空欄Ⅱ：ア 魚を食べるのは肉食である。筆者は、**「大きな魚は小さな魚を食べ、小さな魚はさらに小さな魚を食べる」**ことによって、**大きな魚も小さな魚も「みんな肉食になってしまう」**と考えている。したがって、空欄Ⅱにはアが入る。

空欄Ⅲ：エ 「**広い外洋に出れば、海草など生えていない**」。それでは何を食べるのかという問いに対する答えが、「**陸上生活をする私たちには思いもよらない食べ物**」である「**プランクトンである**」と筆者は考えている。したがって、空欄Ⅲにはエが入る。

空欄Ⅳ：ウ 「**植物プランクトンは、…海面近くに暮らしている**」という表現と、「**海面近くに豊かな生態系が形成される**」という表現が、「**海面近くに**」というキーワードで繋がっていると考えられる。したがって、空欄Ⅳにはウが入る。

空欄Ⅴ：オ 「**海面から深くなると生物の種類は少なくなってしまうのだ**」ことから考えると意外と思われる事実が、「**水深数千メートルの深い海の底に、豊かな生態系がある**」という事実である。したがって、空欄Ⅴにはオが入る。

以上より、肢**2**が正解である。

て、肢**1**が正解である。

問題59　正解1

空欄Ⅰ：曖昧模糊　「人間としての『いい加減さ』」や「危機感、厳しさのなさ」は、「すべての物事に対する」曖昧模糊とした対応につながると考えられる。したがって、空欄Ⅰには曖昧模糊が入る。

空欄Ⅱ：設備投資　「量の時代」に「生産性を上げる」手段のひとつに、積極的に設備投資を行うことがある。したがって、空欄Ⅱには設備投資が入る。

空欄Ⅲ：斬新　「先端技術」には、斬新なものが多い。したがって、空欄Ⅲには斬新が入る。

空欄Ⅳ：商品化　「先端技術」を「実用化」することによって、製品が商品化される。したがって、空欄Ⅳには商品化が入る。

空欄Ⅴ：知的財産　「先端技術」を権利化するのが「特許」などの知的財産である。したがって、空欄Ⅴには知的財産が入る。

以上より、肢**1**が正解である。

問題60　正解1

「その経験こそが、時にわたしたちの視野を狭めてしまう」（第5段落）、つまり**自分の成功体験に拘泥してしまう**「一般化のワナ」（第8段落）に陥ってしまった例として、「**自分はこの練習方法で、若い時に地域大会優勝を成し遂げたんだ。だからみんなにもこの練習をみっちりやってもらう**」という事例が空欄に入ると考えられる。したがっ

令和4年度

法令等

問題1 正解3

　合議体の評決で多数を占めた意見を多数意見といい、多数を占めなかった多数意見以外の意見を少数意見という。本問は、裁判における多数意見と少数意見についての大陸法と英米法の裁判観について問うものである。

ア：少数意見　「裁判官の意見が区々に分れていることを外部に明らかにすることは、裁判所の権威を害する」と考え、「裁判所内部にいかに意見の分裂があっても」「一枚岩のように示されることが、裁判への信頼を生む」という裁判観は、少数意見に対して「消極的な態度」をとる裁判観であると考えられる。したがって、アには少数意見が当てはまる。

イ：判例　「一枚岩のように示されること」により「先例としての力」を持つのは、判例であると考えられる。したがって、イには判例が当てはまる。

ウ：多数意見　イに判例が入ることを前提に、判例によって示されるのは裁判官の評決における多数意見であるから、ウには多数意見が当てはま

る。

エ：全員一致　「異なる意見の表明を抑え」、裁判官の意見が「一枚岩のように示される」のは、全員一致による「裁判」であると考えられる。したがって、エには全員一致が当てはまる。

　以上より、アには「少数意見」、イには「判例」、ウには「多数意見」、エには「全員一致」が当てはまる。

　したがって、肢3が正解となる。

問題2 正解1

ア×　法律要件とは、権利義務関係の発生原因となるものとして定められた一定の社会関係のことをいう。例えば、ある物を売ろう・買おうという意思表示が合致すれば売買契約という法律要件が成立する。したがって、法律要件は客観的な事実に限られるわけではなく、意思表示などの主観的な要素も含まれる。

イ〇　法律効果とは、法律要件から生じる権利義務の発生、変更又は消滅といった法律上の権利義務関係の変動のことをいうため妥当である。

ウ×　構成要件とは、犯罪行為を特徴付ける定型（類型）のことをいい、可罰的な行為の輪郭を明らかにして、犯罪と犯罪ではない行為とを一応の判断として選別するカタログとしての機能を果たすものである。従来は、行為・結果などの外形的・客観的事実のみが構成要件要素であるとされていたが、最近では、故意などを含めた主観的構成要件要素の存在を認める見解が多数である。

エ〇　立法事実とは、判決事実（司法

事実）に対する用語であり、**法律を制定する場合の基礎**を形成し、かつ**その合理性を支える社会的・経済的・政治的・科学的事実**のことをいう。

オ〇　要件事実とは、実体法に規定された**法律効果の発生要件（構成要件）に該当する具体的事実**をいうから、妥当である。

　以上より、妥当でないものの組合せは**ア・ウ**であるから、肢**1**が正解である。

問題3　正解5

　本問で引用されている最一小判平成元年12月21日は、主観的な意見の表明ないし論評による名誉毀損（侵害）を理由とする不法行為の成立要件を、客観的な事実の摘示による不法行為の成立要件とは区別して定式化した初めての最高裁判所判決であり「公正な論評の法理」と呼ばれている。

　この**判決文から読み取れる基準は、①公務員の地位における行動が批判・論評の対象**であること、**②専ら公益を図る目的**でなされたものであり、かつ、**③その前提としている事実が主要な点において真実であることの証明**があったときは、**④人身攻撃に及ぶなど論評としての域を逸脱したものでない限り**、名誉侵害を理由とする**不法行為の成立要件としての違法性を欠く**とするものである。以上を前提に、各選択肢を検討する。

1：想定していない　Xが行ったのは「**B市の施策を批判する演説**」であり、**①の公務員の地位における行動を批判の対象**とはしていない。したがっ

て、本判決が想定している事例として**妥当ではない**。なお、本肢の事例は、最判昭59.12.18（鉄道駅構内パブリック・フォーラム訴訟）の事案を素材としていると思われる。

2：想定していない　Yが行ったのは「**宗教法人X1の会長X2に関する事実**」の批判的な報道であり、①の公務員の地位における行動を批判の対象とはしていない。したがって、本判決が想定している事例として**妥当ではない**。なお、本肢の事例は、最判昭56.4.16（月刊ペン事件）の事案を素材としていると思われる。

3：想定していない　作家Yが行ったのは、モデルとした人物である「**Xが不特定多数への公開を望まない私生活上の事実**」の描写であり、①の公務員の地位における行動を批判の対象とはしていない。したがって、本判決が想定している事例として**妥当ではない**。なお、本肢の事例は、最判平14.9.24（「石に泳ぐ魚」出版差止請求事件）の事案を素材としていると思われる。

4：想定していない　新聞記者Xが行ったのは、取材の過程で公務員Aに「**外交交渉に関する国の機密情報**」の漏洩をそそのかす行為であり、批判・論評ではない。したがって、①を満たしていないから、本判決が想定している事例として**妥当ではない**。なお、本肢の事例は、最決昭53.5.31（外務省秘密漏洩事件）の事案を素材としていると思われる。

5：想定している　Yが批判の対象としているのは、A市の公立小学校の

教員Xの成績の評価方法であるから、①公務員の地位における行動が批判・論評の対象であること、②専ら公益を図る目的でなされたものであり、かつ、④人身攻撃に及ぶなど論評としての域を逸脱したものでないという要件を満たしている。したがって、③その前提としている事実が主要な点において真実であることの証明があったときは、名誉侵害の不法行為の違法性を欠くことになる。よって、本判決の判断基準が想定している事例として妥当である。

問題4　正解2

1× 最大判昭50.4.30（薬事法距離制限事件）は、憲法22条1項による保障は、**狭義における職業選択の自由のみならず、職業活動の自由の保障をも包含している**旨を判示しており（同旨：後掲最判平25.1.11）、**職業選択の自由のみに限定していない**。

2○ 前掲最大判昭50.4.30は、規制措置が憲法22条1項にいう公共の福祉のために要求されるものとして是認されるかどうかに関して、具体的な規制措置について、規制の目的、必要性、内容、これによって制限される職業の自由の性質、内容及び制限の程度を検討し、**比較考量をするのは、第一次的には立法府の権限と責務**であり、裁判所としては、規制措置の具体的内容及びその必要性と合理性については、**立法府の判断がその合理的裁量の範囲にとどまるかぎり、立法政策上の問題としてその**

判断を尊重すべきものである旨を判示している。

3× 最判令3.3.18は、要指導医薬品について**薬剤師の対面による販売又は授与を義務付ける規定**（医薬品、医療機器等の品質、有効性及び安全性の確保等に関する法律36条の6第1項・3項）**は、職業選択の自由そのものに制限を加えるものであるとはいえず、職業活動の内容及び態様に対する規制にとどまる**旨を判示している。

4× 医薬品のインターネット販売規制に関する最判平25.1.11は、**消極目的ないし警察目的のための規制と積極目的のための規制に区分して、規制の合憲性を審査していない**。このような区分に立ち薬局の適正配置規制の合憲性を審査しているのは、薬局の適正配置規制について判示した前掲最大判昭50.4.30である。

5× 医薬品のインターネット販売規制事件（前掲最判平25.1.11）は、**積極的な社会経済政策の一環であることを理由に、立法府の政策的、技術的な裁量を尊重するとはしていない**。個人の経済活動に対する法的規制措置については、立法府の政策的技術的な裁量に委ねるほかはなく、裁判所は、立法府の裁量的判断を尊重することを原則とするとしているのは、最大判昭47.11.22（小売市場事件）である。

問題5　正解4

1× 最大判昭37.11.28（第三者所有物没収事件）は、**密輸出の嫌疑で逮捕、**

起訴された者に対して、第三者の所有物である密輸出物の没収が附加刑として言い渡された事案において、第三者の所有物を没収する場合において、その**没収に関して当該所有者に対し、何ら告知、弁解、防禦の機会を与えることなく、その所有権を奪うことは、著しく不合理であって、憲法の容認しないところであり**、このような没収の言渡を受けた**被告人は、たとえ第三者の所有物に関する場合であっても、被告人に対する附加刑である以上、没収の裁判の違憲を理由として上告をなしうることは当然である**旨を判示している。したがって、**被告人も手続の違憲性を主張できる。**

2×　最大判平11.3.24は、**憲法34条前段が保障する弁護人に依頼する権利は、**身体の拘束を受けている被疑者が、拘束の原因となっている嫌疑を晴らしたり、人身の自由を回復するための手段を講じたりするなど自己の自由と権利を守るため弁護人から援助を受けられるようにすることを目的とするものであり、この規定は、**単に被疑者が弁護人を選任することを官憲が妨害してはならないというにとどまるものではなく、**被疑者に対し、弁護人を選任した上で、弁護人に相談し、その助言を受けるなど**弁護人から援助を受ける機会を持つことを実質的に保障している**旨を判示している。なお、検察官等は、弁護人による接見の要求があった場合でも、**「捜査のため必要があるとき」**には、その接見交通権を制限できる

ところ（刑事訴訟法39条3項）、同条項の解釈・運用が激しく議論されていたが、この判決は、同条項の合憲性について最高裁判所として初めて判断を示した意義がある。

3×　最大判昭47.12.20（高田事件）は、**審理の著しい遅延の結果、迅速な裁判の保障条項によって憲法が守ろうとしている被告人の諸利益が著しく害せられると認められる異常な事態が生ずるに至った場合には、**さらに審理を進めても真実の発見ははなはだしく困難で、**もはや公正な裁判を期待することはできず、**いたずらに被告人らの個人的及び社会的不利益を増大させる結果となるばかりであって、**これ以上実体的審理を進めることは適当でないから、その手続をこの段階において打ち切るという非常の救済手段を用いることが憲法上要請される**と判示している。

4○　最大判昭47.11.22（川崎民商事件）は、**不利益供述の強要の禁止規定（憲法38条1項）による保障は、純然たる刑事手続においてばかりではなく、それ以外の手続においても、実質上、刑事責任追及のための資料の取得収集に直接結びつく作用を一般的に有する手続には、等しく及ぶ**旨を判示している。

5×　最大判昭33.4.30は、**法人税法が追徴税を行政機関の行政手続により租税の形式により課すべきものとしたことは、追徴税を課せられるべき納税義務違反者の行為を犯罪とし、これに対する刑罰として、これを課する趣旨でないことは明らかである。**

追徴税のこのような性質にかんがみれば、**憲法39条の規定（二重処罰の禁止）は刑罰たる罰金と追徴税とを併科することを禁止する趣旨を含むもの**でない旨を判示している。

問題6　正解4

1 ×　内閣が条約を締結する場合、事前に、時宜によっては事後に、国会の承認を経なければならず（憲法73条3号）、やむを得ない事情があっても、国会の承認なく条約を締結することはできない。

2 ×　内閣は、憲法及び法律の規定を実施するために、政令を制定することができる（同条6号）。国会の閉会中で法律の制定が困難な場合であっても、国会の事後の承認を条件に**「法律にかわる」政令を制定することはできない**。

3 ×　衆議院が解散されたときは、参議院は同時に閉会となるが、内閣は、国に緊急の必要があるときは、**参議院の緊急集会を求めることができる**（同法54条2項）。その際、**参議院の総議員の4分の1以上の要求があることは求められていない**。

4 ○　内閣総理大臣が欠けたとき、又は衆議院議員総選挙の後に初めて国会の召集があったときは、**内閣は、総辞職をしなければならず**（同法70条）、その場合、**内閣は、あらたに内閣総理大臣が任命されるまで引き続きその職務を行う**（同法71条）。

5 ×　すべて予備費の支出については、**内閣は、事後に国会の承諾を得なければならない**（同法87条2項）。内閣が自らの判断で予備費を設け、予算を執行することはできない。

問題7　正解3

1 ×　最大決昭33.2.17は、公判廷における写真の撮影等は、その行われる時、場所等のいかんによっては、好ましくない結果を生ずるおそれがあるので、**刑事訴訟規則が写真撮影の許可等を裁判所の裁量に委ね、その許可に従わないかぎりこれらの行為をすることができないとしていることは憲法に違反するものではない**旨を判示して、開廷中のカメラ取材の制限を許容している。

2 ×　最大決昭41.12.27は、**過料の決定に対する不服申立ては、非訟事件手続によってなされた決定の是正を求めるものであるから、純然たる訴訟事件とは異なるものと解すべきで、これが直ちに純然たる訴訟事件に該当し、公開・対審の原則が適用されなければならないと解すべき理由は見出しがたい**旨を判示している。

3 ○　最判平17.4.14は、証人尋問が公判期日において行われる場合、**傍聴人と証人との間で遮へい措置が採られ、あるいはビデオリンク方式によることとされ、さらには、ビデオリンク方式によった上で傍聴人と証人との間で遮へい措置が採られても、審理が公開されていることに変わりはないから、裁判の対審及び判決の公開を規定している憲法82条1項、37条1項に違反するものではない**としている。なお、ビデオリンク方式による証人尋問は、法廷で供述す

ることの精神的負担を除去することを目的として、証人が在席する別室と法廷に設置したカメラとテレビモニターを通じて映像と音声を送受信して行われる証人尋問の方式である。対象となるのは、性犯罪被害者、すなわち強制わいせつ・強制性交等・児童福祉法違反（児童淫行など）の罪などの被害者である。

4 × 最大判平元.3.8（レペタ事件）は、**裁判の対審及び判決が公開の法廷で行われるべきことを定めている憲法82条1項は、各人が裁判所に対して傍聴することを権利として要求できることまでを認めたものでないこ**とはもとより、**傍聴人に対して法廷においてメモを取ることを権利として保障しているものでない**旨を判示している。

5 × 最大決平10.12.1（寺西判事補分限裁判）は、**裁判官に対する懲戒は、裁判所が裁判という形式をもってすることとされているが、一般の公務員に対する懲戒と同様、その実質においては裁判官に対する行政処分の性質を有するものであり、裁判官に懲戒を課する作用は、固有の意味における司法権の作用ではなく、懲戒の裁判は、純然たる訴訟事件についての裁判には当たらないことが明らか**である。また、その手続の構造をみても、**分限事件は、訴訟とは全く構造を異にするというほかはない**として、**分限事件については、裁判の対審及び判決の公開を規定している憲法82条1項の適用はない**旨を判示している。

問題8 正解2

空欄A：ア **最大判昭42.5.24（朝日訴訟）は、**生活保護法の規定に基づき要保護者又は被保護者が国から**生活保護を受けるのは、単なる国の恩恵ないし社会政策の実施に伴う反射的利益ではなく、法的権利であって、保護受給権とも称すべきものであることを前提**としている。したがって、空欄Aには**ア**が当てはまる。

空欄B：エ **最判平29.4.6は、**常時粉じん作業に従事する労働者又は常時粉じん作業に従事する労働者であった者が、じん肺管理区分がじん肺の所見がないと認められる者に該当する旨の決定の取消訴訟の係属中に死亡した場合には、労働者災害補償保険法に規定する**遺族が当該訴訟を承継する**旨を判示している。また、**最判平29.12.18は、**被爆者援護法に基づく被爆者健康手帳交付申請及び健康管理手当認定申請の各却下処分の取消しを求める訴訟並びに同取消しに加えて被爆者健康手帳の交付の義務付けを求める訴訟について、訴訟の係属中に申請者が死亡した場合には、その相続人が当該訴訟を承継する旨を判示している。したがって、**両判決ともに、権利の一身専属性を認めず、相続人による訴訟承継を認めているから、空欄Bにはエ**が当てはまる。

空欄C：カ **最判平29.12.18は、**被爆者援護法はいわゆる社会保障法としての他の公的医療給付立法と同様の性格を持つものであるということができるものの、他方で、原子爆弾

の投下の結果として生じた放射能に起因する健康被害という**特殊の戦争被害について戦争遂行主体であった国が自らの責任によりその救済を図る**という一面をも有するものであり、その点では**実質的に国家補償的配慮が制度の根底にあることを理由に、健康管理手当の受給権に一身専属性が認められない**旨を判示している。したがって、空欄Cには**カ**が当てはまる。

以上より、空欄に当てはまる文章の組合せとして妥当なものは、A：ア、B：エ、C：カであるから、肢**2**が正解である。

問題9　正解4

ア×　行政手続法は、行政契約についての定義規定を置いていない（同法2条参照）。

イ×　地方自治法には、**売買、貸借、請負その他の契約は、一般競争入札、指名競争入札、随意契約又はせり売りの方法により締結する**ものとする**契約の締結に関する特別な手続が規定されている**（地方自治法234条1項）**ため、妥当ではない。**

ウ○　最判平**11.1.21（志免町給水拒否事件）は、**水が限られた資源であることを考慮すれば、市町村が正常な企業努力を尽くしてもなお水の供給に一定の限界があり得ることも否定することはできないのであって、給水義務は絶対的なものということはできず、**給水契約の申込みが適正かつ合理的な供給計画によっては対応することができないものである場**

合には、**水道法15条1項にいう「正当の理由」があるものとして、これを拒むことが許される**旨を判示している。

エ×　公害防止協定は、行政上の目的から事業者に対して規制的な作為・不作為を求める内容を定めていることが多いことから、その法的拘束力に関しては争いがあった。この点について、最判平21.7.10は、**地方公共団体と事業者間で締結された公害防止協定が法的拘束力を有することを前提としてその限界を論じており、法律ないし条例に根拠がない場合であっても、公害防止協定の期限条項の法的拘束力を否定することはできない**としている。

オ○　最判昭62.5.19は、**普通地方公共団体が随意契約の制限に関する法令に違反して締結した契約は、**地方自治法施行令167条の2第1項の掲げる随意契約によることができる事由のいずれにも当たらないことが何人の目にも明らかである場合や、契約の相手方において随意契約の方法によることが許されないことを知り又は知り得べかりし場合など、**当該契約を無効としなければ随意契約の締結に制限を加える法令の趣旨を没却する結果となる特段の事情が認められる場合に限り、私法上無効となる**旨を判示している。したがって、本肢のように**特別な事情が存在しない**場合は、当該契約は私法上**有効な**ものとされる。

以上より、妥当なものの組合せは**ウ・オ**であるから、肢**4**が正解である。

問題10　正解5

1 ×　職務質問に関して規定する**警察官職務執行法２条は、職務質問に付随して所持品検査を行うことができるとは規定していない。**

2 ×　最判昭55.9.22は、警察官が、交通取締の一環として、交通違反の多発する地域等の適当な場所において、交通違反の予防、検挙のため、検問場所を通過する自動車に対して**走行の外観上の不審な点の有無にかかわりなく短時分の停止を求めて、運転者などに対し必要な事項についての質問など**をすることは、それが**相手方の任意の協力を求める形**で行われ、**自動車の利用者の自由を不当に制約することにならない方法、態様で行われる限り、適法である**旨を判示している。

3 ×　行政手続法は、**処分、行政指導及び届出に関する手続並びに命令等を定める手続について規定しているだけであり**（同法１条１項）、行政調査を行う場合に、調査の日時、場所、目的等の項目を事前に通知しなければならないとする規定は**存在しない。**

4 ×　国税通則法は、質問検査権が犯罪捜査のために認められたものと解してはならない旨を規定している（同法74条の8）。しかし、**最決平16.1.20**は、法人税法に規定する**質問又は検査の権限は、犯則事件の調査あるいは捜査のための手段として行使することは許されないが、**このような質問又は検査の権限の行使に当たって、**取得収集される証拠資料が後に犯則事件の証拠として利用さ**れることが想定できたとしても、そのことによって直ちに、**質問又は検査の権限が犯則事件の調査あるいは捜査のための手段として行使されたことにはならない**としている。したがって、税務調査において取得した資料をその後に犯則事件の証拠として利用することは認められないとは断定できないから、妥当ではない。

5 ○　**何人も、法律の定める手続によらなければ、その生命若しくは自由を奪われ、又はその他の刑罰を科せられない**（憲法31条）。したがって、行政調査の実効性を確保するため、調査に応じなかった者に刑罰を科す場合（間接強制調査の場合）、**調査自体の根拠規定とは別に、刑罰を科すことにつき法律に明文の根拠規定を要する。**なお、このような根拠規定の例として、国税通則法128条2号が、所得税等に関する調査に係る質問検査権に基づく検査などの実施を拒んだ者などに1年以下の懲役又は50万円以下の罰金に処する旨を規定している。

問題11　正解1

1 ○　**行政庁は、申請がその事務所に到達してから当該申請に対する処分をするまでに通常要すべき標準的な期間**（法令により当該行政庁と異なる機関が当該申請の提出先とされている場合は、併せて、当該申請が当該提出先とされている機関の事務所に到達してから当該行政庁の事務所に到達するまでに通常要すべき標準的な期間）**を定めるよう努めるとと

もに、これを**定めたときは、**これらの当該申請の提出先とされている機関の事務所における備付けその他の適当な方法により**公にしておかなければならない**（行政手続法6条）。

2× 行政庁は、申請がその事務所に**到達したときは、遅滞なく、当該申請の審査を開始**しなければならず、かつ、**申請書の記載事項に不備がないこと、申請書に必要な書類が添付されていること、申請をすることができる期間内にされたものであること**その他の**法令に定められた申請の形式上の要件に適合しない申請**については、速やかに、申請者に対し相当の期間を定めて当該申請の補正を求め、又は当該申請により求められた許認可等を拒否しなければならない（同法7条）。つまり、申請を拒否することはできる。

3× **行政庁は、申請により求められた許認可等を拒否する処分**をする場合は、一定の場合を除いて、申請者に対し、**同時に、当該処分の理由を示さなければならない**（同法8条1項本文）。したがって、理由の提示は努力義務**ではなく、法的義務**である。

4× 行政庁は、申請者の求めに応じ、当該申請に係る審査の進行状況及び当該申請に対する処分の時期の見通しを示すよう努めなければならないが（同法9条1項）、**本肢のような通知義務に関する規定はない。**

5× 行政庁は、申請に対する処分であって、**申請者以外の者の利害を考慮すべきことが当該法令において許認可等の要件**とされているものを行う場合には、必要に応じ、公聴会の開催その他の適当な方法により**当該申請者以外の者の意見を聴く機会を設けるよう努めなければならない**（同法10条）。したがって、公聴会の開催等は**努力義務**であって法的義務で**はない。**また、本肢のような場合、申請者本人の意見を聴く必要も**ない。**

問題12 正解3

1× 申請により求められた許認可等を拒否する処分その他申請に基づき当該申請をした者を名宛人としてされる処分は、申請に対する処分であり、不利益処分には**当たらない**（行政手続法2条4号ロ）。したがって、申請者に対して不利益処分をしようとする場合の手続である意見陳述の手続を与える必要は**ない**（同法13条1項柱書）。

2× 行政庁は、**申請に対する処分**であって、申請者以外の者の利害を考慮すべきことが当該法令において**許認可等の要件**とされているものを行う場合には、**必要に応じ、公聴会の開催その他の適当な方法により当該申請者以外の者の意見を聴く機会を設けるよう努めなければならない（同法10条参照）。しかし、行政手続法には、本肢のようなときに、第三者に意見陳述の機会を与えるよう努めなければならないとする規定は存在しない。**

3○ 弁明の機会の付与は、聴聞によるべきものとして行政手続法が列挙している場合（同法13条1項1号イ～ニ）のいずれにも該当しないと

きに行われる（同条項2号）。また、弁明は、**行政庁が口頭ですることを認めたときを除き、弁明を記載した書面（弁明書）を提出してするもの**とされている（同法29条1項）。

4× 行政手続法の「聴聞」の節の規定に基づく処分又はその不作為については、**審査請求をすることができない**（同法27条）。

5× 聴聞は、行政庁が指名する職員その他政令で定める者が主宰するが（同法19条1項）、**聴聞を主宰することができない者について規定しているのは行政手続法**（同条2項）であり、政令に委任されている**わけではない**。

問題13　正解1

1○ 届出は「行政庁に対し一定の事項の通知をする行為」であるが、申請に該当するものは除外されている（行政手続法2条7号）。

2× 届出は「行政庁に対し一定の事項の通知をする行為」であって、法令により直接に当該通知が義務付けられているものをいう。「事前になされるものに限る」という限定は付されていない（同条7号）。

3× 届出は「法令により直接に行政庁に対する通知が義務付けられているもの」であって、自己の期待する一定の法律上の効果を発生させるためには当該通知をすべきこととされているものを含むとされており（同条7号）、「除く」という限定は付されていない。

4× 届出が届出書の記載事項に不備

がないことなどの法令に定められた届出の形式上の要件に適合している場合は、当該届出が法令により当該届出の提出先とされている機関の事務所に到達したときに、当該届出をすべき手続上の義務が履行されたものとされる（同法37条）。法令により定められた届出書の記載に不備があるときは、当該届出をすべき手続上の義務が履行されたものとは**されない**。

5× 届出書に必要な書類が添付されていない場合、当該届出をすべき手続上の義務自体が履行されたものとは**されない**（同条）。

問題14　正解2

1× 行政庁の処分につき**処分庁以外の行政庁に対して審査請求をすることができる場合**、当該処分に不服がある者は、**法律に再調査の請求をすることができる旨の定めがあるときは、当該処分について審査請求をしたときを除いて、処分庁に対して再調査の請求をすることができる**（行政不服審査法5条1項）。よって、**法律に再調査の請求をすることができる旨の定めがある場合に限られ、そのような定めがない場合には再調査の請求はできない**。

2○ 審理員は、審理手続を終結したときは、遅滞なく、審査庁がすべき裁決に関する意見書（審理員意見書）を作成しなければならず（同法42条1項）、これを作成したときは、速やかに、これを事件記録とともに、審査庁に提出しなければならない（同

条2項)。

3× 法令に違反する事実がある場合において、その**是正のためにされるべき処分又は行政指導**（その根拠となる規定が法律に置かれているものに限る。）**がされていないと思料する者は、**当該処分をする権限を有する行政庁又は当該行政指導をする権限を有する行政機関に対し、その旨を申し出て、**当該処分又は行政指導をすることを求めることができる**（行政手続法36条の3第1項）。この求めは、行政不服審査法に基づく審査請求による必要はない。

4× **法令に違反する行為の是正を求める行政指導**（その根拠となる規定が法律に置かれているものに限る。）**の相手方は、当該行政指導が当該法律に規定する要件に適合しないと思料するときは、当該行政指導がその相手方について弁明その他意見陳述のための手続を経てされたものであるときを除いて、当該行政指導をした行政機関に対し、その旨を申し出て、当該行政指導の中止その他必要な措置をとることを求めることができる**（同法36条の2第1項）。この求めは、行政不服審査法に基づく審査請求による必要はない。

5× **行政不服審査会に諮問しなければならないのは、審査庁が主任の大臣や庁の長などである場合**であり、**審査庁が「地方公共団体の長」である場合**は、地方公共団体の執行機関の附属機関として設置される行政不服審査法の規定により**その権限に属させられた事項を処理するための機**関に諮問しなければならない（同法43条1項、81条1項、2項）。

問題15　正解2

1× **審査請求がされた行政庁**（行政庁が裁決をする権限を有しなくなった場合の措置により引継ぎを受けた行政庁を含む。）**は、審査庁に所属する職員**（審理員となるべき者の名簿を作成した場合にあっては、当該名簿に記載されている者）**のうちから審理手続を行う者を指名する**（行政不服審査法9条1項本文、14条、17条）。審査請求の対象とされた処分の処分庁又は不作為庁に所属する職員から指名する**のではない。**

2○ **審理員は、**審査請求人若しくは参加人の申立てにより又は職権で、書類その他の物件の所持人に対し、相当の期間を定めて、その物件の提出を求めることができ、この場合、**審理員は、その提出された物件を留め置くことができる**（同法33条）。

3× **審理員は、**審査請求人若しくは参加人の申立てにより又は職権で、**必要な場所につき、検証をすることができる**（同法35条1項）。審査請求人若しくは参加人の申立ては必須ではない。

4× **審理員は、**審査請求人若しくは参加人の**申立てにより又は職権で、審査請求に係る事件に関し、審理関係人に質問することができる**（同法36条）。審査請求人若しくは参加人の申立ては必須**ではない。**

5× **審理員は、**必要があると認める場合に、数個の審査請求に係る審理

— 56 —

手続を併合することができるだけでなく、**併合された数個の審査請求に係る審理手続を分離することもできる**（同法 39 条）。

問題 16　正解 1

1 ×　行政庁は、審査請求若しくは再調査の請求又は他の法令に基づく不服申立てをすることができる処分をする場合には、処分の相手方に対し、一定の事項を書面で教示しなければならないが、**当該処分を口頭でする場合は、口頭で教示をすることができる**（行政不服審査法 82 条 1 項）。

2 ○　行政庁は、審査請求若しくは再調査の請求又は他の法令に基づく不服申立てをすることができる処分をする場合には、処分の相手方に対し、当該処分につき**不服申立てをすることができる旨**並びに**不服申立てをすべき行政庁**及び**不服申立てをすることができる期間を**書面で教示しなければならないが（同条項）、**当該処分の執行停止をすることができる旨を教示する必要はない**。

3 ○　行政庁は、利害関係人から、**当該処分が不服申立てをすることができる処分であるかどうか並びに当該処分が不服申立てをすることができるものである場合における不服申立てをすべき行政庁**及び**不服申立てをすることができる期間**につき教示を求められたときは、当該事項を教示しなければならず（同条 2 項）、この場合、**教示を求めた者が書面による教示を求めたときは、当該教示は、書面でしなければならない**（同条 3

項）。

4 ○　行政庁が、行政不服審査法において必要とされる教示をしなかった場合には、処分について**不服がある者は、当該処分庁に不服申立書を提出することができる**（同法 83 条 1 項）。

5 ○　審査庁は、再審査請求をすることができる裁決をする場合には、裁決書に再審査請求をすることができる旨並びに再審査請求をすべき行政庁及び再審査請求期間（同法 62 条）を記載して、これらを教示しなければならない（同法 50 条 3 項）。

問題 17　正解 4

1 ×　行政事件訴訟法は、抗告訴訟の**具体的な類型**として、①処分の取消しの訴え、②裁決の取消しの訴え、③無効等確認の訴え、④不作為の違法確認の訴え、⑤義務付けの訴え、⑥差止めの訴えの 6 つの類型を規定しているが（同法 3 条 2 項〜 7 項）、このことは**同法が抗告訴訟をこれらの 6 つの類型（法定抗告訴訟）に限定する趣旨ではない。これら以外の形態の訴えであっても、行政庁の公権力の行使に関する不服の訴えに該当するものであれば抗告訴訟（無名抗告訴訟・法定外抗告訴訟）として認められ得る。**

2 ×　不作為の違法確認の訴えには、取消しの訴えの拘束力に関する規定が準用される（同法 38 条 1 項が準用する同法 33 条 1 項）。このことは不作為の違法確認の訴えに対し、請求を認容する判決が確定した場合、

行政庁（不作為庁）は、判決の拘束力に従い何らかの処分・裁決をしなければならないという意味を持つに過ぎず、**当該訴えに係る申請を審査する行政庁に、当該申請により求められた処分を義務付けるものではない**。このような処分を求めるのであれば、**義務付けの訴えを提起する必要がある**。

3 × 不作為の違法確認の訴えは、**処分又は裁決についての申請をした者に限り、提起することができるが**（同法37条）、**この申請は法令に基づく申請でなければならない**（同法3条5項）。

4 ○ 行政庁の処分その他公権力の行使に当たる行為については、民事保全法に規定する仮処分をすることができない（行政事件訴訟法44条）。したがって、行政庁の処分その他公権力の行使に**「該当しない」行為**であれば、民事保全法に規定する仮処分をする余地がある。

5 × 法令に出訴期間の定めがある当事者訴訟は、その法令に別段の定めがある場合を除き、正当な理由があるときは、その期間を経過した後であっても、これを提起することができる（同法40条1項）。しかし、**行政事件訴訟法は、当事者訴訟には、取消しの訴えの出訴期間に関する規定を準用しておらず**（同法41条1項、14条参照）、**当事者訴訟の具体的な出訴期間を定めていない**。

問題18 正解1

1 × 最判平7.3.23は、開発行為を行おうとする者が、公共施設の管理者である行政機関等の同意を得ることができず、開発行為を行うことができなくなったとしても、**その権利ないし法的地位が侵害されたものとはいえないから、このような同意を拒否する行為が、国民の権利ないし法律上の地位に直接影響を及ぼすものであると解することはできない**。したがって、公共施設の管理者である行政機関等が開発許可の要件となる同意を拒否する行為は、**抗告訴訟の対象となる処分には当たらない**旨を判示している。

2 ○ 最判昭57.4.22は、都市計画区域内において工業地域を指定する決定は、都市計画法に基づき都市計画決定の1つとしてされるものであり、この決定が告示されて効力を生ずると、当該地域内においては建築物の用途、容積率、建ぺい率等につき従前と異なる基準が適用され、これらの基準に適合しない建築物については、建築確認を受けることができず、ひいてその建築等をすることができないこととなるから、この決定が、当該地域内の土地所有者等に建築基準法上新たな制約を課し、その限度で一定の法状態の変動を生ぜしめるものであることは否定できないが、**このような効果は、あたかも新たにそのような制約を課する法令が制定された場合におけると同様の当該地域内の不特定多数の者に対する一般的抽象的なそれにすぎず、このような効果を生ずるということだけから直ちに当該地域内の個人に対する具**

体的な権利侵害を伴う処分があったものとして、これに対する抗告訴訟を肯定することはできない旨を判示している。

3 ○ 最大判平20.9.10は、土地区画整理事業の施行地区内の宅地所有者等は、事業計画の決定がされることによって、建築行為等の制限を伴う土地区画整理事業の手続に従って換地処分を受けるべき地位に立たされるものということができ、その意味で、**その法的地位に直接的な影響が生ずるものというべきであり、事業計画の決定に伴う法的効果が一般的、抽象的なものにすぎないということはできない**。そうすると、市町村の施行に係る土地区画整理事業の事業計画の決定は、施行地区内の宅地所有者等の法的地位に変動をもたらすものであって、**抗告訴訟の対象とするに足りる法的効果を有するもの**ということができ、実効的な権利救済を図るという観点から見ても、**これを対象とした抗告訴訟の提起を認めるのが合理的**である旨を判示している。

4 ○ 最判平18.7.14（高根町給水条例事件）は、抗告訴訟の対象となる行政処分とは、行政庁の処分その他公権力の行使に当たる行為をいうものであるところ、**地方公共団体（町）が営む水道事業に係る条例所定の水道料金を改定する改正条例は、地方公共団体（町）が営む簡易水道事業の水道料金を一般的に改定するものであって、そもそも限られた特定の者に対してのみ適用されるものでは**

なく、このような改正条例の制定行為をもって行政庁が法の執行として行う処分と実質的に同視することはできないから、このような条例の制定行為は、抗告訴訟の対象となる行政処分には当たらない旨を判示している。

5 ○ 最判平21.11.26（横浜市立保育所廃止条例事件）は、**市が設置する各保育所の廃止のみを内容とする改正条例**は、他に行政庁の処分を待つことなく、その施行により各保育所廃止の効果を発生させ、当該保育所に現に入所中の児童及びその保護者という限られた特定の者らに対して、**直接、当該保育所において保育を受けることを期待し得る法的地位を奪う結果を生じさせるものであるから、その制定行為は、行政庁の処分と実質的に同視し得るもの**ということができ、このような改正条例の制定行為は、抗告訴訟の対象となる行政処分に当たる旨を判示している。

問題19　正解3

1 × 処分に無効原因となる瑕疵が存在するか否かの判断は、無効確認訴訟の本案審理でなされるものであるから、そのような瑕疵が存在しない場合、**訴えの却下判決ではなく、請求棄却判決がなされる**ことになる。

2 × 無効等確認の訴えは、当該処分又は裁決に続く処分により損害を受けるおそれのある者その他当該処分又は裁決の無効等の確認を求めるにつき法律上の利益を有する者で、当該処分若しくは裁決の存否又はその

効力の有無を前提とする現在の法律関係に関する訴えによって目的を達することができないものに限り、提起することができる（行政事件訴訟法36条）。したがって、無効等確認の訴えにも原告適格の制約がある。

3○　審査請求前置の規定（同法8条1項但書）は、無効等確認訴訟に準用されていない（同法38条1項、3項）。

4×　執行停止の規定（同法25条）は、無効等確認訴訟に準用されているから（同法38条3項）、妥当ではない。

5×　無効等確認の訴えは、処分若しくは裁決の存否又はその効力の有無を前提とする現在の法律関係に関する訴えによって目的を達することができないものに限り、提起することができる（同法36条）。したがって、処分が無効であることを前提とする現在の法律関係に関する訴えによって目的を達することができる場合には、提起することができない。

問題20　正解2

1×　最判昭53.10.20は、**刑事事件において無罪の判決が確定したというだけで直ちに起訴前の逮捕・勾留、公訴の提起・追行、起訴後の勾留が違法となるということはない**と判示している。なぜならば、逮捕・勾留はその時点において犯罪の嫌疑について相当な理由があり、かつ、必要性が認められるかぎりは適法であり、公訴の提起は、検察官が裁判所に対して犯罪の成否、刑罰権の存否につき審判を求める意思表示にほかなら

ないのであるから、起訴時あるいは公訴追行時における検察官の心証は、その性質上、判決時における裁判官の心証と異なり、起訴時あるいは公訴追行時における各種の証拠資料を総合勘案して合理的な判断過程により有罪と認められる嫌疑があれば足りるからである。

2○　最決平17.6.24は、**指定確認検査機関の確認に係る建築物について確認をする権限を有する建築主事が置かれた地方公共団体は、指定確認検査機関の建築確認につき行政事件訴訟法21条1項所定の「当該処分又は裁決に係る事務の帰属する国又は公共団体」に当たる**というべきであり、**建築確認に係る事務の帰属する公共団体に当たる**旨を判示している。よって本肢の場合、**地方公共団体が、建築確認事務について国家賠償法1条1項に基づく損害賠償責任を負う**ことになるから、妥当である。

3×　最判昭62.2.6は、**国家賠償法1条1項にいう「公権力の行使」には、公立学校における教師の教育活動も含まれる**と判示している。

4×　最判平5.3.11は、**税務署長のする所得税の更正は、所得金額を過大に認定していたとしても、そのことから直ちに国家賠償法1条1項にいう違法があったとの評価を受けるものではなく、税務署長が資料を収集し、これに基づき課税要件事実を認定、判断する上において、職務上通常尽くすべき注意義務を尽くすことなく漫然と更正をしたと認め得るような事情がある場合に限り、違法の

評価を受ける旨を判示している。

5× 最判昭61.2.27は、警察官が交通法規等に違反して車両で逃走する者をパトカーで追跡する職務の執行中に、逃走車両の走行により第三者が損害を被った場合において、その**追跡行為が違法であるというためには、その追跡が職務目的を遂行する上で不必要**であるか、又は逃走車両の逃走の態様及び道路交通状況等から予測される被害発生の具体的危険性の有無及び内容に照らし、**追跡の開始・継続若しくは追跡の方法が不相当であることを要する**旨を判示しており、**国家賠償法1条1項の適用上、当然に違法の評価を受けるとは**していない。

問題21　正解3

ア× 最判平7.7.7（国道43号線訴訟①事件）は、**国家賠償法2条1項にいう営造物の設置又は管理の瑕疵とは、営造物が通常有すべき安全性を欠いている状態、すなわち他人に危害を及ぼす危険性のある状態**をいうのであるが、これには営造物が供用目的に沿って利用されることとの関連においてその**利用者以外の第三者に対して危害を生ぜしめる危険性がある場合をも含む**ものであり、営造物の設置・管理者において、このような危険性のある営造物を利用に供し、その結果周辺住民に社会生活上受忍すべき限度を超える被害が生じた場合には、原則として同項の規定に基づく責任を免れることができないと判示している。しかし、同判決は、

道路管理者に回避可能性があったことが道路の設置又は管理に瑕疵を認めるための積極的要件になるものではない旨も判示している。

（参考）国道43号線訴訟
最判平7.7.7（国道43号線訴訟）は、道路管理者に道路の設置又は管理の瑕疵があったかどうかが争われた①事件と、道路の供用の差止めが請求された②事件の2つの事件として別個に判決がなされている。

イ○ 最大判昭56.12.16（大阪空港公害訴訟）は、空港の供用のような**国の行う公共事業が第三者に対する関係において違法な権利侵害ないし法益侵害となるかどうかを判断するに当たっては、侵害行為の態様と侵害の程度、被侵害利益の性質と内容、侵害行為のもつ公共性ないし公益上の必要性の内容と程度等を比較検討**するほか、**侵害行為の開始とその後の継続の経過及び状況、その間にとられた被害の防止に関する措置の有無及びその内容、効果等の事情をも考慮し、これらを総合的に考察してこれを決すべきものである**旨を判示している。

ウ○ 最判平7.7.7（国道43号線訴訟②事件）は、**道路等の施設の周辺住民からその供用の差止めが求められた場合に差止請求を認容すべき違法性があるかどうかを判断するにつき考慮すべき要素は、周辺住民から損害の賠償が求められた場合に賠償請求を認容すべき違法性があるかどうかを判断するにつき考慮すべき要素**

とほぼ共通するのであるが、施設の供用の差止めと金銭による賠償という請求内容の相違に対応して、違法性の判断において各要素の重要性をどの程度のものとして考慮するかにはおのずから相違があるから、**これらの場合の違法性の有無の判断に差異が生じることがあっても不合理とはいえない旨を判示している。**

エ×　前掲最大判昭 56.12.16（大阪空港公害訴訟）は、**国家賠償法 2 条 1 項の営造物の設置又は管理の瑕疵には、その営造物が供用目的に沿って利用されることとの関連において危害を生ぜしめる危険性がある場合をも含み、また、その危害は、営造物の利用者に対してのみならず、利用者以外の第三者に対するそれをも含む。**したがって、営造物の設置・管理者において、このような危険性があるにもかかわらず、これにつき特段の措置を講ずることなく、また、適切な制限を加えないままこれを利用に供し、その結果利用者又は第三者に対して現実に危害を生ぜしめたときは、**それが営造物の設置・管理者の予測しえない事由によるものでない限り、国家賠償法 2 条 1 項の規定による責任を免れることができない旨を判示しているので、妥当ではない。**

以上より、妥当なものの組合せは**イ・ウ**であるから、肢 3 が正解である。

問題 22　正解 3

1 ×　**行政上の秩序罰は、非訟事件手続法に基づき裁判所が決定をもって**科す（同法 119 条〜 122 条）。これに対して、**地方公共団体の条例・規則違反に対して科される過料**（地方自治法 149 条 3 号、255 条の 3）**は、その地方公共団体の長が、行政行為の形式で科すものである。**

2 ×　条例の効力は属地的なものであるから、地方公共団体の区域内であれば、原則として、住民であると否とを問わず効力が及ぶ（属地主義の原則）。したがって、A 市の区域内であれば、A 市の住民以外の者についても、A 市の条例に基づいて処罰することができる。

3 ○　普通地方公共団体は、法令に特別の定めがあるものを除くほか、その条例中に、条例に違反した者に対し、2 年以下の懲役若しくは禁錮、100 万円以下の罰金、拘留、科料若しくは没収の刑又は **5 万円以下の過料を科する旨の規定を設けることができる**（同法 14 条 3 項）。したがって、**条例で定めることができる過料の上限は、地方自治法によって制限されている。**

4 ×　普通地方公共団体の長は、法令に特別の定めがあるものを除くほか、普通地方公共団体の規則中に、規則に違反した者に対し、5 万円以下の過料を科する旨の規定を設けることができる（同法 15 条 2 項）。したがって、A 市長が定める規則で罰金を定めることはできない。

5 ×　肢 3 の解説のとおり、**普通地方公共団体は、法令に特別の定めがあるものを除くほか、その条例中に、罰金を科する旨の規定を設けること**

ができるが（同法14条3項）、**その際、地方公共団体の長が総務大臣と協議しなければならないとする規定は存在しない**。したがって、A市長は、あらかじめ総務大臣に協議する必要はない。

問題23　正解5

1×　住民訴訟の出訴権者は、住民監査請求をした当該地方公共団体の住民であるが（地方自治法242条の2第1項）、**普通地方公共団体の住民が、住民訴訟を提起した後、事実審の口頭弁論終結時までに当該普通地方公共団体から転出した場合には**、その訴えは、**当事者適格を欠く者の訴えとして不適法**となる（大阪高判昭59.1.25）。

2×　肢1の解説にあるとおり、住民訴訟の出訴権者は、住民監査請求をした当該地方公共団体の住民であるが（同条項）、**違法な財務会計行為が行われた時点において当該地方公共団体の住民であったことまでは要求されていない**。

3×　住民訴訟を提起することができるのは、住民監査請求をした住民である（同条項）。したがって、**他の住民が既に提起した住民監査請求の監査結果が出ている場合であっても、住民訴訟を提起しようとする者は、自ら別個に住民監査請求を行わなければならない**。

4×　住民監査請求ができるのは、違法な財務会計行為がある普通地方公共団体の住民だけであり（同法242条1項）、当該財務会計行為と法律上

の利害関係がある者であっても、当該地方公共団体の住民でない者は住民監査請求をすることはできない。

5○　普通地方公共団体の住民は、**住民監査請求をした場合において、監査委員の監査の結果又は勧告に不服があるときは、当該監査の結果又は当該勧告の内容の通知があった日から30日以内に住民訴訟を提起することができる**（同法242条の2第1項、2項1号）。

問題24　正解1

1○　都道府県は、都道府県知事の権限に属する事務の一部を、条例の定めるところにより、市町村が処理することとすることができる（地方自治法252条の17の2第1項前段）。

2×　**地方自治法において「自治事務」とは、地方公共団体が処理する事務のうち、法定受託事務以外のものをいう**（同法2条8項）。都道府県の事務の根拠となる**法律が、当該事務について都道府県の自治事務とする旨を定めていなくても、法定受託事務以外であれば都道府県の自治事務になり得る**。

3×　法定受託事務に係る処分及びその不作為についての審査請求は、**他の法律に特別の定めがある場合を除くほか、当該処分に係る事務を規定する法律又はこれに基づく政令を所管する各大臣や都道府県知事などに対してするものとされ、また、不作為についての審査請求は、当該不作為に係る執行機関に対してすることもできる**（同法255条の2第1項）。

すべて総務大臣に対してするものとはされていない。

4 × 普通地方公共団体は、その事務の処理に関し、**法律又はこれに基づく政令によらなければ、普通地方公共団体に対する国又は都道府県の関与を受け、又は要することとされることはない**（関与の法定主義：同法245条の2）。

5 × 普通地方公共団体は、法令に違反しない限りにおいて地域における事務及びその他の事務に関し、条例を制定することができるところ（同法14条1項、2条2項）、最大判昭50.9.10（徳島市公安条例事件）によれば、**条例が国の法令に違反するかどうかは、両者の対象事項と規定文言を対比するのみでなく、それぞれの趣旨、目的、内容及び効果を比較し、両者の間に矛盾抵触があるかどうかによってこれを決しなければならない**。したがって、都道府県が、その**自治事務について、独自の条例によって、法律が定める処分の基準に上乗せした基準を定めることができるとは言い切れない**。

問題25　正解5

本問で引用されている国家行政組織法の条文は、以下のとおりである。

第1条

　この法律は、内閣の統轄の下における行政機関で ア 内閣府 及びデジタル庁以外のもの（以下「国の行政機関」という。）の組織の基準を定め、もって国の行政事務の能率的な遂行のために必要な国家行政組織を整え

ることを目的とする。

第3条第1項

　国の行政機関の組織は、この法律でこれを定めるものとする。

第3条第2項

　行政組織のため置かれる国の行政機関は、省、 イ 委員会 及び庁とし、その設置及び廃止は、別に ウ 法律 の定めるところによる。

第3条第3項

　省は、内閣の統轄の下に第5条第1項の規定により各省大臣の エ 分担管理 する行政事務及び同条第2項の規定により当該大臣が掌理する行政事務をつかさどる機関として置かれるものとし、 イ 委員会 及び庁は、省に、その外局として置かれるものとする。

第5条第1項

　各省の長は、それぞれ各省大臣とし、内閣法にいう主任の大臣として、それぞれ行政事務を エ 分担管理 する。

第5条第2項

　各省大臣は、前項の規定により行政事務を エ 分担管理 するほか、それぞれ、その エ 分担管理 する行政事務に係る各省の任務に関連する特定の内閣の重要政策について、当該重要政策に関して閣議において決定された基本的な方針に基づいて、行政各部の施策の統一を図るために必要となる企画及び立案並びに総合調整に関する事務を掌理する。

第5条第3項

　各省大臣は、国務大臣のうちから、 オ 内閣総理大臣 が命ずる。

ただし、内閣総理大臣が自ら当たることを妨げない。

以上より、空欄ア～オに当てはまる語句は、ア：内閣府、イ：委員会、ウ：法律、エ：分担管理、オ：内閣総理大臣であるから、肢5が正解である。

問題26　正解3

1 ×　普通地方公共団体の事務の監査請求をする権利は、選挙権を有する者に認められているところ（地方自治法75条1項）、選挙権は**日本国民で年齢満18歳以上の者**に認められている（同法18条）。したがって、日本国籍を有しない住民には、事務の監査請求をする権利は**認められない**。

2 ×　**住民監査請求をする権利は、地方公共団体の住民**に認められており（同法242条1項）、**日本国籍を有することは要件とはされていない**。

3 ○　普通地方公共団体は、住民が公の施設を利用することについて、不当な差別的取扱いをしてはならない（同法244条3項）。日本国籍を有しない住民についても、不当な差別的取扱いをしてはならず、妥当である。

4 ×　①日本国民たる年齢満18年以上の者で引き続き3か月以上市町村の区域内に住所を有するものは、その属する普通地方公共団体の議会の議員及び長の選挙権を有する（同法18条、公職選挙法9条2項）。また、②日本国民たる年齢満18年以上の者でその属する市町村を包括する都道府県の区域内の一の市町村の区域内に引き続き3か月以上住所を有し

ていたことがあり、かつ、その後も引き続き当該都道府県の区域内に住所を有するものは、①の住所に関する要件にかかわらず、**当該都道府県の議会の議員及び長の選挙権を有する**（同条3項）。つまり、地方公共団体の長や議会の議員の選挙権を有するのは、地方公共団体の区域内に住所を有するか、有していたことがある一定の日本国民に限られるから、日本国籍を有しない住民には、地方公共団体の長や議会の議員の選挙権は認められない。

5 ×　出入国管理及び難民認定法に基づく在留資格をもって日本に中長期間在留する中長期在留者や特別永住者などであって、**市区町村の区域内に住所を有する者は、日本国籍を有しない住民であっても、住民基本台帳法に基づく住民登録をすることができる**（住民基本台帳法30条の45）。

問題27　正解1

1 ×　最判昭57.6.8によれば、**土地の仮装譲受人から当該土地上の建物を賃借した者は、民法94条2項所定の第三者には当たらない**。したがって、Aは、虚偽表示の無効を善意のCに対抗できる。

2 ○　最判昭45.7.24によれば、民法94条2項にいう第三者とは、虚偽表示の当事者又はその一般承継人以外の者であって、その表示の目的につき法律上利害関係を有するに至った者をいい、虚偽表示の相手方との間で虚偽表示の目的につき**直接取引関**

係に立った第三者が悪意の場合でも、転得者が善意であるときは、**転得者は同条項にいう善意の第三者に当たる**。したがって、Aは虚偽表示の無効を善意のDに対抗できない。

3○　大判大 4.12.17 によれば、**不動産の仮装譲受人から抵当権の設定を受けた者は、民法94条2項の第三者に当たる**。したがって、Aは虚偽表示の無効を善意のCに対抗できない。

4○　最判昭 48.6.28 によれば、**虚偽表示の目的物を差し押さえた相手方の一般債権者は、民法94条2項の第三者に当たる**。したがって、Aは虚偽表示の無効を善意のCに対抗できない。

5○　大判昭 13.12.17 によれば、**他人名義に仮装した債権の譲受人は、同法94条2項の第三者に当たる**。したがって、Aは虚偽表示の無効を善意のDに対抗できない。

問題28　正解2

1○　**占有者は、所有の意思をもって、善意で、平穏に、かつ、公然と占有をするものと推定される**（民法186条1項）。また、最判昭 41.6.9 によれば、**即時取得（民法192条）の成立要件としての無過失**について、およそ占有者が占有物の上に行使する権利はこれを**適法に有するものと推定**される以上、譲受人たる占有取得者が譲渡人にこの外観に対応する権利があるものと信ずるについては過失のないものと推定され、占有取得者自身において過失のないことを立

証することを要しない。したがって、占有開始におけるCの平穏、公然、善意及び無過失は**推定される**。

2×　選択肢1の解説にあるとおり、**占有者は、所有の意思をもって、善意で、平穏に、かつ、公然と占有をするものと推定される**（同法186条1項）。しかし、最判昭 58.3.24 によれば、**民法186条1項の所有の意思の推定**は、占有者がその性質上所有の意思のないものとされる権原に基づき占有を取得した事実が証明されるか、又は占有者が占有中、真の所有者であれば通常はとらない態度を示し、若しくは所有者であれば当然とるべき行動に出なかったなど、**外形的客観的にみて占有者が他人の所有権を排斥して占有する意思を有していなかったものと解される事情、つまり、他主占有事情が証明されるときは、覆される**。したがって、外形的客観的にみて**Bの他主占有事情をAが証明したときには、Bに所有の意思は認められない**。

3○　**善意の占有者は、占有物から生ずる果実を取得できるが**（同法189条1項）、**善意の占有者が本権の訴えにおいて敗訴したときは、その訴えの提起の時から悪意の占有者とみなされる**（同条2項）。本肢の場合、Aから本権の訴えがないから、Cは丙を耕作することによって得た収穫物を取得することができる。

4○　**占有者がその占有を奪われたときは、占有回収の訴えにより、その物の返還及び損害の賠償を請求することができる**（同法200条1項）。

本肢の場合、Bは丁をCに盗取されているから、占有回収の訴えにより、Cに対して丁の返還を請求**できる**。

5○ 代理人によって占有をする場合において、**本人がその代理人に対して以後第三者のためにその物を占有することを命じ、その第三者がこれを承諾したときは、その第三者は、占有権を取得する**（指図による占有移転：同法184条）。本肢の場合、戊について指図による占有移転があるから、AからCへの引渡しが**認められる**。

問題29 正解4

1○ 根抵当権設定者は、根抵当権の設定の時から3年を経過したときは、担保すべき元本の確定を請求することができ（民法398条の19第1項前段）、根抵当権者は、いつでも担保すべき元本の確定を請求することができる（同条2項前段）。したがって、Aは、根抵当権の設定から3年が経過したときに元本確定を請求することができ、Bは、いつでも元本確定を請求することができる。

2○ 元本の確定前においては、**根抵当権の担保すべき債権の範囲の変更をすることができ**（同法398条の4第1項前段）、この場合、**後順位の抵当権者その他の第三者の承諾を得ることを要しない**（同条2項）。もっとも、**被担保債権の範囲の変更について元本の確定前に登記をしなかったときは、その変更をしなかったものとみなされる**（同条3項）。したがって、本肢の場合、Cの承諾を得る必要は**ない**が、被担保債権の範囲の変更について元本の確定前に登記をしなかったときは、その変更を**しなかった**ものとみなされる。

3○ 元本の確定後においては、**根抵当権設定者は、その根抵当権の極度額を、現に存する債務の額と以後2年間に生ずべき利息その他の定期金及び債務の不履行による損害賠償の額とを加えた額に減額することを請求**することができる（同法398条の21第1項）。したがって、本肢の場合、AはBに対して、極度額を法の定める額に減額することを請求**できる**。

4× **根抵当権者は、確定した元本並びに利息その他の定期金及び債務の不履行によって生じた損害の賠償の全部について、極度額を限度として、その根抵当権を行使することができる**（同法398条の3第1項）。確定した元本に係る最後の2年分の利息、損害金に限られる**わけではなく**、また、極度額を超えて優先弁済を受けることもできない。

5○ 元本確定前の根抵当権には**随伴性がなく**、元本の確定前に根抵当権者から債権を取得した者は、その債権について根抵当権を行使することが**できない**（同法398条の7第1項前段）。したがって、本肢の場合、Dは債権譲渡の対抗要件を具備していても、譲渡された債権について根抵当権を行使することはできない。

問題30 正解5

1× 「Cが亡くなった後に引き渡す」旨の定めは、法律行為の効力が発生

することが不確実な事実に係らしめる約款であるから、**不確定期限の定め**である。この場合、債務者は、その**期限の到来した後に履行の請求を受けた時又はその期限の到来したことを知った時のいずれか早い時から遅滞の責任を負う**（民法412条2項）。本肢の場合、AはCの死亡後にBから履行請求を受けているから、実際にCの死亡を知らなくても履行遅滞の責任を負うことになる。

2 × 　債務の履行が契約その他の債務の発生原因及び取引上の社会通念に照らして不能であるときは、**債権者は、その債務の履行を請求することができない**が（同法412条の2第1項）、契約に基づく債務の履行がその契約の成立の時に不能であったことは、その履行の不能によって生じた損害の賠償を請求することを妨げない（同条2項、415条）。したがって、本肢の場合、AはBに履行の不能によって生じた損害を賠償する責任を**負う**。

3 × 　債務を履行するために債務者が使用する第三者（**履行補助者**）の行為によって債務不履行が生じた場合における債務者の責任の有無について、判例は、結論において**債務者の責任を認めるべき場合がある**とするにとどまり（大判昭4.3.30、大判昭15.12.18など）、個別の事案に応じた判断を重ねているため、**一般的な規範が確立されているとは言い難い**と解されている（「民法（債権関係）の改正に関する検討事項（1）詳細版」法制審議会民法部会）。したがって、

本肢の場合、**A**に「**当然に**」**債務不履行責任が認められるとは言い切れない**。

4 × 　当事者双方の責めに帰することができない事由によって債務を履行することができなくなったとき、債権者は、反対給付の履行を拒むことができる（同法536条1項）。したがって、本肢の場合、Aからの代金支払請求に応じる必要は**ない**。

5 〇 　債務の不履行が債権者の責めに帰すべき事由によるものであるときは、債権者は、契約の解除をすることができないところ（同法543条）、**債権者が債務の履行を受けることを拒み、又は受けることができない場合において、履行の提供があった時以後に当事者双方の責めに帰することができない事由によってその債務の履行が不能となったときは、その履行の不能は、債権者の責めに帰すべき事由**によるものとみなされる（同法413条の2第2項）。したがって、本肢の場合、Bは契約の解除をすることはできない。また、**債権者の責めに帰すべき事由によって債務を履行することができなくなったときは、債権者は、反対給付の履行を拒むことができず**（同法536条2項前段）、Bは、Aからの代金支払請求を拒絶することもできない。

問題31　正解5

1 × 　債務者がその債務の全部の履行を拒絶する意思を明確に表示したときは、債権者は、催告をすることなく、直ちに契約の解除をすることができ

る（民法542条1項2号）。

2✕ 特定物の売買契約において債務の全部の履行が不能であるときは、**債権者は、催告をすることなく、直ちに契約の解除をすることができる**（同条項1号）。

3✕ 最判昭27.4.25は、賃貸借は当事者相互の信頼関係を基礎とする継続的契約であるから、賃貸借の継続中、当事者の一方に、その**義務に違反し信頼関係を裏切って、賃貸借関係の継続を著しく困難ならしめるような不信行為のあった場合には、相手方は、催告をすることなく、賃貸借を将来に向かって解除することができる**旨を判示している。

4✕ 最判昭51.2.13によれば、**他人の権利を売買の目的**としたときにおいても、売買契約に基づき**目的物の引渡しを受けていた買主は、その契約を解除した場合**でも、原状回復義務の内容として、**解除までの間目的物を使用したことによる利益を売主に返還しなければならない**。

5○ 当事者の一方がその債務を履行しない場合において、相手方が相当の期間を定めてその履行の催告をし、その期間内に履行がないときは、相手方は、契約の解除をすることができる。ただし、**その期間を経過した時における債務の不履行がその契約及び取引上の社会通念に照らして軽微であるときは、契約の解除をすることができない**（同法541条）。

問題32 正解4

1○ 不動産の譲渡人が賃貸人であるときは、その**賃貸人たる地位は、賃借人の承諾を要しないで、譲渡人と譲受人との合意により、譲受人に移転させることができる**（民法605条の3前段）。したがって、本肢の場合、甲建物についての賃貸人たる地位は、賃借人Bの承諾がなくても、譲渡人（賃貸人）Aと譲受人Cの合意により、Cに移転させることができる。

2○ **賃貸人たる地位の移転は、賃貸物である不動産について所有権の移転の登記をしなければ、賃借人に対抗することができない**（同法605条の2第3項）。したがって、本肢の場合、甲建物の譲渡による賃貸人たる地位の移転は、甲建物について譲渡人（賃貸人）Aから譲受人Cへの所有権移転登記をしなければ、賃借人Bに対抗することができない。

3○ **不動産の譲渡人及び譲受人が、賃貸人たる地位を譲渡人に留保する旨及びその不動産を譲受人が譲渡人に賃貸する旨の合意をしたときは、賃貸人たる地位は、譲受人に移転しない**（同条2項前段）。したがって、本肢の場合、賃貸人たる地位は譲受人Cに移転しない。

4✕ **賃借人は、賃貸人の承諾を得なければ、その賃借権を譲り渡し、又は賃借物を転貸することができない**（同法612条1項）。したがって、本肢の場合、賃借人Bは、譲受人Cの承諾を得なければ、甲建物の賃借権を譲り渡すことも、甲建物を転貸することもできない。

5○　賃貸人たる地位が譲受人又はその承継人に移転したときは、**費用の償還に係る債務及び敷金の返還に係る債務は、譲受人又はその承継人が承継する**（同法605条の2第4項）。したがって、本肢の場合、敷金の返還に係る債務はCに**承継され、CがBに対し、その債務を負う**。

問題33　正解2

1○　利息付金銭消費貸借において、貸主は、借主が金銭その他の物を受け取った日以後の利息を請求することができるところ（民法589条2項）、**利息を生ずべき債権について別段の意思表示がないときは、その利率は、その利息が生じた最初の時点における法定利率によることになる**（同法404条1項）。したがって、利息について利率の定めがなかったとき、利息の利率は、**借主が金銭を受け取った日の法定利率によることになる**。

2×　法定利率は3年を1期とし、1期ごとに変動するが（同条3項）、利息付金銭消費貸借において、**利息について利率の定めがなかったときの利息の利率は、借主が金銭を受け取った日の法定利率によることになる**（同条1項）。当初適用された法定利率が変動しても、当該消費貸借に適用される法定利率が一緒に変動するわけではない。

3○　金銭の給付を目的とする債務の不履行については、その**損害賠償の額は、約定利率が法定利率を超えるときを除き、債務者が遅滞の責任を負った最初の時点における法定利率**によって定める（同法419条1項）。したがって、約定利率が法定利率より低かった本肢の場合、遅延損害の額は**法定利率によって定める**ことになる。

4○　最判昭37.9.4によれば、**不法行為に基づく損害賠償債務は、なんらの催告を要することなく、損害の発生と同時に遅滞に陥り、利息を生ずべき債権について別段の意思表示がないときは、その利率は、その利息が生じた最初の時点における法定利率によることになる**（同法404条1項）。したがって、本肢の場合、遅延損害金は、原則として、**不法行為時の法定利率によって定められる**ことになる。

5○　将来において取得すべき利益についての損害賠償の額を定める場合において、その**利益を取得すべき時までの利息相当額を控除するときは、その損害賠償の請求権が生じた時点における法定利率により、これをする**（中間利息の控除：同法417条の2第1項）。

問題34　正解5

1×　未成年者は、他人に損害を加えた場合において、**自己の行為の責任を弁識するに足りる知能を備えていなかったときは、その行為について賠償の責任を負わない**（民法712条）。「道徳上の是非善悪を判断できるだけの能力」の有無により責任能力の有無を判断するわけではない。

2×　精神上の障害により自己の行為の責任を弁識する能力を欠く状態に

ある間に他人に損害を加えた者は、その賠償の責任を負わないのが原則であるが、**故意又は過失によって一時的に精神上の障害により自己の行為の責任を弁識する能力を欠く状態を招いたときは、損害賠償の責任を負わなければならない**（同法713条）。

3 ×　他人の不法行為に対し、自己又は第三者の権利又は法律上保護される利益を防衛するため、やむを得ず加害行為をした者は、**損害賠償の責任を負わない**（正当防衛：同法720条1項本文）。しかし、**「野生の熊が襲ってきた」**ことは、他人の不法行為には当たらないから、正当防衛は成立しない。

4 ×　他人の物から生じた急迫の危難を避けるためその物を損傷した場合、**損害賠償の責任を負わない**（緊急避難：同条2項）。しかし、「路上でナイフを振り回して襲ってきた暴漢」により生じた危難は、**「他人の物」**から生じた急迫の危難には当たらないから、緊急避難は成立しない。なお、本肢の場合、**正当防衛が成立する**。

5 ○　選択肢4の解説にもあるとおり、本肢の場合、**窓を割って逃げ込んだ者には正当防衛が成立する**から、**窓を壊された被害者は、損害賠償を請求することはできない**（同法720条1項本文）。また、**暴漢に対しては、不法行為に基づく損害賠償を請求できる**（同条項但書）。

問題35　正解1

1 ○　系譜、祭具及び墳墓の所有権は、慣習に従って、祖先の祭祀を主宰す

べき者が承継するのが原則だが、**被相続人の指定に従って祖先の祭祀を主宰すべき者があるときは、その者が承継**する（民法897条1項）。なお、「系譜」とは、家系図や過去帳のことであり、祭具とは、位牌・仏壇などのことをいう。「墳墓」とは、墓石・墓碑など遺体や遺骨を葬っている設備のことをいう。

2 ×　最大判昭42.11.1は、慰謝料請求権そのものは、相続の対象となりえないものと解すべき法的根拠はないとしている。つまり、慰謝料請求は相続の対象となり得る。

3 ×　最大決平28.12.19によれば、共同相続された普通預金債権、通常貯金債権及び定期貯金債権は、いずれも相続開始と同時に当然に相続分に応じて分割されることはなく、遺産分割の対象となる。

4 ×　遺産の分割前に遺産に属する財産が処分された場合であっても、共同相続人は、その全員の同意により、当該処分された財産が遺産の分割時に遺産として存在するものとみなすことができる（同法906条の2第1項）。

5 ×　共同相続人は、被相続人が遺言で禁じた場合（同法908条1項）又は分割をしない旨の契約をした場合（同条2項）を除き、いつでも、その協議で、遺産の全部又は一部の分割をすることができる（同法907条1項）。「相続の開始後3か月を経過」することは要件とされていない。

問題36　正解5

1×　商号の譲渡の登記は、第三者に対する対抗要件であって、効力要件ではない（商法15条2項）。したがって、乙が商号の登記をしなくても商号譲渡の効力は**生じる**。

2×　営業を譲り受けた商人（譲受人）が譲渡人の商号を引き続き使用する場合には、その譲受人も、譲渡人の営業によって生じた債務を弁済する責任を負うのが原則であるが（同法17条1項）、**営業を譲渡した後、遅滞なく、譲受人が譲渡人の債務を弁済する責任を負わない旨を登記した場合、または譲受人及び譲渡人から第三者に対しその旨の通知をした場合**には、**譲受人はこの責任を負わない**（同条2項）。したがって、本肢事例の場合、**譲受人乙と譲渡人甲が、第三者である丙に対して通知をしなければ、乙は免責されない**。

3×　営業を譲り受けた商人（譲受人）が譲渡人の商号を引き続き使用する場合において、**譲渡人の営業によって生じた債権について、その譲受人にした弁済は、弁済者が善意でかつ重大な過失がないときは、その効力を有する**（同条4項）。したがって、丙の弁済は、その過失の有無を問わず効力を有するわけではない。

4×　譲受人が譲渡人の商号を引き続き使用しない場合においても、譲渡人の営業によって生じた債務を引き受ける旨の広告をしたときは、譲渡人の債権者は、その譲受人に対して弁済の請求をすることができる（同法18条1項）。この場合における**譲**渡人の責任は、当該広告があった日後2年以内に請求又は請求の予告をしない債権者に対しては、その期間を経過した時に消滅する（同条2項）。したがって、乙が広告をしただけで甲の責任が消滅するわけではない。

5○　譲渡人が、譲受人に承継されない債務の債権者（残存債権者）を害することを知って営業を譲渡した場合には、残存債権者は、譲受人が営業の譲渡の効力が生じた時において残存債権者を害することを知らなかったときを除き、その譲受人に対して、承継した財産の価額を限度として、当該債務の履行を請求することができる（同法18条の2第1項）。したがって、本肢の場合、丙は、丙を害することを知りながら無償で営業を譲り受けた乙に対して、**承継した財産の価額を限度として、当該債務の履行を請求することができる**。

問題37　正解3

ア○　発起人は、株式会社が発行することができる株式の総数（発行可能株式総数）を定款で定めていない場合には、**株式会社の成立の時までに、その全員の同意によって、定款を変更して発行可能株式総数の定めを設けなければならない**（会社法37条1項）。

イ×　発起人は、発行可能株式総数を定款で定めている場合には、**株式会社の成立の時までに、その全員の同意によって、発行可能株式総数についての定款の変更をすることができる**（同条2項）。過半数の同意で発行

可能株式総数についての定款の変更をすることができる**わけではない**。

ウ× **募集設立の場合**において、発行可能株式総数を定款で定めていないときは、**株式会社の成立の時までに、創立総会の決議によって、定款を変更して発行可能株式総数の定めを設けなければならない**（同法98条）。発起人の全員の同意によって、定款を変更して発行可能株式総数の定めを設ける**わけではない**。

エ○ **募集設立の場合、創立総会の決議によって、定款の変更をすることができる**（同法96条）。したがって、募集設立においては、発行可能株式総数を定款で定めている場合であっても、株式会社成立の時までに、創立総会の決議によって、発行可能株式総数についての定款を変更することができる。

オ○ **設立時発行株式の総数は、**設立しようとする株式会社が**公開会社でない場合を除き、発行可能株式総数の4分の1を下ることができない**（同法37条3項）。

以上より、誤っているものの組合せは**イ・ウ**であるから、肢**3**が正解である。

問題38 正解2

1○ **株式会社の特別支配株主は、**当該株式会社の株主（当該株式会社及び当該特別支配株主を除く。）の全員に対し、その有する当該株式会社の株式の**全部を当該特別支配株主に売り渡すことを請求することができる**（会社法179条1項本文）。

2× 特別支配株主は、株式売渡請求をしようとするときは、対象会社に対し、その旨及び売渡株式の対価として交付する金銭の額などを通知し、その承認を受けなければならない（同法179条の3第1項）。そして、**この承認をするか否かの決定は、対象会社が取締役会設置会社**である場合には、**取締役会の決議によらなければならず**（同条3項）、**対象会社が取締役会非設置会社**である場合には、定款に別段の定めがある場合を除き、**取締役の過半数をもって決定する**（同法348条2項）。対象会社の株主総会の承認を受ける必要は**ない**。

3○ 株式売渡請求は、特別支配株主が売渡株式を取得する日（取得日）などの事項を定めてしなければならず（同法179条の2第1項）、**株式売渡請求をした特別支配株主は、取得日に、売渡株式の全部を取得する**（同法179条の9第1項）。

4○ **売渡株主は、**株式売渡請求が法令に違反する場合などの**売渡株主が不利益を受けるおそれがあるときは、特別支配株主に対し、株式売渡請求に係る売渡株式の全部の取得をやめることを請求することができる**（同法179条の7第1項）。

5○ **株式売渡請求に係る売渡株式の全部の取得の無効は、取得日から6か月以内**（対象会社が公開会社でない場合にあっては、当該取得日から**1年以内**）に、訴えをもってのみ主張することができる（同法846条の2第1項）。

問題39　正解4

1○　総株主の議決権の100分の3以上の議決権を6か月前から引き続き有する株主は、取締役に対し、株主総会の目的である事項（当該株主が議決権を行使することができる事項に限る。）及び**招集の理由を示して、株主総会の招集を請求することができる**（会社法297条1項）。

2○　公開会社は、取締役会を置かなければならないところ（同法327条1項柱書、1号）、**取締役会設置会社においては、総株主の議決権の100分の1以上の議決権又は300個以上の議決権を6か月前から引き続き有する株主に限り、取締役に対し、株主総会の日の8週間前までに、一定の事項を株主総会の目的とすることを請求することができる**（同法303条2項）。

3○　株主は、株主総会において、当該株主が議決権を行使することができる事項に限り、株主総会の目的である事項につき議案を提出することができる。ただし、当該**議案が法令若しくは定款に違反する場合又は実質的に同一の議案につき株主総会において総株主の議決権の10分の1以上の賛成を得られなかった日から3年を経過していない場合は、この限りでない**（同法304条）。

4×　株式会社又は総株主の議決権の100分の1以上の議決権を有する株主は、株主総会に係る招集の手続及び決議の方法を調査させるため、**当該株主総会に先立ち、裁判所に対し、検査役の選任の申立てをすることが**できる（同法306条1項）。**この株主総会の招集手続等に関する検査役の選任の申立ては、裁判所に対してするのであって、取締役に対してするのではない。**

5○　取締役、会計参与、監査役及び執行役は、株主総会において、株主から特定の事項について説明を求められた場合には、当該事項について必要な説明をしなければならない。ただし、**当該事項が株主総会の目的である事項に関しないもの**である場合、その説明をすることにより**株主の共同の利益を著しく害する場合その他正当な理由がある場合として法務省令で定める場合は、この限りでない**（同法314条）。

問題40　正解4

ア×　株式会社は、定款の定めによって、会計参与を置くことができるとされているが（会社法326条2項）、**公開会社である大会社における会計参与の設置を禁じる規定はない。**

イ×　公開会社ではない大会社は、会計監査人を置かなければならないとされているが（同法328条2項）、会計監査人に代えて、会計参与を置くことができるとする規定は**ない**。

ウ○　会計参与などの役員は、株主総会の決議によって選任するから（同法329条1項）、正しい。

エ○　会計参与は、公認会計士若しくは監査法人又は税理士若しくは税理士法人でなければならないから（同法333条1項）、正しい。

オ×　取締役会設置会社の会計参与が

取締役会に出席し、必要に応じて意見を述べる義務があるのは、**計算書類等の承認を行う取締役会だけであり**（同法376条1項、436条3項、441条3項、444条5項）、**すべての取締役会に出席しなければならないわけではない**。

以上より、正しいものの組合せは**ウ・エ**であるから、肢**4**が正解である。

問題41　正解　ア：10　イ：7　ウ：20　エ：5

ア：法律上　裁判所は、日本国憲法に特別の定のある場合を除いて**一切の法律上の争訟を裁判し、その他法律において特に定める権限を有する**（裁判所法3条1項）。ここにいう**法律上の争訟**は、**①当事者間の具体的な権利義務ないし法律関係の存否に関する紛争であって、かつ、②法令の適用により終局的に解決できるものに限られる**（板まんだら事件：最判昭56.4.7）。したがって、アには**法律上**が当てはまる。

イ：外在的　「**本来**」「**許されないはず**」である司法権の行使に対する「**制約**」であり、「**厳格に限定される必要がある**」といった記述から、イには**外在的**が当てはまる。

ウ：憲法上　「憲法76条1項により司法権に課せられた義務」に対して「**本来**」「**許されないはず**」の「**例外**」を認めるのであるから、**それを「正当化」するには憲法上の根拠がなければならない**と考えられる。したがって、ウには**憲法上**が当てはまる。

エ：自律性　国会の各議院の「**資格争**

訟の裁判権」や議員の免責特権は、議院の自律性を尊重するために認められているものであるから、エには**自律性**が当てはまる。

以上より、アには**10-法律上**、イには**7-外在的**、ウには**20-憲法上**、エには**5-自律性**が当てはまる。

なお、本問で引用されている**最大判令和2年11月25日（岩沼市議会議員出席停止事件）**は、地方議会議員の懲罰の司法審査に関する先例であった最大判昭和35年10月19日を最高裁裁判官の全員一致で変更し、**地方議会の議員に対する出席停止処分の適否を司法審査の対象とした重要な判決**である。その判決文中、本問で引用されている部分は以下のとおりである。

　`ア：法律上`の争訟は、①当事者間の具体的な権利義務ないし法律関係の存否に関する紛争であって、かつ、②それが法令の適用により終局的に解決することができるものに限られるとする当審の判例（引用略）に照らし、地方議会議員に対する出席停止の懲罰の取消しを求める訴えが、①②の要件を満たす以上、`ア：法律上`の争訟に当たることは明らかであると思われる。

　`ア：法律上`の争訟については、憲法32条により国民に裁判を受ける権利が保障されており、また、`ア：法律上`の争訟について裁判を行うことは、憲法76条1項により司法権に課せられた義務であるから、本来、司法権を行使しないことは許されないはずであり、司法権に対す

る ア:外在的 制約があるとして司
法審査の対象外とするのは、かかる
例外を正当化する ウ:憲法上 の根
拠がある場合に厳格に限定される必
要がある。

　国会については、国権の最高機関
（憲法41条）としての エ:自律
性 を憲法が尊重していることは明
確であり、憲法自身が議員の資格争
訟の裁判権を議院に付与し（憲法55
条）、議員が議院で行った演説、討論
又は表決についての院外での免責規
定を設けている（憲法51条）。しかし、
地方議会については、憲法55条や
51条のような規定は設けられておら
ず、憲法は、 エ:自律性 の点にお
いて、国会と地方議会を同視してい
ないことは明らかである。

**問題42　正解　ア:19　イ:11　ウ:
6　エ:3**
ア:行政文書　行政機関の保有する情
　報の公開に関する法律に基づき、**行
　政機関の長に対して、当該行政機関
　が保有する行政文書の開示が請求**さ
　れた場合、**行政機関の長は、開示請
　求に係る行政文書の全部又は一部を
　開示するときは、開示する旨の決定
　をし、開示請求に係る行政文書の全
　部を開示しないときは、開示をしな
　い旨の決定をし、開示請求者に対し、
　その旨を書面により通知しなければ
　ならない**（同法9条1項、2項）。し
　たがって、アには**行政文書**が当ては
　まる。
イ:申請に対する処分　開示決定等は、
　**行政手続法に規定する申請に対する
　処分**であるから（「個人情報の保護に
　関する法律についてのガイドライン
　（行政機関等編）」個人情報保護委員
　会HP）、イには**申請に対する処分**が
　当てはまる。
ウ:理由　**行政庁は、一定の場合を除き、
　申請により求められた許認可等を拒
　否する処分**をする場合は、**申請者に
　対し、同時に、当該処分の理由を示
　さなければならない**（行政手続法8
　条1項）。したがって、ウには**理由**が
　当てはまる。
エ:情報公開・個人情報保護審査会
　**開示決定等又は開示請求に係る不作
　為について審査請求があったときは、
　当該審査請求に対する裁決をすべき
　行政機関の長は、一定の場合を除き、
　情報公開・個人情報保護審査会**（審
　査請求に対する裁決をすべき行政機
　関の長が会計検査院の長である場合
　にあっては、別に法律で定める審査
　会）**に諮問しなければならない**（行政
　機関の保有する情報の公開に関す
　る法律19条1項柱書）。したがって、
　エには情報公開・個人情報保護審査
　会が当てはまる。

　以上より、アには**19-行政文書**、イ
には**11-申請に対する処分**、ウには
6-理由、エには**3-情報公開・個人情
報保護審査会**が当てはまる。

　なお、本問の空欄に当てはまる語句
を補充して、文章を完成させると以下
のようになる。

　行政機関の保有する情報の公開に関
する法律（行政機関情報公開法）に基
づき、行政機関の長に対して、当該行
政機関が保有する ア:行政文書 の開

示が請求された場合、当該行政機関の長は、当該 ア：行政文書 の開示又は不開示の決定（開示決定等）をしなければならない。

開示決定等は、行政手続法上の イ：申請に対する処分 であるから、同法の定めによれば、当該行政機関の長は、不開示決定（部分開示決定を含む。）をする場合、原則として、開示請求者に対し、同時に、当該決定の ウ：理由 を示さなければならない。

開示決定等に不服がある者は、行政不服審査法に基づく審査請求をすることができる。審査請求に対する裁決をすべき行政機関の長は、原則として、エ：情報公開・個人情報保護審査会 に諮問しなければならない（当該行政機関の長が会計検査院長である場合を除く。）。エ：情報公開・個人情報保護審査会 は、必要があると認めるときは、諮問をした行政機関の長（諮問庁）に対し、ア：行政文書 の提示を求めることができ、諮問庁は、これを拒むことができない。この審査請求においては、処分庁は、当初に示された ウ：理由 と異なる ウ：理由 を主張することもできる。

問題43　正解　ア：4　イ：15　ウ：20　エ：11

ア：無過失　国家賠償法による救済を受けるためには、国又は公共団体の公権力の行使に当たる**公務員が、その職務を行うについて、故意又は過失によって違法に他人に損害を加えたことが必要**である（国家賠償法1条1項）。したがって、アには**無過失**

が当てはまる。

イ：財産権　憲法29条3項によって求められる損失補償の対象は、**私有財産**であるから、イには**財産権**が当てはまる。

ウ：勿論　「生命・身体の利益は、当然に憲法29条3項に規定する損失補償の対象となる」とする解釈は、**ある条文の規定の立法目的や趣旨等から見て、明文の規定はなくても、それと同趣旨の規定があると解釈することが当然とする勿論解釈**であると考えられる。したがって、ウには**勿論**が当てはまる。

エ：推定　最判昭51.9.30は、**予防接種を実施する医師が、適切な問診を尽くさなかったため、接種対象者の**症状、疾病その他異常な身体的条件及び体質的素因を認識することができず、**禁忌すべき者の識別判断を誤って予防接種を実施した場合**において、予防接種の異常な副反応により接種対象者が死亡又は罹病したときには、担当医師は接種に際し**このような結果を予見しえたものであるのに過誤により予見しなかったものと推定するのが相当**であるとしている。したがって、エには**推定**が当てはまる。

以上より、アには**4-無過失**、イには**15-財産権**、ウには**20-勿論**、エには**11-推定**が当てはまる。

なお、本問の空欄に当てはまる語句を補充して、文章を完成させると以下のようになる。

国家補償制度は、国家賠償と損失補償によって構成されるが、両者のいず

れによっても救済されない問題が存在する。公務員の ア:無過失 の違法行為による被害は、国家賠償法の救済の対象とはならず、他方、憲法29条3項によって求められる損失補償は、イ:財産権 以外の権利利益についての被害には及ばないと考えられるからである。この救済の空白地帯は「国家補償の谷間」と呼ばれている。

「国家補償の谷間」の典型事例は予防接種による副反応被害である。この事例を損失補償により救済するアプローチは、イ:財産権 よりも重要な利益である生命・身体の利益は、当然に憲法29条3項に規定する損失補償の対象となるとする ウ:勿論 解釈によって、救済を図ろうとする。

これに対して、国家賠償による救済のアプローチをとる場合、予防接種の性質上、予診を尽くしたとしても、接種を受けることが適切でない者（禁忌者）を完全に見分けることが困難であり、医師による予診を初めとする公務員の行為は ア:無過失 とされる可能性が残る。この点について、最高裁判所昭和51年9月30日判決は、予防接種により重篤な副反応が発生した場合に、担当医師がこうした結果を予見しえたのに、過誤により予見しなかったものと エ:推定 することで、実質的に、自らが ア:無過失 であることの立証責任を国側に負わせることで救済を図った。

問題44　正解例：B市を被告として重大な損害が生じるおそれがあると主張し、是正命令の義務付け訴訟を提起

する。（45字）

【③どのような訴訟を提起するのが適切か】

Xらは、建築基準法に基づく違反建築物の是正命令の発出を求める申入れが、B市長に拒否されたことを不服として抗告訴訟を提起することを考えているのであるから、**行政庁が一定の処分（建築基準法に基づく違反建築物の是正命令）をすべき旨を命ずることを求める（非申請型）義務付け訴訟を提起するのが適切である**（行政事件訴訟法3条6項1号）。

【①誰を被告として訴訟を提起するのが適切か】

処分行政庁が国又は公共団体に所属する場合、当該処分をした行政庁の所属する国又は公共団体に抗告訴訟の被告適格がある（同法11条1項柱書、1号、38条1項）。したがって、Xらは、B市を被告として抗告訴訟を提起するのが適切である。

【②訴訟要件として当該是正命令がなされないことにより、どのような影響を生ずるおそれがあるものと主張するのが適切か】

義務付けの訴えは、一定の処分がされないことにより重大な損害を生ずるおそれがあり、かつ、その損害を避けるため他に適当な方法がないときに限り、提起することができる（同法37条の2第1項）。したがって、Xらは、建築基準法に基づく違反建築物の是正命令がなされないことにより、**重大な損害を生ずるおそれがある**ことを主張するのが適切である。

問題45　正解例：無権代理人を相続した本人が無権代理行為の追認を拒絶しても信義に反しないため、認められる。（44字）

最判昭37.4.20によれば、本人が無権代理人を相続した場合においては、相続人たる本人が被相続人の無権代理行為の追認を拒絶しても、何ら信義に反するところはないから、被相続人の無権代理行為は一般に本人の相続により当然有効となるものではない。

したがって、相続人である本人Aは、被相続人Bの無権代理行為の追認を拒絶することができるから、本件売買契約の履行を拒むことが認められる。

問題46　正解例①：（AはCに対し、）Bの所有権に基づく妨害排除請求権を代位して、塀の撤去及び損害賠償を請求することができる。（44字）

正解例②：（AはCに対し、）Bの所有権に基づく妨害排除請求権を代位して、塀の撤去を請求することができる。（38字）

本問の事例において、Aは甲土地の賃借権の登記をしておらず、また、工場の建設工事の開始前であり借地上の建物の保存登記もできないから、民法、借地借家法その他の法令の規定による賃貸借の対抗要件を具備していない。

よって、不動産の賃借人による妨害の停止の請求等をすることはできない（民法605条の4、605条の2第1項、借地借家法10条）。

そこで、Bの所有権に基づく妨害排除請求権を代位行使することが考えられる。この点について、大判昭4.12.16（美土代町バラック収去代位事件）は、土地の賃借人が、賃貸人に対して土地を使用収益できる債権を有する場合、土地の賃借人は、その債権を保全するために、民法423条1項に基づき賃貸人の妨害排除請求権を代位行使することができるとしている。

したがって、Aは、Cに対し、債権者代位権に基づき、Bの所有権に基づく妨害排除請求権を代位行使して、塀の撤去を請求できる。

一般知識等

問題47　正解5

1×　ウィーン体制の崩壊は、フランスの七月王政のもとで選挙法改正運動に対する弾圧が強まったことに反発したパリ市民が蜂起した1848年の二月革命による。また、**1853年にロシアとオスマン朝トルコ、さらにトルコを支援するフランスやイギリスなどヨーロッパ諸国の間で起こった戦争は、クリミア戦争である。**

2×　「平和に関する布告」は、1917年にレーニンが提唱した無賠償・無併合・民族自決を原則とした即時停戦提案であって、1688年から1689年にかけて行われた**イギリスの市民革命である名誉革命とは関係がない。**また、1951年に設立された**社会民主主義政党の国際組織である社会主義インターナショナルとも関係がない。**

3×　1939年にポーランドに侵攻したのは、ドイツである。また、**ソ連がフィンランドに侵攻した戦争である冬戦争によりソ連に領土の一部を割譲したものの、フィンランドは独立を維持している。**さらに、第二次世界大戦中スウェーデンは中立を維持している。

4×　1962年、**キューバへのソ連のミサイル配備に抗議したアメリカがキューバを封鎖し、米ソの対立が核戦争の危機**となったが、最終的には両国首脳の直接交渉でソ連がミサイルを撤去、**危機は回避されている。**

5○　1989年の東欧革命とバルリンの壁崩壊ののち、**アメリカ合衆国のブッシュ大統領と、新思考外交を展開したソ連の最高指導者ゴルバチョフは同年末、マルタ会談で冷戦の終結を宣言した。**

問題48　正解5

ア×　欧州経済共同体（EEC）は、欧州石炭鉄鋼共同体（ECSC）に続く共同体でローマ条約により1958年に発足し、米国、ソ連（当時）に対抗できる経済圏として、国境のない単一市場の形成を目的として関税の統一、資本・労働力移動の自由化、農業政策の共通化などを行った。**ヨーロッパの経済統合を目指す国際機関ではない。**

イ×　**欧州連合（EU：European Union）は、**欧州連合条約に基づく、経済通貨同盟、共通外交・安全保障政策、警察・刑事司法協力等のより幅広い分野での協力を進めている政治・経済統合体である（「欧州連合（EU）概況」外務省）。**国際連合の下部組織ではない。**

ウ○　**欧州評議会（Council of Europe）は、**人権、民主主義、法の支配の分野で国際社会の基準策定を主導する汎欧州の国際機関として、1949年フランスのストラスブールに設立された。欧州評議会は、伝統的に人権、民主主義、法の支配等の分野で活動しており、最近では薬物乱用、サイバー犯罪、人身取引、テロ対策、偽造医薬品対策、女性に対

する暴力、子供の権利、AI 等の分野にも取り組んでいる（「欧州評議会（Council of Europe）」外務省）。

エ×　ヨーロッパ外部からの攻撃に対して防衛するためアメリカとヨーロッパ各国が結んだ条約は、北大西洋条約であり、北大西洋条約機構（NATO：North Atlantic Treaty Organization）が、ヨーロッパの集団防衛、危機管理及び協調的安全保障の3つの中核的任務を担い、加盟国の領土及び国民を防衛する責務を負っている（「北大西洋条約機構（NATO）」外務省）。なお、**西欧同盟は、経済的、社会的及び文化的協力並びに集団的自衛のため、欧州諸国の間で1948年に設立**された機構である。

オ○　欧州経済領域（EEA：European Economic Area）は、欧州経済共同体（EEC）と欧州自由貿易連合（EFTA）にまたがる経済領域である。両者は、1972年に自由貿易協定を締結し、さらに1994年には、双方にまたがる広範な共同市場を目指す欧州経済領域（EEA）を発足させた（「EU 関連用語集」外務省）。欧州経済領域協定の締結交渉の眼目は、欧州自由貿易連合側から見れば EC 市場への参入権を獲得するという点にあったとされている（「欧州経済領域（EEA）における法の均質性」独立行政法人経済産業研究所）。

以上より、妥当なものの組合せはウ・オであるから、肢5が正解である。

問題49　正解4

ア○　コスタリカでは、1949年に軍隊の保有を禁止する現行憲法が制定されている（「コスタリカ共和国（Republic of Costa Rica）基礎データ」外務省）。また、**フィリピン憲法8条は、**フィリピンは一貫して国益と共にあり、領土内において核兵器から自由となる政策を採用し追求すると規定し、**非核政策を明記している。**

イ○　対人地雷禁止条約は、基本的に対人地雷の使用、貯蔵、生産、移譲等を全面的に禁止している。また、貯蔵地雷の4年以内の廃棄、埋設地雷の10年以内の除去等を義務付けるとともに、地雷除去、被害者支援についての国際協力・援助等も規定している（「地雷問題・対人地雷禁止条約（オタワ条約）の概要」外務省）。

ウ×　核兵器の不拡散に関する条約（核兵器不拡散条約：NPT）は、米、露、英、仏、中の5か国を核兵器国と定め、核兵器国以外への核兵器の拡散の防止と、核軍縮、原子力の平和的利用を目的・内容とする条約であり、全ての国の核兵器保有を禁止するものではない。また、同条約の非締約国はインド、パキスタン、イスラエル、南スーダンである（「核兵器不拡散条約（NPT）の概要」外務省）。

エ×　佐藤栄作がノーベル平和賞を受賞する際に理由として挙げられたのは、**「核を持たず、作らず、持ち込ませず」**という非核三原則を宣言したこと、核兵器不拡散条約に署名したことなどであり、生物・化学兵器禁止に尽力したことが評価されたのではない。

オ○　1987年に成立した中距離核戦

力全廃条約（INF全廃条約）は、当時冷戦にありながらも、米ソが既に保有していた特定の兵器を削減（全廃）することに初めて合意した、歴史的な軍備管理協定であるが、2019年、米国のポンペオ国務長官は、ロシアが「重大な違反」を長年続けていることを理由として、米国は同条約の運用を停止することを発表、ロシアをはじめとする締約国に同条約脱退を正式に通告した。この通告により同条約は失効した。

以上より、妥当でないものの組合せは**ウ・エ**であるから、肢4が正解である。

問題50　正解1

ア×　2022年度末における**郵便局数は24,251局**である（「令和5年版情報通信白書」総務省）。一方、**全国のコンビニエンスストアは約56,000店舗**であるから（「コンビニエンスストア統計調査月報」一般社団法人日本フランチャイズチェーン協会）、**コンビニエンスストアの店舗数の方が多い。**

イ〇　平成15年から民間事業者による信書の送達に関する法律が施行され、**信書の送達について民間事業者も総務大臣の許可を受ければ参入が可能**となった（同法6条）。しかし、大型信書便サービスや高付加価値サービスといった特定サービス型の特定信書便事業には参入実績はあるものの、全国全面参入型の**一般信書便事業にはいまだに民間事業者の参入実績がない**（「信書便事業をめぐる現状と課題」参議院総務委員会調査室）。

ウ×　郵便局では、地産地消の拠点として、地元で生産された農作物や地元特産品のほか、日用品などを販売する取り組みを行っている（「郵便局ネットワークの現状及び付加価値向上に向けた取組状況」日本郵便株式会社）。

エ〇　郵便局では、**簡易保険のほか、民間他社の保険商品も受託販売**している（「受託販売」かんぽ生命）。

オ〇　ゆうちょ銀行の現金自動預払機（ATM）では、**預入れ・払戻しに硬貨を伴う場合、硬貨預払料金（手数料）が徴収**される（「ATM 硬貨預払料金の新設・ATMでの硬貨取扱時間帯の変更」ゆうちょ銀行）。

以上より、妥当でないものの組合せは**ア・ウ**であるから、肢1が正解である。

問題51　正解3

2022年4月段階での国際通貨基金（IMF）の推計資料によれば、**世界の中でGDPの水準が高い上位6か国は、ア：アメリカ、イ：中国、ウ：日本、エ：ドイツ、オ：インド、カ：イギリスの順**となる。なお、2023年においても、この順位は同様である。

以上より、空欄に当てはまる国名の組合せとして正しいものは肢3である。

問題52　正解2

ア〇　日本の森林率は約67%であり、中国の森林率は約22%であるから（林野庁）、日本の森林率の方が高い。

イ×　日本の「国有」林面積は、我が国の国土面積の約2割、森林面積全体の約3割に相当する（林野庁）。

森林面積全体の半分以上**ではない**。

ウ× 我が国における木材価格は、21世紀に入ってから**ほぼ横ばいないし、やや上昇傾向で推移してきた**。しかし、**2021年は**、国内の住宅需要が回復する中、**米国における住宅着工の増加による木材需要の高まり**などにより、**我が国において輸入木材の不足・価格高騰が発生、輸入木材の代替としての国産木材の価格も大幅に上昇した**。2022年は、国産木材の価格は一部を除き2021年のピーク時から低下しているが、2021年以前と比べて高い水準で推移している（「木材需給の動向（3）」令和4年度森林・林業白書）。したがって、21世紀に入ってから、**環境破壊に伴って木材価格の上昇が続いた**とはいえない。

エ○ **平成31年に森林環境税及び森林環境譲与税に関する法律が成立し**、森林環境税及び森林環境譲与税が創設され、このうち森林環境税は、令和6年度から、個人住民税均等割の枠組みを用いて、国税として市町村が賦課徴収するものである（「森林環境税及び森林環境譲与税」林野庁）。

オ× **日本の木材自給率は**、人工林資源の充実や技術革新等による国産材利用の増加等を背景に上昇傾向で推移していたが、**令和3年は、パルプ・チップ用材及び燃料材の輸入量が大きく増加した結果、木材自給率は前年より低下した**（令和4年度森林・林業白書「木材需給の動向（2）」）。したがって、**必ずしも木材自給率が年々低下する傾向にあるとはいえ**ない。

以上より、妥当なものの組合せはア・エであるから、肢**2**が正解である。

問題53 正解2

1○ 1963年8月28日、**キング牧師の呼びかけで全国から多数の黒人がワシントンに集結し人種差別撤廃運動である公民権運動のピークとなった**のがワシントン大行進である。

2× ヒラリー・ダイアン・ロダム・クリントンは、アメリカ合衆国国務長官を務め、2016年アメリカ合衆国大統領選挙での民主党の大統領候補であったが、**大統領には就任していない**。**アメリカでは女性が大統領に就任したことはなく**、ジョー・バイデン米大統領が定期健康診断を受けた時に、カマラ・ハリス副大統領が一時的に大統領権限を担ったことがあるだけである。

3○ 2020年にミネアポリスで、**黒人男性のジョージ・フロイド氏が白人の警察官に殺害されたことを受けて全米に広まったのが黒人差別や人種差別撤廃を訴えるBlack Lives Matter**である。

4○ 2022年3月に、バイデン米大統領は、**人種差別によるリンチを連邦法で憎悪犯罪と定める法案（反リンチ法案）に署名し、成立させた**。これによって被害者の死亡や重傷に至る憎悪犯罪（ヘイト・クライム）をリンチ罪で起訴することが可能になった。

5○ 2022年4月に、バイデン大統領は、リベラル派の**ケタンジ・ブラウン・**

ジャクソン氏を連邦最高裁判所判事に指名、米議会上院がこれを賛成多数で承認し、**黒人女性として初めて連邦最高裁判所判事に就任した。**

問題54　正解4

ア：ラムサール条約　水鳥の生息地として国際的に重要な湿地に関して採択されたのは、**ラムサール条約**である。正式名称は、「特に水鳥の生息地として国際的に重要な湿地に関する条約」であるが、採択の地にちなみ、一般にラムサール条約と呼ばれている（「ラムサール条約とは」環境省）。したがって、**ア**には**ラムサール条約**が当てはまる。

イ：国連環境計画　**国連環境計画は、1972年にストックホルムで開催された国連人間環境会議において採択**された「人間環境のための行動計画」の勧告を受けて提案・採択された国連総会決議に基づき、環境の保護と改善のための国連内部機関として設立された。**国連環境計画は、国連諸機関**が着手していない環境問題に関して、国際協力を推進していくことを目的としている（「政府開発援助（ODA）白書（資料編）」外務省）。したがって、**イ**には**国連環境計画**が当てはまる。

ウ：気候変動枠組条約　**1992年の国連環境開発会議（地球サミット）では、**「環境と開発に関するリオ宣言」やそれを具体化するための「アジェンダ21」が採択されたほか、**気候変動枠組条約や生物多様性条約が署名され、**今日に至る地球環境の保護や持続可能な開発の考え方に大きな影響を与えている（「国連持続可能な開発会議（リオ＋20）」外務省）。したがって、**ウ**には**気候変動枠組条約**が当てはまる。

エ：京都議定書　**京都議定書は、1997年の京都におけるCOP3で採択**され、国連気候変動枠組条約の附属書I国に対して、一定期間（約束期間）における温室効果ガス排出量の削減義務として1990年比の削減目標を課している。したがって、**エ**には**京都議定書**が当てはまる。

オ：パリ協定　**パリ協定は、2015年のパリにおけるCOP21で採択された先進国、途上国の区別なく、全ての国が温室効果ガス排出削減等の気候変動の取組に参加する枠組み**である。したがって、**オ**には**パリ協定**が当てはまる。

　以上より、空欄に当てはまる語句の組合せとして妥当なものは肢**4**である。

問題55　正解1

Ⅰ：ア　音声認識　「人間が従来担ってきた知的生産作業」のうち、**「文字起こしサービス」**に**「応用」**できる**「AI技術」**は、音声認識であると考えられる。したがって、Ⅰには音声認識が当てはまる。

Ⅱ：ウ　画像認識　「人間が従来担ってきた知的生産作業」のうち、**「生体認証」**に**「応用」**できる**「AI技術」**は、画像認識であると考えられる。したがって、Ⅱには画像認識が当てはまる。

Ⅲ：オ　ビッグデータ　「コンピュータ

が予測を行うために利用する」もののうち、**「AIの発展」の「背景」にあって近年「収集できるようになってきた」ものはビッグデータである**と考えられる。したがって、**Ⅲにはビッグデータ**が当てはまる。

Ⅳ：**キ　ディープラーニング**　人間の脳の神経回路網をモデル化したニューラルネットワークを多層化したディープニューラルネットワークによる機械学習をディープラーニングと呼ぶ（「話題の研究」国立研究開発法人海洋開発機構）。問題文中の「従来の学習機能とは異なって、**コンピュータ自身が膨大なデータを読み解いて、その中からルールや相関関係などの特徴を発見する技術**」とは、ディープラーニングを意味していると考えられる。したがって、**Ⅳにはディープラーニング**が当てはまる。

Ⅴ：**ケ　帰納的推論**　人工知能（AI）による推論のしかたは、**人間があらかじめ設定したルールに従って分析処理・実行する演繹法的推論**と、**大量のデータや事実からパターンや傾向を読み解く帰納法的推論**の２つに大別される。**帰納法的AI**は、過去に起こった実績に対して複数データから共通する特徴や関連性を探し出し、そこから普遍的なルールを導き出すもので、最近のAIブームをけん引する機械学習はこの**帰納法的AIに該当**する。例えば、囲碁AIは全ての打ち筋を事前に想定してルールを設定するのではなく、過去の膨大な棋譜データから当該局面においてどの打ち手が一番勝利に近いかを導き出す**帰**納的推論によるアプローチを用いている。したがって、**Ⅴには帰納的推論**が当てはまる。

以上より、空欄に当てはまる語句の組合せとして妥当なものは肢1である。

問題56　正解1

ア○　**オプトインとは、加入や参加、許諾、承認などの意思を相手方に示すことであり、企業などが電子メールなどのメッセージの送信や、個人情報の収集や利用などをする際に、ユーザ本人の許可を事前に得ておく**システム上の手続を指す。

イ○　**プラットフォーム事業者（デジタル・プラットフォーマー）とは、インターネット上で情報発信をしたりサービスを提供したりするためのデジタル・プラットフォーム**（情報通信技術やデータを活用し、利用者間を結びつける「場」を提供する**サービスの総称）を運営・提供する事業者**のことである。代表的なデジタル・プラットフォーマーは、Google、Amazon、Facebook（現Meta）、Appleの４つの世界的IT企業で、頭文字を取ってGAFAと呼ばれている（「気になるこの用語」独立行政法人国民生活センター）。

ウ×　**デジタルトランスフォーメーション（DX）は、企業が内部エコシス**テム（組織、文化、従業員）の変革をけん引しながら、第3のプラットフォーム（クラウド、モビリティ、ビッグデータ／アナリティクス、ソーシャル技術）を利用して、新しい製品やサービス、新しいビジネス・

モデルを通して、ネットとリアルの両面での顧客エクスペリエンスの変革を図ることで価値を創出し、競争上の優位性を確立することであるとされている（「国民のためのサイバーセキュリティサイト」総務省、「DXレポート」2018年9月経済産業省デジタルトランスフォーメーションに向けた研究会）。ひらたく言えば、**デジタル技術を用いて、業務フローの改善、新たなビジネスモデル等の創出、企業風土の変革を実現させることなどを意味し、政治体制とは関係がない。**

エ× **テレワークは、情報通信技術を活用した場所や時間にとらわれない柔軟な働き方のことである。**テレワークには、働く場所によって、自宅利用型テレワーク（在宅勤務）、移動中や移動の合間に行うモバイルワーク、サテライトオフィスやコワーキングスペースといった施設利用型テレワークのほか、リゾート地等で行うワーケーションなどの類型がある（「国民のためのサイバーセキュリティサイト」総務省）。「テレビ電話」を使って離れた話者を繋ぐ「情報システム」ではない。

オ× **ベース・レジストリとは、公的機関等で登録・公開され、様々な場面で参照される人、法人、土地、建物、資格等の社会の基本データであり、正確性や最新性が確保された社会の基盤となるデータベースである**（「デジタル庁におけるベース・レジストリの取組状況について」デジタル庁）。ブラウザ上のウェブページの登録の

ことではない。

以上より、妥当なものの組合せは**ア・イ**であるから、肢１が正解である。

問題57　正解5

1× 　個人情報の保護については、**平成11年に個人情報保護システムの在り方についての検討が始まり、当時、既に半数程度の地方公共団体が個人情報保護に関する条例を制定するなど、地方公共団体が自主的に個人情報保護施策に取り組んでいた**（「個人情報保護条例の現状と総務省の取組」総務省）。国の制度が全ての地方公共団体に先行して整備されたわけではない。

2× 　**個人情報保護委員会が、行政機関等の監視として行えるのは、資料提出・説明の要求及び実地調査、指導及び助言、勧告、勧告に基づいてとった措置についての報告の要求だけ**である（個人情報保護法156条～159条）。本肢のような場合に、個人情報保護法違反を理由とした是正命令を発出しなければならないとする規定はない。

3× 　**個人番号カードは、政令で定めるところにより、住民基本台帳に記録されている者の申請に基づき、地方公共団体情報システム機構が発行する**（行政手続における特定の個人を識別するための番号の利用等に関する法律16条の２第１項）。各都道府県が発行するものではない。

4× 　**個人情報保護委員会**は、内閣総理大臣の所轄に属するが（個人情報保護法130条）、その**所掌事務に内**

閣総理大臣に対する意見具申ができるとする規定はない（同法132条参照）。

5○ 個人情報保護委員会は、認定個人情報保護団体に関する事務をつかさどる（同条3号）。

問題58　正解4

まず、提示されている選択肢1〜5を見ると、最初の文章はア・イ・エのいずれかである。

この点、空欄の直前には「ずいぶんふしぎな『なぜ』がたくさんあつまった。」とあり、これをエの「みんなで持ちよって」「珍妙な『なぜ』が続出して」という記述が受けていることが読み取れる。

そして、再び選択肢1〜5を見た際、最初の文章はエであるという前提に立つと、次の文章はウ・オのいずれかとなる。また、エの「みんなで持ちよっ」た「なぜ」を、ウの「そのさまざまな『なぜ』」という記述が受けていることも読み取れるため、エ→ウの順で文章が並ぶとわかり、この時点で選択肢4が正解であると推測できる。

次に、ウの「問題発見ということへの第一歩」という表現を、「はじめてどんな情報をじぶんが必要としているのかがはっきりしてくるのだ。」と具体的に表現したのがアであると考えられるため、ここまででエ→ウ→アの順になることが確定する。

さらに、アの「どんな情報をじぶんが必要としているのか」という記述を、イの「なにをじぶんが必要としているのか」という表現が受けていることが

読み取れるから、エ→ウ→ア→イの順になると考えられ、最後にイの「必要な情報だけをじょうずに手にいれる」という表現を受けて、オは「情報を使うというのは…必要な情報だけをえらび出す、ということである。」というこの文章の結論を述べている。

以上より、空欄に入る文章の順序として妥当なのはエ→ウ→ア→イ→オであるから、肢4が正解である。

問題59　正解1

空欄の直後にある「原則に固執しなかったことが、環境変化の激しい国際環境下では、逆にフレキシブルな微調整的適応を」「もたらしてきた」との記述中の「フレキシブル」というキーワードが、肢1の「国際社会において臨機応変な対応を可能にしてきた。」という記述中の「臨機応変」というキーワードが対応していると考えられることから、内容を読み込まなくても、肢1が正解であると判断できる。

問題60　正解5

ア：臨場感　提示されている選択肢1〜5を見ると、空欄アに入る語句は「緊迫感」「切迫感」「臨場感」のいずれかである。そして、空欄アの直後に「たっぷりのライブ中継」とあり、「ライブ中継」から「たっぷり」感じられるものは「臨場感」であると考えるのが自然であり、アには臨場感が入る。

イ：錯覚　提示されている選択肢1〜5を見ると、空欄イに入る語句は「錯覚」「錯綜」「幻滅」のいずれかである。

空欄イの**直前の「あたかも…その場に立ち会っているかのような」**という表現から、イには**錯覚**が入る。

ウ：媒介　提示されている選択肢1〜5を見ると、**空欄ウに入る語句は「斡旋」「仲介」「媒介」のいずれかである。**「メディア」は、受け取る者に「情報」を媒介して伝える存在であるから、ウには**媒介**が入る。なお、「仲介」も意味合いとしては入りうるが、「情報」に対しては「媒介」の方が自然であろう。

エ：取捨選択　空欄エの前には**「事実を切り取る」「何かを伝える」「何かを伝えない」**という表現がある。**これらの行為は、情報を取捨選択する行為**であるから、エには**取捨選択**が入る。なお、「換骨奪胎」とは、先人が残した文章の発想や形式を利用して、自分独自の作品を作り上げることを意味し、「実事求是」とは、事実の実証に基づいて、物事の真理を追求することである。

オ：恣意的　空欄オの後には「制作者の思惑や価値判断が入り込まざるを得ない」とある。「制作者の思惑や価値判断」に基づいた「現実」の「再構成」は、**恣意的**（＝論理的な必然性がない）な行為であるから、オには**恣意的**が入る。

　以上より、空欄ア〜オに当てはまる語句の組合せは、ア-「**臨場感**」、イ-「**錯覚**」、ウ-「**媒介**」、エ-「**取捨選択**」、オ-「**恣意的**」であるから、肢**5**が正解である。

令和3年度

法令等

問題1　正解5

ア：応報　刑罰の本質を犯罪により生じた害悪に対する応報であると考える立場を応報刑論（応報刑主義）という。刑法学における旧派のとる刑罰論であり、「**目的刑論**」（2行目）と対置される考え方が応報刑論である。「**善因に善果あるべきが如く、悪因に悪果あるべき**」という記述があること（3行目）から、**応報**が当てはまる。

イ：社会防衛　「**目的刑論**」（2行目）は、刑罰を犯罪防止のひとつの手段であると考える立場であり、刑法学において応報刑論と対置される新派のとる刑罰論である。目的刑論においては、刑罰の「目的」は犯罪に対して社会を防衛すること（**社会防衛**）であるとされる。

ウ：累犯　累犯とは、**犯罪を反復累行すること**である。累犯の刑が加重される理由は、ひとたび刑に処せられたにもかかわらずそれによって懲りずに再び犯罪を行ったという点に**非難可能性の増大**が認められるからである。新派刑法学派（**目的刑論**をとる立場）は、**特別予防（犯罪者の処**

罰によって犯罪者自身が再び犯罪を行うことを予防しようとすること）を重視するから、累犯であれば「**小さな犯罪といえども**」「**重く罰する**」（8行目〜9行目）**必要がある**。

エ：執行猶予　執行猶予は、刑の言渡しはするが、情状によって一定期間刑の執行を猶予し、猶予期間を無事経過したときに刑罰権を消滅させる制度である。**目的刑論**の立場では、「**たとい重い犯罪といえども、それが偶発的な犯罪であるならば**」（9行目〜10行目）、再犯などの危険性が低く社会防衛の必要性も低いから、重い犯罪に**執行猶予**を付すこともできると考えられる。

　アには応報、**イ**には社会防衛、**ウ**には累犯、**エ**には執行猶予が当てはまる。

問題2　正解5

1×　法の適用に関する通則法2条は、法律は、公布の日から起算して20日を経過した日から施行する。ただし、**法律でこれと異なる施行期日を定めたときは、その定めによる**と規定している。したがって、法律に即日施行する旨の規定があれば、公布日から直ちに施行することができる。

2×　同条本文によれば、公布日とは別に、施行期日の定めがない場合、その法律は、公布の日から起算して**20日を経過した日から施行される**。

3×　法令によってその適用範囲は異なるものの、**日本国外にある日本船舶又は日本航空機内において罪を犯した者**については、日本国内におい

て罪を犯した者と同様に**刑法が適用される**（刑法1条2項）。したがって、**外国の領域内や公海上においても日本国の法令が適用される場合もある。**

4✕　後法優位の原則により「後法は前法を破る」のが原則であるが、**同一の法形式で、特別の規定がなければ、特別法である前法は、一般法である後法に優先する。**

5◯　**一定の有効期間を定めて制定された法令を限時法という。**有効期間を当該法律の中で明確に定めている法律は、**限時法であり**、原則としてその時期の到来によりその効力は**失われる。**

問題3　正解4

1◯　東京地判昭59・5・18は、憲法13条後段、25条1項の規定の趣旨に照らせば、**財産上特別の犠牲が課せられた場合と生命、身体に対し特別の犠牲が課せられた場合**とで、**後者の方を不利に扱うことが許されるとする合理的理由は全くない**とした上で、**生命、身体に対し特別の犠牲が課せられた場合**においても、**同法29条3項の類推適用により、国に対し正当な補償を請求することができる**と判示している。

2◯　国の違法な行為に対する賠償であり**公務員の故意又は過失をその要件としている国家賠償請求**と、国の**適法な行為を前提とする損失補償の要件**からすると、たとえば**違法であっても無過失の場合については、国家賠償と損失補償の間に落ちてしまい救済されない**ことになる。これが

谷間問題であり、**予防接種禍はまさにこのような谷間に存する問題である。**この問題について、東京地判昭59・5・18（前掲：肢1）のように**憲法29条3項の類推適用により損失補償を認めた裁判例もあれば**、名古屋地判昭60・10・31のように**同条項の適用を否定した裁判例もある**（「予防接種裁判例にみる賠償と補償の法的論点」日医総研ワーキングペーパー）。したがって、最終的には**立法による解決が必要である。**

3◯　予防接種健康被害についての憲法29条3項類推適用説については、生命・身体を公共のために用いるという形になることには抵抗感がある。一方、財産権についての特別の犠牲には補償があるのに、**予防接種の結果の特別の犠牲者**に補償がないというのも、明らかに公正さを欠く。よって**憲法13条を根拠に救済すべき**であるとする学説がある。したがって人格的自律権の一環として損失補償を請求できる。

4✕　東京高判平4・12・18は、**予防接種の禁忌者に予防接種を実施させないための充分な措置をとることを怠った厚生大臣（当時）の過失を認定、国の損害賠償責任を認めている。**

5◯　東京地判昭59・5・18（前掲：肢1）は、**財産上特別の犠牲が課せられた場合と同様に、生命、身体に対し特別の犠牲を強いられた者は、直接憲法29条3項に基づき、国に対し正当な補償を請求することができる**旨を判示している。

問題4　正解2

1✕　最大判昭44・12・24（京都府学連事件）は、**何人も、その承諾なしに、みだりにその容ぼう・姿態を撮影されない自由を有し、警察官が、正当な理由もないのに、個人の容ぼう等を撮影することは、憲法13条の趣旨に反し許されない**旨を判示している。

2◯　最大判平29・3・15は、**憲法35条は、「住居、書類及び所持品について、侵入、捜索及び押収を受けることのない権利」**を規定しているところ、**この規定の保障対象には、「住居、書類及び所持品」に限らずこれらに準ずる私的領域に侵入されることのない権利が含まれる**と判示している。

3✕　最判平11・12・16は、**電話傍受**は、通信の秘密を侵害し、ひいては、**個人のプライバシーを侵害する**強制処分であるとしつつ、重大な犯罪に係る被疑事件について、被疑者が罪を犯したと疑うに足りる十分な理由があり、かつ、当該電話により被疑事実に関連する通話の行われる蓋然性があるとともに、電話傍受以外の方法によってはその罪に関する重要かつ必要な証拠を得ることが著しく困難であるなどの事情が存する場合において、電話傍受により侵害される利益の内容、程度を慎重に考慮した上で、なお**電話傍受を行うことが犯罪の捜査上真にやむを得ないと認められるときには、法律の定める手続に従ってこれを行うことも憲法上許される**旨を判示している。電話傍

受を行うことが**憲法上広く許容されているわけではない。**

4✕　最判昭61・2・14は、最大判昭44・12・24の趣旨を引用しつつ、速度違反車両の自動撮影を行う**自動速度監視装置による運転者の容ぼうの写真撮影**は、現に犯罪が行われている場合になされ、犯罪の性質、態様からいって緊急に証拠保全をする必要性があり、その方法も一般的に許容される限度を超えない相当なものであるから、**憲法13条に違反せず、**また、写真撮影の際、**運転者の近くにいるため除外できない状況にある同乗者の容ぼうを撮影することになっても、憲法13条、21条に違反しない**と判示している。

5✕　最大判平29・3・15（前掲：肢2）は、**GPS捜査による捜査手法は、個人の行動を継続的、網羅的に把握することを必然的に伴うから、**個人のプライバシーを侵害し得るものであり、また、そのような侵害を可能とする機器を個人の所持品に秘かに装着することによって行う点において、**公道上の所在を肉眼で把握したりカメラで撮影したりするような手法とは異なり、公権力による私的領域への侵入を伴うものである**旨を判示している。

問題5　正解3

1◯　最大判平22・1・20（空知太神社事件）は、**国または地方公共団体が国公有地を無償で宗教的施設の敷地としての用に供する行為は、一般的には、当該宗教的施設を設置する**

宗教団体等に対する便宜の供与として、**憲法89条との抵触が問題となる行為である**と判示している。

2○ 最大判平22・1・20（前掲肢1：空知太神社事件）は、**一般的には宗教的施設としての性格を有する施設であっても**、同時に歴史的、文化財的な建造物として保護の対象となるものであったり、観光資源、国際親善、地域の親睦の場などといった他の意義を有していたりすることも少なくなく、**それらの文化的あるいは社会的な価値や意義に着目してその施設が国公有地に設置されている場合もあり得る**旨を判示している。

3× 最大判昭52・7・13（津地鎮祭事件）は、我が国においては、**宗教意識の雑居性が認められ**、他方、**神社神道自体については、祭祀儀礼に専念し、他の宗教にみられる積極的な布教・伝道のような対外活動がほとんど行われることがない**という特色がみられることを、**市体育館の起工式に要する費用の支出が憲法20条3項により禁止される**宗教的活動に当たるかどうかの考慮要素としている。地方公共団体がその土地を神社の敷地として無償で提供することの合憲性に関連する考慮要素とはしていない。

4○ 最大判平22・1・20（前掲肢1：空知太神社事件）は、**明治初期以来、**一定の社寺領を国等に上知（上地）させ、官有地に編入し、または寄附により受け入れるなどの施策が広く採られたこともあって、**国公有地が無償で社寺等の敷地として供される**

事例が多数生じた。現在に至っても、そのまま社寺等の敷地となっている国公有地が相当数残存している旨を判示している。

5○ 最大判平22・1・20（前掲肢1：空知太神社事件）は、**神社物件を管理し、祭事を行っている氏子集団は、**宗教的行事等を行うことを主たる目的としている宗教団体であって、寄附を集めてその神社の祭事を行っており、**憲法89条にいう「宗教上の組織若しくは団体」に当たる**旨を判示している。

問題6　正解4

ア：国会が立法権を独占し（国会中心立法の原則）　国の行う立法は、憲法に特別の定めがある場合を除き、**常に国会を通じてなされなくてはならないという原則**を、国会中心立法の原則という。

イ：法律は国会の議決のみで成立すること（国会単独立法の原則）　国会による立法は、国会以外の関与がなくても、**国会の議決のみで成立するという原則**を、国会単独立法の原則という。

　以上より、**ア**には国会が立法権を独占し（国会中心立法の原則）、**イ**には法律は国会の議決のみで成立すること（国会単独立法の原則）が当てはまる。

問題7　正解5

ア：レファレンダム　議員その他の公務員の**選挙以外の事項に関して、国民一般が投票を行い提案の可否を決する憲法上の制度**をレファレンダム

（**国民投票**）という。「通俗には広く**国民投票一般**を意味する」という記述から、**レファレンダム**が当てはまる。

イ：国民発案　国または一地方の**一般住民が立法に関する提案を行うこと**を、国民発案（**イニシアティブ**）という。代表民主制の欠陥を補い、直接民主制・住民自治の原則に立って、直接住民に立法に関する権能を認めたものである。「議会が…必要な立法を怠っている場合に、**国民自ら法律案を提出し**国民の投票によってその可否を決する制度」という記述から、**国民発案**が当てはまる。

ウ：解職投票　住民自治の趣旨を徹底するとともに、**公務員任免権（憲法15条1項）を具体的に保障するために認められた地方公共団体の住民の権能**を解職投票という。いわゆるリコールの一種であり、地方公共団体の住民に認められる直接請求のひとつである。「**公務員を国民の投票によって罷免する制度**」という記述から、解職投票が当てはまる。

エ：代議制　権力の国民への分配を選挙・投票という選択行為に限定し、実際の権力行使は選挙によって選出された代表者が行うことを原則とする民主制を、代議制（代表民主制・間接民主制）という。「元来**選挙と表裏を成して人の問題を決定するもの**」という記述から、**代議制**が当てはまる。

オ：直接民主制　国民が国家意思の形成と執行の過程に直接参加することを原理とする民主制を直接民主制という。間接民主制・代表民主制・代議制に対立する概念である。「**公務員を国民の投票によって罷免する制度**」と「**概ね共通している**」という記述から、**直接民主制**が当てはまる。

以上より、**ア**には**レファレンダム**、**イ**には**国民発案**、**ウ**には**解職投票**、**エ**には**代議制**、**オ**には**直接民主制**が当てはまる。

問題8　正解4

1×　最判昭56・1・27（宜野座工場誘致事件）は、地方公共団体のような行政主体が一定内容の将来にわたって継続すべき施策を決定した場合でも、その施策が**社会情勢の変動等に伴って変更されることがあること**はもとより当然であって、地方公共団体は原則として**その決定に拘束されるものではない**。しかし、その決定が、**単に一定内容の継続的な施策を定めるにとどまらず**、特定の者に対してその施策に適合する特定内容の活動をすることを促す個別的、具体的な勧告ないし勧誘を伴うものであり、施策が変更されることにより、このような**勧告などに動機づけられて活動に入った者**がその信頼に反して所期の活動を妨げられ、**社会観念上看過することのできない程度の積極的損害を被る場合**に、地方公共団体においてその損害を補償するなどの**代償的措置を講ずることなく施策を変更することは、それがやむをえない客観的事情によるのでない限り**、当事者間に形成された信頼関係を不

— 93 —

当に破壊するものとして違法性を帯びる旨を判示している。したがって、施策の変更は常に**違法**となるわけではなく、上記のような一定の場合に限り**違法**となる。

2× 最判昭62・10・30は、租税法規に適合する課税処分について、法の一般原理である信義則の法理の適用により、その課税処分を違法なものとして取り消すことができる場合があるとしても、法律による行政の原理、なかんずく租税法律主義の原則が貫かれるべき租税法律関係においては、信義則の適用については慎重でなければならず、**租税法規の適用における納税者間の平等、公平という要請を犠牲にしてもなおその課税処分に係る課税を免れさせて納税者の信頼を保護しなければ正義に反するといえるような特別の事情が存する場合に、初めて信義則の適用の是非を考えるべきものである**旨を判示している。課税処分が信義則の法理に反するものとして違法となることはないとは断定していない。

3× 最判昭53・5・26（余目町個室付浴場事件）によれば、**法の一般原理である権利濫用の禁止は行政上の法律関係にも適用され、行政権の著しい濫用は国家賠償法上違法となる**。本肢のように、権利濫用の禁止が行政上の法律関係に例外的に適用されるとはしていない。また、公益上の要請から生じた行政権の著しい濫用であれば違法とされることはないともしていない。

4○ 最判平19・2・6（在ブラジル被爆者健康管理手当等請求事件）は、地方自治法236条2項が権利の時効消滅につき当該普通地方公共団体による**援用**を要しないこととしたのは、このような権利については、その性質上、法令に従い適正かつ画一的にこれを処理することが、当該普通地方公共団体の事務処理上の便宜及び住民の平等的取扱いの理念に資することから、時効援用の制度を適用する必要が**ない**と判断されたことによるものと解される。このような趣旨にかんがみると、**普通地方公共団体に対する債権に関する消滅時効の主張が信義則に反し許されないとされる場合は、極めて限定される**旨を判示している。

5× 最判昭50・2・25は、**国は、公務員に対し、公務の管理にあたって、公務員の生命及び健康等を危険から保護するよう配慮すべき義務（安全配慮義務）を負っている**とした上で、**国に対する損害賠償請求権の消滅時効について判示している**。したがって、国は法律に基づく補償だけでなく、**安全配慮義務違反に基づく損害賠償義務を負う**。

問題9　正解1

ア○ 最判平5・3・16（第1次家永教科書訴訟）より、妥当である。同判決は、**教科書検定の審査、判断は、**申請図書について、内容が学問的に正確であるか、中立・公正であるか、教科の目標等を達成する上で適切であるか、児童、生徒の心身の発達段階に適応しているか、などの様々な

観点から多角的に行われるもので、**学術的、教育的な専門技術的判断で**あるから、**事柄の性質上、文部大臣（当時）の合理的な裁量に委ねられる**と判示している。

イ×　最判昭52・12・20（神戸税関事件）は、裁判所が懲戒権者の裁量権の行使としてされた公務員に対する懲戒処分の適否を審査するにあたっては、懲戒権者と同一の立場に立って懲戒処分をすべきであったかどうか、またはいかなる処分を選択すべきであったかについて判断し、その結果と処分とを比較してその軽重を論ずべきものではなく、それが**社会観念上著しく妥当を欠き裁量権を濫用したと認められる場合に限り違法と判断すべきである**旨を判示している。懲戒権者が行った事実認定に裁判所は拘束されない。

ウ○　最判平25・4・16（水俣病溝口訴訟）は、**健康被害の補償等に関する特別措置法に基づく認定自体**は、客観的事象としての水俣病の罹患の有無という**現在または過去の確定した客観的事実を確認する行為であって、この点に関する処分行政庁の判断はその裁量に委ねられるべき性質のものではない**旨を判示している。

エ×　最判平24・2・28は、**生活保護法に基づく保護基準**中の老齢加算に係る部分を改定するに際し、「最低限度の生活」を維持する上で老齢であることに起因する特別な需要が存在するといえるか否かなどを判断するに当たっては、**厚生労働大臣に専門技術的かつ政策的な見地からの裁量権**

が認められる旨を判示している。

オ×　最判平18・2・7は、学校施設の目的外使用を許可するか否かは、原則として、管理者の裁量に委ねられており、**学校教育上支障があれば使用を許可することができない**ことは明らかである。しかし、**学校教育上の支障がないからといって当然に許可しなくてはならないものではなく**、行政財産である学校施設の目的及び用途と目的外使用の目的、態様等との関係に配慮した合理的な裁量判断により**使用許可をしないこともできる**と判示している。

以上より、妥当なものの組合せは**ア・ウ**であるから、肢1が正解である。

問題10　正解2

1×　最判平27・12・14は、先例として最大判昭49・11・6などの趣旨を引用して、国家公務員共済組合法附則及び厚年法改正法附則は、**退職一時金に付加して返還すべき利子の利率の定めを白地で包括的に政令に委任するものということはできず、憲法41条及び73条6号に違反する**ものではないと判示している。

2○　最判平3・7・9は、監獄法施行規則が、**原則として被勾留者と幼年者との接見を許さない**こととしているのは、事物を弁別する能力の未発達な幼年者の心情を害することがないようにという配慮の下に設けられたものであるとしても、それ自体、**法律によらないで、被勾留者の接見の自由を著しく制限するものであって、監獄法の委任の範囲を超えるも**

のといわなければならないとし、原審のような限定的な解釈を施したとしても、なお法の容認する接見の自由を制限するものとして、**同法の委任の範囲を超えた無効のものである**旨を判示している。

3 × 最判平25・1・11は、厚生労働大臣が制定した郵便等販売は一定の医薬品に限って行うことができる旨の新薬事法施行規則の規定が、これを定める根拠となる新薬事法の委任の範囲を逸脱したものではないというためには、**立法過程における議論をも斟酌した上で**、新薬事法中の諸規定を見て、そこから、**郵便等販売を規制する内容の省令の制定を委任する授権の趣旨が、明確に読み取れる**ことを要する旨を判示している。同判決は、**判断過程において立法過程における議論を考慮して判断する**ことは許されないとはしていない。

4 × 最判平14・1・31は、児童扶養手当法施行令が、「（父から認知された児童を除く。）」とのかっこ書により、**父から認知された婚姻外懐胎児童を児童扶養手当の支給対象となる児童の範囲から除外したことは、児**童扶養手当法の委任の趣旨に反し、同施行令の規定は児童扶養手当法の委任の範囲を**逸脱した違法な規定として無効と解すべきである**旨を判示している。

5 × 最判平2・2・1は、銃砲刀剣類登録規則が**文化財的価値のある刀剣類の鑑定基準**として、美術品として文化財的価値を有する**日本刀に限る**旨を定め、この基準に合致するもの

のみを我が国においてこのような価値を有するものとして登録の対象にすべきものとしたことは、銃砲刀剣類所持等取締法の趣旨に沿う**合理性**を有する鑑定基準を定めたものというべきであるから、これをもって**同法の委任の趣旨を逸脱する無効のものということはできない**旨を判示している。

問題11　正解1

1 ○ 行政手続法39条1項は、**命令等制定機関は、命令等を定めようとする場合には、当該命令等の案および**これに関連する資料を**あらかじめ公示し、広く一般の意見を求めなければならない**旨を規定している。

2 × 同条4項5号によれば、**他の行政機関が意見公募手続を実施して定めた命令等と実質的に同一の命令等を定めようとするときは、命令等制定機関は意見公募手続を実施する必要はない。**

3 × 同条4項7号によれば、**命令等を定める根拠となる法令の規定の削除に伴い当然必要とされる当該命令等の廃止をしようとするときは、命令等制定機関は意見公募手続を実施する必要はない。**

4 × 同法43条4項は、命令等制定機関は、**意見公募手続を実施したにもかかわらず命令等を定めないこととした場合には、その旨並びに命令等の題名及び命令等の案の公示の日を速やかに公示しなければならない**旨を規定している。

5 × 同条5項2号は、命令等制定機

関は、**所定の事由に該当することを理由として意見公募手続を実施しないで命令等を定めた場合**には、当該命令等の公布と同時期に、意見公募手続を実施しなかった旨及びその理由も公示しなければならない旨を規定している。

問題12 正解3

1 × 行政手続法8条1項本文によれば、行政庁が処分の理由を示さなければならないのは、**申請により求められた許認可等を拒否する処分をする場合**である。また、処分の理由を示す相手方は申請者であり、申請をした者以外の当該処分につき利害関係を有する者ではない。

2 × 同条1項但書によれば、行政庁が、申請により求められた許認可等を拒否する処分をする場合に、理由を示す必要がないのは、**法令に定められた許認可等の要件などが、数量的指標その他の客観的指標により明確に定められている場合**であって、当該申請がこれらに適合しないことが申請書の記載又は添付書類その他の申請の内容から明らかであり、申請者の求めがなかったときである。

3 ○ 同法14条1項但書によれば、**行政庁は、理由を示さないで不利益処分をすべき差し迫った必要がある場合**であれば、名宛人に対し、その不利益処分と同時に理由を示す必要はなく、また、同条2項によれば、理由を示すことが困難な事情があるときを除き、処分後相当の期間内に、理由を示さなければならないとされ

ている。

4 × 最判平4・12・10は、**公文書の非開示決定通知書に付記すべき理由**としては、**開示請求者**において、非開示事由のどれに該当するのかをその根拠とともに**了知し得るものでなければならず、単に非開示の根拠規定を示すだけ**では、当該公文書の種類、性質等とあいまって開示請求者がそれらを当然知り得るような場合は別として、**理由付記としては十分でない**旨を判示している。

5 × 最判昭60・1・22は、**旅券法に基づく一般旅券発給拒否通知書に付記すべき理由**としては、いかなる事実関係に基づきいかなる法規を適用して**一般旅券の発給が拒否されたかを、申請者においてその記載自体から了知しうるものでなければならず、単に発給拒否の根拠規定を示すだけでは**、それによって当該規定の適用の基礎となった事実関係をも当然知りうるような場合を別として、**旅券法の要求する理由付記として十分でない**と判示している。

問題13 正解3

ア：× 行政手続法32条2項は、**行政指導に携わる者**は、その相手方が行政指導に従わなかったことを理由として、不利益な取扱いをしてはならないと規定しているが、当該行政指導の根拠規定が法律に置かれているものには限定していない。

イ：○ 同法35条2項は、行政指導に携わる者は、当該行政指導をする際に、**行政機関が許認可等をする権**

限または許認可等に基づく処分をする権限を行使し得る旨を示すときは、その相手方に対して、当該権限を行使し得る根拠となる法令の条項などの一定の事項を示さなければならない旨を規定している。また、同条3項は、**行政指導が口頭でされた場合において、その相手方から、これらの各事項を記載した書面の交付を求められたときは、行政上特別の支障がない限り、これを交付しなければならない**旨を規定している。

ウ：○　行政指導をすることを求める申出（同法36条の3第1項）は、**行政庁に諾否の応答が義務付けられている申請**（同法2条3号）**には当たらない**。

エ：×　同法3条3項によれば、**地方公共団体の機関がする行政指導**には、**行政指導についての同法の規定は適用されない**。

　以上より、正しいものの組合せは**イ・ウ**であるから、肢**3**が正解である。

問題14　正解3

1×　行政不服審査法25条4項但書によれば、**公共の福祉に重大な影響を及ぼすおそれがあるとき**、又は**本案について理由がないとみえるとき**は、**執行停止をすることができない**。

2×　同法26条は、執行停止をした後において、**執行停止が公共の福祉に重大な影響を及ぼすことが明らかとなったとき**、その他事情が変更したときは、審査庁は、**その執行停止を取り消すことができる**と規定している。

3○　**審理員**は、必要があると認める場合には、**審査庁に対し、執行停止をすべき旨の意見書を提出することができ**（同法40条）、この意見書が提出された**審査庁**は、速やかに、**執行停止をするかどうかを決定しなければならない**（同法25条7項）。

4×　同法61条は同法25条を3項を除き準用しているから、**再調査の請求人は執行停止を申し立てることができる**。

5×　同法25条3項本文は、**処分庁の上級行政庁又は処分庁のいずれでもない審査庁は、必要があると認める場合には、一定の措置を除き、審査請求人の申立てにより、処分庁の意見を聴取した上、執行停止をすることができる**と規定している。

問題15　正解1

1○　行政不服審査法5条1項但書によれば、行政庁の処分につき**処分庁以外の行政庁に対して審査請求をすることができる場合**に、当該処分について**審査請求をしたときは**、法律に**再調査の請求をすることができる旨の定めがあっても、審査請求人は処分庁に対して再調査の請求をすることができない**。

2×　同法5条2項本文は、一定の場合を除き、**再調査の請求をしたときは、当該再調査の請求についての決定を経た後でなければ、審査請求をすることができない**と規定している。また、同条項但書によれば、**再調査の請求についての決定を経ずに審査請求をすることもできる**が、その場

合、**再調査の請求は、取り下げられたものとみなされる**（同法56条本文）。

3 ×　**再調査の請求は、行政庁の処分に対してすることができるものである**（同法5条1項本文）。法令に基づく申請に対して、何らの処分をもしない不作為について、再調査の請求をすることはできない。このような場合には、**申請者は審査請求をすることができる**（同法3条）。

4 ×　同法61条は同法43条を準用していないから、再調査の請求について**行政不服審査会等への諮問は必要ない**。しかし、処分庁が決定を行った後に**行政不服審査会への報告を行う必要があるとする規定は存在しない**。

5 ×　同法61条が準用する同法31条1項によれば、再調査の請求において**審査請求人または参加人の申立てがあった場合には、意見を述べる機会を与えることが困難であると認められる場合を除き、審理員は、当該申立てをした者に口頭で意見を述べる機会を与えなければならない**。処分庁が必要と認めた場合に限られるわけではない。

問題16　正解2

ア：×　審査請求期間を経過した後に処分の無効の確認を求める審査請求についての**規定は存在しない**。

イ：○　行政不服審査法19条1項は、**審査請求は、他の法律（条例に基づく処分については、条例）に口頭ですることができる旨の定めがある場**

合を除き、政令で定めるところにより、**審査請求書を提出してしなければならない**と規定している。

ウ：○　同法48条、46条1項によれば、処分についての審査請求に理由がある場合、**審査庁は、審査請求人の不利益に当該処分を変更し、または当該事実上の行為を変更すべき旨を命じ、若しくはこれを変更することはできない**。

エ：×　同法50条1項4号は、裁決の主文が審理員意見書又は行政不服審査会等若しくは審議会等の**答申書と異なる内容である場合には、異なることとなった理由を記載しなければならない**旨を規定している。

オ：○　同法25条2項によれば、**執行停止（処分の効力、処分の執行または手続の続行の全部または一部の停止その他の措置をとること）の申立ては、その処分についての審査請求をした者でなければすることができない**。

以上より、誤っているものの組合せは**ア・エ**であるから、肢**2**が正解である。

問題17　正解3

本問で引用されている行政事件訴訟法の条文は、以下のとおりである。

第25条第2項

処分の取消しの訴えの提起があった場合において、処分、処分の執行又は手続の続行により生ずる **ア：重大な損害** を避けるため緊急の必要があるときは、裁判所は、申立てにより、決定をもって、処分の効力、処分の執行又は手続の続行の全部又は一部の停止

（以下「執行停止」という。）をすることができる。ただし、処分の効力の停止は、処分の執行又は手続の続行の停止によって目的を達することができる場合には、することができない。

第36条

無効等確認の訴えは、当該処分又は裁決に続く処分により イ：損害 を受けるおそれのある者その他当該処分又は裁決の無効等の確認を求めるにつき法律上の利益を有する者で、当該処分若しくは裁決の存否又はその効力の有無を前提とする ウ：現在の法律関係 に関する訴えによって目的を達することができないものに限り、提起することができる。

第37条の2第1項

第3条第6項第1号に掲げる場合において、義務付けの訴えは、一定の処分がされないことにより エ：重大な損害 を生ずるおそれがあり、かつ、その オ：損害 を避けるため他に適当な方法がないときに限り、提起することができる。

以上より、アには**重大な損害**、イには**損害**、ウには**現在の法律関係**、エには**重大な損害**、オには**損害**が当てはまる。

問題18　正解4

1× 行政事件訴訟法11条1項1号は、**処分をした行政庁が国又は公共団体に所属する**場合には、**取消訴訟は、当該処分をした行政庁の所属する国又は公共団体を被告として提起しなければならない**旨を規定している。

2× 同法12条1項は、処分の**取消訴訟は、被告の普通裁判籍の所在地を管轄する裁判所又は処分をした行政庁の所在地を管轄する裁判所の管轄に属する**旨を規定している。

3× 同法11条2項は、**処分をした行政庁が国又は公共団体に所属しない**場合には、**取消訴訟は、当該行政庁を被告として提起しなければならない**旨を規定している。

4○ 同法22条1項によれば、**裁判所は**、訴訟の結果により権利を害される第三者があるときは、**決定をもって、その第三者を訴訟に参加させることができ、この決定は、当事者**若しくはその第三者の**申立てがない場合であっても、職権で行うことができる。**

5× 同法8条1項は、一定の場合を除き、**処分の取消しの訴えは、当該処分につき法令の規定により審査請求をすることができる場合においても、直ちに提起することを妨げない**旨を規定している。

問題19　正解4

1× 最判平元・4・13（近鉄特急事件）は、地方鉄道法（当時）による**地方鉄道業者の特別急行料金の改定（変更）の認可処分の取消訴訟につき、当該地方鉄道業者の路線の周辺に居住し通勤定期券を購入するなどしてその特別急行旅客列車を利用している者は、原告適格を有しない**旨を判示している。

2× 最判平元・6・20は、**指定史跡を研究対象としている学術研究者は、**

当該史跡の指定解除処分の取消しを訴求する原告適格を有しない旨を判示している。

3× 最判昭53・3・14（主婦連ジュース不当表示事件）は、不当景品類及び不当表示防止法の規定にいう一般消費者であるというだけでは、公正取引委員会による公正競争規約の認定に対し**不服申立をする法律上の利益を有するとはいえない**旨を判示している。この判例は、**不服申立適格を法律上の利益を有する者とする**ことで、抗告訴訟の原告適格と同一視したものであり、法律上保護された利益説を採用したリーディングケースであると評価されている。

4○ 最判平元・2・17（新潟空港訴訟）は、定期航空運送事業免許に係る路線を航行する航空機の騒音によって**社会通念上著しい障害を受けることとなる飛行場周辺住民**は、当該免許の取消しを訴求する原告適格を有する旨を判示している。

5× 最判平17・12・7（小田急線高架化事業認可取消訴訟）は、**都市計画事業の事業地の周辺に居住する住民**のうちその事業が実施されることにより騒音、振動等による**健康又は生活環境に係る著しい被害を直接的に受けるおそれのある者**は、都市計画法（改正前）に基づいてされた当該事業の認可の取消訴訟の原告適格を有する旨を判示している。

問題20　正解1

ア：の特則　特別法である失火責任法は、一般法である民法の**特則**である。

また、本問で引用されている最判昭53・7・17は、**失火責任法は、失火者の責任条件について民法709条の特則を規定したものである**と判示している。

イ：含まれる　同判例は、**失火責任法は、国家賠償法4条の「民法」に含まれる**と判示している。

ウ：排除すべき　失火責任法が、故意または重過失がある場合に失火者の賠償責任を限定した立法趣旨は、失火者は自己の財産も焼失してしまうのが普通であること、木造家屋が密集していることが多い我が国では類焼により被害が広範囲に及ぶこと、我が国では失火者を免責する慣習があることなどにあるとされている。同判例は、このような**同法の立法趣旨に鑑み、公務員の失火による国または公共団体の損害賠償責任についてのみ失火責任法の適用を排除すべき合理的理由も存しない**と判示している。

エ：適用　失火責任法が、国家賠償法4条の「民法」に含まれ、公務員の失火による**国または公共団体の損害賠償責任について失火責任法の適用が排除されない結果、国家賠償法4条により失火責任法が適用される**ことになる。

オ：必要とする　失火責任法が適用される結果、**失火者である公務員に、故意または重過失がある場合に、国または公共団体が損害賠償責任を負う**。

以上より、**ア**には「の特則」、**イ**には「含まれる」、**ウ**には「排除すべき」、**エ**

には「**適用**」、**オ**には「**必要とする**」が当てはまる。

なお、最二小判昭和53年7月17日の判決文中、本問で引用されている部分は以下のとおりである。

失火責任法は、失火者の責任条件について民法709条 $\boxed{\textbf{ア：の特則}}$ を規定したものであるから、国家賠償法4条の「民法」に $\boxed{\textbf{イ：含まれる}}$ と解するのが相当である。また、失火責任法の趣旨にかんがみても、公権力の行使にあたる公務員の失火による国又は公共団体の損害賠償責任についてのみ同法の適用を $\boxed{\textbf{ウ：排除すべき}}$ 合理的理由も存しない。したがって、公権力の行使にあたる公務員の失火による国又は公共団体の損害賠償責任については、国家賠償法4条により失火責任法が $\boxed{\textbf{エ：適用}}$ され、当該公務員に重大な過失のあることを $\boxed{\textbf{オ：必要とする}}$ ものといわなければならない。

問題21　正解1

ア：○　最判平26・10・9（泉南アスベスト訴訟）は、**石綿製品の製造等を行う工場または作業場の労働者が石綿の粉じんにばく露したことにより石綿肺等の石綿関連疾患に罹患した場合**において、石綿に関する作業につき**局所排気装置の設置の促進を指示する通達が発出された時以降**、労働大臣（当時）が労働基準法（改正前）に基づく省令制定権限を行使して罰則をもって工場等に局所排気装置を設置することを義務付けなかったことは、**国家賠償法1条1項の適用上違法である**旨を判示している。

イ：○　最判平16・4・27（筑豊じん肺訴訟）は、**炭鉱で粉じん作業に従事した労働者が粉じんの吸入によりじん肺に罹患した場合**において、じん肺法が成立したとき以降、**通商産業大臣（当時）が鉱山保安法に基づく省令改正権限等の保安規制の権限を直ちに行使しなかったことは、国家賠償法1条1項の適用上違法となる**旨を判示している。

ウ：×　最判平元・11・24は、**宅地建物取引業者に対する知事の免許の更新が宅地建物取引業法所定の免許基準に適合しない場合であっても、**知事のこのような行為は、**宅地建物取引業者の不正な行為により損害を被った取引関係者に対する関係において直ちに国家賠償法1条1項にいう違法な行為に当たるものではない**旨を判示している。

エ：×　最判平16・10・15（関西水俣病訴訟）は、国が、**一定の時点までに、**水俣病による深刻な健康被害の拡大防止のために、公共用水域の水質の保全に関する法律及び工場排水等の規制に関する法律に基づいて、**指定水域の指定など規制権限を行使しなかったことは、国家賠償法1条1項の適用上違法となる**旨を判示している。

以上より、妥当なものの組合せは、**ア・イ**であり、肢1が正解である。

問題22　正解2

ア：○　地方自治法244条の2第1項は、**普通地方公共団体は、法律またはこれに基づく政令に特別の定めが

あるものを除くほか、**公の施設の設置およびその管理に関する事項は、条例でこれを定めなければならない**と規定している。

イ：× 同法244条の4第1項は、**普通地方公共団体の長以外の機関（指定管理者を含む。）がした公の施設を利用する権利に関する処分についての審査請求は、当該普通地方公共団体の長に対してする**旨を規定している。

ウ：× 同法244条の2第2項は、普通地方公共団体は、**条例で定める重要な公の施設のうち条例で定める特に重要なものについて、これを廃止し、または条例で定める長期かつ独占的な利用をさせようとするときは、議会において出席議員の3分の2以上の者の同意を得なければならない**旨を規定している。

エ：○ 最判平18・7・14（高根町給水条例無効確認請求事件）は、普通地方公共団体の住民ではないが、その区域内に事務所、事業所、家屋敷等を有し、当該普通地方公共団体に対し地方税を納付する義務を負う者など**住民に準ずる地位にある者による公の施設の利用**について、その公の施設の性質やこれらの者と当該普通地方公共団体との結び付きの程度等に照らし**合理的な理由なく差別的取扱いをすることは、地方自治法244条3項に違反する**旨を判示している。

以上より、妥当なものの組合せは、**ア・エ**であり、肢**2**が正解である。

問題23　正解5

1× 憲法95条は、**一の地方公共団体のみに適用される特別法は、法律の定めるところにより、その地方公共団体の住民の投票においてその過半数の同意**を得なければ、国会は、これを制定することができないと規定している。

2× 地方自治法14条3項は、普通地方公共団体は、法令に特別の定めがあるものを除くほか、その**条例**中に、条例に違反した者に対し、**懲役**などの罰則を科する旨の規定を設けることができる旨を規定している。

3× 同法15条2項は、**普通地方公共団体の長**は、法令に特別の定めがあるものを除くほか、**普通地方公共団体の規則**中に、規則に違反した者に対し、**過料を科する**旨の規定を設けることができる旨を規定している。**条例による委任があっても、規則で刑罰を規定することはできない。**

4× 同法149条1号は、**普通地方公共団体の長**の事務として、普通地方公共団体の議会の議決を経べき事件につきその**議案を提出する**ことを規定している。

5○ 同法74条1項によれば、普通地方公共団体の議会の議員および長の選挙権を有する者は、政令で定めるところにより、**その総数の50分の1以上の者の連署**をもって、その代表者から、普通地方公共団体の長に対し、**条例の制定または改廃の請求**をすることができるが、地方税の賦課徴収並びに分担金、使用料および手数料の徴収に関するものは、こ

の条例の制定・改廃請求の対象から**除外されている**。

問題24　正解5

ア：×　地方自治法178条2項は、議会において**当該普通地方公共団体の長の不信任の議決**をした場合において、長による議会の解散後初めて招集された議会において**再び不信任の議決があり、議長からその旨の通知があった場合**、普通地方公共団体の長は、一定の日に**その職を失う旨を**規定している。

イ：×　同法176条4項によれば、**普通地方公共団体の議会の議決が法令に違反すると認めるときは、当該普通地方公共団体の長は、理由を示してこれを再議に付さなければならない**。

ウ：○　普通地方公共団体の議会の議長は、議会運営委員会の議決を経て、当該普通地方公共団体の長に対し、会議に付議すべき事件を示して臨時会の招集を請求することができ（同法101条2項）、この招集請求のあった日から**20日以内に当該普通地方公共団体の長が臨時会を招集しないときは、議長は、臨時会を招集することができる**（同条5項）。

エ：×　同法179条1項本文は、**議会において議決すべき事件を議決しないときは、当該普通地方公共団体の長は、その議決すべき事件を処分することができる**旨を規定している。したがって、**議会が開会していても、長は専決処分をすることができる**。

オ：○　地方自治法には、地方公共団体の議会の自律的解散を認める規定はない。**地方公共団体の議会の解散に関する特例法2条1項、3項が、議会が、長の決定によらずに自ら解散することを認めている**。

以上より、正しいものの組合せは、**ウ・オ**であり、肢5が正解である。

問題25　正解3

通達とは、**各大臣、各委員会・各庁の長がその所掌事務に関して、所管の諸機関や職員に示達する形式のひとつである**。法令の解釈や運用方針に関するものが多く、**行政規則の性質をもつ**。**法規**とは、**一般国民の権利義務に関係する法規範**のことである。

1×　最判昭43・12・24は、**通達**は、原則として、**法規の性質をもつものではない**と判示している。

2×　最判昭43・12・24は、通達は、上級行政機関が関係下級行政機関および職員に対してその職務権限の行使を指揮し、職務に関して命令するために発するものであり、このような通達はこれらの機関および職員に対する行政組織内部における命令にすぎないから、これらのものがその通達に拘束されることはあっても、**一般の国民は直接これに拘束されるものではなく**、このことは、**通達の内容**が、法令の解釈や取扱いに関するもので、**国民の権利義務に重大なかかわりをもつようなものである場合においても別段異なるところはない**と判示している。また、肢1の解説にもあるとおり、通達は、原則として、**法規の性質をもつものではな**

い。

3 ○ 最判昭43・12・24は、**行政機関が通達の趣旨に反する処分をした場合**においても、**そのことを理由として、その処分の効力が左右されるものではない**旨を判示している。

4 × 最判昭43・12・24は、**慣習法上認められていた異宗派を理由とする埋葬拒否権の内容を変更する本件通達は**、従来とられていた法律の解釈や取扱いを変更するものではあるが、それはもっぱら知事以下の**行政機関を拘束するにとどまるもので、これらの機関はこの通達に反する行為をすることはできないにしても、国民は直接これに拘束されることはなく、したがって、本件通達が新たに埋葬の受忍義務を課したりするものとはいえない**旨を判示している。

5 × 最判昭43・12・24は、現行法上行政訴訟において**取消の訴の対象となりうるものは、国民の権利義務、法律上の地位に直接具体的に法律上の影響を及ぼすような行政処分等でなければならない**のであるから、本件通達の取消しを求める訴えは許されないものとして**却下すべきもの**である旨を判示している。

問題26 正解2

ア ○ 最判平8・3・8（エホバの証人剣道受講拒否事件）は、**高等専門学校の校長が学生に対し原級留置処分又は退学処分を行うかどうかの判断は、校長の合理的な教育的裁量にゆだねられるべきもの**であると判示している。

イ × 最判平5・3・30（テニスコート審判台転倒事件）は、本肢のような事案において、**利用者の行動が校庭内の設備への設置管理者の通常予測し得ない異常なものであったこと**を理由に設置管理者の校庭で発生した事故についての国家賠償法2条1項所定の損害賠償責任を**否定している**。校庭を利用していた住民が本来の利用者とはいえないことを理由としているわけではない。

ウ × 最判平14・4・25（区立小学校廃止条例事件）は、東京都千代田区内に設置されていたすべての区立小学校を廃止し、新たに区立小学校8校を設置すること等をその内容とする条例は、一般的規範にほかならず、在学していた児童の**保護者が、具体的に特定の区立小学校で教育を受けさせる権利ないし法的利益を有するとはいえない**とし、このような条例は**抗告訴訟の対象となる処分に当たらない**旨を判示して、原審の判断を是認している。

エ ○ 最判平21・10・23は、**市が設置する公立中学校の教諭の体罰によって、生徒が損害を受けた事案において、その教諭の給料その他の給与を負担する都道府県が**国家賠償法1条1項、3条1項に従い当該生徒に対して**損害を賠償したときは、その都道府県は、同条2項に基づき、賠償した損害の全額を当該中学校を設置する市町村に対して求償することができる**旨を判示している。

以上より、妥当なものの組合せは、**ア・エ**であり、肢**2**が正解である。

問題 27　正解 2

1×　相手方が**正当な理由なく意思表示の通知が到達することを妨げたとき**は、その通知は、**通常到達すべきであった時に到達したものとみなされる**（民法97条2項）。これに対して、意思表示が記載された内容証明郵便が**留置期間の経過により差出人に還付された場合、一定の事情が認められれば、留置期間が満了した時点で受取人に到達したものと認められる**（最判平10・6・11）。

2○　意思表示は、表意者が相手方を知ることができず、またはその所在を知ることができないときは、**公示の方法によってすることができ**（同法98条1項）、公示による意思表示は、最後に官報に掲載した日またはその掲載に代わる掲示を始めた日から2週間を経過した時に、相手方に到達したものとみなされる（同条3項本文）。ただし、**表意者が相手方を知らないこと、またはその所在を知らないことについて過失があったときは、到達の効力を生じない**（同条項但書）。

3×　同法97条1項によれば、**意思表示は、その通知が相手方に到達した時からその効力を生ずる**。

4×　同法526条によれば、申込者が申込みの通知を発した後に行為能力の制限を受けた場合、**相手方が承諾の通知を発するまでにその事実が生じたことを知ったときは、申込みは効力を生じない**。したがって、そもそも**契約が有効に成立していない**以上、これを**取り消すことはできない**。

5×　同法98条の2によれば、**意思表示の相手方がその意思表示を受けた時に意思能力を有しなかったとき、または未成年者若しくは成年被後見人であったときは、その意思表示をその相手方に対抗することができない**。制限行為能力者には、未成年者、成年被後見人だけでなく、**被保佐人、被補助人も含まれる**から、制限行為能力者をひとくくりにして意思表示を対抗できない相手方とすることはできない。

問題 28　正解 4

1○　**権限の定めがない不在者**（従来の住所または居所を去った者）の**財産の管理人**であっても、①**保存行為、**および②**目的である物または権利の性質を変えない範囲内において、その利用または改良を目的とする行為を行うことができる**（民法28条、103条）。

2○　不在者がその財産の**管理人を置かなかったとき**は、家庭裁判所は、**利害関係人または検察官の請求により、その財産の管理について必要な処分を命ずることができる**（同法25条1項前段）。

3○　不在者が**管理人を置いた場合**において、その不在者の生死が明らかでないときは、**家庭裁判所は、利害関係人または検察官の請求により、管理人を改任することができる**（同法26条）。

4×　不在者の生死が**7年間**明らかでないときは、家庭裁判所は、利害関係人の請求により、**失踪の宣告**をす

ることができる（同法30条1項）。この失踪の宣告を受けた者は、**その期間が満了した時に、死亡したものとみなされる**（同法31条）。

5○　失踪宣告がなされても、元の住所を中心とする私法上の法律関係が**死亡したのと同じ扱い**がなされるだけであり、生存しているときの**権利能力自体が消滅するわけではない**（同条）。

問題29　正解5

1○　最判平6・2・8によれば、**他人の所有地上の建物を取得し、自らの意思に基づいてその旨の登記を経由した者**は、その建物を第三者に譲渡したとしても、**引き続き登記名義を保有する限り**、土地所有者に対し、建物の所有権の喪失を主張して**建物収去・土地明渡しの義務を免れることはできない**。したがって、Bは、Aに対して乙建物の収去及び甲土地の明渡しの義務を**免れない**。

2○　最判昭35・6・17によれば、**土地の所有権に基づく物権的請求権の訴訟においては、現実に家屋を所有することによって現実にその土地を占拠して土地の所有権を侵害しているもの**を被告としなければならない。したがって、Eは、Dに対して丁建物の収去及び丙土地の明渡しの義務を**負わない**。

3○　最判昭57・3・12によれば、**工場抵当法の規定により工場に属する建物とともに抵当権の目的とされた動産**が、備え付けられた工場から**抵当権者の同意を得ないで搬出された**場合には、第三者において**即時取得**をしない限りは、**抵当権者は、搬出された目的動産をもとの備付場所である工場に戻すことを請求することができる**。

4○　最判平17・3・10によれば、抵当不動産の所有者から占有権原の設定を受けてこれを占有する者であっても、抵当権設定登記後に占有権原の設定を受けたものであり、その設定に**抵当権の実行としての競売手続を妨害する目的**が認められ、その占有により**抵当不動産の交換価値の実現が妨げられて抵当権者の優先弁済請求権の行使が困難となるような状態**があるときは、抵当権者は、当該占有者に対し、**抵当権に基づく妨害排除請求として、そのような状態の排除を求めることができる**。

5×　最判平21・3・10によれば、動産の購入代金を立替払した者が、**立替金債務の担保として当該動産の所有権を留保する場合において、所有権を留保した者**は、第三者の土地上に存在してその土地所有権の行使を妨害している当該動産について、**弁済期が到来するまで**は、特段の事情がない限り、**撤去義務や不法行為責任を負うことはないが**、弁済期が経過した後は、留保された所有権が担保権の性質を有するからといって撤去義務や不法行為責任を免れることはない。

問題30　正解3

1×　留置権者は、善良な管理者の注意義務をもって留置物を占有しなけ

ればならない（民法298条1項）。ここにいう**善良な管理者の注意義務**（善管注意義務）とは、行為者の具体的な注意能力に関係なく、一般に、**行為者の属する職業や社会的地位に応じて通常期待される程度の抽象的・一般的な注意義務**である。一方、自己の財産に対するのと同一の注意義務とは、当該行為者の具体的な注意能力に応じた具体的・個別的な注意義務である。善良な管理者の注意義務は、**自己の財産に対するのと同一の注意義務より高度な注意義務**である。

2× 留置権者が、善管注意義務に違反したときや、**債務者の承諾を得ずに留置物を使用・賃貸・担保供与したとき**には、原則として、**留置権の消滅を請求することができる**（同法298条3項）。留置権が**直ちに消滅するわけではない**。

3○ 最判昭46・7・16は、**建物の賃借人**が、**債務不履行により賃貸借契約を解除された**のち、権原のないことを知りながら当該建物を不法に占有する間に**有益費**を支出しても、その者は、民法295条2項の類推適用により、**その費用の償還請求権に基づいて当該建物に留置権を行使することはできない**旨を判示している。

4× 最判昭47・11・16によれば、**留置権が成立したのち債務者からその目的物を譲り受けた者に対しても、債権者がその留置権を主張しうることは、留置権が物権であることに照らして明らかである**から、債権者は、譲受人に対して**留置権を行使するこ**

とができる。したがって、Aは、Bに対する未払いの売買代金債権を被担保債権として建物を留置することができる。

5× 最判昭43・11・21は、**不動産の二重売買において、第二の買主のため所有権移転登記がされた場合、第一の買主**は、第二の買主の当該**不動産の所有権に基づく明渡請求に対し、売買契約不履行に基づく損害賠償債権をもって、留置権を主張することは許されない**旨を判示している。したがって、Eは、Dに対する履行不能を理由とする損害賠償請求権を被担保債権として当該建物を留置することはできない。

問題31　正解3

ア：○ 金銭債務の不履行による損害賠償については、**債権者は、損害の証明をすることを要しない**（民法419条2項）。

イ：× 最判昭48・10・11は、**債権者は、金銭を目的とする債務の不履行による損害賠償として、債務者に対し弁護士費用その他の取立費用を請求できない**旨を判示している。したがって、Aは、Bに対して、遅延損害金は請求できるが、弁護士費用その他の**取立費用**等は請求できない。

ウ：○ 金銭債務の不履行による損害賠償については、**債務者は、不可抗力をもって抗弁とすることができない**（同法419条3項）。したがって、Aは、残代金に加えて2か月分の遅延損害金を請求できる。

エ：× 残代金の支払期限を「母の死

亡日」とする定めは、同法412条2項にいう**不確定期限**に当たる。**債務の履行について不確定期限があるときは、債務者は、その期限の到来した後に履行の請求を受けた時またはその期限の到来したことを知った時のいずれか早い時から遅滞の責任を負う**。よって、Bの残代金支払債務は、Aの母の死亡後に履行の請求を受けるまで、またはAの母の死亡の事実を知るまでは遅滞に陥らないから、Aは、残代金500万円に加えて2か月分の遅延損害金を請求することはできない。

オ：○ 債務の履行について期限を定めなかったときは、**債務者は、履行の請求を受けた時から遅滞の責任を負う**（同法412条3項）。

以上より、妥当でないものの組合せは、**イ・エ**であり、肢3が正解である。

問題32 正解5

1× 債務者の責任財産を構成する限り、形成権（**取消権・解除権**）も**代位行使の対象となる**（民法423条1項但書参照）。

2× 債権者は、**その債権の期限が到来しない間は、保存行為を除き、被代位権利を行使することができない**（同条2項）。

3× 債権者は、被代位権利を行使する場合において、**被代位権利が金銭の支払または動産の引渡しを目的とするものであるときは、相手方に対し、その支払または引渡しを自己に対してすることを求めることができる**（同法423条の3前段）。

4× 債権者が、被代位権利の行使に係る訴えを提起するなど、**被代位権利を行使した場合であっても、債務者は、被代位権利について、自ら取立てその他の処分をすることを妨げられない**（同法423条の5前段）。

5○ 債権者が代位権利を行使した場合であっても、**債務者の相手方は、被代位権利について、債務者に対して履行をすることを妨げられない**（同条後段）。

問題33 正解4

ア× 当事者双方の責めに帰することができない事由によって債務を履行することができなくなったときは、債権者は、**反対給付の履行を拒むことができる**（民法536条1項）。したがって、履行期前の**不可抗力**（震災）によって甲建物が滅失した場合、債権者Bは、反対給付である代金の支払いを拒むことができる。

イ○ 引き渡された目的物が種類、品質または数量に関して契約の内容に適合しないものであるときは、買主は、売主に対し、**履行の追完または代金減額請求をすることができるが**（同法562条1項、563条1項）、**これにより損害賠償請求並びに解除権の行使は妨げられない**（同法564条）。

ウ× 引き渡された目的物が種類、品質又は数量に関して**契約の内容に適合しないものであるときは、買主は、**原則として、**相当の期間を定めて履行の追完の催告をし、その期間内に履行の追完がないときでなければ代金の減額を請求することができない

（同法563条1項）。本肢のように履行の追完が合理的に期待できるときは、Bは直ちに代金の減額を請求することはできない（同条2項）。

エ× 契約内容の不適合が買主の責めに帰すべき事由によるものであるときは、買主は、代金の減額の請求をすることができない（同条3項）。

オ× 売主が種類又は品質に関して契約の内容に適合しない目的物を買主に引き渡した場合、原則として、**買主がその不適合を知った時から1年以内にその旨を売主に通知しなければ、買主は、その不適合を理由として、損害賠償の請求をすることができない**（同法566条）。

以上より、誤っているものは、**ア・ウ・エ・オ**の4つであるから、肢4が正解である。

問題34　正解5

1○ 最判昭50・10・24（東大病院ルンバール事件）は、**訴訟上の因果関係の立証は、一点の疑義も許されない自然科学的証明ではなく、経験則に照らして全証拠を総合検討し、特定の事実が特定の結果発生を招来した関係を是認しうる高度の蓋然性を証明することであり、その判定は、通常人が疑を差し挟まない程度に真実性の確信を持ちうるものであることを必要とし、かつ、それで足りる**ものであると判示している。

2○ 最判平8・10・29は、不法行為により傷害を被った**被害者が平均的な体格ないし通常の体質と異なる身体的特徴を有しており、これが、加**害行為と競合して傷害を発生させ、または損害の拡大に寄与したとしても、その**身体的特徴が疾患に当たらないときは、特段の事情がない限り、これを損害賠償の額を定めるに当たり斟酌することはできない**旨を判示している。

3○ 最大判昭39・6・24は、民法722条第2項により**被害者の過失を斟酌するには、被害者たる未成年者が、事理を弁識するに足る知能を具えていれば足り、行為の責任を弁識するに足る知能を具えていることを要しない**ものと解すべきである旨を判示している。

4○ 不法行為の被侵害利益としての**名誉とは、人がその品性、徳行、名声、信用等の人格的価値について社会から受ける客観的な評価、すなわち社会的名誉を指し**（最判昭45・12・18）、特定人の名誉が毀損されたか否かは、被害者の主観によるべきではなく、**客観的にその人の社会より受ける評価が傷つけられたかどうかによって決すべきである**（最判昭41・7・28）。

5× 最判平7・6・9は、医療に従事する者が負う注意義務の基準は、診療当時のいわゆる臨床医学の実践におけるある医療水準であるが、診療契約に基づき医療機関に要求される医療水準であるかどうかを決するについては、**その医療機関の性格、所在地域の医療環境の特性等の諸般の事情を考慮すべきであり、このような事情を捨象して、すべての医療機関について診療契約に基づき要求される医療水準を一律に解するのは**

相当でない旨を判示している。したがって、医療過誤事件において、どの医療機関であっても**一律に診療当時のいわゆる臨床医学の実践におけるある医療水準をもって故意・過失が認定されるわけではない**。

問題35 正解4

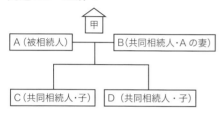

ア× 相続による権利の承継は、遺産の分割によるものかどうかにかかわらず、**法定相続分を超える部分については、登記、登録その他の対抗要件を備えなければ、第三者に対抗することができない**（民法899条の2第1項）。したがって、Bは、登記を具備した第三者Eに対し、登記なくして甲建物の全部が自己に属することを対抗することはできない。

イ× **配偶者は、被相続人の財産に属した建物に相続開始の時に無償で居住していた場合**には、原則として、**その居住していた建物の所有権を相続または遺贈により取得した者に対し、居住建物について無償で使用する権利（配偶者短期居住権）を有する**（同法1037条1項）。したがって、CおよびDは、Bに対して自己の持分権に基づく甲建物の**明渡請求**や、居住による使用利益等の**不当利得返還請求**をすることはできない。

ウ〇 被相続人の配偶者の取得する**配偶者居住権は、遺贈によって設定することができ**（同法1028条1項2号）、この配偶者居住権の**存続期間は、**原則として配偶者の終身の間である（同法1030条前段）。しかし、**被相続人が相続開始の時に居住建物を配偶者以外の者と共有していた場合、配偶者居住権は認められない**（同法1028条1項但書）。したがって、甲建物が相続開始時にAとFの共有であった場合には、Bは配偶者居住権を取得しない。

エ〇 配偶者が家庭裁判所に対して**配偶者居住権の取得を希望する旨を申し出た場合**、遺産の分割の請求を受けた家庭裁判所は、**居住建物の所有者の受ける不利益の程度を考慮してもなお配偶者の生活を維持するために特に必要があると認めるとき**、共同相続人間に配偶者が配偶者居住権を取得することについて合意が成立しているときを除き、**配偶者が配偶者居住権を取得する旨を定めることができる**（同法1029条）。したがって、裁判所は、本肢事例のような場合、審判によってBに配偶者居住権を与えることが**できる**。

オ× 配偶者居住権の登記は、原則として、**共同申請である**（不動産登記法3条9号、60条）。したがって、Bは、**単独で配偶者居住権の登記を申請することはできない**。

以上より、正しいものの組合せは、**ウ・エ**であり、肢**4**が正解である。

問題36　正解3

ア 商行為となる　利益を得て売却する意思で、時計を買い入れる行為は、**利益を得て譲渡する意思をもってする動産の有償取得に当たる**から、商法501条1号より、**商行為（絶対的商行為）となる。**

イ 商行為となる　大判昭4・9・28は、譲り受けた物品をそのまま**譲渡する**ことにより**利益を得る場合であるか、これを加工し、あるいはこれを原料として他の物品を製造し利益を得る場合であるかを区別せずに、商法501条1号の絶対的商行為に当たる**旨を判示している。したがって、利益を得て売却する意思で、買い入れた木材を加工し、製作した机を売却する行為は、**商行為となる。**

ウ 商行為とならない　報酬を受ける意思で、結婚式のビデオ撮影を引き受ける行為は、**作業または労務の請負に当たる**から、同法502条5号より、**営業として行わない限り商行為（営業的商行為）とならない。**

エ 商行為とならない　賃貸して利益を得る意思で、レンタル用のDVDを買い入れる行為は、**賃貸する意思をもってする動産の有償取得に当たる**から、同法502条1号より、**営業として行わない限り商行為（営業的商行為）とならない。**

オ 商行為となる　利益を得て転売する意思で、取得予定の時計を売却する行為は、**他人から取得する動産の供給契約に当たる**から、同法501条2号より、**商行為（絶対的商行為）となる。**

以上より、商行為とならないものの組合せは、**ウ・エ**であり、**肢3**が正解である。

問題37　正解4

1 ○　株式会社の成立の時における現物出資財産等の価額が当該現物出資財産等について記載され、または記録された価額などに著しく不足するときは、**発起人および設立時取締役は**、当該株式会社に対し、連帯して、**当該不足額を支払う義務を負う**が（会社法52条1項）、当該発起人または設立時取締役が**その職務を行うについて注意を怠らなかったことを証明した場合は、この義務を負わない**（同条2項柱書、2号）。

2 ○　発起人は、その出資に係る**金銭の払込みを仮装した場合、**またはその出資に係る金銭以外の財産の給付を仮装した場合には、**株式会社に対し、払込みを仮装した出資に係る金銭の全額の支払い、または給付を仮装した出資に係る金銭以外の財産の全部の給付をする義務を負う**（同法52条の2第1項）。

3 ○　発起人、設立時取締役または設立時監査役は、株式会社の設立についてその**任務を怠ったとき**は、当該株式会社に対し、**これによって生じた損害を賠償する責任を負う**（同法53条1項）。

4 ✕　発起人、設立時取締役または設立時監査役がその職務を行うについて**悪意**または**重大な過失**があったときは、当該発起人、設立時取締役または設立時監査役は、これによって

第三者に生じた損害を賠償する責任を負う（同法53条2項）。

5 〇 発起人、設立時取締役または設立時監査役が株式会社または第三者に生じた損害を賠償する責任を負う場合において、他の発起人、設立時取締役または設立時監査役も当該損害を賠償する責任を負うときは、**これらの者は、連帯債務者とする**（同法54条）。

問題38 正解4

1 × **株式の質入れ**は、その質権者の氏名または名称及び住所を**株主名簿に記載し、または記録しなければ、株式会社その他の第三者に対抗することができない**（会社法147条1項）。質権者の氏名または名称及び住所を株主名簿に記載または記録することは、株式の質入れの対抗要件であり、**効力発生要件ではない**。

2 × **株式に質権を設定した者**は、株式会社に対し、**質権者の氏名または名称及び住所を株主名簿に記載し、または記録することを請求することができる**が（同法148条）、**質権者と共同して請求することを要しない**。

3 × **株式に譲渡制限がなされている場合でも、質権の設定自体については取締役会などの承認は必要ないが**、質権実行による株式の取得については取締役会の承認が必要である。この場合、株式取得者が取締役会の承認を求めることになる（同法137条1項）。

4 〇 **株式会社が、剰余金の配当など**の行為をした場合には、株式を目的とする質権は、当該行為によって**当該株式の株主が受けることのできる金銭その他の財産について存在する**。したがって、株主名簿に記載または登録された質権者は、剰余金の金銭による配当を受領し、**自己の債権の弁済にあてることができる**（同法151条1項8号、154条1項）。

5 × **株式を質入れしても、株主が株主総会において議決権を行使できる**（同法151条1項参照）。

問題39 正解1

ア × 会社法には、**本肢のような規定は存在しない**。

イ 〇 **監査役会設置会社においては、監査役は、3人以上で、そのうち半数以上は、社外監査役でなければならない**（同法335条3項）。

ウ × **監査役会設置会社（公開会社であり、かつ、大会社であるものに限る。）であって金融商品取引法の規定によりその発行する株式について有価証券報告書を内閣総理大臣に提出しなければならないものは、社外取締役を置かなければならない**（同法327条の2）。3人以上の取締役を置き、その過半数は、社外取締役であることまでは要求していない。

エ 〇 **監査等委員会設置会社においては、監査等委員である取締役は、3人以上で、その過半数は、社外取締役でなければならない**（同法331条6項）。

オ 〇 **指名委員会等設置会社において**は、指名委員会、監査委員会または報酬委員会の各委員会は、**委員3人**

以上で組織し（同法400条1項）、各委員会の委員の過半数は、社外取締役でなければならない（同条3項）。

以上より、誤っているものの組合せは、**ア・ウ**であり、**肢1**が正解である。

問題40　正解1

ア〇　株式会社が、剰余金の配当をする場合には、資本金の額の4分の1に達するまで、法務省令で定めるところにより、**当該剰余金の配当により減少する剰余金の額に10分の1を乗じて得た額を資本準備金または利益準備金として計上しなければならない**（会社法445条4項、会社計算規則22条1項1号）。

イ×　株式会社は、**当該株式会社の株式等を配当することはできない**が、当該株式会社の**子会社**の株式等及び当該株式会社の**親会社**の株式等を**配当財産にすることはできる**（会社法454条1項1号）。

ウ〇　株式会社は、当該株式会社以外の株主に対し、**剰余金の配当をすることができる**が（同法453条）、**株式会社の純資産額が300万円を下回る場合には、剰余金の配当をすることができない**（同法458条）。

エ×　剰余金の配当には、原則として、**株主総会**の決議を要する（同法454条1項柱書）。しかし、**会計監査人設置会社**においては、取締役の任期が1年を超えないことなどの一定の要件を満たせば、定款の定めによって剰余金の配当に関する事項の決定を**取締役会の権限とすることができる**（同法459条1項4号）。

オ×　剰余金の配当は、その効力を生ずる日における**分配可能額を超えてはならない**（同法461条1項8号）。したがって、**純利益の額を超えない範囲内であっても、分配可能額を超えて剰余金の配当を行うことはできない**。

以上より、正しいものの組合せは、**ア・ウ**であり、**肢1**が正解である。

問題41　正解　ア：20　イ：13　ウ：19　エ：16

ア：刑事裁判　裁判員制度は、**一般国民が刑事訴訟手続に参加する制度**であるから、**ア**には刑事裁判が当てはまる。

イ：裁判所　裁判員制度において裁判所となるのは、3名の職業**裁判官**と6名の**裁判員により構成される合議体**であるから、**イ**には裁判所が当てはまる。

ウ：法令の適用　裁判員制度では、裁判官と裁判員は、基本的に対等な権限を持ち、**事実の認定、法令の適用及び刑の量定**を行うが、法令の解釈と訴訟手続に関する判断は裁判官のみが行う。したがって、**ウ**には**法令の適用**が当てはまる。

エ：評決　合議制の裁判所において裁判内容を決めるために行われる採決を**評決**という。裁判員制度では、**合議体の構成員である裁判員**が、評議（審議）における事実認定や刑の量定などの判断に関与するから、**エ**には**評決**が当てはまる。

なお、最大判平成23年11月16日の判決文中、本問で引用されてい

る部分は以下のとおりである。

問題は、裁判員制度の下で裁判官と国民とにより構成される裁判体が、**ア：刑事裁判** に関する様々な憲法上の要請に適合した「**イ：裁判所**」といい得るものであるか否かにある。

・・・（中略）・・・。

以上によれば、裁判員裁判対象事件を取り扱う裁判体は、身分保障の下、独立して職権を行使することが保障された裁判官と、公平性、中立性を確保できるよう配慮された手続の下に選任された裁判員とによって構成されるものとされている。また、裁判員の権限は、裁判官と共に公判廷で審理に臨み、評議において事実認定、**ウ：法令の適用** 及び有罪の場合の刑の量定について意見を述べ、**エ：評決** を行うことにある。これら裁判員の関与する判断は、いずれも司法作用の内容をなすものであるが、必ずしもあらかじめ法律的な知識、経験を有することが不可欠な事項であるとはいえない。さらに、裁判長は、裁判員がその職責を十分に果たすことができるように配慮しなければならないとされていることも考慮すると、上記のような権限を付与された裁判員が、様々な視点や感覚を反映させつつ、裁判官との協議を通じて良識ある結論に達することは、十分期待することができる。他方、憲法が定める**ア：刑事裁判** の諸原則の保障は、裁判官の判断に委ねられている。

このような裁判員制度の仕組みを考慮すれば、公平な「**イ：裁判所**」における法と証拠に基づく適正な裁判が

行われること（憲法31条、32条、37条1項）は制度的に十分保障されている上、裁判官は**ア：刑事裁判** の基本的な担い手とされているものと認められ、憲法が定める**ア：刑事裁判** の諸原則を確保する上での支障はないということができる。

以上より、**ア**には20-刑事裁判、**イ**には13-裁判所、**ウ**には19-法令の適用、**エ**には16-評決が当てはまる。

問題42　正解　ア：6　イ：1　ウ：12　エ：2

ア：即時強制　都道府県知事は、一定の感染症の患者に対して、または保護者に対しその患者を入院させるべきことを勧告することができ、この**勧告を受けた者が当該勧告に従わないときは、その勧告に係る患者を一定の医療機関に入院させることができる**（感染症の予防及び感染症の患者に対する医療に関する法律19条3項）。この措置は、講学上、**即時強制**に当たるとされている。

したがって、**ア**には**即時強制**が当てはまる。

イ：罰金　「刑法総則が適用される」刑罰のうち、「100万円以下」という記述から、刑法上の刑罰のうち金銭給付を命じるものは罰金と科料があり、「科料」は1,000円以上1万円未満の間でしか科すことができないため（刑法17条）、**イ**には**財産刑**である**罰金**が当てはまると考えられる。

ウ：行政刑罰　行政上の義務違反に対して科される懲役や罰金などの刑法に刑名のある刑罰は、行政刑罰であ

る。行政刑罰には、原則として、刑法総則が適用されるほか、制裁を科す手続に関しても刑事訴訟法が適用されるから、**ウ**には行政刑罰が当てはまる。

エ：過料 行政上の秩序維持のために過料という名称をもって科する金銭罰を、講学上、秩序罰という。**秩序罰は刑罰ではない**から、刑法総則・刑事訴訟法が適用される行政刑罰に比べて「**制裁として**」軽い。したがって、**エ**には過料が当てはまる。

以上より、**ア**には6-即時強制、**イ**には1-罰金、**ウ**には12-行政刑罰、**エ**には2-過料が当てはまる。

問題43　正解　ア：9　イ：17　ウ：13　エ：6

ア：慎重「名宛人に直接に義務を課し又はその権利を制限するという不利益処分の性質」からすれば、**行政庁の判断は慎重でなければならない**と考えられるから、**ア**には慎重が当てはまる。

イ：不服の申立て　アと同様に、**不利益処分の性質**を考えると、**処分の理由を名宛人に知らせて不服の申立てに便宜を与えるべき**であると考えられるから、**イ**には**不服の申立て**が当てはまる。

ウ：処分基準　行政庁の判断の合理性を担保し、名宛人の**不服申立てに便宜**を与えるためには、不利益処分をするかどうか、またはどのような不利益処分とするかについてその法令の定めに従って判断するために必要とされる基準（**処分基準**）などが提

示される必要があるから、**ウ**には処分基準が当てはまる。

エ：意見公募　処分基準を定める際にとられる「**適正を担保すべき手厚い手続**」は、意見公募手続であるから、**エ**には意見公募が当てはまる。

以上より、**ア**には9-慎重、**イ**には17-不服の申立て、**ウ**には13-処分基準、**エ**には6-意見公募が当てはまる。

なお、最三小判平成23年6月7日の判決文中、本問で引用されている部分は以下のとおりである。

行政手続法14条1項本文が、不利益処分をする場合に同時にその理由を名宛人に示さなければならないとしているのは、名宛人に直接に義務を課し又はその権利を制限するという不利益処分の性質に鑑み、行政庁の判断の　ア：慎重　と合理性を担保してその恣意を抑制するとともに、処分の理由を名宛人に知らせて　イ：不服の申立て　に便宜を与える趣旨に出たものと解される。そして、同項本文に基づいてどの程度の理由を提示すべきかは、上記のような同項本文の趣旨に照らし、当該処分の根拠法令の規定内容、当該処分に係る　ウ：処分基準　の存否及び内容並びに公表の有無、当該処分の性質及び内容、当該処分の原因となる事実関係の内容等を総合考慮してこれを決定すべきである。

この見地に立って建築士法・・・（略）・・・による建築士に対する懲戒処分について見ると、・・・（略）・・・処分要件はいずれも抽象的である上、これらに該当する場合に・・・（略）・・・所定の戒告、1年以内の業務停止又は

免許取消しのいずれの処分を選択するかも処分行政庁の裁量に委ねられている。そして、建築士に対する上記懲戒処分については、処分内容の決定に関し、本件 **ウ：処分基準** が定められているところ、本件 **ウ：処分基準** は、**エ：意見公募** の手続を経るなど適正を担保すべき手厚い手続を経た上で定められて公にされており、・・・（略）・・・多様な事例に対応すべくかなり複雑なものとなっている。

そうすると、建築士に対する上記懲戒処分に際して同時に示されるべき理由としては、処分の原因となる事実及び処分の根拠法条に加えて、本件 **ウ：処分基準** の適用関係が示されなければ、処分の名宛人において、上記事実及び根拠法条の提示によって処分要件の該当性に係る理由は知り得るとしても、いかなる理由に基づいてどのような **ウ：処分基準** の適用によって当該処分が選択されたのかを知ることは困難であるのが通例であると考えられる。

問題44　正解例：行政指導に該当し、文部科学大臣に対し、行政指導の中止を求めることができる。（37字）

【行政手続法の定義に照らして何に該当するか】

本問の事例にある**文部科学大臣の勧告**は、行政機関がその任務又は所掌事務の範囲内において一定の行政目的を実現するため**特定の者に一定の作為または不作為を求める指導、勧告、助言その他の行為であって処分に該当しないもの**であるから、行政指導に当たる（行政手続法2条6号）。

【行政手続法に基づきどのような手段をとることができるか】

本問事例のＡ大学は、「指摘のような法令違反はないとの立場で、勧告に不服をもっている」のであるから、**本件行政指導（勧告）**が、**学校教育法が定める要件に適合しないと思料していると考えられる**から、行政指導（勧告）の中止を求めることができる（同法36条の2第1項本文）。

【行政手続法に基づき誰に対して上記の手段をとることができるか】

行政指導（勧告）の中止を求める相手方は、当該行政指導をした行政機関である（同条項）。本問事例では文部科学大臣を相手方として、上記の手段をとることができる。

問題45　正解例：Ｃが、本件代金債権の譲渡禁止特約につき、知り、又は重大過失により知らなかった場合（40字）

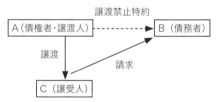

当事者が債権の譲渡を禁止、または制限する旨の意思表示（**譲渡制限の意思表示**）をしたときであっても、**債権の譲渡は、その効力を妨げられない**（民法466条2項）。したがって、**譲受人Ｃは、有効に本件代金債権を取得する**。

もっとも、**譲渡制限の意思表示がされたことを知り、または重大な過失によって知らなかった譲受人その他の第

三者に対しては、債務者は、その**債務の履行を拒むことができる**（同条3項）。したがって、債務者Bが、本件代金債権に係る債務の履行を拒むことができるのは、**譲受人Cが、譲渡禁止特約の存在について知り、または知らなかったことについて重過失がある場合である**。

問題46　正解例：甲の占有者Bが責任を負い、Bが損害発生防止のために必要な注意をしたときは所有者Aが負う。（44字）

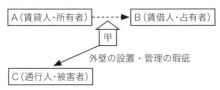

外壁の設置・管理の瑕疵

　土地の工作物の設置または保存に瑕疵があることによって他人に損害を生じたときは、**その工作物の占有者は、被害者に対してその損害を賠償する責任を負う**（民法717条1項本文）。したがって、本件事例において、**1次的に損害賠償責任を負うのは、占有者である賃借人Bである**。

　もっとも、**占有者が損害の発生を防止するのに必要な注意をしたときは、所有者がその損害を賠償しなければならない**（同条項但書）。したがって、占有者である**賃借人B**が、損害の発生を防止するのに必要な注意をしていれば、甲家屋の**所有者A**が、**損害賠償責任を負う**。

問題47　正解4

1×　ナチス・ドイツが政権を掌握したのは、1933年であり、**ベルリン大会（1936年）よりも前**である。また、**米国や他の西欧民主主義諸国は**、ナチス政権によって開催されるオリンピック大会を支持することに**倫理的な疑問を持ち、ボイコットに向けた動きが見られた**から、国際協調主義のもとで実施されたとはいえない（「1936年ベルリン・オリンピックボイコットへの動き」米国ホロコースト記念博物館）。

2×　**ロンドン大会（1948年）には、**第2次世界大戦の責任を問われ、**日本とドイツは招待されなかった**（「オリンピックの歴史」公益財団法人日本オリンピック委員会）。

3×　**ソ連は東京大会（1964年）に参加し、**バレーボール女子の決勝戦で日本と金メダルを争っている（「オリンピックの歴史」公益財団法人日本オリンピック委員会）。また、**中華人民共和国の不参加**は、中華民国（当時）の扱いへの反発から**IOCを脱退していたため、当初より参加の予定がなかったから**であり、第2次世界大戦の講和条約不締結を理由とするものではない。

4○　ソビエト軍のアフガン侵攻に対する制裁措置として、**米国のカーター大統領がモスクワ大会（1980年）のボイコット**を表明し、**日本などの**

西側諸国が参加しなかった（「オリンピックの歴史」公益財団法人日本オリンピック委員会）。

5×　ボスニア・ヘルツェゴビナ紛争は、旧ユーゴ連邦の崩壊が進む中、**1992年4月**、同共和国の独立を巡って民族間で紛争が勃発し、3年半以上にわたり各民族が全土で覇権を争って戦闘を繰り広げた紛争であり、**サラエボ（冬季）大会（1984年）よりも後に勃発した紛争である**（「ボスニア・ヘルツェゴビナ基礎データ」外務省）。

問題48　正解2

1×　新型コロナウイルス感染症対策として制定され、令和3年2月13日から施行されているのは、**新型インフルエンザ等対策特別措置法等の一部を改正する法律**であり（「新型インフルエンザ等対策特別措置法等の一部を改正する法律の概要（修正版）」内閣官房）、**新型コロナウイルス感染症対策に特化した新規の法律ではない**。

2○　**2020年4月7日**に、雇用の維持と事業の継続、生活に困っている人々への支援、税制措置などを盛り込んだ**新型コロナウイルス感染症緊急経済対策が閣議決定された**。

3×　新型インフルエンザ等対策特別措置法に基づき新型コロナウイルス感染症に関する緊急事態宣言が2020年4月7日に発出されたが、**自宅から外出するために、都道府県知事の外出許可は不要である**（「新型コロナウイルス感染症緊急事態宣言（2020年4月7日発出）」内閣官房）。

4×　医療従事者などの先行・優先接種が完了したのは2021年7月23日、高齢者の優先接種については、2021年7月末時点で8割程度の高齢者が2回接種していると見込まれ、希望する高齢者への2回接種という目標を概ね達成したとされている（首相官邸HP）が、**首相・大臣・首長およびその同居親族については、ワクチン優先接種は実施されていない**。

5×　新型インフルエンザ等対策特別措置法の一部が改正され（2021年2月3日公布）、特定の地域において、国民生活及び国民経済に甚大な影響を及ぼすおそれがあるまん延を防止するため、**「まん延防止等重点措置」が創設され、営業時間の変更等の要請、要請に応じない場合の命令、命令に違反した場合の過料（20万円以下）が規定された**（「新型インフルエンザ等対策特別措置法等の一部を改正する法律の概要（修正版）」内閣官房）。

問題49　正解2

ア×　内閣法制局の長である内閣法制局長官は、**内閣が任命する**（内閣法制局設置法2条1項）。**両議院の同意は必要ない**。

イ○　日本銀行の総裁および副総裁は、**両議院の同意を得て、内閣が任命する**（日本銀行法23条1項）。

ウ×　検事総長、次長検事及び各検事長の**任免は、内閣が行い、天皇が、これを認証する**（検察庁法15条1項）。**最高裁判所の推薦は必要ない**。

エ〇　NHK（日本放送協会）の経営委員は、公共の福祉に関し公正な判断をすることができ、広い経験と知識を有する者のうちから、**両議院の同意を得て、内閣総理大臣が任命する**（放送法31条1項前段）。

オ〇　**日本学術会議**は、優れた研究または業績がある科学者のうちから**会員の候補者を選考し、内閣府令で定めるところにより、内閣総理大臣に推薦する**（日本学術会議法17条）。この推薦に基づき、**内閣総理大臣が、日本学術会議会員を任命する**（同法7条2項）。

　以上より、誤っているものの組合せは、**ア・ウ**であり、肢**2**が正解である。

問題50　正解1

ア×　納税という言葉が使われているものの、**ふるさと納税は、都道府県、市区町村への寄附である。**（「ふるさと納税って何？」ふるさと納税ポータルサイト：総務省）。

イ×　一般的に**自治体に寄附をした場合**には、確定申告を行うことで、その**寄附金額の一部が所得税及び住民税から控除されるが、固定資産税は控除の対象とはなっていない**（「ふるさと納税って何？」ふるさと納税ポータルサイト：総務省）。

ウ〇　ふるさと納税の制度創設後の税制改正や、自治体間の過剰な返礼品競争の過熱により、返礼品を目的とした寄附が増加したことから、**巨額の減収となっている自治体もある。**そのため、ふるさと納税による減収については、**地方交付税により、減**

収額の75％が国から補填される仕組みがある（「その『ふるさと納税』、もう少し考えてみませんか？」中野区公式ホームページ）。

エ〇　ふるさと納税の納付を受けた**自治体の多くが返礼品の提供をしている。**

オ〇　ふるさと納税制度の**返礼率競争が大きな社会的問題となった**ことから、2019年6月1日より、新たなふるさと**納税指定制度**が施行され、総務大臣による指定を受けていない地方団体に対する寄附は、**ふるさと納税の対象外となった**（ふるさと納税ポータルサイト：総務省）。

　以上より、誤っているものの組合せは、**ア・イ**であり、肢**1**が正解である。

問題51　正解3

1〇　**経常収支**は、国際収支の基準のひとつで、**貿易・サービスや投資による日本と海外のお金の出入り**を表す。したがって、海外旅行先で現地のホテルに宿泊料を支払った場合、その金額は、**自国の経常収支上で、マイナスとして計上される。**

2〇　**資本移転等収支**とは、国際収支のなかで、対価の受領を伴わない固定資産の提供、債務免除のほか、非生産・非金融資産の取得処分などの収支を意味する。社会資本の整備のために無償で発展途上国に対して資金協力を行うことは、**対価の受領を伴わない固定資産の提供**に当たると考えられる。したがって、その金額は、**自国の資本移転等収支上で、マイナスとして計上される。**

3 × 肢1の解説にあるとおり、経常収支は、**日本と海外のお金の出入り**を表す。したがって、**海外留学中の子どもの生活費を仕送りした場合**、その金額は、**自国の経常収支上で、マイナスとして計算される**から、誤りである。

4 ○ 肢1の解説にあるとおり、経常収支には、**投資による日本と海外のお金の出入り**も含まれる。したがって、**海外への投資から国内企業が配当や利子を得た場合**、その金額は、**自国の経常収支上で、プラスとして計算される**。

5 ○ **金融収支**とは、国際収支のなかで、国内居住者と非居住者間の金融資産にかかる債権・債務の移動を伴う取引の収支状況を示す項目である。したがって、**日本企業が海外企業の株式を購入した場合**、その金額は、**日本の金融収支上では、プラスとして計算される**。

問題52 正解2

ア○ 日本は化石エネルギーへの依存度が高く、**2019年度の化石燃料への依存度は84.8%、再生可能エネルギーは10.3%にとどまっている**（「2021-日本が抱えているエネルギー問題（前編）」経済産業省資源エネルギー庁）。なお、2021年度では、化石燃料への依存度は83.2%、再生可能エネルギーは10.0%である（「2022‐同資料」）。

イ× 2010年代に入ると、サハリンや東シベリアといったロシアからの原油輸入の増加等で、**原油輸入の中東依存度は低下傾向にあったが、2016年度にはロシア等からの輸入が減少したことで中東依存度は再び増大し、2021年度では92.5%となった**。一方、**液化天然ガス（LNG）の2021年度の日本に対する輸入供給源は、オーストラリア、マレーシアなどの中東以外の地域の割合が高い状況にあり、中東依存度は14.9%と石油と比べて低い**（「令和4年度エネルギーに関する年次報告」エネルギー白書2023）。

ウ○ 日本政府は**「パリ協定に基づく成長戦略としての長期戦略（令和元年6月11日閣議決定）」**に基づき、ビジネス主導で非連続なイノベーションを通じて環境と成長の好循環を加速し、環境ビジネス分野で雇用を創出し、脱炭素社会、循環経済、分散型社会への移行を加速させるべく国内外の取組を強化していくとしている。同閣議決定では、長期的ビジョンとして、我が国は、最終到達点として「脱炭素社会」を掲げ、それを野心的に今世紀後半のできるだけ早期に実現していくことを目指し、それに向けて、**2050年までに80%の温室効果ガスの排出削減という長期的目標**を掲げている。

エ× 2023年6月28日現在、世界の**一次エネルギー消費量ランキングの第1位は中国、第2位はアメリカ**であり、以下、第3位インド、第4位ロシア、第5位日本と続く。

オ× **2020年3月はじめには1バレル50ドル前後で取引されていた原油価格**は、その後、新型コロナウイ

ルスの世界的な感染拡大により、各国の**主要都市**が相次いで**封鎖され**、人の移動が禁止されるなどした結果、1 バレル 20 ドル前後に**急落した**。**新型コロナウイルス感染症拡大による先行き不安により高騰したわけではない**（「新型コロナウイルスの影響はエネルギーにも？国際原油市場の安定化に向けた取り組み」資源エネルギー庁）。

以上より、妥当なものの組合せは、**ア・ウ**であり、**肢2が正解**である。

問題 53　正解 5

1 ○　**2019 年制定のアイヌの人々の誇りが尊重される社会を実現するための施策の推進に関する法律1条**によって、アイヌ人が、**北海道の先住民族として明記された**。

2 ○　**国立アイヌ民族博物館**は、**我が国に初めて誕生したアイヌ文化の展示や調査研究などに特化した国立博物館**である。アイヌ民族の文化を復興し、発展させるべく **2020 年 7 月12 日に創設された**（「博物館について」国立アイヌ民族博物館）。

3 ○　**2007 年、「先住民族の権利に関する宣言」が国際連合総会で採択された**。この宣言は、文化、アイデンティティ、言語、雇用、健康、教育に対する権利を含め、先住民族の個人及び集団の権利を規定している。さらに、国連総会は、2014 年に、よりハイレベルのイベントである**世界先住民族会議を開催した**（「先住民族」国際連合広報センター）。

4 ○　**カナダのスティーブン・ハーパー**

首相（当時）は、**2008 年**に、1874年に始まった同化政策の一環として、先住民族 15 万人を寄宿学校に強制的に入学させて**「深く傷つけてきた」**として、**公式に謝罪した**。

5 ×　**マオリは、ニュージーランドの先住民族**であり、**アボリジニはオーストラリアの先住民族**である。

問題 54　正解 4

1 ○　**LGBT** とは、**L** がレズビアン（Lesbian：女性の同性愛者）、**G** がゲイ（Gay：男性の同性愛者）、**B** がバイセクシュアル（Bisexual：両性愛者）、**T** がトランスジェンダー（Transgender：こころの性とからだの性との不一致）の頭文字から作られた言葉であり、**性的少数者の総称として用いられている**（「LGBT の現状と課題」立法と調査：No.394 参議院常任委員会調査室・特別調査室）。

2 ○　**お茶の水女子大学**では、2020年度から、**自身の性自認にもとづき**、女子大学で学ぶことを希望する**戸籍上の男性について、性自認が女性であるトランスジェンダー学生を受け入れている**（「女子大学におけるトランスジェンダー学生の受入れ」お茶の水女子大学）。

3 ○　**米国連邦最高裁判所**は 2015 年に、州政府が**同性カップルに対し婚姻許可証を発給しない**こと及び他州で合法的に認められた**同性カップルの婚姻を承認しないことは合衆国憲法修正第 14 条違反である**という判決を下した（「同性婚に関する連邦最高裁判決」立法情報：国立国会図書

館）。

4× 我が国では**同性婚の制度は立法化されていない**が、同性カップルの関係を条例に基づいて証明する「**同性パートナーシップ制度**」や、「**同性パートナーシップ宣誓制度**」を導入している自治体が数多く存在する。同性パートナーシップ制度を導入している自治体の例として、東京都世田谷区や渋谷区がある。

5○ **台湾**では、同性婚を認めない現行民法の規定は**違憲**だとした2017年の司法院大法官解釈に従い、**18歳以上の同性間の婚姻関係を保障する特別法が制定され、2019年から施行されている**（「【台湾】同性婚の合法化」立法情報：国立国会図書館）。

問題55　正解3

空欄Ⅰ：表情 顔認識システムは、デジタル画像から人間の顔を自動的に識別・抽出し、性別・年齢・表情などを識別する技術であるから、空欄Ⅰには**表情**が当てはまる。

空欄Ⅱ：本人確認 顔認証システムは、人間が普段相手を判別する手段をシステムで実現した最も身近な認証方式であり、**顔の目、鼻、口などの特徴点の位置や顔領域の位置や大きさを事前に登録したデータと照合して本人確認を行う認証方式**である。したがって、空欄Ⅱには**本人確認**が当てはまる。

空欄Ⅲ：生体情報 生体認証には、指紋、顔、静脈、声紋などの**生体情報が用いられる**から、空欄Ⅲには**生体情報**が当てはまる。

空欄Ⅳ：個人情報保護法 近年、生体認証が社会の様々な分野で利用されており、**生体認証に用いる識別データ**は2017年に施行された**改正個人情報保護法の下で個人情報**（個人識別符号）**として、同法の適用を受けることとなった**（「生体認証と改正個人情報保護法をめぐる動き」J-Stage）。したがって、空欄Ⅳには**個人情報保護法**が当てはまる。

空欄Ⅴ：プライバシー 米国の一部の州（テキサス州、イリノイ州、ワシントン州）では、**プライバシー保護**の観点から、**民間企業が本人同意なく顔特徴データを取得することが禁止されている**（「AI社会における『自由』と『安全』のトレードオフ：顔認識技術のケーススタディ」国際社会経済研究所）。したがって、空欄Ⅴには**プライバシー**が当てはまる。

以上より、Ⅰ～Ⅴに当てはまる語句の組合せは、**空欄Ⅰ-ア：「表情」、空欄Ⅱ-エ：「本人確認」、空欄Ⅲ-オ：「生体情報」、空欄Ⅳ-キ：「個人情報保護法」、空欄Ⅴ-コ：「プライバシー」**であるから、肢**3**が正解である。

問題56　正解3

【自動運転化レベルの定義の概要】

レベル	名称	定義概要	安全運転に係る監視・対応主体
運転者が一部又は全ての動的運転タスクを実行			
0	運転自動化なし	運転者が全ての動的運転タスクを実行	運転者
1	運転支援	システムが縦方向又は横方向のいずれかの車両運動制御のサブタスクを限定領域において実行	運転者
2	部分運転自動化	システムが縦方向及び横方向の車両運動制御のサブタスクを限定領域において実行	運転者
自動運転システムが（作動時は）全ての運転タスクを実行			
3	条件付運転自動化	システムが全ての動的運転タスクを限定領域において実行作動継続が困難な場合は、システムの介入要求等に適切に応答	システム（作動継続が困難な場合は運転者）
4	高度運転自動化	システムが全ての動的運転タスク及び作動継続が困難な場合への応答を限定領域において実行	システム
5	完全運転自動化	システムが全ての動的運転タスク及び作動継続が困難な場合への応答を無制限に（すなわち、限定領域内ではない）実行	システム

（国土交通省自動車局）

レベル3では、システムが**全ての動的運転タスクを限定領域において実行**する。また、**作動継続が困難な場合は、運転者がシステムの介入要求等に適切に応答しなければならない。**

問題57　正解5

「デジタル社会の形成を図るための関係法律の整備に関する法律」が成立し、これに基づいて個人情報保護法が改正された。この法律は、デジタル社会形成基本法に基づきデジタル社会の形成に関する施策を実施するため、個人情報保護法、行政手続における特定の個人を識別するための番号の利用等に関する法律等の関係法律について所要の整備を行うものである。これらのうち**個人情報保護法**においては、**個人情報保護法、行政機関個人情報保護法、独立行政法人等個人情報保護法の3本の法律を1本の法律に統合する**とともに、地方公共団体の個人情報保護制度についても統合後の法律において全国的な共通ルールを規定し、全体の所管を個人情報保護委員会に一元化する等の措置を講ずるものである。

　本問は行政機関保有個人情報保護法を前提として出題されたものであるが、**改正個人情報保護法が令和4年4月1日に施行された**ため、以下では同改正法を前提に解説する。

1×　行政機関の長などは、**利用停止請求があった場合**には、原則として、**当該利用停止請求に理由があると認めるときは、当該行政機関の長等の属する行政機関等における個人情報の適正な取扱いを確保するために必要な限度で、当該利用停止請求に係る保有個人情報の利用停止をしなければならない**（個人情報保護法100条）。

2×　行政機関の長などは、**開示請求に係る保有個人情報に不開示情報が**

含まれている場合、不開示情報に該当する部分を容易に区分して除くことができるときは、開示請求者に対し、**当該部分を除いた部分につき開示しなければならない**（同法79条1項）。不開示情報に該当する箇所に関係する関係機関の同意を得ることは要求されていない。

3 × 　行政機関の長などは、開示請求に係る保有個人情報に不開示情報が含まれている場合であっても、**個人の権利利益を保護するため特に必要があると認めるときは、開示請求者に対し、当該保有個人情報を開示することができる**（同法80条）。

4 × 　開示請求に係る保有個人情報に**開示請求者以外の者（第三者）に関する情報が含まれているとき**は、行政機関の長などは、開示決定等をするに当たって、**当該情報に係る第三者に対し、当該第三者に関する情報の内容などを通知して、意見書を提出する機会を与えることができる**（同法86条1項）。

5 ○ 　**保有個人情報の開示**は、原則として、当該保有個人情報が、文書又は図画に記録されているときは**閲覧又は写し**の交付により、電磁的記録に記録されているときはその種別、情報化の進展状況等を勘案して**行政機関等が定める方法により行う**ものとされている（同法87条1項）。

問題58　正解5

空欄Ⅰ：オ　空欄Ⅰの前に「**大いに勉強したという事実**」「**合格したという事実**」という記述があり、これをオ

の「**二つの事実**」が受けていると考えられるから、空欄Ⅰには**オ**が当てはまる。

空欄Ⅱ：ウ　空欄Ⅱの前に「この二つの事実は『**が**』で結ばれて」「つまり、『**が**』は…」「『**が**』で結ばれた二つの句」という記述と、ウの「しかし、『**が**』をやめて、…」という表現が『**が**』というキーワードを介して結びついている。したがって、空欄Ⅱには**ウ**が当てはまる。

空欄Ⅲ：エ　空欄Ⅲの直後に「**無規定的直接性**」という記述があり、同じ「**無規定的直接性**」という表現が使われているエが空欄Ⅲに当てはまる。

空欄Ⅳ：ア　空欄Ⅳと同じ行にある「その力で現実を**成長**させ、**分化**させるのである」という文が、アの「**この成長や分化**」という表現を受けている。したがって、空欄Ⅳには**ア**が当てはまる。

空欄Ⅴ：イ　空欄Ⅴの直前の「**精神が能動的姿勢にならなければ駄目である**」という表現と、イの「**精神が多くのエネルギーを放出し、強く緊張しなければならぬ**」という表現は、**筆者の同じ考えを言い換えたもの**であると考えられる。したがって、空欄Ⅴには**イ**が当てはまる。

以上より、Ⅰ～Ⅴに当てはまる文の組合せは、**空欄Ⅰ - オ、空欄Ⅱ - ウ、空欄Ⅲ - エ、空欄Ⅳ - ア、空欄Ⅴ - イ**であるから、肢5が正解である。

問題59　正解2

空欄Ⅰ：毅然　空欄Ⅰの前後にある「**いじめはけっして許さないという**」「**態**

度」は、毅然とした態度であるから、空欄Ⅰには毅然が当てはまる。

空欄Ⅱ：本末転倒 空欄Ⅱの前にある「加害者ではなく被害者にしわ寄せが行くような対処の仕方」は、本末転倒した「理不尽」な対処の仕方であると考えられる。したがって、空欄Ⅱには本末転倒が当てはまる。

空欄Ⅲ：万能 「あらゆるいじめに」対処できる策は、いじめに対する万能策であるから、空欄Ⅲには万能が当てはまる。

空欄Ⅳ：抜本 筆者は「特定の加害者を見つけ出して処分」しただけでは、いじめの問題を根本から解決できるわけではないと考えていることが読み取れる。したがって、空欄Ⅳには抜本が当てはまる。

空欄Ⅴ：対症 筆者の主張とは対極にある「現象の上面に引きずられ」「その本質にまで迫ろうと」しない解決法であれば、それは対症療法に過ぎない。したがって、空欄Ⅴには対症が当てはまる。

以上より、Ⅰ～Ⅴに当てはまる語句の組合せは、**空欄Ⅰ-「毅然」、空欄Ⅱ-「本末転倒」、空欄Ⅲ-「万能」、空欄Ⅳ-「抜本」、空欄Ⅴ-「対症」**であるから、肢2が正解である。

問題60　正解3

空欄Ⅰ：イ 空欄Ⅰには、「指示定義」の重要な欠点である「教える人が、眼前にある対象の持つ、どの部分に注目してそのことばを使っているのかが、教えられる人に分らないこと」の具体例が入ると考えられる。**ア**～**ウ**の中で、このような具体例として最も相応しいのは**イ**であるから、空欄Ⅰには**イ**が入る。

空欄Ⅱ：C 空欄Ⅱの前に「ライオンを知らない子供」という記述がある。このようなライオンを知らない子供に対して、猫とライオンの関係性からライオンを説明するべきではないと考えられるから、**A・B**が入るとは考えられない。「猫をすでに知っている」子供には、「ライオンはとても大きな猫の一種だ」と教えることによって「対象の範囲」を「狭められる」としている**C**が、空欄Ⅱに入る文として最も合理的である。よって、空欄Ⅱには**C**が入る。

以上より、Ⅰ～Ⅱに当てはまる文の組合せは、**空欄Ⅰ-イ、空欄Ⅱ-C**であるから、肢3が正解である。

令和2年度

法令等

問題1 正解1

ア：調停 「紛争当事者以外の第三者が」「当事者の合意」「によって紛争を解決するように当事者にはたらきかける」という記述から、調停が当てはまると考えられる。調停とは、**民事上の紛争解決のために、第三者が和解の仲介を行い、当事者間の合意の形成を目指す手続**である。第三者に最終的な判断権限がない点で、仲裁と異なる。

イ：和解 「紛争当事者の合意によって紛争を解決すること」であるから、和解が当てはまる。和解は、**紛争当事者が互いに譲歩して、当事者間に存在する紛争をやめることを合意する契約**である（民法695条）。いわゆる示談は、互いに譲歩したものであれば和解である。

ウ：仲裁 「紛争解決の手段として、紛争当事者以外の第三者たる私人」「が紛争に対し或る決定を下すこと」であるから、仲裁が当てはまる。仲裁は、私人間の紛争を訴訟によらずに解決する方法のひとつであり、当事者が第三者（仲裁人）による紛争の解決（仲裁判断）に服することを合意し（仲裁合意）、これに基づいて進められる手続である。

エ：裁判 「紛争について」下された「決定」に「紛争当事者」が「拘束される」ものであり、仲裁に「似ている」ものであるから、**現実の争訟を解決する目的でされる公権的な法的判断の表示**である裁判が当てはまる。

以上より、**ア**には「調停」、**イ**には「和解」、**ウ**には「仲裁」、**エ**には「裁判」が当てはまる。

したがって、肢1が正解となる。

問題2 正解4

ア× 簡易裁判所は、禁錮以上の刑を科することができないのが原則であるが、刑法などの定める一定の罪の刑をもって処断すべき事件においては、**3年以下の懲役を科することができる**（裁判所法33条2項）。事件を地方裁判所に移送しなければならないのは、**同条項の制限を超える刑を科するのを相当と認めるとき**である（同条3項）。

イ× 司法書士および行政書士のうち、**法務大臣の認定**を受けて、簡易裁判所における民事事件の訴訟代理業務（簡裁訴訟代理等関係業務）を認められているのは、一定の要件に該当する**司法書士**だけである（司法書士法3条2項）。

ウ〇 簡易裁判所は、簡易な手続により迅速に紛争を解決することを目的とし（民事訴訟法270条）、**簡易裁判所で行う訴えは、口頭で提起することができる**（同法271条）。

エ〇 訴訟の目的の価額が 60 万円以下の金銭の支払の請求を目的とする訴えを、少額訴訟といい、同一の簡易裁判所において同一の年に最高裁判所規則で定める回数を超えて少額訴訟による審理および裁判を求めることはできない（同法 368 条 1 項）。

オ✕ 金銭その他の代替物又は有価証券の一定の数量の給付を目的とする請求について支払督促を発することができるのは、裁判所書記官である（同法 382 条）。

以上より、正しいものの組合せは**ウ・エ**であり、肢**4**が正解となる。

問題 3　正解 1

ア：居住　未決勾留は、被疑者または被告人の**居住を監獄内に限定した上でその活動を制限するもの**であるから、**居住**が当てはまる。

イ：身体　未決勾留により拘禁された者が**制限される自由は、身体的自由**であるから、**身体**が当てはまる。

ウ：合理　「自由」に対する「制限」であるから、**その範囲は必要かつ合理的なもの**でなければならないから、**合理**が当てはまる。

エ：隔離　未決勾留は、「逃亡又は罪証隠滅の防止を目的として、被疑者又は被告人」を**監獄内に収容した上で行動の自由などを管理するもの**であるから、**隔離**が当てはまる。

オ：蓋然　「監獄内の規律及び秩序の維持上放置することのできない程度の障害」が発生する事実上の可能性について判示している部分であるから、**蓋然**が当てはまる。

なお、最大判昭和 58 年 6 月 22 日の判決文中、本問で引用されている部分は以下のとおりである。

未決勾留は、刑事訴訟法の規定に基づき、逃亡又は罪証隠滅の防止を目的として、被疑者又は被告人の **ア：居住** を監獄内に限定するものであって、右の勾留により拘禁された者は、その限度で **イ：身体** 的行動の自由を制限されるのみならず、前記逃亡又は罪証隠滅の防止の目的のために必要かつ **ウ：合理** 的な範囲において、それ以外の行為の自由をも制限されることを免れない…。また、監獄は、多数の被拘禁者を外部から **エ：隔離** して収容する施設であり、右施設内でこれらの者を集団として管理するにあたっては、内部における規律及び秩序を維持し、その正常な状態を保持する必要があるから、…この面からその者の **イ：身体** 的自由及びその他の行為の自由に一定の制限が加えられることは、やむをえないところというべきである…被拘禁者の新聞紙、図書等の閲読を制限する場合…具体的事情のもとにおいて、その閲読を許すことにより監獄内の規律及び秩序の維持上放置することのできない程度の障害が生ずる相当の **オ：蓋然** 性があると認められることが必要であり、かつ、…制限の程度は、右の障害発生の防止のために必要かつ **ウ：合理** 的な範囲にとどまるべきものと解するのが相当である。

以上より、**ア**には「**居住**」、**イ**には「**身体**」、**ウ**には「**合理**」、**エ**には「**隔離**」、

オには「蓋然」が入る。

したがって、肢1が正解となる。

問題4　正解5

1○　表現の**内容**に関する規制とは、例えば、違法行為を煽動する表現や治安紊乱的な誹謗（侮辱）表現を禁止したり、**国の秘密情報の公表を禁止**したり、**政府の暴力的転覆を唱導する教師の雇用を禁止**したりする法律のように、**伝達するメッセージを理由にコミュニケーションを制限する規制**である。

2○　表現の自由は、個人の自己実現にとって重要な権利であるのみならず、国民が言論活動を通じて政治的意思決定に関与する（自己統治）ための民主主義にとって不可欠の前提をなす権利でもある。したがって、**営利的な表現や、人種的増悪をあおる表現に対する規制**は、**民主的過程に貢献する政治的な表現のような厳格な審査が妥当しない場合がある**と考えられる。

3○　**表現内容中立規制**とは、表現の内容や**メッセージの伝達的効果と関係なしに**（つまり**表現内容には中立的な立場で**）表現を制限する規制のことである。例えば病院・学校近傍での騒音の制限、住宅地域における屋外広告掲示の禁止、一定の選挙運動の自由の制限など「表現の時・所・方法」に関する規制がこれに当たる（「公共の福祉（特に、表現の自由や学問の自由との調整）に関する基礎的資料」基本的人権の保障に関する調査小委員会：衆議院）。

4○　最大判昭61・6・11は、以下のように判示している。

①検閲について：憲法21条2項前段は、**検閲の絶対的禁止**を規定したものである。

②**表現行為の事前差し止めについて**：**表現行為に対する事前抑制**は、表現の自由を保障し検閲を禁止する憲法21条の趣旨に照らし、**厳格かつ明確な要件のもとにおいてのみ許容されうる**ものであり、表現行為に対する事前差し止めは、**原則として許されない**。ただし、**表現内容が真実でなく、またはそれが専ら公益を図る目的のものでないことが明白**であり、かつ、**被害者が重大にして著しく回復困難な損害を被る虞があるとき**は、当該表現行為はその価値が被害者の名誉に劣後することが明らかであるうえ、有効適切な救済方法としての差し止めの必要性も肯定されるから、かかる実体的要件を具備するときに限って、**例外的に表現行為の事前差し止めが許される**。

5×　最大判昭59・12・12は、法律をもって表現の自由を規制するについては、**基準の広汎、不明確の故に**当該規制が本来憲法上許容されるべき表現にまで及ぼされて表現の自由が**不当に制限される**という結果を招くことがないように配慮する必要があり、事前規制的なものについては特に然りというべきである。**法律の解釈、特にその規定の文言を限定して解釈する場合においても、その要請は異なるところがない**と判示し、

表現の自由を規制する法律について**合憲限定解釈の余地を認めている**。

同判例は、その上で、最大判昭50・9・10（徳島市公安条例事件）を参照しつつ、表現の自由を規制する法律の規定について限定解釈をすることが許されるのは、その解釈により、規制の対象となるものとそうでないものとが**明確に区別され**、かつ、**合憲的に規制し得るもののみが規制の対象となることが明らかにされる場合**でなければならず、また、**一般国民の理解において、具体的場合に当該表現物が規制の対象となるかどうかの判断を可能ならしめるような基準をその規定から読みとることができるものでなければならない**としている。

問題5　正解2

1○　両議院は、各々その会議その他の手続及び内部の**規律に関する規則**を定めることができる（憲法58条2項本文）。議院規則制定権は、**議院が独立して審議・議決を行う機関であることから当然に認められる権能**であり、議院の**自律権**に基づく。

2×　同法62条は、両議院は、各々国政に関する調査を行い、これに関して、証人の出頭及び証言並びに記録の提出を要求することができると規定している（**国政調査権**）。国政調査権の性質については、**国会が国権の最高機関であることに基づき、国権の統括のために独立に付与された権能である**とする**独立権能説**と、**立法や行政監督など議院に与えられた**個別の諸権能を実効的に行使するための補助的な権能であるとする**補助的権能説**の争いがあるが、いずれの立場に立つとしても、同条が議院に自律権があることを前提とした規定であるとする問題文下線部の**趣旨**には**適合しない**。

3○　両議院は、各々その議長その他の役員を**選任する**（同法58条1項）。**役員選任権**は、議院に自主組織権を認めたものであり、議院の自律権に基づく。

4○　両議院は、各々その議員の資格に関する**争訟を裁判する**（同法55条本文）。**議員の資格争訟裁判は、議院の自律性を尊重する**ために、当該議員の所属する議院が**自ら行うもの**とされており、議院の自律権に基づく。

5○　両議院は、各々院内の秩序をみだした議員を懲罰することができる（同法58条2項本文後段）。**議員の懲罰権**は、**議院が組織体としての秩序を維持し、会議の円滑な運営を図るために認められているもの**であり、議院の自律権に基づく。

問題6　正解5

1×　衆議院議員総選挙は、**解散による総選挙が大半を占め、任期満了による総選挙は例外**である。任期満了による総選挙は、第34回総選挙（昭和51年）だけである。

2×　最大判昭35・6・8は、**衆議院の解散は、極めて政治性の高い国家統治の基本に関する行為**であって、かくのごとき行為について、その**法**

律上の有効無効を審査することは司法裁判所の権限の外にあり、この理は衆議院の解散が訴訟の前提問題として主張されている場合においても同様であって、ひとしく裁判所の審査権の**外**にある旨を判示している。したがって、一見極めて明白に違憲無効と認められる場合であっても、**司法審査は及ばない**。

3 ✕ 衆議院の議員定数の不均衡が憲法違反の状態にあるとした最高裁判所判決（最大判昭58・11・7）の後、これを**是正しないまま昭和58年11月28日に衆議院が解散された例がある**。

4 ✕ 天皇は、**内閣の助言と承認により、衆議院を解散し、総選挙の施行を公示する**（憲法7条3号・4号）。これは、内閣不信任案の可決、または信任案の否決により内閣がすでに解散を決定している場合であっても**同様**である。

5 ○ 本肢の考え方は、衆議院の解散は**自律解散**が原則であり、内閣による解散は憲法69条所定の場合に限って、例外的に認められるとの憲法慣行が確立されるべきであるとする学説（自律解散説）に基づくものである。この説によれば、**天皇の国事行為は本来、形式的儀礼的行為であって、内閣の助言と承認は実質的決定権を含まない**から、内閣が憲法上当然に**解散権を有している**と決めつけることはできないとの結論が導かれることになる。

問題7 正解4

ア○ 最大判昭37・11・28（第三者所有物没収事件）の法廷意見は、**所有物を没収せられる第三者についても、告知、弁解、防禦の機会を与えることが必要**であって、これなくして第三者の所有物を没収することは、適正な法律手続によらないで、**財産権を侵害**する制裁を科するに外ならないと判示している。

イ○ 上記判決の法廷意見は、かかる没収の言渡を受けた被告人は、たとえ第三者の所有物に関する場合であっても、被告人に対する附加刑である以上、**没収の裁判の違憲を理由として上告をなしうる**と判示している。

ウ○ 上記判決の法廷意見は、被告人としても没収に係る物の占有権を剥奪され、またはこれが使用、収益をなしえない状態におかれ、更には所有権を剥奪された第三者から賠償請求権等を行使される危険に曝される等、**利害関係を有することが明らか**であるから、**上告により救済を求めることができる**と判示している。

エ✕ 本肢の記述は、上記判決における裁判官下飯坂潤夫の**反対意見**の見解である。ウの解説にあるように、法廷意見は、被告人が、没収に係るものの占有権を剥奪される、使用収益をなしえない、第三者からの損害賠償請求権等の行使の危険に曝されるなどの**具体的不利益**を蒙るとして**上告**による**救済**を認めている。

オ✕ 本肢の記述は、上記判決における裁判官山田作之助の**少数意見**の見解である。ウの解説にあるように、

法廷意見は、所有権を剥奪された第三者から損害賠償請求権等を行使される危険に曝されるとしているから、没収の裁判によって第三者の**所有権**が侵害されるとの前提に立っている。

以上より、正しいものをすべて挙げた組合せは**ア・イ・ウ**であるから、肢4が正解となる。

問題8　正解5

1○　行政機関が一定の行政活動を行う場合に、事前に法律の授権がなければ行動することができないという法原則を、**法律の留保**という。法律の留保に関する**侵害留保説**とは、**国民の自由・権利を権力的に制限ないし侵害するような行政行為に限り、法律の根拠が必要であるとする学説**である。設問の判決文は、「**直接その私人の権利を制限しあるいはその私人に義務を課すものではないから、行政行為には当たらず**」「**その直接の根拠となる法律上の規定が存在しないからといって、それだけで直ちに違法の問題が生じることはない**というべきである」という記述から、侵害留保説を前提にしていると考えられる。

2○　「**その所管する事務とまったくかけ離れた事項について公表した場合**には、それだけで**違法の問題が生じることも考えられる**」という記述から、**違法性を帯びることがありうる**との立場がとられている。

3○　「**本件各報告の公表は**」「**国民の権利を制限し、義務を課すことを目的としてなされたものではなく**」と

いう記述から、設問の判決文は、本件公表が、**義務違反に対する制裁を目的としない情報提供型の「公表」**であるとの立場をとっていると考えられる。また、設問の判決文は、このような情報提供型の公表は、「**直接その私人の権利を制限しあるいはその私人に義務を課すものではないから、行政行為には当たらず、いわゆる非権力的事実行為に該当**」するとしている。

4○　「**食中毒事故が起こった場合、その発生原因を特定して公表することに関して、直接これを定めた法律の規定が存在しないのは原告の指摘するとおりである**」「**本件各報告の公表について、これを許容する法律上の直接の根拠がない**」という記述から、食品衛生法上の直接の根拠が存在しないとの立場がとられている。

5×　設問の判決文は、本肢で述べられている「**特定の国民に重大な不利益をもたらす事実上の効果**」については**言及していない**。また、「**本件各報告の公表について、これを許容する法律上の直接の根拠がないからといって、それだけで直ちに法治主義違反の違法の問題が生じるとはいえない**」と判示している。

問題9　正解1

1○　最判昭36・3・7は、行政処分が当然無効であるというためには、処分に重大かつ明白な瑕疵がなければならず、瑕疵が明白であるかどうかは、処分の外形上、客観的に、誤認が一見看取し得るものであるかど

— 132 —

うかにより**決すべきである**旨を判示
している。

2× 最判昭29・8・24は、**依願免官
による退職の効果の発生時期**につい
て、特定の公務員の任免の如き**行政
庁の処分**については、特別の規定の
ない限り、意思表示の一般的法理に
従い、**その意思表示が相手方に到達
した時**と解するのが相当であると判
示している。

3× 最判昭48・4・26は、**課税処分
に課税要件の根幹に関する内容上の
過誤が存し**、徴税行政の安定とその
円滑な運営の要請を斟酌してもなお、
不服申立期間の徒過による不可争的
効果の発生を理由として被課税者に
その処分による不利益を甘受させる
ことが著しく不当と認められるよう
な**例外的事情のある場合には、当該
処分は、当然無効と解するのが相当
である**旨を判示している。

4× 最判昭63・6・17は、優生保護
法による指定を受けた医師が、いわ
ゆる実子あっせんを長年にわたり多
数回行ったことが判明した事案にお
いて、**法令上その撤回について直接
明文の規定がなくとも**、優生保護法
に基づく指定医師の指定の権限を付
与されている医師会は、その権限に
おいて当該指定を**撤回することがで
きる**と判示している。したがって、
撤回それ自体について別途、法令上
の根拠規定が**定められていなくても**、
適法に撤回できる場合がある。

5× 最判昭29・1・21は、訴願裁決
で農地買収計画を取り消した後に、
裁決庁が自ら当該訴願裁決を**取り消**

すことは原則としてゆるされない旨
を判示している。

問題10　正解2

1× 地方自治法234条1項は、契約
の締結について、**売買、貸借、請負
その他の契約は、一般競争入札、指
名競争入札、随意契約又はせり売り**
の方法により締結するものとすると
規定している。

2○ 同条2項は、売買、貸借、請負
その他の契約の**指名競争入札、随意
契約またはせり売りは、政令で定め
る場合に該当するときに限り、これ
によることができる**旨を規定してい
る。

3× 同条3項但書は、普通地方公共
団体は、一般競争入札又は指名競争
入札に付する場合においては、**普通
地方公共団体の支出の原因となる契
約**については、政令の定めるところ
により、予定価格の制限の範囲内の
価格をもって申込みをした者のうち
**最低の価格をもって申込みをした者
以外の者を契約の相手方とすること
ができる**旨を規定している。

4× 同条6項は、競争入札に加わろ
うとする者に必要な資格、競争入札
における公告又は指名の方法、随意
契約及びせり売りの手続その他**契約
の締結の方法に関し必要な事項は、
政令でこれを定める**と規定している。

5× 同法96条1項5号は、地方公
共団体の議会は、**その種類及び金額
について政令で定める基準に従い条
例で定める契約を締結する事件を議
決しなければならない**と規定してい

るだけであり、**指名競争入札による場合に限らない。**

問題 11　正解 3

1 ×　行政手続法 2 条 4 号ロは、**申請により求められた許認可等を拒否する処分その他申請に基づき当該申請をした者を名宛人としてされる処分を不利益処分から除外している。**

2 ×　同条 5 号ロは、**議会を除く地方公共団体の機関を行政機関に含めている。**

3 ○　同条 8 号ハは、**処分基準とは、不利益処分をするかどうか、またはどのような不利益処分とするかについてその法令の定めに従って判断するために必要とされる基準**をいうとしている。

4 ×　同条 3 号によれば、申請は、法令に基づき、行政庁の許可、認可、免許その他の**自己に対し何らかの利益を付与する処分**（「許認可等」）を**求める行為**である。**申請者以外の第三者に対し何らかの利益を付与する処分を求める行為は、申請には当たらない。**

5 ×　同条 7 号は、届出を、**行政庁に対し一定の事項の通知をする行為**（申請に該当するものを除く。）であって、法令により直接に当該**通知が義務付けられているもの**（自己の期待する一定の法律上の効果を発生させるためには当該通知をすべきこととされているものを含む。）をいうと定義しており、届出に対する**諾否応答義務は規定されていない。**

問題 12　正解 1

1 ○　行政手続法 16 条 1 項は、聴聞の通知（同法 15 条 1 項）を受けた者などの**聴聞の当事者は、代理人を選任することができる**旨を規定している。また、同条項は、同法 31 条により**弁明の機会の付与の手続に準用されている。**

2 ×　**許認可等の申請の拒否処分は、申請に対する処分であり、不利益処分ではない。**したがって、不利益処分をしようとするときの手続である**聴聞・弁明の機会の付与に関する同法 13 条は適用されない。**

3 ×　同法 29 条 1 項は、弁明の機会の付与の方式について、行政庁が口頭ですることを認めたときを除き、**弁明を記載した書面**（「弁明書」）を**提出してするものとすると規定している。当事者から求めがあったときに口頭により弁明する機会を与えなければならない旨の規定はない。**

4 ×　利害関係を有する者の参加は、**聴聞の手続には認められているが**（同法 17 条 1 項）、**弁明の機会の付与については認められていない**（同法 31 条参照）。

5 ×　不利益処分の原因となる事実を証する資料を閲覧する権利は、**聴聞の手続には認められているが**（同法 18 条 1 項）、**弁明の機会の付与については認められていない**（同法 31 条参照）。

問題 13　正解 3

ア ×　行政手続法 7 条は、申請をすることができる期間内にされたもので

あることその他の法令に定められた**申請の形式上の要件に適合しない申請**については、行政庁は、速やかに、**申請をした者**（「申請者」）**に対し相当の期間を定めて当該申請の補正を求め**、又は当該申請により求められた**許認可等を拒否しなければならない**旨を規定している。

イ○ 同条によれば、許認可等を求める申請書に必要な書類が添付されていないことなどの法令に定められた**申請の形式上の要件に適合しない申請**については、行政庁は、速やかに、申請をした者に対し**相当の期間を定めて当該申請の補正を求め**、または当該申請により求められた**許認可等を拒否しなければならない**。

ウ× 申請により求められた許認可等を拒否する処分は、同法2条4号ロにより、**不利益処分から除外されているから申請者に弁明書の提出による意見陳述の機会を与える必要はない**。

エ○ 同法33条によれば、申請の取下げまたは内容の変更を求める行政指導を行うことは、申請者が当該行政指導に従う意思がない旨を表明したにもかかわらず当該行政指導を継続することなどにより当該**申請者の権利の行使を妨げるようなものでない限り、直ちに違法とはならない**。

オ× 同法には、標準処理期間を経過してもなお申請に対し何らの処分がなされないときは、申請に対して**拒否処分がなされたものとみなす規定は存在しない**。

以上より、正しいものの組合せは**イ・**

エであり、肢3が正解となる。

問題14　正解1

ア○ 行政不服審査法15条6項によれば、審査請求の目的である処分に係る**権利を譲り受けた者は、審査請求人の地位を承継することができる**が、その場合、**審査庁の許可を得ることが必要**である。

イ× 同法18条1項は、処分についての審査請求は、正当な理由があるときを除き、原則として、**処分があったことを知った日の翌日から起算して3か月を経過したときは、することができない旨を規定している**。また、同条2項も、処分についての審査請求は、正当な理由があるときを除き、原則として**処分があった日の翌日から起算して1年を経過したときは、することができない旨を規定している**。したがって、**いずれの場合も初日は算入されない**。

ウ× 不作為についての審査請求ができるのは、**処分についての申請から相当の期間が経過したにもかかわらず、行政庁の不作為がある場合**である（同法3条）。**法令に違反する事実がある場合に、不作為についての審査請求ができる旨の規定はない**。

エ○ 同法13条によれば、**一定の利害関係人は、審理員の許可を得て、審査請求に参加することができる**。また、同法31条1項、32条1項によれば、審査請求人または参加人の申立てがあった場合には、**審理員は、原則として、当該申立人に口頭で審査請求に係る事件に関する意見を述**

べる機会を与えなければならず、審査請求人または参加人は、**証拠書類または証拠物を提出することができる**。

オ× 同法11条4項は、総代が選任されたときは、共同審査請求人は、**総代を通じてのみ、審査請求の取下げを除く、当該審査請求に関する一切の行為をすることができる**旨を規定している。

以上より、正しいものの組合せは**ア・エ**であり、肢**1**が正解となる。

問題15 正解2

1× 行政不服審査法6条1項は、行政庁の処分につき**法律に再審査請求をすることができる旨の定めがある場合**には、当該処分についての審査請求の裁決に不服がある者は、**再審査請求をすることができる**と規定している。

2○ 審査請求の対象とされた処分（原裁決）を適法として棄却した審査請求の裁決（原裁決）があった場合、再審査請求に係る原裁決が違法であるが、当該審査請求に係る処分（原処分）が違法または不当のいずれでもないときは、**再審査庁は、裁決で、当該再審査請求を棄却する**（同法64条3項）。

3× 再審査請求は、**法律（個別法）が定める行政庁に対して行う**（同法6条1項、2項）。

4× **再審査請求**は、再審査請求をすることができる処分についての**審査請求の裁決（原裁決）、又は当該処分（原処分）**を対象として行う（同法6

条2項）。

5× **再審査請求期間の起算日**は、原則として、**原裁決があったことを知った日の翌日**（同法62条1項）、**又は原裁決があった日の翌日**（同条2項）である。

問題16 正解3

ア× 不作為についての審査請求が当該不作為に係る処分についての申請から**相当の期間が経過しないでされたものである場合**その他不適法である場合には、審査庁は、裁決で、当該審査請求を**却下する**（行政不服審査法49条1項）。

イ○ 不作為についての審査請求について理由がない場合には、**審査庁は、裁決で、当該審査請求を棄却する**（同条2項）。

ウ○ 不作為についての審査請求について理由がある場合には、**審査庁は、裁決で、当該不作為が違法または不当である旨を宣言する**（同条3項柱書前段）。

エ× 不作為についての審査請求について理由がある場合、不作為庁の上級行政庁ではない審査庁が、当該不作為庁に対し、当該処分をすべき旨の勧告をしなければならないとする**規定は存在しない**。

以上より、正しいものの組合せは**イ・ウ**であり、肢**3**が正解となる。

問題17 正解4

ア× 最判昭57・9・9は、保安林指定解除処分の取消しが求められた事案において、保安林指定解除処分に

基づく立木竹の伐採に伴う理水機能の低下や渇水に対する代替施設の設置によって洪水や渇水の危険が解消され、**その防止上からは保安林の存続の必要性がなくなったと認められるに至ったときは、保安林指定解除処分の取消しを求める訴えの利益は失われる**旨を判示している。

イ○ 最判平4・1・24は、土地改良事業の施行認可処分の取消しが求められた事案において、訴訟係属中に事業計画に係る工事及び換地処分がすべて完了したため、**事業施行地域を事業施行以前の原状に回復することが社会的、経済的損失の観点からみて、社会通念上、不可能であるとしても、当該認可処分の取消しを求める法律上の利益を消滅させるものではない**旨を判示している。

ウ× 最判昭59・10・26は、建築基準法6条1項による**建築確認を受けた建築物の建築等の工事が完了したときは、建築確認の取消を求める訴えの利益は失われる**旨を判示している。

エ○ 最判平27・12・14は、市街化調整区域内にある土地を開発区域として都市計画法29条1項による**開発許可を受けた開発行為に関する工事が完了し、当該工事の検査済証が交付された後においても、当該開発許可の取消しを求める訴えの利益は失われない**旨を判示している。

以上より、正しいものの組合せは**イ・エ**であり、肢4が正解となる。

問題18 正解2

1× 取消訴訟は、正当な理由があるときを除き、**処分又は裁決の日から1年を経過したときは、提起することができない**（行政事件訴訟法14条2項）。

2○ 処分につき審査請求をすることができる場合、審査請求があったときは、処分に係る取消訴訟は、その審査請求をした者については、**正当な理由があるときを除き**、これに対する裁決があったことを知った日から6か月を経過したときは、提起することができない（同条3項）。

3× 同条1項は、取消訴訟は、正当な理由があるときを除き、処分又は裁決があったことを知った日から6か月を経過したときは、提起することができないと規定しているが、**同法38条1項**（取消訴訟に関する規定の準用）**は、不作為の違法確認の訴えに同法14条1項を準用していない。**

4× 同法38条1項は、義務付けの訴えに同法14条1項を準用していない。

5× 同法38条1項は、差止めの訴えに同法14条1項を準用していない。

問題19 正解3

1× 申請拒否処分がなされた場合における**申請型義務付け訴訟は、処分又は裁決に係る取消訴訟又は無効等確認の訴えを併合して提起しなければならない**（行政事件訴訟法37条の3第3項2号）。

2 × 行政事件訴訟法には、本肢のような場合に、**裁判所が行政庁に代わって処分を行うことができるとする規定は存在しない**。

3 〇 同法38条1項が準用する同法33条1項は、処分又は裁決を取り消す判決は、**その事件について、処分又は裁決をした行政庁その他の関係行政庁を拘束する**と規定している。また、同法38条1項は、処分又は裁決を取り消す判決は、**第三者に対しても効力を有する**と規定している同法**32条1項を準用していない**。

4 × 仮の義務付けは、義務付けの訴えの提起があった場合に申し立てることができる（同法37条の5第1項）。

5 × 非申請型義務付け訴訟では、一定の処分がされないことにより**重大な損害を生ずるおそれがある**ことが要件とされているが（同法37条の2第1項）、**申請型義務付け訴訟**では、要件とされていない。

問題20 正解4

ア× 最判昭57・4・1は、国又は公共団体に属する一人又は数人の公務員による一連の職務上の行為の過程において他人に被害を生ぜしめた場合において、それが具体的にどの公務員のどのような違法行為によるものであるかを特定することができなくても、一連の行為のうちのいずれかに故意又は過失による違法行為があったのでなければ被害が生ずることはなかったであろうと認められ、かつ、それがどの行為であるにせよ、これによる被害につき専ら国又は当該公共団体が**国家賠償法**上又は民法上賠償責任を負うべき関係が存在するときは、**国又は当該公共団体は、**加害行為の不特定の故をもって**損害賠償責任を免れることはできない**旨を判示している。

イ〇 最判平5・3・11は、**税務署長のする所得税の更正は、所得金額を過大に認定していたとしても、その**ことから**直ちに国家賠償法1条1項にいう違法があったとの評価を受けるものではなく**、税務署長が資料を収集し、これに基づき課税要件事実を認定、判断する上において、**職務上通常尽くすべき注意義務を尽くすことなく漫然と更正をしたと認め得るような事情がある場合に限り、違法の評価を受ける**と判示している。

ウ× 最判昭30・4・19は、公務員の職務行為を理由とする国家賠償法1条1項に基づく賠償責任について、**国又は公共団体が賠償の責に任ずる**のであり、公務員が行政機関としての地位において賠償の責任を負うものではなく、また公務員個人もその責任を負うものではない。したがって**公務員個人を相手方とする損害賠償請求は理由がない**ことに帰する旨を判示して請求を棄却している。

エ〇 最判昭31・11・30は、**国家賠償法1条は、公務員が主観的に権限行使の意思をもってする場合に限らず自己の利をはかる意図をもってする**場合でも、**客観的に職務執行の外形をそなえる行為をしてこれによって、**他人に損害を加えた場合には、

令和2年度解説／法令等

国又は公共団体に損害賠償の責を負わせることを、その立法の趣旨とする旨を判示している。

以上より、正しいものの組合せはイ・エであり、肢4が正解となる。

問題21　正解5

1✕　最判平元・11・24は、知事の**宅地建物取引業法に基づく監督処分権限の不行使**は、具体的事情の下において、**その権限が付与された趣旨・目的に照らして著しく不合理と認められるときでない限り**、業者の不正な行為により損害を被った取引関係者に対する関係において**国家賠償法1条1項の適用上違法の評価を受けない**旨を判示している。

2✕　最決平17・6・24は、**指定確認検査機関による建築確認に係る建築物**について、建築確認をする権限を有する**建築主事が置かれた地方公共団体**は、指定確認検査機関の当該確認につき行政事件訴訟法21条1項所定の**当該処分又は裁決に係る事務の帰属する国又は公共団体に当たる**旨を判示している。そうすると、指定確認検査機関による建築確認は**地方公共団体が行う事務として公権力の行使に当たる**。

3✕　最判平3・4・26は、公害に係る健康被害の救済に関する特別措置法又は公害健康被害補償法に基づき**水俣病患者認定申請を受けた処分庁**には、不当に長期間にわたらないうちに応答処分をすべき条理上の作為義務があり、この作為義務に違反したというためには、**客観的に処分庁**がその処分のために手続上必要と考えられる期間内に処分ができなかったことだけでは足りず、その期間に比して更に長期間にわたり遅延が続き、かつ、その間、処分庁として通常期待される努力によって遅延を解消できたのに、これを回避するための努力を尽くさなかったことが必要である旨を判示している。そうすると、相当の期間内に応答がなかったという事情があるだけで**作為義務の違反があった**ということはできず、直ちに国家賠償法1条1項の適用上違法の評価を受けるとはいえない。

4✕　最判昭57・3・12は、**裁判官がした争訟の裁判につき国家賠償法1条1項の規定にいう違法な行為があった**ものとして国の損害賠償責任が肯定されるためには、当該裁判に上訴等の訴訟法上の救済方法によって是正されるべき瑕疵が存在するだけでは足りず、当該裁判官が**違法又は不当な目的をもって裁判をしたなど、裁判官がその付与された権限の趣旨に明らかに背いてこれを行使したものと認めうるような特別の事情があることを必要とする**旨を判示している。

5〇　最判平2・7・20は、**再審により無罪判決が確定した場合**であっても、公訴の提起及び追行時における各種の証拠資料を総合勘案して**合理的な判断過程により有罪と認められる嫌疑があったときは、検察官の公訴の提起及び追行は、国家賠償法1条1項の規定にいう違法な行為に当たらない**旨を判示している。

問題22　正解1

ア〇　地方自治法10条1項は、市町村の区域内に住所を有する者は、当該市町村およびこれを包括する都道府県の住民とすると規定している。

イ×　同法11条は、**日本国民たる普通地方公共団体の住民**は、地方自治法の定めるところにより、**その属する普通地方公共団体の選挙に参与する権利を有する**旨を規定している。

ウ〇　同法10条2項は、**住民は、法律の定めるところにより、その属する普通地方公共団体の役務の提供をひとしく受ける権利を有し、その負担を分任する義務を負う**と規定している。

エ×　同法74条1項は、条例の制定または改廃請求の対象から、**地方税の賦課徴収並びに分担金、使用料及び手数料の徴収に関するもの**を除外している。

オ×　同法13条の2は、**市町村**は、別に法律の定めるところにより、その住民につき、**住民たる地位に関する正確な記録を常に整備しておかなければならない**と規定している。

　　以上より、正しいものの組合せは**ア・ウ**であり、肢1が正解となる。

問題23　正解5

1×　地方自治法において**自治事務**とは、地方公共団体が処理する事務のうち、**法定受託事務以外のものをいう**（同法2条8項）。したがって、当該法律において、特に定められていない場合であっても、法定受託事務とされていないものはすべて自治

事務になる。

2×　普通地方公共団体は、**法令に違反しない限りにおいて**その事務に関し、**条例を制定することができる**だけであり（同法14条1項）、法律に定められている行政処分の要件を条例で変更することはできない。

3×　普通地方公共団体は、その事務の処理に関し、**法律又はこれに基づく政令によらなければ**、普通地方公共団体に対する**国又は都道府県の関与を受け、又は要することとされることはない**（同法245条の2）。ここにいう事務には、法定受託事務だけでなく**自治事務**も含まれる。

4×　**自治紛争処理委員は、普通地方公共団体相互**の間又は**普通地方公共団体の機関相互**の間の紛争の調停、普通地方公共団体に対する**国又は都道府県の関与のうち都道府県の機関が行うもの**に関する**審査及び地方自治法の規定による審査請求、審査の申立て若しくは審決の申請に係る審理などを処理する**（同法251条1項）。自治事務に関する紛争だけを処理するわけではない。また、自治紛争処理委員は、**事件ごとに任命される非常勤である**（同条3項）。

5〇　都道府県知事は、市町村長の担任する自治事務の処理が法令の規定に違反していると認めるとき、または著しく適正を欠き、かつ、明らかに公益を害していると認めるときは、当該市町村に対し、**当該自治事務の処理について違反の是正、または改善のため必要な措置を講ずべきことを勧告することができる**（同法245

条の6柱書、1号）。

問題24 正解5

1 × 最判昭55・2・22は、**住民訴訟は、原告が死亡した場合**においては、**その訴訟を承継するに由なく、当然に終了する**と判示している。したがって、相続人が当該地方公共団体の住民であるか否かに関わりなく訴訟は**承継されない**。

2 × 地方自治法242条の2第1項は、**住民訴訟を提起し得る者**について、**普通地方公共団体の住民**と規定しているだけで、住民訴訟の対象となる財務会計行為が行われた時点における当該普通地方公共団体の**住民に限定していない**。

3 × 同法242条1項は、**住民監査の請求権者**を、**普通地方公共団体の住民**と規定しているだけで、条例で定める**一定数の住民の連署を要件としていない**。

4 × 最判平24・4・20は、**普通地方公共団体の議会の議決を経た上でその長が債権の放棄をする場合における実体的要件を制限する規定は存せず**、普通地方公共団体がその債権の放棄をするに当たって、その議会の議決及び長の執行行為（条例による場合は、その公布）という手続的要件を満たしている限り、その適否の**実体的判断については、普通地方公共団体の議会の裁量権に基本的に委ねている**と判示している。したがって、住民訴訟の対象とされた普通地方公共団体の不当利得返還請求権が裁判において確定したのちであって

も、これを放棄することが**裁量権の範囲の逸脱または濫用**に当たらなければ権利放棄の議決をすることは可能である。

5 〇 同法242条の2第12項は、住民訴訟を提起した者が勝訴（一部勝訴を含む）した場合において、弁護士などに報酬を支払うべきときは、**当該普通地方公共団体に対し、その報酬額の範囲内で相当と認められる額の支払を請求することができる**旨を規定している。

問題25 正解1

1 〇 最判平11・11・19は、公文書の非公開事由を定めた**情報公開条例**の条項に該当することを理由として付記した**公文書の非公開決定の取消訴訟**において、実施機関が、当該決定が適法であることの根拠として、**当該公文書が決定に付記したものと別の条項に該当すると主張することは、許される**旨を判示している。

2 × 最判平26・7・14によれば、**開示請求の対象とされた行政文書を行政機関が保有していないことを理由とする不開示決定の取消訴訟**においては、**その取消しを求める者が、当該不開示決定時に当該行政機関が当該行政文書を保有していたことについて主張立証責任を負う**。したがって、保有していたことについての主張立証責任は被告ではなく**原告**が負う。

3 × 最判平14・2・28は、公文書公開条例に基づき公開請求された**公文書の非公開決定の取消訴訟**において、**当該公文書が書証として提出された**

場合であっても、**非公開決定の取消しを求める訴えの利益は消滅しない**旨を判示している。

4 × 最判平18・4・20は、**条例に基づく公文書の非開示決定に取り消し得べき瑕疵があるとしても、そのことから直ちに国家賠償法1条1項にいう違法があったとの評価を受けるものではなく**、公務員が職務上通常**尽くすべき注意義務を尽くすことなく漫然とこのような決定をしたと認め得るような事情がある場合に限り**、違法の評価を受ける旨を判示している。

5 × 最判平13・7・13は、**国が市長に対し情報公開条例に基づく公文書開示決定の取消しを求める訴えは、法律上の争訟に当たる**が、国は情報公開条例に基づく公文書開示決定の取消しを求める**原告適格を有しない**と判示している。

問題26 正解1

1 ○ **行政委員会は、合議制の機関であり、自らの判断と責任において事務を執行する。** 道路交通法第84条1項は、自動車等を運転しようとする者は、**公安委員会の運転免許を受けなければならないと規定している。** したがって、自動車の運転免許の交付の権限は、**都道府県公安委員会**が有する。

2 × 最判昭55・11・25によれば、自動車運転免許の効力停止処分を受けた者は、免許の効力停止期間を経過し、かつ、その**処分の日から無違反・無処分で1年を経過したときは、当**該処分を理由に道路交通法上**不利益を受けるおそれがなくなるから、免許停止処分の取消によって回復すべき法律上の利益を有しない。** しかし、運転免許停止処分の期間が終了しても、**違反点数が残っていれば、累積点数の増加によって再度の運転免許停止処分や免許取消処分につながる可能性があり、処分を受けた運転者の法的地位を不安定なものにするから、運転者は具体的かつ現実的な不利益を受けるおそれがある。** よって、本肢の運転者には、**処分の取消しを求めるにつき法律上の利益があり、訴えの利益は消滅しない**と考えられる。

3 × 運転免許証の「○年○月○日まで有効」という記載は、行政法学上**の期限に当たる。行政法学上の条件は、行政行為の効果を発生「不確実」な将来の事実にかからしめる附款**である。一方、行政法学上の期限は、**行政行為の効果を発生「確実」な将来の事実にかからしめる附款**である。

4 × 自動車の運転免許は、行政法学**上の許可に当たる。行政法学上の許可は、すでに課されている一般的禁止を特定の場合に解除する行為**である。一方、**特許は、特定人のために新たな権利を設定し、その法律上の地位を付与する行為**である。

5 × 都道府県公安委員会は、国家公安委員会の地方支分部局**ではなく、内閣総理大臣の指揮監督に服しない。都道府県公安委員会は、都道府県知事の所轄の下に置かれる**（警察法38条1項）。

問題27　正解4

1○　未成年者に対して親権を行う者が管理権を有しないときは、後見が開始する（民法838条1号）。

2○　保佐人は、被保佐人の一定の行為について同意権を有する（同法13条1項柱書、各号）。また、家庭裁判所は、保佐人などの請求によって、被保佐人のために特定の法律行為について保佐人に代理権を付与する旨の審判をすることができる（同法876条の4第1項）。

3○　家庭裁判所は、補助人などの請求により、被補助人が特定の法律行為をするにはその補助人の同意を得なければならない旨の審判をすることができる（同法17条1項）。また、家庭裁判所は、補助人などの請求によって、被補助人のために特定の法律行為について補助人に代理権を付与する旨の審判をすることができる（同法876条の9第1項）。

4×　本肢のような場合、当該行為は取り消したものとみなされる（同法20条4項）。

5○　最判昭44・2・13は、制限行為能力者であることを黙秘することのみでは詐術に当たらないが、制限行為能力者の他の言動などと相まって、相手方を誤信させ、または誤信を強めたものと認められるときには、民法20条（現21条）にいう詐術に当たる旨を判示している。

問題28　正解4

ア○　最判昭35・2・11は、占有取得の方法が外観上の占有状態に変更を来たさない占有改定にとどまるときは、民法192条の適用はない旨を判示している。

イ○　債務者を占有代理人とする占有では、留置権の留置的効力を期待できない。したがって、留置権の成立要件としての占有に、債務者を占有代理人とする占有は含まれない。

ウ×　先取特権は、債務者が目的動産を第三取得者に引き渡した後は、その動産について行使することができない（同法333条）。ここにいう引渡しには、占有改定が含まれる（大判大6・7・26）。

エ○　質権者は、質権設定者に、自己に代わって質物の占有をさせることができない（同法345条）。したがって、質権設定者を以後、質権者の代理人として占有させる占有改定による引渡しは、質権の成立要件としての目的物の引渡し（同法344条）には含まれない。

オ×　最判昭30・6・2は、債務者が動産を売渡担保（譲渡担保）に供し引き続きこれを占有する場合においては、債権者は、契約の成立と同時に、占有改定によりその物の占有権を取得し、その所有権取得をもって第三者に対抗することができる旨を判示している。

以上より、妥当でないものの組合せはウ・オであり、肢4が正解となる。

問題29　正解3

1×　根抵当権者は、確定した元本並びに利息その他の定期金及び債務の不履行によって生じた損害の賠償の

全部について、**極度額を限度として、**その根抵当権を行使することができる（民法398条の3第1項）。

2× 根抵当権の**被担保債権の範囲の変更**をするには、**後順位抵当権者その他の第三者の承諾を得ることを要しない**（同法398条の4第2項）。

3○ 根抵当権の担保すべき**元本の確定期日**は、後順位の抵当権者その他の第三者の承諾を得ることなく、**当事者の合意のみで変更することができる**（同法398条の6第1項、同条2項が準用する同法398条の4第2項）。その場合、**変更後の確定期日は、変更した日から5年以内でなければならず、変更前の期日より前に登記をしなかったときは、担保すべき元本は、変更前の期日に確定する**（同法398条の6第3項、4項）。

4× 元本の確定前に**免責的債務引受**があったときは、根抵当権者は、**引受人の債務について、その根抵当権を行使することができない**（同法398条の7第2項）。

5× 元本の確定後においては、**根抵当権設定者は、**その**根抵当権の極度額を、**現に存する債務の額と以後2年間に生ずべき利息その他の定期金及び債務の不履行による損害賠償の額とを加えた額に**減額することを請求することができる**（同法398条の21第1項）。

問題30 正解3

1× 債権の目的が数個の給付の中から選択によって定まるときは、その選択権は、債務者に属する（民法406

条）。したがって、A・B間に特約がなければ、選択権はAに帰属する。

2× **選択の意思表示は、相手方の承諾を得なければ、撤回することができない**（同法407条2項）。したがって、Aは、Bの承諾を得ることなく甲建物を選択する旨の意思表示を撤回することはできない。

3○ 債権の目的である給付の中に不能のものがある場合において、**その不能が選択権を有する者の過失によるものであるときは、債権は、その残存するものについて存在する**（同法410条）。したがって、本肢事例の場合、給付の目的物は乙建物に特定する。

4× **第三者が選択をすべき場合**には、**その選択は、債権者又は債務者に対する意思表示によってする**（同法409条1項）。したがって、第三者Cの選択の意思表示は、債権者Bまたは債務者Aのいずれかにすればよい。

5× **第三者が選択をすべき場合**に、**第三者が選択をすることができず、又は選択をする意思を有しないときは、選択権は、債務者に移転する**（同条2項）。したがって、第三者Cが選択することができないときは、選択権は債務者Aに移転する。

問題31 正解5

〔併存的債務引受〕

A（債務者） ← B（債権者）

連帯債務関係

C（引受人）

〔免責的債務引受〕

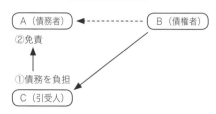

1 ○　併存的債務引受は、債権者と引受人となる者との契約によってすることができる（民法470条2項）。

2 ○　併存的債務引受は、債務者と引受人となる者との契約によってもすることができる。その場合、併存的債務引受は、債権者が引受人となる者に対して承諾をした時に、その効力を生ずる（同条3項）。

3 ○　免責的債務引受は、債権者と引受人となる者との契約によってすることができる。その場合、免責的債務引受は、債権者が債務者に対してその契約をした旨を通知した時に、その効力を生ずる（同法472条2項）。

4 ○　免責的債務引受は、債務者と引受人となる者が契約をし、債権者が引受人となる者に対して承諾をすることによってもすることができる（同条3項）。

5 ×　免責的債務引受の引受人Cは、債務者Aに対して求償権を取得しない（同法472条の3）。

問題32　正解5

1 ×　最判昭47・9・7は、売買契約が詐欺を理由として取り消された場合における当事者双方の原状回復義務は、同時履行の関係にある旨を判示している。

2 ×　最判昭29・7・22は、造作の買取を請求した家屋の賃借人は、その代金の不払を理由として賃借家屋を留置し、または造作代金の提供がないことを理由として同時履行の抗弁により賃借家屋の明渡しを拒むことはできない旨を判示している。

3 ×　賃貸借が終了した場合の賃貸人の敷金の返還時期については、賃貸借が終了し、かつ、賃貸物の返還を受けたときとされている（民法622条の2第1項1号）。したがって、家屋の賃貸借終了に伴う賃借人の家屋明渡債務と賃貸人の敷金返還債務とは、同時履行の関係に立たない。

4 ×　大判大5・11・27は、請負人の目的物引渡し義務と注文者の報酬支払義務は、同時履行の関係に立つ旨を判示しているから、目的物の引渡しに先立って報酬の支払を求めることはできない（民法633条本文）。

5 ○　最判昭34・5・14は、双務契約の当事者の一方は、相手方の履行の提供があっても、その提供が継続されないかぎり、同時履行の抗弁権を失うものではない旨を判示している。

問題33　正解2

1 ○　民法、借地借家法その他の法令の規定による賃貸借の対抗要件を備えた場合、その不動産が譲渡されたときは、その不動産の賃貸人たる地位は、譲受人に移転する（民法605条の2第1項）。本肢の事例の土地賃借人Bは、建物の所有権保存登記をしているから対抗要件を備えてい

る（借地借家法 10 条 1 項）。したがって、賃貸人たる地位は**A**から**C**に**移転する**。

2 × 最判昭 41・4・27 は、**地上建物を所有する賃借権者**が、自らの意思に基づき、**他人名義で建物の保存登記をしたような場合**には、賃借権者は**賃借権を第三者に対抗することはできない**と判示している。したがって、乙建物の所有権保存登記が同居する妻 D の名義であれば、**B** は **C** に対して甲土地の**賃借権を対抗**できない。

3 ○ **賃貸人たる地位の移転は**、賃貸物である不動産について所有権の移転の登記をしなければ、**賃借人に対抗することができない**（民法 605 条の 2 第 3 項）。したがって、本肢事例の譲受人 **C** は、甲土地について**所有権移転登記を備えなければ**、甲土地の賃借人 **B** に対して、本件賃貸借契約に基づく賃料の支払を請求することはできない。

4 ○ **賃借人が、必要費を支出したときは、賃貸人に対し、直ちにその償還を請求することができる**（同法 608 条 1 項）。この費用の償還に係る債務は、**賃貸人たる地位が譲受人またはその承継人に移転**した場合、**譲受人またはその承継人が承継する**（同法 605 条の 2 第 4 項）。したがって、本肢事例の賃借人 **B** は、**譲受人 C** に対して、直ちに賃貸人の負担に属する必要費の償還を請求できる。

5 ○ **賃貸人は、敷金を受け取っている場合において、賃貸借が終了し、かつ、賃貸物の返還を受けたときは、**賃借人に対し、その受け取った**敷金の額から賃貸借に基づいて生じた賃借人の賃貸人に対する金銭の給付を目的とする債務の額を控除した残額を返還しなければならない**（同法 622 条の 2 第 1 項柱書、1 号）。この敷金の返還に係る債務は、**賃貸人たる地位が譲受人またはその承継人に移転**した場合、**譲受人またはその承継人が承継する**（同法 605 条の 2 第 4 項）。したがって、本肢事例の賃借人 **B** は、**譲受人 C** に対して敷金の返還を求めることができる。

問題 34　正解 2

1 × 最判平 7・6・9 は、医療に従事する者の注意義務の基準となるべきものは、診療当時のいわゆる臨床医学の実践における医療水準であるとした上で、**診療契約に基づき医療機関に要求される医療水準であるかどうかを決するについては、当該医療機関の性格、所在地域の医療環境の特性等の諸般の事情を考慮すべきであり、このような事情を捨象して、すべての医療機関について診療契約に基づき要求される医療水準を一律に解するのは相当でない**旨を判示している。

2 ○ 最判昭 36・2・16 は、**医師の注意義務の存否は**、もともと**法的判断によって決定されるべき事項**であって、仮に**平均的医師が現に行っている医療慣行が行われていたとしても**、それはただ**過失の軽重及びその度合を判定するについて参酌されるべき事項であるにとどまる**旨を判示して

いる。したがって、医師が医療慣行に従った医療を行ったからといって、**医療水準に従った注意義務**を尽くしたと直ちにいうことはできない。

3× 最判平13・11・27は、一般的にいうならば、実施予定の療法（術式）は医療水準として確立したものであるが、他の療法（術式）が医療水準として未確立のものである場合には、医師は後者について常に説明義務を負うと解することはできない。とはいえ、このような**未確立の療法（術式）**ではあっても、**医師が説明義務を負うと解される場合があることも否定できない**と判示している。

4× 最判平15・11・11は、個人医院では検査及び治療の面で適切に対処することができない場合、予後が一般に重篤で極めて不良であって、予後の良否が早期治療に左右される**何らかの重大で緊急性のある病気にかかっている可能性が高いことをも**認識することができたときは、患者を、重大で緊急性のある病気に対しても適切に対処し得る高度な医療機器による精密検査及び入院加療等が可能な医療機関へ転送し、適切な治療を受けさせるべき義務があるというべきである旨を判示している。

5× 最判平14・11・8は、**精神科医は、向精神薬を治療に用いる場合**において、その使用する向精神薬の副作用については、常にこれを念頭において治療に当たるべきであり、**向精神薬の副作用についての医療上の知見については、その最新の添付文書**を確認し、必要に応じて文献を参照するなど、**当該医師の置かれた状況の下で可能な限りの最新情報を収集する義務がある**旨を判示している。

問題35　正解4

ア×　家庭裁判所は、一定の要件があるときは、**養親となる者の請求**により、実方の血族との親族関係が終了する縁組（**特別養子縁組**）を**成立させることができる**（民法817条の2第1項）。

イ○　25歳に達しない者は、特別養子縁組の養親となることができないが、養親となる夫婦の一方が25歳に達していない場合であっても、その者が20歳に達していれば養親となることができる（同法817条の4）。

ウ×　特別養子となる者が15歳に達している場合においては、特別養子縁組の成立には、その者の同意がなければならない（同法817条の5第3項）。したがって、特別養子となる者の年齢が15歳未満である場合、特別養子となる者の同意は要件とはならない。

エ○　養子と実方の父母及びその血族との親族関係は、特別養子縁組によって終了する（同法817条の9本文）。その結果、被相続人（実父母）の子ではなくなるから、相続人となる資格を失う（同法887条1項）。

オ×　特別養子縁組の離縁は、①養親による虐待、悪意の遺棄その他養子の利益を著しく害する事由があること、②実父母が相当の監護をすることができることのいずれにも該当する場合に認められる（同法第817条

（同法587条が準用する同法577条）。

　以上より、誤っているものの組合せはア・エであるから、肢2が正解である。

問題37　正解1

ア〇　発起設立（会社法25条1項1号）または**募集設立**（同条項2号）のいずれの場合であっても、**各発起人は、株式会社の設立に際し、設立時発行株式を1株以上引き受けなければならない**（同条2項）。

イ×　株式会社の設立に際して作成される定款は、公証人の認証を受けなければその効力を生じない（同法30条1項）。したがって、定款に公証人の認証がない場合には、設立無効の訴えによるべきである（同法828条1項1号）。

ウ〇　現物出資財産等について定款に記載され、又は記録された価額が相当であることについて弁護士、弁護士法人、公認会計士、監査法人、税理士又は税理士法人などの証明（現物出資財産等が不動産である場合にあっては、当該証明及び不動産鑑定士の鑑定評価）を受けた場合、現物出資財産等についての検査役による調査を要しない（同法33条10項3号）。

エ×　株式会社が成立しなかったときに、連帯して、株式会社の設立に関してした行為について責任を負い、支出した費用を負担するのは、発起人である（同法56条）。

オ×　払込金の保管証明書の交付請求ができるのは、募集設立の場合だけ

の10第1項）。

　以上より、正しいものの組合せは**イ・エ**であり、肢**4**が正解となる。

問題36　正解2

ア×　最判昭45・4・21は、商法578条（現577条）所定の**高価品**とは、**容積または重量の割に著しく高価な物品**をいう旨を判示している。

イ〇　貨幣、有価証券その他の**高価品**については、荷送人が運送を委託するに当たりその種類および価額を通知した場合を除き、運送人は、その滅失、損傷または延着について損害賠償の責任を負わない（同法577条1項）。

ウ〇　高価品の荷送人が運送を委託するに当たり、**その種類および価額を通知しないとき**であっても、物品運送契約の締結の当時、運送品が高価品であることを**運送人が知っていたときは、運送人は、その滅失、損傷または延着について免責されず、損害賠償の責任を負わなければならない**（同条2項柱書、1号）。

エ×　高価品の荷送人が運送を委託するに当たり、**その種類および価額を通知しないとき**であっても、**運送人の故意または重大な過失によって**高価品の滅失、損傷または延着が生じたときは、**運送人は免責されず、損害賠償の責任を負わなければならない**（同条2項柱書、2号）。

オ〇　高価品の特則により**運送人が免責されるとき**は、運送人の荷送人または荷受人に対する**不法行為による損害賠償責任についても免責される**

である（同法64条1項）。

以上より、正しいものの組合せは**ア・ウ**であり、肢**1**が正解となる。

問題38　正解5

1○　株式会社は、その発行する**全部の株式の内容として、当該株式について、株主が当該株式会社に対してその取得を請求することができる**ことを定めることができる（会社法107条1項柱書、2号）。また、**株式会社は、一部の株式の内容として、**当該種類の株式について、株主が当該株式会社に対してその取得を請求することができることを定めることができる（同法108条1項柱書、5号）。

2○　株式会社は、その発行する**全部の株式の内容として、当該株式について、当該株式会社が一定の事由が生じたことを条件としてこれを取得することができる**ことを定めることができる（同法107条1項柱書、3号）。また、**株式会社は、一部の株式の内容として、**当該種類の株式について、当該株式会社が一定の事由が生じたことを条件としてこれを**取得することができる**ことを定めることができる（同法108条1項柱書、6号）。

3○　株式会社は、他の会社の事業の全部を譲り受ける場合において**当該他の会社が有する当該株式会社の株式を取得する場合などに限り、当該株式会社の株式を取得することができる**（同法155条柱書、10号）。

4○　取締役会設置会社は、市場取引

等により当該株式会社の株式を取得することを**取締役会の決議によって定めることができる旨を定款で定めることができる**（同法165条2項）。

5×　株主総会の決議に基づく自己株式の取得をする際に**株式を取得するのと引換えに交付する金銭等の内容及び総額は**（同法156条1項2号）、当該行為がその効力を生ずる日における**分配可能額を超えてはならない**（同法461条1項2号）。

問題39　正解4

1○　**株式会社は、一定の日（基準日）を定めて、基準日において株主名簿に記載され、または記録されている株主（基準日株主）をその権利を行使することができる者と定めることができる**（会社法124条1項）。

2○　基準日株主が行使することができる権利が株主総会または種類株主総会における議決権である場合には、**株式会社は、当該基準日後に株式を取得した者の全部または一部を議決権を行使することができる者と定めることができる**。ただし、当該株式の基準日株主の**権利を害することができない**（同条4項）。

3○　**株主は、代理人によってその議決権を行使することができる**。その場合、当該株主または代理人は、代理権を証明する書面を株式会社に提出しなければならず（同法310条1項）、**この代理権の授与は、株主総会ごとにしなければならない**（同条2項）。

4×　**株主総会の延期**は、一般的な意

味での延期とは異なり、株主総会がいったん成立した後、議事に入らず会日を後日に変更することである。**同一の株主総会の延長にすぎないから改めて基準日を定めることを必要としない**（同法317条）。

5○　書面による議決権の行使（同法298条1項3号）を認める趣旨は、**株主の議決権行使の機会の確保に資する**とともに、**会社側も株主総会の定足数の確保を図る**ことにある。このような趣旨に鑑みれば、議決権行使書面を送付した株主が、**株主総会に出席して議決権を行使したとき**には、**書面による議決権の行使の効力は失われる**ものと考えられる。

問題40　正解1

1×　**公開会社とは、一部（1株）であっても譲渡制限のない株式を発行している会社**である（会社法2条5号）。

2○　設立時の発行株式の総数が、発行可能株式総数の4分の1を下回ってはならない（会社法37条3項本文）。つまり、設立時においては、**発行可能株式総数が、設立時の発行株式の総数の4倍を超えてはならない**ということである。また、**会社成立後の定款変更時に、定款を変更して発行可能株式総数を増加させる場合**には、その定款の変更の効力が生じたときの発行済株式総数の4倍を超えてはならない（会社法113条3項本文、1号）。

3○　公開会社である株式会社の**株主総会の招集の通知**は、**書面でしなけ**ればならない（同法299条2項2号、327条1項1号）。

4○　公開会社である大会社は、**会計監査人を置かなければならない**（同法328条1項）。

5○　公開会社である株式会社は、**取締役が株主でなければならない旨を定款で定めることができない**（同法331条2項）。

問題41　正解ア：20　イ：8　ウ：17　エ：1

ア：使用者　労働関係において「社会的・経済的弱者である個々の労働者」の「交渉」の相手方は「**20：使用者**」である。

イ：政治活動　「労働者がその経済的地位の向上を図る」という目的達成に必要なものであり、「社会活動」と並列的に捉え得るものであるから、「**8：政治活動**」が当てはまる。

ウ：利益代表　「地方議会議員の選挙にあたり、労働組合が、その組合員の…生活向上を図るうえに役立たしめるため」に「議会に送り込む」ものとして相応しいのは、「**17：利益代表**」である。

エ：統制　地方議会議員の選挙にあたり、「組合の所期の目的を達成するため、立候補を思いとどま」らせるために行使されるのは、「**1：統制**」権であると考えられる。

　なお、最大判昭和43年12月4日の判決文中、本問で引用されている部分は以下のとおりである。

　このような労働組合の結成を憲法および労働組合法で保障しているの

は、社会的・経済的弱者である個々の労働者をして、その強者である ア：使用者 との交渉において、対等の立場に立たせることにより、労働者の地位を向上させることを目的とするものであることは、さきに説示したとおりである。しかし、現実の政治・経済・社会機構のもとにおいて、労働者がその経済的地位の向上を図るにあたって、単に対 ア：使用者 との交渉においてのみこれを求めても、十分にはその目的を達成することができず、労働組合が右の目的をより十分に達成するための手段として、その目的達成に必要な イ：政治活動 や社会活動を行なうことを妨げられるものではない。

この見地からいって、本件のような地方議会議員の選挙にあたり、労働組合が、その組合員の居住地域の生活環境の改善その他生活向上を図るうえに役立たしめるため、その ウ：利益代表 を議会に送り込むための選挙活動をすること、そして、その一方策として、いわゆる統一候補を決定し、組合を挙げてその選挙運動を推進することは、組合の活動として許されないわけではなく、また、統一候補以外の組合員であえて立候補しようとするものに対し、組合の所期の目的を達成するため、立候補を思いとどまるよう勧告または説得することも、それが単に勧告または説得にとどまるかぎり、組合の組合員に対する妥当な範囲の エ：統制 権の行使にほかならず、別段、法の禁ずるところとは

いえない。しかし、このことから直ちに、組合の勧告または説得に応じないで個人的に立候補した組合員に対して、組合の エ：統制 をみだしたものとして、何らかの処分をすることができるかどうかは別個の問題である。

以上より、アには 20- 使用者、イには 8- 政治活動、ウには 17- 利益代表、エには 1- 統制 が当てはまる。

問題42　正解ア：4　イ：9　ウ：16　エ：6
ア：所掌事務
イ：勧告
　行政手続法2条6号は、**行政指導**を、行政機関がその任務又は**所掌事務**の範囲内において一定の行政目的を実現するため特定の者に一定の作為又は不作為を求める指導、**勧告**、助言その他の行為であって処分に該当しないものと定義している。したがって、アには**所掌事務**、イには**勧告**が当てはまる。
ウ：指針　同条8号ニより、「同一の行政目的を実現するため一定の条件に該当する複数の者に対し行政指導をしようとするときにこれらの行政指導に共通してその内容となるべき事項」は、**行政指導指針**である。
エ：意見公募　同法39条1項は、**命令等制定機関**は、**命令等を定めようとするとき**には、当該命令等の案などをあらかじめ公示して広く一般の意見を求めなければならない旨を規定している。ここにいう**命令等**には**行政指導指針も含まれる**（同法2条

8号ニ）から、**意見公募**が当てはまる。

　以上より、**ア**には **4- 所掌事務**、**イ**には **9- 勧告**、**ウ**には **16- 指針**、**エ**には **6- 意見公募**が当てはまる。

問題43　正解ア：11　イ：18　ウ：5　エ：10

ア：私法上の権利利益　「名誉を毀損され、精神的損害を被った」「国家賠償請求」という記述から、「**11：私法上の権利利益**」が当てはまる。

イ：法律上の争訟　「法令の適用による終局的な解決」「裁判所法3条1項」という記述から、「**18：法律上の争訟**」が当てはまると考えられる。

ウ：地方自治の本旨　「普通地方公共団体の議会」「憲法」「自律的な法規範」という記述は、**団体自治**を意味すると考えられる。団体自治は、住民自治と並んで憲法92条が規定する「**5：地方自治の本旨**」の内容をなすものである。

エ：議会の内部規律　「普通地方公共団体の議会の議員に対する懲罰」「議会の自律的な判断を尊重」という記述から、「**10：議会の内部規律**」が当てはまる。

　なお、最一小判平成31年2月14日の判決文中、本問で引用されている部分は以下のとおりである。

　本件は、被上告人（議員）が、議会運営委員会が厳重注意処分の決定をし、市議会議長がこれを公表したこと（以下、これらの行為を併せて「本件措置等」という。）によって、その名誉を毀損され、精神的損害を被ったとして、上告人（市）に対し、国家賠償法1条1項に基づき損害賠償を求めるものである。これは、**ア：私法上の権利利益**の侵害を理由とする国家賠償請求であり、その性質上、法令の適用による終局的な解決に適しないものとはいえないから、本件訴えは、裁判所法3条1項にいう**イ：法律上の争訟**に当たり、適法というべきである。

　もっとも、被上告人の請求は、本件視察旅行を正当な理由なく欠席したことを理由とする本件措置等が国家賠償法1条1項の適用上違法であることを前提とするものである。

　普通地方公共団体の議会は、憲法の定める**ウ：地方自治の本旨**に基づき自律的な法規範を有するものであり、議会の議員に対する懲罰その他の措置については、**エ：議会の内部規律**の問題にとどまる限り、その自律的な判断に委ねるのが適当である。そして、このことは、上記の措置が**ア：私法上の権利利益**を侵害することを理由とする国家賠償請求の当否を判断する場合であっても、異なることはないというべきである。

　したがって、普通地方公共団体の議会の議員に対する懲罰その他の措置が当該議員の**ア：私法上の権利利益**を侵害することを理由とする国家賠償請求の当否を判断するに当たっては、当該措置が**エ：議会の内部規律**の問題にとどまる限り、議会の自律的な判断を尊重し、これを前提として請求の当否を判断すべきものと解するのが相当である。

　以上より、**ア**には **11- 私法上の権利**

利益、**イ**には 18- 法律上の争訟、**ウ**には 5- 地方自治の本旨、**エ**には 10- 議会の内部規律が当てはまる。

問題44　正解例：本件組合を被告として、本件換地処分を対象とする無効の確認を求める訴えを提起する。（40字）

【どのような行為を対象とすべきか】

Xは、**本件換地処分の効力を争いた**いのであるから、対象となる行為は、本件換地処分である。

【どのような訴訟を提起すべきか】

取消しの訴えの出訴期間がすでに経過していることから、出訴期間の制限がない無効等確認の訴えを提起すべきである（行政事件訴訟法3条4項）。この点について、最判昭62・4・17は、**換地照応の原則違反を理由とする換地処分無効確認の訴えは、適法**である旨を判示している。

【誰を被告とすべきか】

処分又は裁決をした行政庁が**国又は公共団体に所属しない場合**には、取消訴訟は、当該行政庁を被告として提起しなければならないところ（同法11条2項）、同条項は、**取消訴訟以外の抗告訴訟に準用されている**（同法38条1項）。したがって、Xは、**本件土地区画整理組合を被告とすべき**である。

問題45　正解例：Bが詐欺の事実を知り又は知ることができたときに限り、Aは、契約を取り消すことができる。（43字）

本問事例では、Aは、**第三者Cが嘘の事実を述べた**ことにより、甲土地を

Bに売却している。よって、**第三者の詐欺の問題**となる。

相手方に対する意思表示について第三者が詐欺を行った場合においては、相手方がその事実を知り、又は知ることができたときに限り、その意思表示を取り消すことができる（民法96条2項）。したがって、Aは、Bが**詐欺の事実を知り、または知ることができたときに限り、契約**（本件契約に係るAの意思表示）を取り消すことができる。

問題46　正解例：信義則上登記の欠缺を主張する正当な利益を有しない者であって、AC間の売買は有効であるから。（45字）

本問は、不動産の二重譲渡について判示した最判平8・10・29を素材にしたものである。

この判例は、結論において、所有者から第一譲受人が不動産を買い受け、その登記が未了の間に、所有者から第二譲受人が当該不動産を二重に買い受け、更に第二譲受人から転得者が買い受けて登記を完了した場合に、第二譲受人が背信的悪意者に当たるとしても、**転得者は、第一譲受人に対する関係で転得者自身が背信的悪意者と評価されるのでない限り、当該不動産の所有権取得をもって第一譲受人に対抗することができる**と判示している。その理由として、以下の2点を挙げている。

①第二譲受人（C）が背信的悪意者であるがゆえに登記の欠缺を主張する正当な利益を有する第三者に当たらないとされる場合であっても、第一譲受人（B）は、第二譲受人（C）

が登記を経由した権利を第一譲受人（B）に対抗することができないことの反面として、登記なくして所有権取得を第二譲受人（C）に対抗することができるというにとどまり、**譲渡人（A）と第二譲受人（C）の間の売買自体の無効を来すものではなく、したがって、転得者（D）は無権利者から当該不動産を買い受けたことにはならない。**

②**背信的悪意者が正当な利益を有する第三者に当たらないとして民法177条の「第三者」から排除される理由は、**第一譲受人（B）の売買等に遅れて不動産を取得し登記を経由した者（C）が登記を経ていない第一譲受人（B）に対してその**登記の欠缺を主張することがその取得の経緯等に照らし信義則に反して許されない**ということにあるのであって、登記を経由した者がこの法理によって「第三者」から排除されるかどうかは、その者と第一譲受人（B）との間で相対的に判断されるべき事柄である。

問題47　正解3

1× **アメリカ**において、**男女普通選挙**が実現したのは**1920年**の連邦憲法修正第19条によってであり、20世紀のことである。

2× **ドイツ**で、**男子普通選挙**が認められたのは、**帝政時代以前の1867年**である。

3〇 **日本**では、**第一次世界大戦後の1925年**に**男子普通選挙**、**第二次世界大戦後の1946年**の衆議院議員総選挙で**男女普通選挙**が実現した。

4× **スイス**では、**1971年**に女子を含む普通選挙が実現している。

5× **イギリス**で、男女普通選挙が実現したのは**1928年**である。

問題48　正解2

フランス人権宣言の法文のうち、本問で問われているものは以下のとおりである。

【前文】

　　国民議会として構成されたフランス人民の代表者たちは、人の権利に対する無知、忘却、または軽視が、公の不幸と政府の腐敗の唯一の原因であることを考慮し、**人の譲りわたすことのできない神聖な自然的権利を、厳粛な宣言において提示することを決意した。**（中略）こうして、国民議会は、最高存在の前に、かつ、その庇護のもとに、人および市民の以下の諸権利を承認し、宣言する。

【第1条（自由・権利の平等）】

人は、自由、かつ、権利において平等なものとして生まれ、生存する。社会的差別は、共同の利益に基づくものでなければ、設けられない。

【第3条（国民主権）】

すべての主権の淵源は、本質的に国民にある。いかなる団体も、いかなる個人も、国民から明示的に発しない権威を行使することはできない。

【第12条（公の武力）】

人および市民の権利の保障は、公の武力を必要とする。したがって、この武力は、すべての者の利益のために設けられるのであり、それが委託される者の特定の利益のために設けられるのではない。

【第16条（権利の保障と権力分立）】

権利の保障が確保されず、権力の分立が定められていないすべての社会は、憲法をもたない。

1× 前文に、「国民議会として構成されたフランス人民の代表者たち」「人の譲りわたすことのできない神聖な自然的権利」とあることから、妥当ではない。

2○ 前文に、「人の権利に対する無知、忘却、または軽視が、公の不幸と政府の腐敗の唯一の原因である」とあることから、妥当である。

3× 第1条に、「人は、自由、かつ、権利において平等なものとして生まれ、生存する」とあることから、妥当ではない。

4× 第3条に、「すべての主権の淵源は、本質的に国民にある」とあることから、妥当ではない。

5× 第12条に「人および市民の権利の保障は、公の武力を必要とする」、第16条に「権利の保障が確保されず、権力の分立が定められていないすべての社会は、憲法をもたない」とあることから、妥当ではない。

問題49　正解3

1990年代初めのバブル景気の発端は、1985年のプラザ合意にあるとされている。プラザ合意は、ドル安に向けた各国の協調行動への合意である。基軸通貨であるドルに対して、参加各国の通貨を一律10～12%の幅で切り上げることを行う為に、外国為替市場で協調介入を行うというものであった。最大の目的は、ドル安によって米国の輸出競争力を高め、貿易赤字を減らすことにあった。この合意を受け、急速な「円高」が進行した。円高で競争力の落ちた日本国内の「輸出」産業や、製造業を救済する為に、円高対策として、公定歩合引き下げ（「低金利政策」）が行われた。

その後、不動産関連投資への融資の規制（総量規制）や日銀による公定歩合の急激な引き上げ（「金融引締め」）、1989年の消費税導入、1992年の「地価税」導入によって、バブル経済は崩壊した。

以上より、空欄Ⅰには「円高」、空欄Ⅱには「輸出」、空欄Ⅲには「低金利政策」、空欄Ⅳには「金融引締め」、空欄Ⅴには「地価税」が入り、肢3が正解となる。

問題50　正解5

ア×　建設国債とは、公共事業の財源に充てる場合のみ、財政法上例外的に認められている国債である。東京オリンピックの翌年の**1965年**、日本はいわゆる**オリンピックの反動不況**（昭和40年不況）に陥り、その対策として、建設国債の発行が決定され、翌**1966年に、戦後初めての建設国債が発行された**。

イ×　特例国債とは、普通国債のひとつで、国が**一般会計の歳入不足を補填**する目的で発行する国債のことである。財政法では、公共事業費に充てるための建設国債以外の国債発行は原則として認められていないため、特例法を期限付きで成立させることで国債を発行することがある。**1965年度の補正予算で特例国債が戦後初めて発行され**、その後しばらく発行されなかったが、**1975年度**から再び発行されるようになった。赤字を埋める性質から**赤字国債**とも呼ばれる。

ウ×　1991年度から1993年度までの間、特例国債発行額はゼロであった。しかし、**この3年間においても**、1991年度6.7兆円、1992年度9.5兆円、1993年度16.2兆円の建設国債が発行されている。**国債発行が行われなかった年はない**。

エ○　復興債は、「東日本大震災からの復興のための施策を実施するために必要な財源の確保に関する特別措置法」に基づき、**2011～2025年度**までに実施する**東日本大震災からの復旧・復興事業に必要な財源を確保**

するために、各年度の予算をもって国会の議決を経た金額の範囲内で発行されている。

オ○　2014年度の消費税率の引き上げ後の**新規国債**（特例国債、建設国債）の発行総額の推移をみると、**2014年度の約38.5兆円から2023年度の約35.6兆円まで、毎年度の新規国債発行総額は30兆円を超えている**（「国債発行総額の推移」令和5年度国債発行計画の概要：財務省）。

　以上より、妥当なものの組合せは**エ・オ**であり、肢**5**が正解となる。

問題51　正解3

ア×　児童手当制度は、児童を養育している者に手当を支給することにより家庭等における生活の安定に寄与するとともに、次代の社会を担う児童の健やかな成長に資することを目的としている（児童手当法1条）。**児童手当の支給対象は、中学校卒業まで（15歳の誕生日後の最初の3月31日まで）の児童を監護している父母等**である（同法4条1項1号）。

イ○　児童扶養手当は、離婚等により、**父又は母と生計を同じくしていない児童が育成される家庭の生活を安定させるとともに自立を促し、児童の福祉の増進を図る**ことを目的として支給されるものである（児童扶養手当法1条）。ひとり親家庭の自立を支援するため、母子世帯・父子世帯を問わず支給される（同法4条1項1号・2号）。

ウ○　就学援助は、学校教育法19条において、「経済的理由によって、就

学困難と認められる学齢児童又は学齢生徒の保護者に対しては、**市町村は、必要な援助を与えなければならない。**」とされていることに基づき実施されている。**実施主体が市町村であるから、支援の基準や対象は市町村によって異なる**が、市町村教育委員会が生活保護法に規定する**要保護者に準ずる程度に困窮していると認める者**（準要保護者）**にも支給されているから、生活保護世帯以外も支給対象となる**（「就学援助制度について」文部科学省）。

エ× 未就学児が医療機関を受診した場合の**医療費の自己負担割合は2割**である。

オ× 消費税率引上げに伴い、2019年10月1日から、幼稚園、保育所、認定こども園等を利用する**3歳から5歳の全ての子供たちの利用料が無償化**されている。一方、**0歳から2歳の子供たち**の利用料については、**住民税非課税世帯を対象として無償化されている**（「幼児教育・保育の無償化について」厚生労働省）。

以上より、妥当なものの組合せは**イ・ウ**であり、肢**3**が正解となる。

問題52　正解3

ア× 本肢の記述は、**サブスクリプション**（サブスク）に関するものである。**サブスクリプションとは、製品やサービスを一定期間ごとに一定の金額**（利用料）**で提供するというビジネスモデル**のことである。一方、**ギグエコノミーとは、インターネットを通じて単発の仕事を受注する働き方**や、

それによって成り立つ経済形態のことである。

イ〇 **シェアリングエコノミー**は、「**共有型経済（共有経済）**」とも呼ばれ、**何らかの資産を他者と共有・交換する社会的な仕組み**のことである。これによれば、個人間で貸し借りしたり、企業から借りたりするなどの経済システムを指し、具体的には、空間（部屋、駐車場、会議室、農地他）や乗り物（自動車、自転車、ボート他）、モノ（衣服、ブランド品、家具他）、スキル（料理、掃除、日曜大工、保育、知識他）などをインターネット上のプラットフォームを介して、利用者は低コストで利用することができ、提供者はその対価（金銭等）を受け取ることができる。

ウ〇 **民泊とは、旅館業法が規定する営業者以外の者が宿泊料を受けて住宅に人を宿泊させる事業**であって、人を宿泊させる日数が1年間で180日を超えないものである（「民泊制度ポータルサイト『minpaku』」国土交通省・観光庁）。宿泊事業営業者であるホテルや旅館よりも安価で宿泊でき、現地の生活体験や同宿者とのコミュニケーションを目的に利用する人々も多い。

エ× 本肢の記述は、**サーキュラーエコノミー**に関するものである。**サーキュラーエコノミーは、資源を消費して終わりというのではなく、回収し、再利用し続けるという循環型の経済モデル**である。資源の無駄や捨てられている素材、まだ使用できるにもかかわらず破棄されている製品、

十分に使われていない遊休資産（日用品、空き家、自動車、船、機械など）などの世の中に数多ある「無駄」の活用から利益を生み出すことを目指す、自然環境にやさしい考え方である。

以上より、妥当なものの組合せは**イ・ウ**であり、肢**3**が正解となる。

問題53　正解4

ア〇　まち・ひと・しごと創生基本方針は、

① 「稼ぐ地域をつくるとともに、安心して働けるようにする」
② 「地方とのつながりを築き、地方への新しいひとの流れをつくる」
③ 「結婚・出産・子育ての希望をかなえる」
④ 「ひとが集う、安心して暮らすことができる魅力的な地域をつくる」

という4つの**基本目標**と

① 「多様な人材の活躍を推進する」
② 「新しい時代の流れを力にする」

という2つの横断的な政策目標を掲げている（「まち・ひと・しごと創生『長期ビジョン』『総合戦略』『基本方針』」内閣官房・内閣府総合サイト）。

イ〇　地域活性化を求めて行われるアートイベントの開催地は、都市部、観光地、**過疎地域**と多様である。**過疎地域**における文化芸術・アートイベントによる地域再生・活性化の成功例として、富山県利賀村の世界演劇祭・利賀フェスティバルの知名度が高い。

ウ×　地域おこし協力隊は、**都市地域から過疎地域等の条件不利地域に移**住して、地域ブランドや地盤産品の開発・販売・PR等の地域おこし支援や、農林水産業への従事、住民支援などの「**地域協力活動**」を行いながら、**その地域への定住・定着を図る取組**である（総務省）。大都市の都心部に地方の若者を呼び込み、衰退している町内会の活性化や都市・地方の交流を図ることを目的としているわけではない。

エ〇　シャッター街再生プロジェクトの事例として、新潟県新潟市の「民間主体での**シャッター通り長屋の改**修・テナントミックスによる空き店舗ゼロの達成」、長野県下諏訪町の「商店街が主体となった若者の創業・定着支援による空き店舗から工房街への再生」などがある（「稼げるまちづくり取組事例集『地域のチャレンジ100』」内閣府地方創生推進事務局）。

オ×　エリアマネジメントとは、地域における良好な環境や地域の価値を維持・向上させるための、**住民・事業主・地権者等による主体的な取り組み**のことである（「エリアマネジメントのすすめ」国土交通省）。**特定の地域を単位として**、地域に関する様々な活動を総合的に行うものであり、複数の市町村を束ねた圏域で、自治体が主体となって行うものではない。

以上より、妥当でないものの組合せは**ウ・オ**であるから、肢**4**が正解となる。

問題54　正解3

ア×　死因の中で、近年最も多いのは悪性新生物（腫瘍）であり、次に心疾患、老衰、脳血管疾患、肺炎が続

く（「人口統計資料集 2023」（改訂版）国立社会保障・人口問題研究所）。

イ○ 1995 年ごろに比べて平均初婚年齢は上昇してきているが、**ここ 10 年では男女ともに平均初婚年齢は 30 歳前後である**。なお、2022（令和 4）年の平均初婚年齢は、夫 31.1 歳、妻 29.7 歳であった（「令和 4 年（2022）人口動態統計月報年計（概数）の概況」厚生労働省）。

ウ× 第 1 次ベビーブームは 1947（昭和 22）年から 1949（昭和 24）年、第 2 次ベビーブームは 1971（昭和 46）年から 1974（昭和 49）年である。第 1 次ベビーブーム世代は「団塊の世代」、第 2 次ベビーブーム世代は「団塊ジュニア」と呼ばれている。**我が国の年間の出生数は、第 1 次ベビーブーム期には約 270 万人、第 2 次ベビーブーム期には約 210 万人**であったが、**1975（昭和 50）年**に 200 万人を割り込み、**それ以降、毎年減少し続けた**。1984（昭和 59）年には 150 万人を割り込み、1991（平成 3）年以降は増加と減少を繰り返しながら、**緩やかな減少傾向となっている**（「少子化対策の現状と課題」内閣府）。したがって、ベビーブーム期に生まれた世代はいずれも次のベビーブーム期をもたらしたとはいえない。

エ○ 1980 年代頃から、**生まれてくる子どもの数が次第に減少すると同時に、人口に占める高齢者の割合が増加してきたことから、死亡数も右肩上がりの傾向**となっている。**2007 年以降は死亡数が出生数を上**回る自然減の状態となり、その差は拡大を続けながら現在に至っている（「人口をめぐる現状と課題」内閣府）。

オ× 令和元年から令和 4 年に出産した母の年齢（5 歳階級）別にみると、**30 ～ 34 歳の階級が最も高い**（「令和 4 年（2022）人口動態統計（概数）の概況」厚生労働省）。

以上より、妥当なものの組合せは**イ・エ**であり、肢 **3** が正解となる。

問題 55　正解 3

ア× BCC は、ブラインド・カーボンコピー（Blind Carbon Copy）の略語である。**電子メールの送信先指定方法のひとつ**である。ブラインドには"隠れた"、カーボンコピーには"複写したもの"という意味がある。通常の宛先である TO に指定したユーザー以外に、同じ内容の電子メールを送信する場合に使用する。CC と違い、電子メールのほかの受信者には、同じ内容の電子メールが BCC に指定したユーザーにも送信されているということは通知されない。

イ○ SMTP は、シンプル・メール・トランスファー・プロトコル（Simple Mail Transfer Protocol）の略語であり、**電子メールの送信と転送を行うためのプロトコル（通信規約）**のことである。

ウ× SSL は、セキュア・ソケット・レイヤー（Secure Socket Layer）の略語である。インターネットにおいて**データを暗号化したり、なりすましを防いだりするためのプロトコル**のこと。ショッピングサイトやイ

ンターネットバンキングなど、個人情報や機密情報をやり取りする際に広く使われている。

エ〇　HTTPは、ハイパー・テキスト・トランスファー・プロトコル（Hyper Text Transfer Protocol）の略語であり、**クライアントのWebブラウザが、Webサーバに対してHTML形式のファイルを受け取るためのプロトコル**である。

オ×　URLは、ユニフォーム・リソース・ロケータ（Uniform Resource Locator）の略語である。**インターネット上で情報が格納されている場所を示すための住所のような役割を果たす文字列のこと**であり、情報発信ユーザーの位置を特定するものではない。

以上より、妥当なものの組合せは**イ・エ**であり、肢3が正解となる。

問題56　正解2

令和3年度問題57の解説を参照のこと。

1×　行政機関の長は、**開示請求に係る保有個人情報が他の行政機関から提供されたものであるとき**、その他他の行政機関の長において開示決定等をすることにつき正当な理由があるときは、当該他の行政機関の長と協議の上、当該他の行政機関の長に対し、**事案を移送することができる**（個人情報保護法85条1項）。

2〇　開示することにより、公共の安全と秩序の維持に支障を及ぼすおそれがあると当該行政機関の長が認めることにつき相当の理由がある情報は**不開示情報である**（同法78条5号）。

3×　開示請求に対し、**当該開示請求に係る保有個人情報が存在しているか否かを答えるだけで、不開示情報を開示することとなるときは、行政機関の長は、当該保有個人情報の存否を明らかにしないで、当該開示請求を拒否することができる**（同法81条）。

4×　**本肢のような規定は、同法には存在しない。**

5×　本肢のような請求を却下する前に、開示請求者に対して当該請求を取り下げるように通知しなければならないとする規定は、同法には**存在しない**。このような場合には、行政機関の長は、**不開示情報に該当する部分を容易に区分して除くことができる**のであれば、開示請求者に対し、当該部分を除いた部分につき**開示する義務を負う**（同法79条1項）。また、**個人の権利利益を保護するため特に必要があると認めるときは**、開示請求者に対し、**当該保有個人情報を開示することもできる**（同法80条）。

問題57　正解5

令和3年度問題57の解説を参照のこと。

1×　個人情報取扱事業者は、その取扱いを**委託された個人データの安全管理が図られるように、委託を受けた者に対する必要かつ適切な監督を行えば、個人データの取扱いの一部だけでなく、全部を委託することもできる**（個人情報保護法25条）。

2× 個人情報取扱事業者は、**あらかじめ本人の同意を得ないで、個人データを第三者に提供してはならないのが原則**であるが（同法27条1項柱書）、**公衆衛生の向上のために特に必要がある場合であって、本人の同意を得ることが困難であるときは例外**とされている（同条項3号）。したがって、本人の同意を得ることが困難でない場合に、当該情報を第三者に提供するためには、原則どおり**本人の同意を得る必要がある。**

3× 合併その他の事由による**事業の承継に伴って個人データが提供される者**は、**第三者提供**（同条1項）に際して、**本人の同意を得なければならない第三者に該当しない**（同条5項2号）。したがって、**個人情報によって識別される特定の個人である本人の同意を得る必要はない。**

4× 個人情報取扱事業者は、**あらかじめ本人の同意を得ないで、個人データを第三者に提供してはならないのが原則**であるが（同条1項）、**国の機関若しくは地方公共団体又はその委託を受けた者が法令の定める事務を遂行する**ことに対して協力する必要がある場合であって、**本人の同意を得ることにより当該事務の遂行に支障を及ぼすおそれがあるときは例外**とされている（同条項4号）。

5○ 個人情報取扱事業者は、個人情報の取得にあたって通知、又は公表した利用目的を変更した場合は、**変更された利用目的について、本人に通知し、又は公表しなければならない**（同法21条1項、3項）。

問題58 正解4

空欄Ⅰ：ウ 第2段落にある「この対話というマナーは、今の日本社会ではもうほとんど採択されていません。」という筆者の見解と対極にある、「今の日本でのコミュニケーションの基本的なマナー」として相応しいのは、**ウ「自分の言いたいことだけを大声でがなり立て、相手を黙らせること」**である。

空欄Ⅱ：オ 第4段落にある「どちらにも属さない中立的なところに保管する」、第5段落にある「対話において、真理は仮説的にではあれ、未決状態に置かれねばなりません」という記述には、**オ「あなたの言い分が正しいのか、私の言い分が正しいのか、しばらく判断をペンディングする」**が相応しい。さらに、「ペンディングする」ことは、第3段落にある**「相手に私を説得するチャンスを与える」**という記述にも内容的に呼応する。
以上より、肢4が正解となる。

問題59 正解2

①空欄の前にある「実のところ科学は、**もっと控えめな客観性しか持ち合わせていないのである**」という記述に、**エ「科学はむしろ『控えめな客観性』に留まる点で素晴らしい」**という表現が呼応していると考えられるから、先頭にエが入ると考えられる。

②エ「**控えめな客観性**」という記述が、ア「**これと同様の性格**」という記述に結びつくから、エ→アの順になると考えられる。

③ア「**科学にもこれと同様の性格が備**

わっている」という記述を、**ウ**「そ
の性格」という表現が受けていること
が見て取れるから、**ア→ウ**の順に
並ぶと考えられる。
④**ウ**「**信仰に類する絶対的な客観性や
万能性とは違う**」という記述を、**オ**「も
っと控えめな客観性」という表現が
受けているから、**ウ→オ**の順になる
と考えられる。
⑤空欄の後にある「斬新な『**ものの見
方**』」という表現と、**イ**「人間の主体
的な創造へとつながる『ものの見方』
に由来する」という記述が呼応して
いるから、**イ**が最後になると考えら
れる。
　以上より、空欄に入る文章の順序と
して妥当なものは**エ→ア→ウ→オ→イ**
であるから、肢**2**が正解となる。

問題60　正解1
空欄Ⅰ：波紋　「池に小石を投げ入れた
とき」に、「広げて」いくものである
から、空欄Ⅰには「**波紋**」が入る。
空欄Ⅱ：白熱　「議論」していくにつれ
て、「言葉が荒く汚くなる」状況を表
現する語句としては、「白熱」「過熱」
のどちらも相応しいと考えられるが、
他の空欄に入る語句の組み合わせか
ら消去法により「**白熱**」が入ると考
えられる。
空欄Ⅲ：正確　「議論」を行う上で、「ま
ず」「求められ」ることは、「**正確**」
さである。
空欄Ⅳ：促進　「ユーモア」が、「表明
した意見のアタリを弱める役割」を
果たすことにより、「社交」が促され
るから、「**促進**」が入る。

空欄Ⅴ：葛藤　「言う側」にも「言われ
る側」にも、「反論や問題提起」が「心
理的」にもたらし高めるのは、「**葛藤**」
である。
　以上より、**空欄Ⅰ-波紋、空欄Ⅱ-
白熱、空欄Ⅲ-正確、空欄Ⅳ-促進、
空欄Ⅴ-葛藤**となり、肢**1**が正解とな
る。

令和元年度

法 令 等

問題1　正解1

ア：オランダ　鎖国以後、**明治時代以前にわが国と国交があったヨーロッパの国はオランダであるから、ヨーロッパ法輸入の端緒**となり得るのは、**オランダ**だけである。

イ：ボアソナード　**明治初年**（明治6年）**にわが国に招聘され**、旧刑法・旧民法・治罪法を起草したのは**ボアソナード**である。**ボアソナードは、司法省法学校及び東京大学において自然法論・フランス諸法**などを講義し、わが国に西欧の法律学を移植した。

ウ：フランス　旧刑法を起草したボアソナードは、**フランスの法律学者**であり、その際の模範としたのは**フランス刑法**である。

エ：ドイツ　明治政府は、当初**ボアソナード**に民法典を起草させたが、これに対してわが国の国情に合わないとの反対論が生じたため、その施行は**延期**された。そこで、改めて法典調査会が設置され、**ドイツ民法第1草案**、フランス民法その他の近代法典を範にして作られたのが、現行民法である。また、パンデクテン法学

に見られるように、フランス法学**より一層論理的・体系的なのがドイツ法学**である。

以上より、**ア**には「**オランダ**」、**イ**には「**ボアソナード**」、**ウ**には「**フランス**」、**エ**には「**ドイツ**」が入る。

したがって、肢1が正解となる。

問題2　正解5

ア×　訴訟事件の各審級の裁判所は、下表のとおりである。

		第一審	第二審 （控訴審）	第三審 （上告審）
民事		簡易	地方	高等
		地方	高等	最高
		家庭		
刑事		簡易	高等	最高
		地方		
		高等	なし	

したがって、**刑事訴訟**においては、第一審が簡易裁判所の場合、**控訴審の裁判権は高等裁判所**が有し、**上告審の裁判権は最高裁判所**が有する（裁判所法16条1号、7条1号）。

イ×　事後審とは、**上訴審が原判決を対象として原審の資料だけに基づいてその当否を審査する対審構造**である。一方、**続審とは、第一審の審理を基礎としながら、控訴審においても新たな訴訟資料の提出を認めて原審の判断の当否を審理する控訴審の構造**及びこのような審級のことをいう。**民事訴訟法**は、下記の①～③などの規定からわかるように控訴審について、**続審**主義を採用している。

①第一審の口頭弁論の結果は、控訴審の口頭弁論に上程される（同法296条2項）。

②第一審における訴訟行為は控訴審

においても効力を維持する（同法298条1項）。

③当事者は、第一審で提出しなかった攻撃防御方法を提出することができる（同法297条、156条）。

ウ× 覆審とは、**上訴審において、原審の審理とは無関係に新たに審理をやり直す手続構造である。覆審制を採用していたのは旧刑事訴訟法の控訴審である。**

エ○ 事実審とは、**訴訟事件の事実問題と法律問題を併せて審理する審級**のことである。一方、**法律審とは、事実審のした裁判について、その法令違反の有無だけを審理する審級**である。**民事訴訟では、第一審と控訴審が事実審であり、上告審は法律審**である。これに対して、**刑事訴訟では、第一審は当然に事実審であり、控訴審は事実誤認・量刑不当のような事実問題を審理する場合に事実審**となる。**上告審は法律審**であるが、①刑の量定が甚しく不当であること、②**判決に影響を及ぼすべき重大な事実の誤認があること、③再審の請求をすることができる場合にあたる事由があって、原判決を破棄しなければ著しく正義に反すると認めるときは、事実問題を判断することもできる**（刑事訴訟法411条柱書、2号〜4号）。

オ○ 個々の裁判所は、それぞれ独立して裁判権を行使し、たとえ下級裁判所であっても上級裁判所の指揮監督を受けることはない。一方で、下級裁判所の裁判に不服のある当事者から上訴があったときは、上級裁判所は、下級裁判所の裁判の当否を審査する権限を有し、**当該事件に関する限り、上級裁判所の判断が下級裁判所の判断より優先し下級裁判所を拘束する**（「裁判所の審級制度」裁判所HP）。

以上より、妥当なものの組合せは**エ・オ**であり、肢5が正解となる。

※4
問題3　正解1

1○ 衆議院名簿登載者または参議院名簿登載者で、当選人とならなかったものにつき**除名、離党その他の事由により当該衆議院名簿届出政党等または参議院名簿届出政党等に所属する者でなくなった旨の届出がされているものは、**衆議院比例代表選出議員または参議院比例代表選出議員の選挙における**当選人の繰上補充**（公職選挙法97条の2）**の対象とはならない**（同法98条3項前段）。

2× 憲法50条は、両議院の議員は、法律の定める場合を除いては、国会の会期中逮捕されないと規定しているが、国会法33条は、各議院の議員は、**院外における現行犯罪の場合を除いては、会期中その院の許諾がなければ逮捕されない**と規定している。

3× **衆議院・参議院の所属議員に対する懲罰について判示した判例はない**。議員に対する懲罰権は、議院の自律権に属するものであることから、**司法審査の対象とはならない**と解するのが通説である。したがって、除名処分について、裁判所が**審査を行うことができるとは断定できない。**

4× 最大判昭35・10・19は、**出席**

停止の如き地方議会議員の懲罰については、これを司法裁判権の対象から除き、**当該自治団体の自治的措置**に委ねるのが適当である旨判示している。したがって、出題当時の判例によれば、妥当ではない。

※**同判例は最大判令２・11・25により変更された。**最大判令２・11・25は、出席停止の懲罰の性質や議員活動に対する制約の程度に照らすと、これが議員の権利行使の一時的制限にすぎないものとして、**その適否が専ら議会の自主的、自律的な解決に委ねられるべきであるということはできず、裁判所は、常にその適否を判断することができ、普通地方公共団体の議会の議員に対する出席停止の懲罰の適否は、司法審査の対象となる**旨を判示している。地方議会議員の懲罰は除名、出席停止、陳謝、戒告の４種類があり、このうち、**除名と出席停止までが判例上、司法審査の対象とされた。**したがって、**現在では妥当な肢**となる。なお、問題文中の「除名に限らず…広く審査…」としている点に曖昧さが残るものの、具体的な懲罰に「除名」をあげた上で「広く審査」としている流れもあり、**現在では本肢は妥当とするのが自然**と考える。

5× 最大判昭42・5・24は、憲法上、国権の最高機関たる国会について、広範な議院自律権を認め、議員の発言について、憲法51条に、いわゆる免責特権を与えているからといって、その理をそのまま直ちに地方議会にあてはめ、**地方議会**についても、

国会と同様の議会自治・議会自律の原則を認め、さらに、地方議会議員の発言についても、いわゆる**免責特権を憲法上保障しているものと解すべき根拠はない**と判示している。

問題４　正解４

1× 最大決平25・9・4は、嫡出でない子の法定相続分を嫡出子の２分の１とする民法900条４号但書の規定が、補充的に機能する規定であることは、**その合理性判断において重要性を有しないとしている。**また、同決定は、父母が婚姻関係になかったという、子にとっては自ら選択ないし修正する余地のない事柄を理由として、**その子に不利益を及ぼすことは許されず、子を個人として尊重し、その権利を保障すべきであるから、嫡出子と嫡出でない子の法定相続分を区別する合理的な根拠がない**ことを理由に、**憲法14条１項に違反する**と判示している。法律婚の保護という立法目的に照らすと著しく不合理であるという理由から、憲法に違反するとはしていない。

2× 最大判平20・6・4は、国籍法３条１項は、同法の基本的な原則である**血統主義を基調としつつ**、日本国民との法律上の親子関係の存在に加え我が国との密接な結び付きの指標となる**一定の要件を設けて、これらを満たす場合に限り出生後における日本国籍の取得を認めることと**したものと解される。このような目的を達成するため準正その他の要件が設けられ、これにより国籍取得の区

別が生じたのであるが、**このような区別を生じさせた立法目的自体には、合理的な根拠があるとしている。**その上で、**同条項に基づく国籍取得の区別については、立法目的との間における合理的関連性は失われており、**同条項の規定は、日本国籍の取得につき**合理性を欠いた過剰な要件を課するもの**となっているという理由から憲法14条1項に違反するとしているのであって、**立法目的に合理的な根拠がない不合理な差別に当たるとはしていない。**

3× 最判平25・9・26によれば、民法および戸籍法において法律上の父子関係等や子に係る戸籍上の取扱いについて定められている規律が父母の婚姻関係の有無によって異なるのは、**法律婚主義の制度の下における身分関係上の差異およびこれを前提とする戸籍処理上の差異にとどまる。**そして、届書にこれが記載されない場合、当該届出に係る子が嫡出子または嫡出でない子のいずれであっても、その記載の欠缺により届出が不受理の理由となり得る瑕疵のあるものとなる一方で、届出の受理や職権による戸籍の記載も可能である。以上に鑑みると、**出生届に嫡出子または嫡出でない子の別を記載すべきものとする戸籍法の規定それ自体によって、嫡出でない子について嫡出子との間で子またはその父母の法的地位に差異がもたらされるものとはいえない。**したがって、**同規定は、嫡出でない子について嫡出子との関係で不合理な差別的取扱いを定めた

ものとはいえず、憲法14条1項に違反するものではない。**

4○ 最大判平27・12・16は、**女性について6箇月の再婚禁止期間を定める民法733条1項の規定のうち100日超過部分**は、婚姻及び家族に関する事項について**国会に認められる合理的な立法裁量の範囲を超える**ものとして、**その立法目的との関連において合理性を欠くもの**であり、同規定のうち100日超過部分が憲法**24条2項にいう両性の本質的平等に立脚したものでなくなっていた**ことも明らかであり、**憲法14条1項に違反するとともに、憲法24条2項にも違反する旨を判示している。**

㊾ なお、女性の再婚禁止期間に関する**民法733条**は、民法の嫡出推定制度の見直し等を内容とする民法等の一部を改正する法律(令和6年4月1日施行)により、**削除された。**

5× 最大判平27・12・16は、民法750条の規定は、夫婦がいずれの氏を称するかを夫婦となろうとする者の間の協議に委ねており、その文言上**性別に基づく法的な差別的取扱いを定めているわけではなく、**同条の定める夫婦同氏制それ自体に男女間の形式的な不平等が存在するわけではない。我が国において、夫婦となろうとする者の間の個々の協議の結果として**夫の氏を選択する夫婦が圧倒的多数を占めることが認められる**としても、それが、同条の在り方自体から生じた結果であるということはできず、憲法14条1項に違反するものではない旨を判示している。

問題 5 正解 1

1 × 最大判平 17・9・14 は、憲法が国民主権の原理に基づき国民に対して投票をする機会を**平等に保障している**趣旨にかんがみれば、国民の選挙権又はその行使を制限することは原則として**許されず**、国民の選挙権又はその行使を制限するためには、そのような制限をすることが**やむを得ないと認められる事由がなければならない**というべきである。そして、そのような**制限をすることなしには選挙の公正を確保しつつ選挙権の行使を認めることが事実上不能ないし著しく困難であると認められる場合でない限り**、やむを得ない事由があるとはいえず、このような事由なしに国民の選挙権の行使を制限することは、**憲法 15 条 1 項及び 3 項、43 条 1 項並びに 44 条但書に違反する**といわざるを得ない。また、このことは、**国が国民の選挙権の行使を可能にするための所要の措置を執らないという不作為によって国民が選挙権を行使することができない場合**についても、同様である旨を判示している。したがって、**選挙権の行使の制約をめぐっては国会の広い裁量は認められない**。

2 ○ 最大判昭 43・12・4 は、**立候補の自由**は、**選挙権の自由な行使と表裏の関係**にあり、自由かつ公正な選挙を維持するうえで、きわめて重要である。このような見地からいえば、憲法 15 条 1 項には、被選挙権者、特にその立候補の自由について、直接には規定していないが、これもま

た、同条同項の保障する**重要な基本的人権の一つ**と解すべきであるとした上で、殊に、公職選挙における**立候補の自由**は、憲法 15 条 1 項の趣旨に照らし、基本的人権の一つとして、**憲法の保障する重要な権利であるから、これに対する制約は、特に慎重でなければならない**と判示している。

3 ○ 最大判平 11・11・10 は、候補者と並んで候補者届出政党にも選挙運動を認めることが是認される以上、**候補者届出政党に所属する候補者とこれに所属しない候補者との間に選挙運動の上で差異を生ずることは避け難い**ところであるから、その差異が**一般的に合理性を有するとは到底考えられない程度に達している場合**に、初めてそのような差異を設けることが国会の裁量の範囲を逸脱すると判示している。

4 ○ 上記最大判平 11・11・10 は、**小選挙区制の下においては死票を多く生む可能性がある**ことは否定し難いが、**死票はいかなる制度でも生ずるもの**であり、当選人は原則として相対多数を得ることをもって足りる点及び当選人の得票数の和よりその余の票数（**死票数**）の方が多いことがあり得る点において中選挙区制と異なるところはなく、各選挙区における最高得票者をもって当選人とすることが選挙人の総意を示したものではないとはいえないから、この点をもって憲法の要請に反するということはできない。このように、**小選挙区制は、選挙を通じて国民の総意**

を議席に反映させる一つの合理的方法ということができ、これによって**選出された議員が全国民の代表である**という性格と矛盾抵触するものではないと判示している。

5○　最大判平11・11・10は、政党等にあらかじめ候補者の氏名及び当選人となるべき順位を定めた名簿を届け出させた上、選挙人が政党等を選択して投票し、各政党等の得票数の多寡に応じて当該名簿の順位に従って当選人を決定する方式は、**投票の結果すなわち選挙人の総意により当選人が決定される点において、選挙人が候補者個人を直接選択して投票する方式と異なるところはない。**複数の重複立候補者の比例代表選挙における当選人となるべき順位が名簿において同一のものとされた場合には、その者の間では当選人となるべき順位が小選挙区選挙の結果を待たないと確定しないことになるが、結局のところ当選人となるべき順位は投票の結果によって決定されるのであるから、このことをもって**比例代表選挙が直接選挙に当たらないということはできない**と判示している。

問題6　正解2

　本問は、第1次教科書裁判上告審判決（最判平5・3・16）を素材にしたものである。

1○　最判平5・3・16は、**国は、**子ども自身の利益の擁護のため、又は子どもの成長に対する社会公共の利益と関心にこたえるため、**必要かつ相当と認められる範囲において、**子どもに対する教育内容を決定する権能を有すると判示している。

2×　最判平5・3・16は、憲法21条2項にいう検閲とは、行政権が主体となって、思想内容等の表現物を対象とし、その全部又は一部の発表の禁止を目的とし、対象とされる一定の表現物につき網羅的一般的に、発表前にその内容を審査した上、不適当と認めるものの発表を禁止することを特質として備えるものを指すと解すべきである。**教科書検定は、一般図書としての発行を何ら妨げるものではなく、**発表禁止目的や発表前の審査などの特質がないから、**検閲に当たらず、憲法21条2項前段の規定に違反するものではない**と判示している。また、同判例は、**教科書検定は思想の自由市場への登場自体を禁ずるものではない**から、**表現行為に対する事前抑制**は、表現の自由を保障し検閲を禁止する憲法21条の趣旨に照らし、**厳格かつ明確な要件のもとにおいてのみ許容されう**るとした最大判昭61・6・11の妥当する事案ではないと判示している。

3○　最判平5・3・16は、①普通教育の場においては、**教育の中立・公正、一定水準の確保等の要請を実現するという観点に照らして不適切と認められる図書の教科書としての発行、使用等を禁止する必要があること、**②その制限も、前記の観点からして不適切と認められる内容を含む図書のみを、**教科書という特殊な形態において発行を禁ずるものにすぎない**ことなどを考慮すると、教科書検定

による表現の自由の制限は、**合理的で必要やむを得ない限度のもの**であると判示している。

4○ 最判平5・3・16は、教科書は、教科課程の構成に応じて組織排列された教科の主たる教材として、普通教育の場において使用される児童、生徒用の図書であって、**学術研究の結果の発表を目的とするものではなく**、教科書検定は、申請図書に記述された研究結果が、いまだ学界において支持を得ていなかったり、あるいは当該学校、当該教科、当該科目、当該学年の児童、生徒の教育として取り上げるにふさわしい内容と認められないときなどに、**教科書の形態における研究結果の発表を制限するにすぎない**。このような教科書検定は、**学問の自由を保障した憲法23条の規定に違反しない**旨を判示している。

5○ 最判平5・3・16は、行政処分については、憲法31条による法定手続の保障が及ぶと解すべき場合があるにしても、それぞれの行政目的に応じて多種多様であるから、**常に必ず行政処分の相手方に告知、弁解、防御の機会を与えるなどの一定の手続を必要とするものではない**とし、教科書検定に手続保障違反の違法がないとした原審の結論を**是認**している。

問題7 正解3

1× 国会は、**罷免の訴追を受けた裁判官を裁判する**ため、**両議院の議員で組織する弾劾裁判所を設ける**（憲法64条1項）。一方、**懲戒事件の裁判権**は、①管轄区域内の地方裁判所、家庭裁判所及び簡易裁判所の裁判官に係るものは高等裁判所における5人の裁判官の合議体（裁判官分限法3条1項、4条）、②**最高裁判所及び各高等裁判所の裁判官に係るものは最高裁判所大法廷**（同法3条2項、4条）が有する。

2× 裁判官の懲戒は、**戒告又は1万円以下の過料**であり（同法2条）、**職務停止や減給は規定されていない**。

3○ 最大決平10・12・1は、裁判所法52条1号が裁判官に対し、「**積極的に政治運動をすること**」を禁止しているのは、**裁判官の独立及び中立・公正を確保し**、裁判に対する国民の信頼を維持するとともに、三権分立主義の下における司法と立法、行政とのあるべき関係を規律することにその目的があると解されるのであり、このような目的の重要性及び裁判官は単独で又は合議体の一員として**司法権を行使する主体**であることにかんがみれば、**裁判官に対する政治運動禁止の要請は、一般職の国家公務員に対する政治的行為禁止の要請より強いものというべきである**旨を判示している。

4× 上記最大決平10・12・1は、裁判官に対し「積極的に政治運動をすること」を禁止することは、必然的に裁判官の表現の自由を一定範囲で制約することにはなるが、このような制約が合理的で必要やむを得ない限度にとどまるものである限り、憲法の許容するところであるといわな

ければならず、①当該**禁止の目的が
正当**であって、②その**目的と禁止と
の間に合理的関連性があり**、③**禁止
により得られる利益と失われる利益
との均衡を失するものでない**なら、
憲法21条1項に違反しない旨を判
示している。

5× 　最大決平30・10・17は、裁判
官は、職務を遂行するに際してはも
とより、職務を離れた私人としての
生活においても、その職責と相いれ
ないような行為をしてはならず、ま
た、裁判所や裁判官に対する国民の
信頼を傷つけることのないように、
慎重に行動すべき義務を負っている
ものというべきである。裁判所法49
条も、裁判官がこのような義務を負
っていることを踏まえて、「品位を辱
める行状」を懲戒事由として定めた
ものと解されるから、同条にいう**「品
位を辱める行状」**とは、職務上の行
為であると、**純然たる私的行為であ
ると**を問わず、**およそ裁判官に対す
る国民の信頼を損ね、又は裁判の公
正を疑わせるような言動**をいうもの
と解するのが相当であると判示して
いる。

問題8　正解4

1× 　**即時強制**とは、行政機関が、国
民に対して**あらかじめ行政上の義務
を賦課することなく**、即時に国民の
身体や財産に実力を加えて行政上必
要な状態を実現する作用である。し
たがって、即時強制は、**行政上の義
務を前提としない**。

2× 　**直接強制**とは、行政上の義務の

不履行がある場合に、**直接義務者の
身体又は財産に実力を加えて、義務
の履行があったのと同一の状態を実
現する作用**である。現行法は一般的
な行政上の強制執行の手段として認
めていない。個々の法令により**例外
的に直接強制が認められている場合**
があるに過ぎない（学校施設の確保
に関する政令21条など）。

3× 　行政代執行法に基づく代執行の
対象となる義務には、**法律により直
接命ぜられた義務だけでなく、法律
の委任に基づく命令、規則及び条例
により直接命ぜられた義務**が含まれ
る（同法2条）。

4○ 　**行政上の秩序罰**とは、行政上の
秩序維持のために**過料という名称を
もって科する金銭罰**である。**秩序罰
は刑罰ではない**ため、刑法総則・刑
事訴訟法規の適用がなく、**非訟事件
手続法に基づき裁判所が決定をもっ
て科す**。

5× 　最判昭57・7・15は、**道路交通
法**の規定により、警察本部長の**反則
金の納付の通告**を受けた者が、その
自由意思により、通告に係る反則金
を納付し、これによる事案の終結の
途を選んだときは、もはや**当該通告
の理由となった反則行為の不成立等
を主張して通告自体の適否を争い、
これに対する抗告訴訟によってその
効果の覆滅を図ることは許されず**、
このような主張をしようとするので
あれば、反則金を納付せず、後に公
訴が提起されたときにこれによって
開始された刑事手続の中でこれを争
い、これについて裁判所の審判を求

める途を選ぶべきであると判示している。したがって、刑事手続で無罪を主張することはできるが、反則金の納付通知の取消訴訟を提起することはできない。

問題9　正解3

1✕　各省大臣は、国務大臣のうちから、**内閣総理大臣が命ずる**。ただし、**内閣総理大臣が自ら当たることを妨げない**（国家行政組織法5条3項）。

2✕　各省大臣、各委員会の委員長及び各庁の長官は、その機関の事務を統括し、職員の服務について、これを統督する（同法10条）。しかし、各省大臣などが、その機関の所掌事務について、**命令又は示達をするため**、所管の諸機関及び職員に対して**発するのは訓令又は通達である**（同法14条2項）。

3○　各省大臣は、主任の行政事務について、法律または政令の制定、改正または廃止を必要と認めるときは、**案をそなえて、内閣総理大臣に提出して、閣議を求めなければならない**（同法11条）。

4✕　**各省大臣**が、主任の行政事務について、法律若しくは政令を施行するため、又は法律若しくは政令の特別の委任に基づいて、**各機関の命令として発するのは省令である**（同法12条1項）。

5✕　各省大臣は、別に法律の定めるところにより、主任の大臣として、行政事務を分担管理するものとされているが（内閣法3条1項）、**内閣総理大臣は**、閣議にかけて決定した

方針に基づいて、**行政各部を指揮監督することができる**（同法6条）。

問題10　正解5

（ア）○　「特定人による**独占的排他的支配**」の客体となり得るものであること、「**私法上所有権の客体となる土地として存続する**」という記述が下から3行目にあることから、**所有権**が当てはまる。

（イ）○　直前に「**公の目的に使用される**」という表現があることから、**公共用財産**が当てはまる。

（ウ）○　「**平穏かつ公然**」と「**継続**」するものであるから、**占有**が当てはまる。

（エ）✕　「**長年にわたり**当該埋立地が事実上公の目的に**使用されることもなく放置され**」という記述から、**黙示的**が当てはまる。

（オ）✕　「他人の**平穏かつ公然の（ウ）占有が継続**」することによって「**私法上所有権**」の**変動**が生ずるのは、取得時効である。

　なお、最二小判平成17年12月16日の判決文中、本問で引用されている部分は以下の通りである。

　（1）海は、特定人による独占的排他的支配の許されないものであり、現行法上、海水に覆われたままの状態でその一定範囲を区画してこれを私人の所有に帰属させるという制度は採用されていないから、海水に覆われたままの状態においては、私法上**（ア）所有権**の客体となる土地に当たらない（略）。また、海面を埋め立てるために土砂が投入されて埋立

令和元年度解説／法令等

地が造成されても、原則として、埋立権者が竣功認可を受けて当該埋立地の**(ア)所有権**を取得するまでは、その土砂は、海面下の地盤に付合するものではなく、公有水面埋立法…に定める原状回復義務の対象となり得るものである（略）。これらのことからすれば、海面の埋立工事が完成して陸地が形成されても、同項に定める原状回復義務の対象となり得る限りは、海面下の地盤の上に独立した動産たる土砂が置かれているにすぎないから、この時点ではいまだ当該埋立地は私法上**(ア)所有権**の客体となる土地に当たらないというべきである。

（2）公有水面埋立法…に定める上記原状回復義務は、海の公共性を回復するために埋立てをした者に課せられた義務である。そうすると、長年にわたり当該埋立地が事実上公の目的に使用されることもなく放置され、**(イ)公共用**財産としての形態、機能を完全に喪失し、その上に他人の平穏かつ公然の**(ウ)占有**が継続したが、そのため実際上公の目的が害されるようなこともなく、これを**(イ)公共用**財産として維持すべき理由がなくなった場合には、もはや同項に定める原状回復義務の対象とならないと解すべきである。したがって、竣功未認可埋立地であっても、上記の場合には、当該埋立地は、もはや公有水面に復元されることなく私法上所有権の客体となる土地として存続することが確定し、同時に、**(エ)黙示**的に公用が廃止されたもの

として、**(オ)取得時効**の対象となるというべきである。

以上より、誤っているものの組合せは**エ・オ**であり、肢5が正解となる。

問題11　正解4

1×　法令に違反する行為の是正を求める行政指導（その根拠となる規定が法律に置かれているものに限る。）の相手方は、当該行政指導が当該法律に規定する要件に適合しないと思料するときは、一定の場合を除き、当該行政指導をした行政機関に対し、その旨を申し出て、当該**行政指導の中止その他必要な措置をとることを求めることができる**（行政手続法36条の2第1項本文）。

2×　行政指導は、行政機関がその任務又は所掌事務の範囲内において一定の行政目的を実現するため**特定の者に一定の作為又は不作為を求める指導、勧告、助言その他の行為であって処分に該当しないもの**である（同法2条6号）。

3×　地方公共団体の機関がする処分や地方公共団体の機関に対する届出については、その根拠となる規定が条例又は規則に置かれているものに限り行政手続法が適用されないとされているが、**地方公共団体の機関がする行政指導**についてはその**根拠となる規定に関わりなく行政手続法が適用されない**（同法3条3項）。

4○　行政指導に携わる者は、その相手方に対して、**当該行政指導の趣旨および内容ならびに責任者を明確に示さなければならず**（同法35条1

項）、**行政指導が口頭でされた場合において**、その相手方からこれらを記載した**書面の交付を求められたとき**は、当該行政指導に携わる者は、**行政上特別の支障がない限り、これを交付しなければならない**（同条 3 項）。

5 ✕ 命令等制定機関は、命令等を定めようとする場合には、原則として、**意見公募手続を実施しなければならない**（同法 39 条 1 項）。**ここにいう命令等には、行政指導指針も含まれる**が（同法 2 条 8 号ニ）、法令の規定により若しくは慣行として、または命令等を定める機関の判断により公にされるもの以外の行政指導指針については、意見公募手続に関する規定は適用されない（同法 3 条 2 項6 号）。

問題 12 正解 5

ア✕ 聴聞は、行政庁が指名する職員その他政令で定める者が主宰する（行政手続法 19 条 1 項）。当該**聴聞の当事者又は参加人など当該不利益処分に一定の関連を有する者は聴聞の主宰者となることができない**。しかし、行政庁の職員のうち当該不利益処分に係る事案の処理に直接関与した者が聴聞の主宰者になることができないとは規定されていない（同条 2 項各号）。

イ✕ 同法には、**本肢のような規定は存在しない**。

ウ〇 聴聞の主宰者は、当事者の全部若しくは一部が正当な理由なく聴聞の期日に出頭せず、かつ、陳述書若しくは証拠書類等を提出しない場合

などには、**これらの者に対し改めて意見を述べ、および証拠書類等を提出する機会を与えることなく、聴聞を終結することができる**（同法 23条 1 項）。

エ✕ 同法には、**本肢のような規定は存在しない**。

オ〇 当事者等は、聴聞の通知があった時から聴聞が終結する時までの間、**行政庁に対し、当該事案についてした**調査の結果に係る調書その他の当**該不利益処分の原因となる事実を証する資料の閲覧を求めることができる**が、行政庁は、**第三者の利益を害するおそれがあるときその他**正当な理由があるときには、その閲覧を拒**むことができる**（同法 18 条 1 項）。
以上より、正しいものの組合せは**ウ・オ**であり、肢 5 が正解となる。

問題 13 正解 2

ア〇 同一の行政目的を実現するため一定の条件に該当する複数の者に対し行政指導をしようとするときは、**行政機関は、あらかじめ、事案に応じ、行政指導指針を定め、かつ、行政上特別の支障がない限り、これを公表しなければならない**（行政手続法 36条）。

イ✕ **申請に対する処分が標準処理期間内**（同法 6 条）**に行われないことは、**不作為の違法確認の訴えにおいて、相当の期間（行政事件訴訟法 3 条 5項）を判断する際のひとつの要素となるが、そのことをもって**直ちに、不作為の違法確認の訴えにおいて請求が認容されるわけではない**。

ウ× 行政庁が**処分基準**を定め、これを**公にしておく義務は努力義務であ**る（行政手続法 12 条 1 項）。

エ× 行政庁は、**申請により求められた許認可等を拒否する処分をする場合**は、原則として、申請者に対し、同時に、当該**処分の理由を示さなければならない**（同法 8 条 1 項本文）。このような理由の提示は、申請の全部拒否のときに限られるわけではなく、一部拒否の場合も含まれる。

オ○ 命令等制定機関は、命令等を定めようとする場合には、公益上、緊急に命令等を定める必要があるため、意見公募手続を実施することが困難であるときなど**行政手続法が定める例外を除いて、意見公募手続をとることにより広く一般の意見を求めなければならない**（同法 39 条 1 項、4 項）。ここにいう**命令等とは、命令、審査基準、処分基準および行政指導指針をいう**（同法 2 条 8 号）。

以上より、正しいものの組合せは**ア・オ**であり肢 2 が正解となる。

問題 14　正解 4

ア× 行政不服審査法には、**本肢のような規定は存在しない。**

イ○ 審査請求についての**裁決は、関係行政庁を拘束する**（同法 52 条 1 項）。**この規定は、再審査請求の裁決については準用されているが**（同法 66 条 1 項）、**再調査の請求に対する決定には準用されていない**（同法 61 条参照）。

ウ× 再調査の請求に関しても、請求期間の定めがあり（同法 54 条）、認容、

棄却、却下の **3 つの類型が規定されている**（同法 58 条、59 条）。

エ× 再調査の請求に対する決定には、**事情裁決**（同法 45 条 3 項）**に類似する制度は規定されていない。**

オ○ 事実上の行為について処分庁である審査庁に審査請求をすべきとされているものについて、**審査請求に理由がある場合には、審査庁は、事情裁決をする場合を除き、裁決で、当該事実上の行為が違法または不当である旨を宣言するとともに、当該事実上の行為の全部若しくは一部を撤廃し、またはこれを変更する**（同法 47 条柱書、2 号）。

以上より、正しいものの組合せは**イ・オ**であり、肢 4 が正解となる。

問題 15　正解 4

1○ **審査請求をすべき行政庁が処分庁等と異なる場合における審査請求は、処分庁等を経由してすることができる**（行政不服審査法 21 条 1 項）。**この場合には、処分庁等は、直ちに、**審査請求書または審査請求録取書を**審査庁となるべき行政庁に送付しなければならない**（同条 2 項）。

2○ 審査庁は、審査請求が不適法であって補正することができないことが明らかなときは、**審理員による審理手続を経ないで、裁決で、当該審査請求を却下することができる**（同法 24 条 2 項）。

3○ 審査請求人または参加人は、審理手続が終結するまでの間、**審理員に対し、提出書類等の閲覧または当該書類等の写しの交付を求めること**

ができる（同法38条1項前段）。

4 ✕ 審理員は、**審査請求人又は参加人の申立てがあった場合**には、原則として、**口頭意見陳述の機会を与えなければならない**（同法31条1項本文）。

5 ◯ 同法1条2項は、行政庁の処分その他公権力の行使に当たる行為に関する不服申立てについては、他の法律に特別の定めがある場合を除くほか、同法の定めるところによる旨を規定し、**同法が処分についての不服申立てに関する一般法としての性格を有することを規定している**。また、行政庁の処分に不服がある者は、同法の定めるところにより、審査請求をすることができる（同法2条）。したがって、行政庁の処分に不服がある者は、当該処分が法律上適用除外とされていない限り、**当該処分の根拠となる個別法に審査請求をすることができる旨の規定がないものについても、審査請求をすることができる**。

問題16 正解5

1 ✕ 行政不服審査法には、地方公共団体に本肢のような措置を講ずるべき努力義務を定めた規定は存在しない。

2 ✕ 同法17条は、審査庁となるべき行政庁が審理員となるべき者の名簿を作成する努力義務と公示義務を規定しているが、地方公共団体に本肢のような当該地方公共団体の議会の議決を経なければならないことを定めた規定は存在しない。

3 ✕ 同法81条2項は、地方公共団体は、当該地方公共団体における不服申立ての状況等に鑑み当該地方公共団体の行政不服審査機関を置くことが不適当又は困難であるときは、条例で定めるところにより、事件ごとに、**執行機関の附属機関として、**行政不服審査法の規定により**その権限に属させられた事項を処理するための機関**を置くこととすることができると規定しているが、本肢のような国の行政不服審査会に諮問を行うことができることを定めた規定は存在しない。

4 ✕ 地方公共団体の議会の議決によってされる処分は、行政不服審査法の適用除外とされているから（同法7条1項1号）、そもそも**審査請求をすることができない**。

5 ◯ **地方公共団体には**、執行機関の附属機関として、**行政不服審査法の規定によりその権限に属させられた事項を処理するための機関（行政不服審査機関）が置かれ**（同法81条1項）、この機関の組織および運営に関し必要な事項は、**当該機関を置く地方公共団体の条例で定められる**（同条4項）。

問題17 正解5

1 ✕ 執行停止の決定は、裁判所が、疎明に基づき、あらかじめ当事者の意見を聴いた上で**口頭弁論を経ないですることができる**（行政事件訴訟法25条5項、6項）。

2 ✕ 執行停止の決定は、**申立てによりなされる**（同法25条2項本文）。

3 × 　償うことのできない損害を避けるため緊急の必要があるときにできるのは、義務付けの訴えの提起があった場合の仮の義務付けの決定と仮の差止めの決定である（同法 37 条の 5 第 1 項、2 項）。執行停止の決定は、処分、処分の執行又は手続の続行により生ずる重大な損害を避けるため緊急の必要があるときにすることができる（同法 25 条 2 項）。

4 × 　執行停止は、公共の福祉に重大な影響を及ぼすおそれがあるとき、又は本案について理由がないとみえるときは、することができないと規定している（同法 25 条 4 項）。

5 ○ 　執行停止による処分の効力の停止は、処分の執行または手続の続行の停止によって目的を達することができる場合には、することができない（同法 25 条 2 項但書）。

問題 18　正解 3

1 ○ 　処分または裁決をした行政庁が国または公共団体に所属しない場合には、取消訴訟は、当該行政庁を被告として提起しなければならない（行政事件訴訟法 11 条 2 項）。

2 ○ 　処分または裁決をした行政庁は、当該処分または裁決に係る国または公共団体を被告とする訴訟について、裁判上の一切の行為をする権限を有する（同法 11 条 6 項）。

3 × 　審査請求の裁決をした行政庁が、国又は公共団体に所属する場合は、その所属する国又は公共団体に、裁決の取消訴訟の被告適格がある（同法 11 条 1 項 2 号）。

4 ○ 　義務付けの訴えが一定の要件に該当する場合において、その義務付けの訴えに係る処分につき、訴えに理由があると認めるときは、裁判所は、行政庁がその処分をすべき旨を命ずる判決をする（同法 37 条の 2 第 5 項、37 条の 3 第 5 項）。

5 ○ 　私法上の法律関係に関する訴訟において、処分若しくは裁決の存否またはその効力の有無が争われている場合には、裁判所は、決定をもって、その行政庁を訴訟に参加させることができる（同法 45 条 1 項が準用する同法 23 条 1 項）。

問題 19　正解 1

1 ○ 　裁判所は、処分または裁決をした行政庁以外の行政庁を訴訟に参加させることが必要であると認めるときは、当事者若しくはその行政庁の申立てによりまたは職権で、決定をもって、その行政庁を訴訟に参加させることができる（行政事件訴訟法 23 条 1 項、45 条 1 項）。

2 × 　同法 24 条本文は、裁判所は、必要があると認めるときは、職権で、証拠調べをすることができると規定しているが、証拠調べの対象を訴訟要件に限定していない。

3 × 　同法 10 条 1 項は、取消訴訟においては、自己の法律上の利益に関係のない違法を理由として取消しを求めることができないと規定している。

4 × 　本肢のような場合、裁判所は、請求を棄却することができ、その場合、当該判決の主文において、処分

が違法であることを宣言しなければならない（事情判決：同法31条1項）。

5× 申請型義務付け訴訟（同法3条6項2号）は、**処分又は裁決に係る取消訴訟又は無効等確認の訴えに併合して提起しなければならない**（同法37条の3第3項2号）。

問題20　正解1

ア：公共の利益　「憲法29条3項にいう私有財産を『**公のために用ひる**』」という記述から、**公共の利益**が当てはまる。

イ：都市計画制限　「その**制限が都市計画の実現**を担保するために必要不可欠であり」という記述から、**都市計画制限**が当てはまる。

ウ：受忍限度　「権利者に無補償での**制限を受忍させる**」という記述から、**受忍限度**が当てはまる。

以上より、**ア**には「**公共の利益**」、**イ**には「**都市計画制限**」、**ウ**には「**受忍限度**」が当てはまる。

したがって、肢1が正解となる。

なお、最三小判平成17年11月1日の判決文中、本問で引用されている藤田宙靖裁判官の補足意見は、以下のとおりである。

私人の土地に対する都市計画法…に基づく建築制限が、それのみで直ちに憲法29条3項にいう私有財産を「公のために用ひる」ことにはならず、当然に同項にいう「正当な補償」を必要とするものではないことは、原審のいうとおりである。しかし、ア：**公共の利益**を理由としてそのような制限が損失補償を伴うことなく認められるの

は、あくまでも、その制限が都市計画の実現を担保するために必要不可欠であり、かつ、権利者に無補償での制限を受忍させることに合理的な理由があることを前提とした上でのことというべきであるから、そのような前提を欠く事態となった場合には、イ：**都市計画制限**であることを理由に補償を拒むことは許されないものというべきである。そして、当該制限に対するこの意味での ウ：**受忍限度** を考えるに当たっては、制限の内容と同時に、制限の及ぶ期間が問題とされなければならないと考えられる…。

問題21　正解5

ア：通常有すべき安全性　営造物が過渡的な安全性を欠いていることに基づき国及び公共団体が賠償責任を負うとは考え難い。**公権力の行使とは考え得ない公の管理作用に基づく損害について、国又は公共団体の賠償責任を明確に規定する**という国家賠償法2条の立法趣旨（国土交通省国土交通政策研究所）から考えると、**通常有すべき安全性**が入ると考えられる。

イ：過失　同法2条1項は、公の営造物の設置又は管理に瑕疵があったために他人に損害を生じたときは、国又は公共団体は、これを賠償する責に任ずると規定し、**法文上過失を要件としていない**ことから、**過失**が入ると考えられる。

ウ：予算措置　「防護柵を設置するとした場合、その**費用の額が相当の多額にのぼり**」という記述から、**予算措**

令和元年度解説／法令等

置が入る。

エ：回避可能性　**不可抗力**という文言から、**回避可能性**が入る。

以上より、**ア**には「**通常有すべき安全性**」、**イ**には「**過失**」、**ウ**には「**予算措置**」、**エ**には「**回避可能性**」が入る。

したがって、肢**5**が正解となる。

なお、最一小判昭和45年8月20日の判決文中、本問で引用されている部分は以下のとおりである。

国家賠償法2条1項の営造物の設置または管理の瑕疵とは、営造物が **ア：通常有すべき安全性** を欠いていることをいい、これに基づく国および公共団体の賠償責任については、その **イ：過失** の存在を必要としないと解するを相当とする。ところで、原審の確定するところによれば、本件道路（は）…従来山側から屢々落石があり、さらに崩土さえも何回かあったのであるから、いつなんどき落石や崩土が起こるかも知れず、本件道路を通行する人および車はたえずその危険におびやかされていたにもかかわらず、道路管理者においては、「落石注意」等の標識を立て、あるいは竹竿の先に赤の布切をつけて立て、これによって通行車に対し注意を促す等の処置を講じたにすぎず、本件道路の右のような危険性に対して防護柵または防護覆を設置し、あるいは山側に金網を張るとか、常時山地斜面部分を調査して、落下しそうな岩石があるときは、これを除去し、崩土の起こるおそれのあるときは、事前に通行止めをする等の措置をとったことはない、というのである。…かかる事実関係のもとにおいては、本件道路は、

その通行の安全性の確保において欠け、その管理に瑕疵があったものというべきである旨、…そして、本件道路における防護柵を設置するとした場合、その費用の額が相当の多額にのぼり、上告人県としてその **ウ：予算措置** に困却するであろうことは推察できるが、それにより直ちに道路の管理の瑕疵によって生じた損害に対する賠償責任を免れうるものと考えることはできないのであり、その他、本件事故が不可抗力ないし **エ：回避可能性** のない場合であることを認めることができない旨の原審の判断は、いずれも正当として是認することができる。

問題22　正解3

1×　普通地方公共団体の議会の議長は、議会運営委員会の議決を経て、当該普通地方公共団体の長に対し、会議に付議すべき事件を示して**臨時会の招集を請求できる**（地方自治法101条2項）。自ら**臨時会を招集する**ことはできない。

2×　同法101条4項が、**臨時会の招集**の時期について**請求のあった日から20日以内**と規定している。

3○　普通地方公共団体の議会は、定例会および臨時会とされ（同法102条1項）、**臨時会は、必要がある場合において、その事件に限り招集される**（同条3項）。また、臨時会に付議すべき事件は、普通地方公共団体の長があらかじめこれを**告示**しなければならない（同条4項）。

4×　**予算以外**に関しては、議員が議案を提出することができるが、その

場合、**議員の定数の12分の1以上の賛成が必要である**（同法112条1項、2項）。

5 × 議長は、普通地方公共団体の議会の議員の定数の半数以上の者から請求があるときは、その日の会議を開かなければならないと規定している（同法114条1項前段）。また、**普通地方公共団体の議会の会議は、一定の場合を除き、これを公開する**と規定している（同法115条1項本文）。

問題23 正解3

1 ○ **普通地方公共団体が、住民の福祉を増進する目的をもってその利用に供するために設ける施設を公の施設という**（地方自治法244条1項）。

2 ○ 普通地方公共団体は、法律またはこれに基づく政令に特別の定めがあるものを除くほか、**公の施設の設置およびその管理に関する事項は、条例でこれを定めなければならない**（同法244条の2第1項）。

3 × 法人その他の団体であって当該地方公共団体が指定するものを、指定管理者という。普通地方公共団体は、条例の定めるところにより、指定管理者に公の施設の管理を行わせることができる（同条3項）。

4 ○ 普通地方公共団体は、指定管理者の指定をしようとするときは、あらかじめ、当該普通地方公共団体の議会の議決を経なければならない（同条6項）。

5 ○ 普通地方公共団体は、適当と認めるときは、指定管理者にその管理

する公の施設の利用に係る料金（利用料金）を当該指定管理者の収入として収受させることができる（同条8項）。

問題24 正解1

1 ○ **監査委員は、地方公共団体の常勤の職員および短時間勤務職員と兼ねることができない**（地方自治法196条3項）。

2 × **監査委員は、議会の同意を得て、①議員以外で、人格が高潔で、普通地方公共団体の財務管理、事業の経営管理その他行政運営に関し優れた識見を有する者、及び②議員のうちから選任される**（同条1項）。

3 × 普通地方公共団体の長が、**監査委員を選任するときは、議会の同意を得なければならない**（同条1項）。

4 × **監査委員の定数は、条例で増加することができる**（同法195条2項但書）。

5 × 都道府県だけではなく、**政令で定める市においても、常勤の監査委員を少なくとも1人以上置かなければならない**（同法196条5項）。

問題25 正解1

ア○ 最判平11・1・21は、水の供給量が既にひっ迫しているにもかかわらず、自然的条件においては**取水源が貧困で現在の取水量を増加させることが困難である**一方で、社会的条件としては著しい給水人口の増加が見込まれるため、近い将来において需要量が給水量を上回り水不足が生ずることが確実に予見されるという

地域にあっては、水道事業者である市町村としては、そのような事態を招かないよう適正かつ合理的な施策を講じなければならず、その方策としては、困難な自然的条件を克服して給水量をできる限り増やすことが第一に執られるべきであるが、それによってもなお深刻な水不足が避けられない場合には、専ら水の需給の均衡を保つという観点から**水道水の需要の著しい増加を抑制するための施策を執ることも、やむを得ない措置として許される**と判示している。

イ○ 最判平5・2・18は、行政指導として教育施設の充実に充てるために事業主に対して寄付金の納付を求めること自体は、強制にわたるなど**事業主の任意性を損なうことがない限り、違法ということはできない**と判示している。また、事業主に対し、それが実施された場合にはマンション建築の目的の達成が事実上不可能となる**水道の給水契約の締結の拒否等の制裁措置を背景として教育施設負担金の納付を求めた行為は、指導要綱を遵守させ、行政指導に従うことを余儀なくさせるもの**であり、本来任意に寄付金の納付を求めるべき行政指導の限度を超えるものであり、**違法な公権力の行使であるといわざるを得ない**旨判示している。

ウ× 最判平元・11・8は、建設中のマンションの給水契約に関して、水道法上給水契約の締結を義務づけられている水道事業者としては、**たとえ指導要綱を事業主に遵守させるため行政指導を継続する必要があった**

としても、これを理由として事業主らとの**給水契約の締結を留保することは許されない**として、原審の判断を是認している。また、水道事業者としては、たとえ指導要綱に従わない事業主らからの給水契約の申込であっても、その締結を拒むことは許されないというべきであるから、**給水契約の締結を拒む正当の理由がなかった**旨判示して原審の判断を是認している。

エ× 最判昭56・7・16は、市の水道局給水課長が**給水装置新設工事申込の受理を事実上拒絶し、申込書を返戻した措置**が、**申込の受理を最終的に拒否する旨の意思表示をしたものではなく、建築基準法違反の状態を是正して建築確認を受けたうえ申込をするよう一応の勧告をしたものにすぎない**場合、未だ、市の職員が**給水装置工事申込の受理を違法に拒否したものに当たらない**旨判示して原審の判断を是認している。

以上より、正しいものの組合せは**ア・イ**であり、**肢1が正解**となる。

問題26　正解5

ア× 最判平8・3・8は、高等専門学校の校長が学生に対し**原級留置処分又は退学処分を行うかどうかの判断**は、**校長の合理的な教育的裁量にゆだねられるべきもの**であり、裁判所がその処分の適否を審査するに当たっては、校長と同一の立場に立って当該処分をすべきであったかどうか等について判断し、**その結果と当該処分とを比較してその適否、軽重等**

を論ずべきものではないと判示している。

イ× 最判昭61・10・23は、公立中学校教員を同一市内の他の中学校教員に補する旨配置換えを命じた処分は、**身分、俸給等に異動を生ぜしめるものでないことはもとより**、客観的また実際的見地からみても、勤務場所、勤務内容等において**なんらの不利益を伴うものでない**。名誉の侵害は、事実上の不利益であって、そのような転任処分の直接の法的効果ということはできず、他に特段の事情を認められなければ、**転任処分の取消しを求める法律上の利益を肯認することはできない**旨判示している。

ウ○ 最判平24・2・9は、**卒業式や入学式等の式典の際に国旗に対して起立し国歌を斉唱するように教職員に対して発せられた職務命令は**、教科とともに教育課程を構成する特別活動である都立学校の儀式的行事における教育公務員としての職務の遂行の在り方に関する校長の上司としての職務上の指示を内容とするもので、**教職員個人の身分や勤務条件に係る権利義務に直接影響を及ぼすものではないから、抗告訴訟の対象となる行政処分には当たらない**旨判示している。

エ○ 最判昭52・3・15は、国公立の大学において**大学が専攻科修了の認定をしないことは、実質的にみて、一般市民としての学生の国公立大学の利用を拒否することにほかならない**ものというべき、その意味において、学生が一般市民として有する公

の施設を利用する権利を侵害するものであると解するのが、相当である。されば、**専攻科修了の認定、不認定に関する争いは司法審査の対象になる**と判示している。

以上より、妥当なものの組合せは**ウ・エ**であり、肢**5**が正解となる。

問題27　正解5

ア○ 最判昭61・3・17は、**時効による債権消滅の効果**は、時効期間の経過とともに確定的に生ずるものではなく、**時効が援用されたときにはじめて確定的に生ずる**と判示している。

イ○ 時効の援用を裁判上行使する場合には、終局判決が事実審の口頭弁論終結時までに提出された資料を基礎としてなされるから、**事実審の口頭弁論終結時までにしなければならない**（大判大12・3・26）。

ウ○ 最判平13・7・10は、時効の完成により利益を受ける者は**自己が直接に受けるべき利益の存する限度で時効を援用**することができるものと解すべきであって、**被相続人の占有により取得時効が完成した場合**において、その**共同相続人の一人は、自己の相続分の限度においてのみ取得時効を援用することができるにすぎない**と判示している。

エ× 民法145条は、**時効**は、当事者（消滅時効にあっては、保証人、物上保証人、第三取得者その他権利の消滅について正当な利益を有する者を含む。）が援用しなければ、裁判所がこれによって裁判をすることができないと規定している。本条は最判昭

42・10・27（物上保証人）、最判昭
48・12・14（第三取得者）の判例
法理を明文化して、消滅時効の援用
権者を明確化したものである。

オ× 最判平11・11・9は、**免責決定
の効力を受ける債権**は、債権者にお
いて訴えをもって履行を請求しその
強制的実現を図ることができなくな
り、このような債権については、**も
はや消滅時効の進行を観念すること
ができない**というべきであるから、
破産者が免責決定を受けた場合には、
**免責決定の効力の及ぶ債務の保証人
は、その債権についての消滅時効を
援用することはできない**と判示して
いる。

以上より、妥当でないものの組合せ
は**エ・オ**であり、肢5が正解となる。

問題28　正解3及び4（全員正解）
　一般財団法人行政書士試験研究セン
ターより、本問については、選択肢3
を正答とするものであったにもかかわ
らず、選択肢4も判例に鑑み正答とし
て取り扱うことが適当と考えられるこ
とから、受験者全員の解答を正解とし
て採点する旨の発表があった。

1○ 大判明39・3・31は、**代理人の
詐欺によって意思表示をした場合**に
ついて、民法101条を適用し、相手
方は、**本人が代理人の詐欺について
善意であっても意思表示を取り消す
ことができる**旨判示している。

2○ 無権代理行為について、相手方
は、本人に対し、相当の期間を定めて、
その期間内に追認をするかどうかを
確答すべき旨の催告をすることがで

き、この場合、本人がその期間内に
**確答をしないときは、追認を拒絶し
たものとみなされる**（同法114条）。

3× 最判昭44・12・19は、**代理人
が本人の名において権限外の行為を
した場合**において、相手方がその行
為を本人自身の行為と信じたときは、
代理人の代理権を信じたものではな
いが、その信頼が取引上保護に値す
る点においては、代理人の代理権限
を信頼した場合と異なるところはな
いから、**本人自身の行為であると信
じたことについて正当な理由がある
場合**にかぎり、**民法110条の規定を
類推適用して、本人がその責に任ず
る**ものと解するのが相当であると判
示している。

4× 最判昭51・4・9は、復委任契
約が締結されたことにより、民法
107条2項（現106条2項）の規
定に基づいて**本人・復代理人間に直
接の権利義務が生じた場合**であって
も、この規定は、復代理人の代理行
為も代理人の代理行為と同一の効果
を生じるところから、契約関係のな
い本人復代理人間にも直接の権利義
務の関係を生じさせることが便宜で
あるとの趣旨に出たものであるにす
ぎず、この規定のゆえに、本人又は
復代理人がそれぞれ代理人と締結し
た委任契約に基づいて有している権
利義務に消長をきたすべき理由はな
いから、**復代理人が委任事務を処理
するに当たり金銭等を受領したとき
は、復代理人は、特別の事情がない
かぎり、本人に対して受領物を引渡
す義務を負うほか、代理人に対して

もこれを引渡す義務を負う旨判示している。

5○ **代理権を有しない者がした契約は**、契約の時において代理権を有しないことを相手方が知っていたときを除き、**本人が追認をしない間は、相手方が取り消すことができる**（同法115条本文）。

問題29　正解2

1○ **動産に関する物権の譲渡は、その動産の引渡しがなければ、第三者に対抗することができない**（民法178条）。したがって、本肢事例では、Bが甲機械の引渡しを受ける前にCが差押えを行っているから、Bは、差押えに先立って甲機械の所有権を取得したことを理由として、Cによる強制執行の不許を**求めることはできない**。

2× 大判大4・4・27は、**動産につき賃借権を有することを主張し、これを占有する者は、民法178条の第三者に当たる**と判示している。したがって、乙機械の引渡しを受け対抗要件を具備している賃借人Eは、指図による占有移転を受けておらず対抗要件を具備していない譲受人Fに**賃借権を対抗できる**から、Fの請求に応じる必要はない。

3○ 最判昭29・8・31は、**動産が譲渡された場合**、寄託を受けてこれを保管する者は一時その物件を保管するに過ぎないものであって、かかる者はこのような**寄託された動産の譲渡を否認するにつき正当の利害関係を有するものということはできず、**

民法178条にいう第三者に該当しない旨判示している。したがって、受寄者Hは、Iの**所有権に基づく引渡しの請求に応じなければならない**。

4○ 最判昭30・6・2は、売渡担保（譲渡担保）契約がなされ債務者が引き続き担保物件を占有している場合には、債務者は占有の改定により**爾後債権者のために占有**するものであり、したがって債権者はこれによって占有権を取得する旨判示している。したがって、J・K間で**占有改定による引渡しが行われたものと認められる**。

5○ 最判昭54・2・15は、構成部分の変動する集合動産についても、その**種類、所在場所及び量的範囲**を指定するなどなんらかの方法で**目的物の範囲が特定される場合**には、一個の集合物として譲渡担保の目的となりうると判示している。また、最判昭62・11・10は、**集合物を目的とする譲渡担保権設定契約**が締結され、債務者がその構成部分である動産の占有を取得したときは債権者が**占有改定の方法によってその占有権を取得**する旨の合意に基づき、債務者が当該集合物の構成部分として現に存在する動産の占有を取得した場合には、債権者は、**当該集合物を目的とする譲渡担保権につき対抗要件を具備**するに至ったものということができ、この**対抗要件具備の効力**は、その後構成部分が変動したとしても、**集合物としての同一性が損なわれない限り、新たにその構成部分となった動産を包含する集合物について及**

ぶと判示している。

問題30　正解4

ア×　地役権は、設定行為で定めた目的に従い、他人の土地を自己の土地の**便益**に供する権利であり（民法280条）、**物権**である以上、地役権に基づく妨害排除請求は可能である。しかし、地役権は、**承役地を排他的に占有するものではないから**、Bは、Cに対して**甲土地の明渡しを求めることはできない**。

イ○　アの解説のとおり、物権である**地役権に基づく妨害排除請求は可能である**。したがって、Bは、Cに対して**眺望地役権に基づき丙建物の収去を求めることができる**。

ウ×　他の土地に囲まれて公道に通じない土地（袋地）の所有者は、公道に至るため、その土地を囲んでいる他の土地を通行できるところ（同法210条1項）、**借地権が地上権である場合**には、同法267条により相隣関係の規定が準用される（「借地人および借家人の囲繞地通行権」不動産流通推進センター）。したがって、甲土地の地上権者であるCは、Bとの間で乙土地の通行利用のための賃貸借契約を締結しなくても乙土地を通行利用することができる。

エ×　最判昭44・2・14は、**抵当権設定当時において土地及び建物の所有者が各別である**場合、その土地又は建物に対する**抵当権の実行による競落の際、たまたま、その土地及び建物の所有権が同一の者に帰していたとしても、法定地上権に関する規定**が適用又は準用されるいわれはないと判示している。したがって、Aが抵当権設定後に丙建物を買い受けている本事例では、**法定地上権は成立しない**。

オ○　地上権者は、地上権が消滅した時に、土地を原状に復してその工作物および竹木を収去することができるが、**土地の所有者が時価相当額を提供してこれを買い取る旨を通知したときは、正当な理由がなければ、これを拒むことができない**（同法269条1項）。したがって、本肢事例のCは、Aが時価で丙建物を買い取る旨を申し出たときは、正当な理由がない限りこれを拒むことができない。

以上より、妥当なものの組合せは**イ・オ**であり、肢4が正解となる。

問題31　正解4

1○　動産質権者は、**継続して質物を占有しなければ**、その質権をもって**第三者に対抗することができず**（民法352条）、**質物の占有を奪われたときは、占有回収の訴えによってのみ**、その質物を回復することができる（同法353条）。

2○　質権の設定は、債権者にその目的物を引き渡すことによって、その効力を生じ（同法344条）、不動産質権者は、質権設定登記をしなければ、その質権をもって第三者に対抗することができない（同法177条）。

3○　取引行為によって、**平穏に、かつ、公然と動産の占有を始めた者は、善意であり、かつ、過失がないときは、**

即時にその動産について行使する権利を取得することができるから（同法192条）、債権者が、質物が債務者の所有物であると過失なく信じたときは、質権を即時取得することができる。

4 × 不動産質権者が、質権の目的である不動産を、その用法に従って使用収益する際、質権設定者の承諾は必要ない（同法356条）。

5 ○ 質権は、債権などの財産権をその目的とすることができる（同法362条1項）。

問題32　正解2

ア ○ 最判昭35・6・23は、家屋の所有権者たる賃貸人の地位と転借人たる地位とが同一人に帰した場合は、転借人の賃貸人に対する直接の義務が混同により消滅するは別論として、当事者間に転貸借関係を消滅させる特別の合意が成立しない限り、転貸借関係は当然には消滅しない旨判示している。

イ × 最判昭37・3・29は、本肢のような場合、賃貸人は賃借人に対して催告するだけで足り、さらに転借人に対してその支払の機会を与えなければならないというものではないと判示している。

ウ × 民法613条1項前段は、賃借人が適法に賃借物を転貸したときは、転借人は、賃貸人と賃借人との間の賃貸借に基づく賃借人の債務の範囲を限度として、賃貸人に対して転貸借に基づく債務を直接履行する義務を負うと規定している。

エ × 最判昭26・5・31は、賃借権の譲渡又は転貸を承諾しない家屋の賃貸人は、賃貸契約を解除しなくても、譲受人又は転借人に対しその明渡しを求めることができると判示している。したがって、無断転貸であれば、原賃貸借を解除しなくとも、賃貸人は、転借人に対して建物の明渡しを請求することができる。

オ ○ 最判昭50・4・25は、所有権ないし賃貸権限を有しない者から不動産を貸借した者は、その不動産につき権利を有する者からその権利を主張され不動産の明渡しを求められた場合には、貸借不動産を使用収益する権原を主張することができなくなるおそれが生じたものとして、明渡請求を受けた以後は、賃貸人が相当の担保を供しない限り賃貸人に対する賃料の支払を拒絶することができると判示している。

以上より、妥当なものの組合せは、ア・オであり、肢2が正解である。

問題33　正解5

① Bが、Aから甲の管理を頼まれていた場合、本問事例でBが破損した甲の窓ガラスを取り換えた行為は、準委任に当たる（民法656条）。⇒肢1、肢5

② Bが、Aから甲の管理を頼まれていなかった場合、本問事例でBが破損した甲の窓ガラスを取り換えた行為は、事務管理に当たる（同法697条）。⇒肢2～肢4

以上を前提に、各肢を検討する。

1 ○ 民法656条は、受任者は、特約

がなければ、**委任者に対して報酬を請求することができない**とする同法648条1項を準委任に準用している。したがって、甲の管理を頼まれていた場合であっても、**特約がなければ、BはAに対して報酬を請求することはできない**。

2○　同法702条1項によれば、**管理者は、本人のために有益な費用を支出したときは、本人に対し、その償還を請求することができる**。したがって、Bは、甲の管理を頼まれていなかった場合であっても、Aに対して、窓ガラスを取り換えるために支出した費用を請求することが**できる**。

3○　同条2項は、管理者が本人のために有益な債務を負担した場合について、受任者は、委任事務を処理するのに必要と認められる債務を負担したときは、委任者に対し、**自己に代わってその弁済をすることを請求することができる**とする同法650条2項を事務管理に準用している。したがって、Bは、甲の管理を頼まれていなかった場合であっても、Aに対して、自己に代わって窓ガラスを取り換えるために支出した代金を支払うことを請求できる。

4○　最判昭36・11・30は、事務管理は、事務管理者と本人との間の法律関係をいうのであって、管理者が第三者となした法律行為の効果が本人に及ぶ関係は事務管理関係の問題ではない。従って、**事務管理者が本人の名で第三者との間に法律行為をしても、その行為の効果は、当然には本人に及ぶ筋合のものではなく、**

そのような効果の発生するためには、**代理その他別個の法律関係が伴うことを必要とする**と判示している。

5×　同法656条は、**委任事務を処理するについて費用を要するときは、委任者は、受任者の請求により、その前払いをしなければならない**と規定する同法649条を準委任に準用している。したがって、Bは、特約がなくても、Aに対して事前に窓ガラスを取り換える費用の支払を請求することができる。

問題34　正解4

1○　最判平28・3・1は、**精神障害者と同居する配偶者**であるからといって、その者が民法714条1項にいう「**責任無能力者を監督する法定の義務を負う者**」に当たるとすることはできない。もっとも、法定の監督義務者に該当しない者であっても、**責任無能力者との身分関係や日常生活における接触状況に照らし、第三者に対する加害行為の防止に向けてその者が当該責任無能力者の監督を現に行いその態様が単なる事実上の監督を超えている**などその監督義務を引き受けたとみるべき特段の事情が認められる場合には、衡平の見地から法定の監督義務を負う者と同視してその者に対し民法714条に基づく損害賠償責任を問うことができるとするのが相当であり、このような者については、**法定の監督義務者に準ずべき者として、同条1項が類推適用される**と判示している。

2○　最判昭56・11・27は、本肢の

ような事実関係のもとにおいては、兄は、**一時的にせよ弟を指揮監督して、その自動車により自己を自宅に送り届けさせるという仕事に従事させていたということができる**から、兄と弟との間に事故当時民法 715 条 1 項にいう**使用者・被用者の関係が成立していた**と解するのが相当である旨判示している。

3○　大判昭 3・6・7 は、工作物の所有者は、その**設置又は保存による瑕疵が前所有者の所有していた際に生じた場合**であっても、**民法 717 条の責任を負う**旨判示している。

4×　**動物の占有者**は、原則として、その**動物が他人に加えた損害を賠償する責任を負う**（同法 718 条 1 項本文）。しかし、**占有補助者**は、占有者の手足となって物を所持する者であり、**独立した所持はないため代理占有にならない**。大判大 10・12・15 も占有補助者たる使用人は占有者でも保管者でもない旨を判示している。**占有の効果は、全て動物の占有者に帰属する。**

5○　最判平 13・3・13 は、交通事故により、被害者は、放置すれば死亡するに至る傷害を負ったものの、**事故後搬入された病院において、通常期待されるべき適切な経過観察がされるなどして脳内出血が早期に発見され適切な治療が施されていれば、高度の蓋然性をもって救命できたということができる場合、当該交通事故と当該医療事故とのいずれもが、被害者の死亡という不可分の一個の結果を招来し、この結果について相**当因果関係を有する関係にある。したがって、**当該交通事故における運転行為と当該医療事故における医療行為とは民法 719 条所定の共同不法行為に当たる**から、**各不法行為者は被害者の被った損害の全額について連帯して責任を負うべきものである**旨判示している。

問題 35　正解 2

ア○　夫婦は、婚姻の際に定めるところに従い、**夫又は妻の氏を称する**（民法 750 条）。また、婚姻をしようとする者は、**夫婦が称する氏を届書に記載して、その旨を届け出なければならない**（戸籍法 74 条 1 号）。

イ×　婚姻によって氏を改めた夫又は妻は、協議上の離婚によって婚姻前の氏に復するが（民法 767 条 1 項）、**婚姻前の氏に復した夫又は妻は、離婚の日から 3 か月以内に戸籍法の定めるところにより届け出ることによって、離婚の際に称していた氏を称することができる**（同条 2 項）。

ウ○　**夫婦の一方が死亡したときは、**生存配偶者は、**戸籍法の定めるところにより届け出ることによって、婚姻前の氏に復することができる**（民法 751 条 1 項、戸籍法 95 条）。

エ×　父又は母が氏を改めたことにより子が父母と氏を異にする場合には、子は、**父母の婚姻中に限り、家庭裁判所の許可を得ないで、**戸籍法の定めるところにより届け出ることによって、その父母の氏を称することができる（民法 791 条 2 項）。しかし、本肢では、両親が**離婚**をしているた

め、子が、母と同じ氏を称するためには、戸籍法の定めるところによる届出だけでなく、**家庭裁判所の許可を得ることを要する**（同条1項、戸籍法98条1項）。

オ× 養子は、養親の氏を称する。ただし、**婚姻によって氏を改めた者**については、婚姻の際に定めた氏を**称すべき間は、この限りでない**（民法810条）。したがって、太郎及び花子は養親の氏ではなく婚姻の際に定めた氏を称することになる。

以上より、妥当なものの組合せは**ア・ウ**であり、肢**2**が正解となる。

問題36　正解5

商法504条は、**商行為の代理人が本人のためにすることを示さないでこれをした場合**であっても、**その行為は、本人に対してその効力を生ずる**。ただし、**相手方が、代理人が本人のためにすることを知らなかったときは、代理人に対して履行の請求をすることを妨げない**と規定している。

一方、最大判昭43・4・24は、商法504条但書は、相手方において、代理人が本人のためにすることを知らなかったとき（過失により知らなかったときを除く）は、相手方保護のため、**相手方と代理人との間にも代理に基づく法律関係と同一の法律関係が生ずる**ものとし、**相手方は、その選択に従い、本人との法律関係を否定し、代理人との法律関係を主張することを許容した**ものと解するのが相当であるから、**相手方が代理人との法律関係を主張したときは、本人は、もはや相手方に対し、**

本人相手方間の法律関係の存在を主張することはできない旨判示している。

以上を前提に、各肢を検討する。

1× 最大判昭43・4・24より、相手方は**本人との法律関係**と**代理人との法律関係のいずれかを選択して主張**できるだけであるから、**本人及び代理人は連帯して履行の責任を負うわけではない。**

2× 同法504条本文より、**原則として、本人に対して効力が生じる。**

3× 最大判昭43・4・24より、相手方は**本人との法律関係**と**代理人との法律関係のいずれかを選択して主張**できるだけであるから、本人との間に法律関係が生じた場合、代理人に対して**履行の請求をすることはできない。**

4× 最大判昭43・4・24より、相手方は**本人との法律関係**と**代理人との法律関係のいずれかを選択して主張**できるだけであるから、相手方と代理人との間に法律関係が生じた場合、**本人に対して履行の請求をすることはできない。**

5○ 同法504条によれば、**代理人が本人のためにすることを示さないでした商行為も、原則として本人に対して効力を生じる**。また、最大判昭43・4・24によれば、**相手方と代理人との間にも代理に基づく法律関係が生じ、相手方は、その選択に従い代理人との法律関係を主張することができる。**

問題37　正解5

ア○ 株式会社の定款には、**設立に際**

して出資される財産の価額またはその最低額を記載し、または記録しなければならない（会社法27条4号）。

イ○　発起人は、設立時発行株式の引受け後遅滞なく、その引き受けた設立時発行株式につき、出資に係る金銭の全額を払い込み、または出資に係る金銭以外の財産の全部を給付しなければならない。ただし、発起人全員の同意があるときは、登記、登録その他権利の設定または移転を第三者に対抗するために必要な行為は、株式会社の成立後にすることができる（同法34条1項）。

ウ○　発起人が出資の履行をすることにより設立時発行株式の株主となる権利の譲渡は、成立後の株式会社に対抗することができない（同法35条）。

エ×　設立時募集株式の引受人は、設立時募集株式と引換えにする金銭の払込みの期日又はその期間内に、発起人が定めた銀行等の払込みの取扱いの場所において、それぞれの設立時募集株式の払込金額の全額の払込みを行わなければならない（同法63条1項、58条1項3号）。この払込みをしないときは、引受人は当該払込みをすることにより設立時募集株式の株主となる権利を失うのであり（同法63条3項）、発起人が本肢のような通知義務を負うわけではない。

オ×　株式会社の設立に際しては、現物出資は発起人のみに認められ（同法34条1項、63条1項参照）、設立時募集株式の引受人には認められない。

以上より、誤っているものの組合せはエ・オであり、肢5が正解となる。

問題38　正解5

1　定めていない　会社法105条1項3号は、株主総会における議決権は株主の権利であるとし、6か月の保有期間を定めていない。

2　定めていない　同法433条1項は、会計帳簿の閲覧請求をするときに、6か月の保有期間を定めていない。

3　定めていない　同法828条1項2号、2項2号は、新株発行無効の訴えを提起するときに、6か月の保有期間を定めていない。

4　定めていない　同法831条1項は、株主総会等の決議の取消しの訴えを提起するときに、6か月の保有期間を定めていない。

5　定めている　同法847条1項は、6か月（これを下回る期間を定款で定めた場合にあっては、その期間）前から引き続き株式を有する株主（定款の定めによりその権利を行使することができない単元未満株主を除く。）は、株式会社に対し、取締役等に対する責任追及等の訴えの提起を請求することができると規定し、6か月の保有期間を定めている。

問題39　正解1

ア×　取締役会は、取締役会を招集する取締役を定款又は取締役会で定めたときを除き、各取締役が招集する（会社法366条1項）。

イ×　取締役会を招集する者は、原則として、取締役会の日の1週間前ま

でに、各取締役（監査役設置会社にあっては、各取締役及び各監査役）に対してその**通知を発しなければならないが**（同法368条1項）、その際**取締役会の目的である事項及び議案を示すとは規定されていない。**

ウ〇　取締役会の決議は、原則として、**議決に加わることができる取締役の過半数が出席し、その過半数をもって行う**（同法369条1項）。

エ〇　取締役会の決議について特別の利害関係を有する取締役は、**議決に加わることができない**（同条2項）。

オ〇　取締役会の決議に参加した取締役であって、**取締役会の議事録に異議をとどめないものは、その決議に賛成したものと推定される**（同条5項）。

　以上より、誤っているものの組合せはア・イであり、肢1が正解となる。

問題40　正解3

1〇　**株主総会は、**会社法に規定する事項および株式会社の組織、運営、管理その他**株式会社に関する一切の事項について決議をすることができる**（同法295条1項）。

2〇　**株主は、取締役に対し、当該株主が議決権を行使することができる事項を株主総会の目的とすることを請求することができ**（同法303条1項）、**公開会社でない取締役会を設置していない株式会社では、議題提案権の持株数による制限は設けられていない。**

3×　取締役会設置会社においては、取締役は、3人以上でなければなら

ないが（同法331条5項）、**取締役会を設置していない株式会社には、1人又は2人以上の取締役を置かなければならない**（同法326条1項）。

4〇　公開会社では取締役が株主でなければならない旨を定款で定めることができないが、**公開会社でない株式会社においては、取締役が株主でなければならない旨を定款で定めることができる**（同法331条2項但書）。

5〇　取締役が、自己または第三者のために株式会社の事業の部類に属する取引をしようとする場合には、**株主総会において、当該取引につき重要な事実を開示し、その承認を受けなければならない**（同法356条1項1号）。

問題41　正解ア：9　イ：10　ウ：11　エ：20

ア：自律　「保障することによって、**放送による表現の自由**」が「**確保**」されるものであるから、自律が当てはまる。

イ：二本立て体制　「**公共放送事業者と民間放送事業者とが、**各々その長所を発揮するとともに、互いに他を啓もうし、各々その欠点を補い」という記述から、二本立て体制が当てはまると考えられる。

ウ：多元　「**公共放送事業者と民間放送事業者とが**」併存するような「**基盤**」であるから、多元が当てはまる。

エ：営利　「**他人の営業に関する広告の放送**」のように業務の目的とすることが「**禁止**」されるものであるから、営利が当てはまる。

なお、最大判平成 29 年 12 月 6 日の判決文中、本問で引用されている部分に空欄に当てはまる語句を入れると次のようになる。

放送は、憲法 21 条が規定する表現の自由の保障の下で、国民の知る権利を実質的に充足し、健全な民主主義の発達に寄与するものとして、国民に広く普及されるべきものである。放送法が、「放送が国民に最大限に普及されて、その効用をもたらすことを保障すること」、「放送の不偏不党、真実及び **ア：自律** を保障することによって、放送による表現の自由を確保すること」及び「放送に携わる者の職責を明らかにすることによって、放送が健全な民主主義の発達に資するようにすること」という原則に従って、放送を公共の福祉に適合するように規律し、その健全な発達を図ることを目的として（1 条）制定されたのは、上記のような放送の意義を反映したものにほかならない。

上記の目的を実現するため、放送法は、…旧法下において社団法人日本放送協会のみが行っていた放送事業について、公共放送事業者と民間放送事業者とが、各々その長所を発揮するとともに、互いに他を啓もうし、各々その欠点を補い、放送により国民が十分福祉を享受することができるように図るべく、**イ：二本立て体制** を採ることとしたものである。そして、同法は、**イ：二本立て体制** の一方を担う公共放送事業者として原告を設立することとし、その目的、業務、運営体制等を前記のように定め、原告を、民主的かつ **ウ：多元** 的な基盤に基づきつ

つ **ア：自律** 的に運営される事業体として性格付け、これに公共の福祉のための放送を行わせることとしたものである。

放送法が、…原告につき、**エ：営利** を目的として業務を行うこと及び他人の営業に関する広告の放送をすることを禁止し（20 条 4 項、83 条 1 項）、事業運営の財源を受信設備設置者から支払われる受信料によって賄うこととしているのは、原告が公共的性格を有することをその財源の面から特徴付けるものである。

以上より、**ア**には 9- 自律、**イ**には 10- 二本立て体制、**ウ**には 11- 多元、**エ**には 20- 営利が当てはまる。

問題 42　正解ア：6　イ：12　ウ：1　エ：19

ア：公正　行政手続法 1 条 1 項は、この法律は、処分、行政指導及び届出に関する手続並びに命令等を定める手続に関し、共通する事項を定めることによって、**行政運営における公正の確保と透明性の向上を図り、もって国民の権利利益の保護に資することを目的とする**と規定しているから、公正が当てはまる。

イ：不利益　同法 2 条 8 号ハは、**処分基準を、不利益処分をするかどうか又はどのような不利益処分とするかについてその法令の定めに従って判断するために必要とされる基準**をいうと規定している。したがって、**不利益**が当てはまる。

ウ：処分基準　同法 12 条 1 項は、**行政庁は、処分基準を定め、かつ、これを公にしておくよう努めなければ**

ならないと規定しているから、**処分基準**が当てはまる。
エ：裁量権 「**ウ：処分基準**」の定めと異なる取扱いをする」ことは、裁量権の範囲の逸脱又はその濫用に当たるから、**裁量権**が当てはまる。

なお、最三小判平成27年3月3日の判決文中、本問で引用されている部分に空欄に当てはまる語句を入れると次のようになる。

行政手続法は、行政運営における**ア：公正**の確保と透明性の向上を図り、もって国民の権利利益の保護に資することをその目的とし（1条1項）、行政庁は、**イ：不利益**処分をするかどうか又はどのような**イ：不利益**処分とするかについてその法令の定めに従って判断するために必要とされる基準である**ウ：処分基準**（2条8号ハ）を定め、かつ、これを公にしておくよう努めなければならないものと規定している（12条1項）。上記のような行政手続法の規定の文言や趣旨等に照らすと、同法12条1項に基づいて定められ公にされている**ウ：処分基準**は、単に行政庁の行政運営上の便宜のためにとどまらず、**イ：不利益**処分に係る判断過程の**ア：公正**と透明性を確保し、その相手方の権利利益の保護に資するために定められ公にされるものというべきである。したがって、行政庁が同項の規定により定めて公にしている**ウ：処分基準**において、先行の処分を受けたことを理由として後行の処分に係る量定を加重する旨の**イ：不利益**な取扱いの定めがある場合に、当該行政庁が後行の処分につき当該**ウ：処分基**準の定めと異なる取扱いをするならば、**エ：裁量権**の行使における**ア：公正**かつ平等な取扱いの要請や基準の内容に係る相手方の信頼の保護等の観点から、当該**ウ：処分基準**の定めと異なる取扱いをすることを相当と認めるべき特段の事情がない限り、そのような取扱いは**エ：裁量権**の範囲の逸脱又はその濫用に当たることとなるものと解され、この意味において、当該行政庁の後行の処分における**エ：裁量権**は当該**ウ：処分基準**に従って行使されるべきことがき束されており、先行の処分を受けた者が後行の処分の対象となるときは、上記特段の事情がない限り当該**ウ：処分基準**の定めにより所定の量定の加重がされることになるものということができる。以上に鑑みると、行政手続法12条1項の規定により定められ公にされている**ウ：処分基準**において、先行の処分を受けたことを理由として後行の処分に係る量定を加重する旨の**イ：不利益**な取扱いの定めがある場合には、上記先行の処分に当たる処分を受けた者は、将来において上記後行の処分に当たる処分の対象となり得るときは、上記先行の処分に当たる処分の効果が期間の経過によりなくなった後においても、当該**ウ：処分基準**の定めにより上記の**イ：不利益**な取扱いを受けるべき期間内はなお当該処分の取消しによって回復すべき法律上の利益を有するものと解するのが相当である。

以上より、**ア**には**6-公正**、**イ**には**12-不利益**、**ウ**には**1-処分基準**、**エ**には**19-裁量権**が当てはまる。

問題43　正解ア：14　イ：4　ウ：12　エ：18

ア：当事者　行政事件訴訟法2条は、この法律において「**行政事件訴訟**」とは、**抗告訴訟、当事者訴訟、民衆訴訟及び機関訴訟**をいうと規定しているから、**当事者**が当てはまる。

イ：給付　実質的当事者訴訟の例として、公務員の給与請求訴訟など公法上の**法律関係に基づく金銭の支払を求める訴訟**などがあるから、**給付**が当てはまる。

ウ：争点　私法上の法律関係に関する訴訟で、**行政処分や裁決の存否や効力が争点になるもの**を争点訴訟という（同法45条1項）。争点訴訟は、私法上の法律関係を訴訟物とするから、その性質は民事訴訟であり、**行政事件訴訟ではない**と位置づけられる。したがって、**争点**が当てはまる。

エ：住民　普通地方公共団体の公金の支出が違法な場合、**住民監査請求**ができる（地方自治法242条）。また、**住民監査請求をした当該普通地方公共団体の住民が、自己の法律上の利益と関わりなく住民としての資格で提起する訴訟**は、住民訴訟である（同法242条の2）。住民訴訟は、**民衆訴訟**の一種である（行政事件訴訟法5条）。したがって、**住民**が当てはまる。
以上より、**ア**には**14-当事者**、**イ**には**4-給付**、**ウ**には**12-争点**、**エ**には**18-住民**が当てはまる。

問題44　正解例：何人も命令を求めることができ、Yは必要な調査を行い必要と認めたときは命令をすべきである。（44字）

①何人も、法令に違反する事実がある場合において、その是正のためにされるべき**処分又は行政指導**（その根拠となる規定が法律に置かれているものに限る。）**がされていないと思料するとき**は、当該処分をする権限を有する行政庁又は当該行政指導をする権限を有する行政機関に対し、②**その旨を申し出て、当該処分又は行政指導をすることを求めることができる**（行政手続法36条の3第1項）。したがって、何人も、Yに対して、消防法5条1項に基づく命令をすることを求めることができる。

この場合、当該行政庁又は行政機関は、上記の申出があったときは、③**必要な調査を行い、その結果に基づき必要があると認めるときは、当該処分又は行政指導をしなければならない**（行政手続法36条の3第3項）。したがって、Yは、必要な調査を行い、必要と認めたときは命令を行わなければならない。

問題45　正解例：共有者全員の合意が必要で、修繕等には各共有者の持分の価格の過半数での決定が必要である。（43字）

【建替えの場合】
共有建物の建替えは、**共有物の変更**に当たる。各共有者は、他の共有者の同意を得なければ、**共有物に変更**（その形状又は効用の著しい変更を伴わないものを除く）**を加えることができない**（民法251条1項）。したがって、本件別荘の建替えの場合には、共有者全員の同意（合意）を得る必要がある。

【修繕等の場合】

共有建物の修繕等は、**共有物の管理に当たる。** 共有物の管理に関する事項は、上記の共有物の変更を除き、**各共有者の持分の価格に従い、その過半数で決する**（同法252条1項）。したがって、本件別荘の修繕等の場合には、各共有者の**持分の価格の過半数で決する**必要がある。

問題46　正解例：**第三者のためにする契約といい、CがBに契約の利益を享受する意思を表示することが必要。**（42字）

契約により**当事者の一方（諾約者）が第三者（受益者）に対してある給付をすることを約したときは、その第三者は、債務者に対して直接にその給付を請求する権利を有する**（民法537条1項：①第三者のためにする契約）。本事例では、Aは、Bとの間でA所有の時計の売買契約をしているが、その代金をBがCに直接支払う旨の合意をしているから、本件契約は第三者のためにする契約に当たる。

このような**第三者の権利は、②その第三者が、③債務者に対して④その契約の利益を享受する意思を表示した時に発生する**（同条3項）。したがって、Cの代金支払請求権が発生するためには、Cが、Bに対してこの契約の利益を享受する意思を表示する必要がある。

一般知識等

問題47　正解3

1× **日清戦争の講和条約は、下関条約**である。日露戦争の講和条約が**ポーツマス条約**である。

2× 日本が**南満州の権益を保持し、中国に勢力を拡大する好機**とみて、ハルビンなどを占領したのは、満州事変である。

3○ 本肢の記述は、1928年に奉天郊外で起きた張作霖爆殺事件のものである。張作霖爆殺事件は、日本政府内では**満州某重大事件**と呼ばれ、田中義一内閣や陸軍は日本軍人が関与していないこととして処理しようとした。

4× 盧溝橋事件に対して**当初不拡大方針を採りながら、その後現地の日本軍である関東軍による軍事行動・戦線の拡大を追認したのは、第一次近衛内閣**である。また、盧溝橋事件をきっかけに始まった**日中戦争（支那事変）**では、日本は**宣戦布告をしていない。**

5× **日中共同宣言を発表し、日本と中華人民共和国との国交が正常化**され、**台湾との外交関係が断絶した**のは**田中角栄内閣**のときである。佐藤栄作内閣ではない（「各国・地域情勢」外務省）。また、鄧小平と**日中平和友好条約**を締結したのは、**福田赳夫内閣**である（「日中平和友好条約締結40周年記念レセプション」安倍総理挨拶）。

問題 48　正解 2

ア：第二次世界大戦後　日本で初めて女性が国政選挙に参加した昭和 21（1946）年の第 22 回衆議院議員総選挙の結果、定数 466 人中 39 人の女性議員が誕生した（「女性国会議員比率の動向」国会図書館）。したがって、**第二次世界大戦後**が当てはまる。

イ：約 1 割　2017 年末時点での衆議院議員の女性比率は 10.1％であるから、約 1 割が当てはまる（「男女共同参画白書平成 30 年版」内閣府男女共同参画局）。なお、**2022 年 10 月現在では、9.7％である**（同白書令和 4 年版）。

ウ：タイ　本問で列挙されている各国で、女性が国政の行政府の長を務めた例は次のとおりである。
①イギリス　マーガレット・サッチャー（イギリス初の女性首相・第 71 代首相）、テリーザ・メアリー・メイ（第 76 代首相）、メアリー・エリザベス・トラス（第 78 代首相）
②ドイツ　アンゲラ・ドロテア・メルケル（第 8 代ドイツ連邦共和国首相）
③タイ　インラック・シナワトラ（**タイ王国初の女性首相**・第 36 代首相）
④インド　インディラ・プリヤダルシニー・ガンディー（第 5 代・8 代インド首相）
したがって、**タイ**が当てはまる。

エ：男女共同参画　2018 年 5 月に、政治分野における男女共同参画の推進に関する法律が、公布・施行されているから（広報誌「共同参画」内閣府男女共同参画局）、**男女共同参画**

が当てはまる。

オ：地方公共団体　同法 1 条、2 条は、政治分野における男女共同参画を効果的かつ積極的に推進し、もって男女が共同して参画する民主政治の発展に寄与することを目的とすること、**衆議院、参議院及び地方公共団体**の議会の議員の選挙において、政党等の政治活動の自由を確保しつつ、**男女の候補者の数ができる限り均等となること**を目指して行われるものとするという基本原則を規定している（広報誌「共同参画」内閣府男女共同参画局）。したがって、**地方公共団体**が当てはまる。

以上より、**ア**には「**第二次世界大戦後**」、**イ**には「**約 1 割**」、**ウ**には「**タイ**」、**エ**には「**男女共同参画**」、**オ**には「**地方公共団体**」が入る。

したがって、肢 2 が正解となる。

問題 49　正解 3

1 ○　行政機関の職員の定員に関する法律は 1969 年に成立し、同法 1 条が、内閣の機関（内閣官房及び内閣法制局）、総理府（現内閣府）及び各省の所掌事務を遂行するために恒常的に置く必要がある職に充てるべき常勤職員の定員の総数の最高限度が定められた。

2 ○　1981 年に発足した第 2 次臨時行政調査会（土光臨調）の答申を受けて、1980 年代には、「増税なき財政再建」を基本方針とする取り組みが行われ、許認可・補助金・特殊法人等の整理合理化や、国鉄・電電公社・専売公社の 3 公社民営化が進められ

た（「『簡素で効率的な政府』の実現」
・-行政改革推進法案・-内閣委員会調
査室〜）。

3× 1990年に国際化対応及び国民
生活重視の観点からの行政改革を目
指す臨時行政改革推進審議会（第3
次行革審）が発足、**この第3次行革
審が提出した「公正・透明な行政手
続法制に関する答申」を受けて、
1993年に行政手続法が制定された。
同法は、処分、行政指導、届出に関
する手続、命令等を定める手続につ
いては規定しているが、行政上の強
制執行手続や行政立法手続、計画策
定手続などは、同法の綱要案の中で
将来の検討課題として指摘されてい
るにとどまる**（「行政手続法綱要案取
りまとめの基本的な考え方」）。

4○ 1998年に成立した**中央省庁等
改革基本法**は、**内閣機能の強化**（同
法第2章）、**国の行政機関の再編成**（同
法第3章）、**独立行政法人制度の創設
等**（同法第4章第3節）、**国の行政
組織等の減量、効率化等の推進方針**
（同法第4章第1節）などについて
規定している。

5○ 2005年に閣議決定された「行
政改革の重要方針」で定める改革の
着実な実施のために、2006年に「**簡
素で効率的な政府を実現するための
行政改革の推進に関する法律（行政
改革推進法）」が施行された**。同法は、
簡素で効率的な政府を実現するため
の行政改革について、その基本理念
を定めるとともに、①**政策金融改革**、
②**独立行政法人の見直し**、③**特別会
計改革**、④**総人件費改革**、⑤**政府の**

資産および債務に関する改革などを
規定するとともに、**行政改革推進本
部の設置なども盛り込まれた法律で
ある**（「これまでの行政改革の実施状
況」内閣官房行政改革推進室HP）。

※イ
問題50 正解4
ア× いわゆる「**日本的雇用システム」
は、長期雇用慣行、年功的処遇制度、
企業別労使関係**などを特徴としつつ
も、社会・経済・産業の大規模な構
造変化や産業技術の革新などに大き
く影響され、変容を余儀なくされて
きた（「『日本的雇用システムの変容
と今後の課題』2018年 労働経済の
課題と展望」厚生労働省政策統括官
付労働政策担当参事官室）。一方、**職
能別労働組合**とは、同一職種又は同
一職業の労働者が結成する労働組合
であり、**現在の我が国ではほとんど
みられない**。

イ○ **非正規雇用労働者数**は2019年
には**6年連続の増加傾向**にあり、**役
員を除く雇用者に占める非正規の職
員・従業員の割合は38.2%と全体の
およそ4割程度を占めていた**（「労
働力調査（基本集計）2019年」総
務省統計局）。

※「労働力調査（基本集計）2022年」
によれば、2014年から2022年の
間で、2020年と2021年には非正
規の職員・従業員数が**2年連続で前
年に比べて減少**している。したがっ
て、**現在では妥当な内容の選択肢で
あるとはいえない**。なお、**役員を除
く雇用者に占める非正規の職員・従**

業員の比率は 2014 年（36.6％）から 2022 年（36.9％）まで、**およそ4割で推移している。**

ウ×　許可なく他の企業の業務に従事することを禁じた法律は存在しない。 近年、兼業・副業禁止規定が廃止される傾向がみられるのは、**企業の就業規則**においてである。

エ×　高度プロフェッショナル制度は、2019 年 4 月 1 日から順次施行されている働き方改革を推進するための関係法律の整備に関する法律（働き方改革関連法）により導入された制度である。この制度は、**高度の専門的知識等を有し、職務の範囲が明確で一定の年収要件を満たす労働者**を対象として、労使委員会の決議及び労働者本人の同意を前提として、年間 104 日以上の休日確保措置や健康管理時間の状況に応じた健康・福祉確保措置等を講ずることにより、労働基準法に定められた労働時間、休憩、休日及び深夜の割増賃金に関する規定を適用しない制度である（「高度プロフェッショナル制度わかりやすい解説」厚生労働省・都道府県労働局・労働基準監督署）。ここにいう「高度の専門的知識等を有し、職務の範囲が明確で一定の年収要件を満たす労働者」には、**医師は含まれないが、金融商品開発者やアナリスト、コンサルタント、研究者に限定されているわけではなく**（「労働時間法制の見直しについて」厚生労働省）、また、**これらの者に対して一律に適用されるものでもない。**

オ〇　働き方改革関連法により労働基準法が改正され、2019 年 4 月から、全ての使用者（企業）に対して、**年10 日以上の年次有給休暇が付与される労働者**（管理監督者を含む）に対して、**年次有給休暇の日数のうち年 5 日については、使用者が時季を指定して取得させることが義務付けられた**（「年 5 日の年次有給休暇の確実な取得 わかりやすい解説」厚生労働省・都道府県労働局・労働基準監督署）。したがって、妥当である。

以上より、出題当時、妥当なものの組合せはイ・オであり、肢4が正解であったが、**現在ではイが妥当でなくなった。**

問題51　正解2

1×　信用乗数とは、マネーストックがマネタリーベース（ハイパワードマネー、ベースマネー）の何倍かを示す比率で、貨幣乗数とも呼ばれる。信用乗数＝マネーストック÷＊マネタリーベースで表される。**一般的に預金準備率や現金・預金比率**（企業や家計が持つ預金に対する現金の比率）**が上昇すると信用乗数は低下する。**

＊銀行券（紙幣）、流通貨幣（コイン）及び日銀当座預金の合計

2〇　消費者物価指数は、全国の世帯が購入する各種の財・サービスの価格の平均的な変動を測定するものである。すなわち、ある時点の世帯の消費構造を基準に、これと同等のものを購入した場合に必要な費用がどのように変動したかを指数値で表すものである。消費者物価指数は、**基準となる年の物価を 100 として、そ**

の時々の物価を比較計算した数値となっている（「消費者物価指数に関するQ&A」総務省統計局）。

3 × 完全失業率は、「労働力人口」に占める「完全失業者」の割合である（「労働力調査　用語の解説」総務省統計局）。したがって、完全失業者数を労働力人口で除して求める。

4 × 労働分配率とは、生産活動によって得られた付加価値のうち、労働者がどれだけ受け取ったのかを示す指標である（「ユースフル労働統計」独立行政法人労働政策研究・研修機構）。

5 × 国内総支出（GDE）とは、国内で一定期間内に生産された財やサービスに対する支出の総額である。家計などの支出を含む民間最終消費支出、公共サービスに伴う政府の支出や公務員への給与などを合わせた政府最終消費支出、民間企業などの設備投資などを含む総固定資本形成、在庫品の増加、財貨・サービスの純輸出の合計で算出される。

問題52　正解3
元号は、政令で定める（元号法1項）。政令は、内閣が制定する命令であるから、元号は元号法に基づき内閣が政令で定めることになる。

問題53　正解4
ア○ 廃棄物の処理及び清掃に関する法律（廃棄物処理法）は、廃棄物を、一般廃棄物（同法2条2項）、産業廃棄物（同条4項）に大きく区分して定義している。

イ○ 市町村は、一般廃棄物処理計画に従って、その区域内における一般廃棄物を生活環境の保全上支障が生じないうちに収集し、これを運搬し、及び処分（再生することを含む）しなければならない（同法6条の2第1項）。したがって、家庭から排出される一般廃棄物の処理は市区町村の責務である。また、同法5条の2第1項の規定に基づく「廃棄物の減量その他その適正な処理に関する施策の総合的かつ計画的な推進を図るための基本的な方針」の改正により、国全体の施策の方針として一般廃棄物処理の有料化を推進するべきことが明確化された（「一般廃棄物処理有料化の手引き」環境省大臣官房廃棄物・リサイクル対策部廃棄物対策課）。「平成30年度一般廃棄物処理実態調査」（環境省）によれば、全国で約1,700の市町村が家庭系可燃ごみの有料化を実施している（「一般廃棄物処理有料化の手引き」環境省）。

ウ× 産業廃棄物税や産業廃棄物減量税を課税している都道府県の例として、滋賀県や島根県があるが、産業廃棄物は事業者が自ら処理しなければならない（同法11条1項）。

エ× 産業廃棄物の最終処分場は、残余容量・残余年数ともにやや増加している（「令和5年版環境・循環型社会・生物多様性白書」環境省）。

オ○ 我が国は、1993年9月17日に一定の有害廃棄物の国境を越える移動等の規制について国際的な枠組み及び手続等を規定した「有害廃棄物の国境を越える移動及びその処分の

規制に関するバーゼル条約」への加入書を寄託し、同条約は、同年12月16日に**我が国について発効した**（外務省）。

以上より、妥当でないものの組合せは**ウ・エ**であり、肢**4**が正解となる。

問題54 正解5

ア：VR VRとは Virtual Reality の略で「仮想現実」と訳され、**現実ではない仮想の世界をあたかも現実の世界のように感じさせる技術や概念**である（JST：国立研究開発法人科学技術振興機構）。したがって、**VR**がふさわしい。

イ：AI 人工知能（AI：Artificial Intelligence）について明確な定義は存在しないが、**「大量の知識データに対して、高度な推論を的確に行うことを目指したもの」**（一般社団法人人工知能学会設立趣意書）とされている。したがって、**AI**がふさわしい。

ウ：5G 5Gは、LTEの100倍となる**超高速、多数同時接続**やLTEの10分の1となる**超低遅延**といった**5G**の高い要求条件に対応するため、柔軟な無線パラメータの設定により、**ミリ波を含む幅広い周波数帯に対応**するLTEとの互換性のない新たな無線技術である（「2020年の5G実現に向けた取組」総務省総合通信基盤局電波部移動通信課）。したがって、**5G**がふさわしい。

エ：IoT IoTとは Internet of Things の略語であり、**あらゆるモノがインターネットにつながるインターネット**を介した情報活用の概念である。異なる分野の製品がつながって新しい価値・サービスを創造する（「いまさら聞けない『IoT』と『CPS』」独立行政法人情報処理推進機構（IPA）技術本部ソフトウェア高信頼化センター（SEC））。したがって、IoTがふさわしい。

オ：SNS SNSは、ソーシャルネットワーキングサービス（Social Networking Service）の略で、**インターネット上で登録された利用者同士が交流・情報交換できるWebサイトの会員制サービスである。**（「国民のための情報セキュリティサイト」総務省）。したがって、**SNS**がふさわしい。

以上より、**ア**には「VR」、**イ**には「AI」、**ウ**には「5G」、**エ**には「IoT」、**オ**には「SNS」が当てはまる。

したがって、肢**5**が正解となる。

問題55 正解2

ア× **電気通信事業者の取扱中に係る通信の秘密は、侵してはならない**（電気通信事業法4条1項）。インターネットを利用して行われる通信であっても、**インターネット接続事業者（プロバイダ）のサービスを利用して行われるような場合**には、同条項の**電気通信事業者の取扱中に係る通信の秘密**に該当し、電気通信事業法に定める保護が与えられ、電気通信事業者にも、通信の**秘密保持義務**が及ぶ（「通信の秘密、個人情報保護について」総務省）。

イ○ 同条項は、主体に何らの限定もしていないから、**何人も電気通信事**

業者の取扱中の通信を侵してはならない旨を規定したものと解される（「国民のための情報セキュリティサイト」総務省）。また、**同法179条は**、電気通信事業者の取扱中に係る**通信の秘密を侵した者に懲役又は罰金を科す**旨規定している。したがって、通信役務に携わっていない者が通信の秘密を侵した場合にも、**処罰の対象になる。**

ウ× 犯罪捜査のための通信傍受に関する法律（通信傍受法）3条1項、同法別表第1は、**検察官又は司法警察員は**、**薬物関連**（大麻取締法・覚醒剤取締法関連など）、**銃器関連**（銃砲刀剣類所持等取締法など）、**集団密航関連**（出入国管理及び難民認定法）などの一定の犯罪の実行に関連する事項を内容とする通信（「犯罪関連通信」）が行われると疑うに足りる状況があり、かつ、他の方法によっては、犯人を特定し、又は犯行の状況若しくは内容を明らかにすることが著しく困難であるときは、**裁判官の発する傍受令状により犯罪関連通信の傍受をすることができる**旨を規定している。したがって、本肢のような場合、捜査機関は**令状なしに犯罪関連通信の傍受をすることは許されない。**

エ〇 刑事収容施設及び被収容者等の処遇に関する法律127条1項は、**刑事施設の長は**、刑事施設の規律及び秩序の維持、受刑者の矯正処遇の適切な実施その他の理由により必要があると認める場合には、その指名する職員に、**受刑者が発受する信書**について、**検査を行わせることができ**

ると規定している。また、同法128条は、**刑事施設の長は**、犯罪性のある者その他受刑者が信書を発受することにより、刑事施設の規律及び秩序を害し、又は受刑者の矯正処遇の適切な実施に支障を生ずるおそれがある者（受刑者の親族を除く）については、一定の場合を除き、**受刑者がその者との間で信書を発受することを禁止することができる**と規定している。

オ〇 通信の秘密の保障には、通信の内容だけでなくその存在の秘密が確保されることも含まれるから、**電気通信事業法などによる保護の及ぶ範囲には、通信内容だけでなく、通信当事者の住所、氏名、通信日時、発信場所等通信の構成要素や通信の存在の事実の有無が含まれる**（「通信の秘密、個人情報保護について」総務省）。したがって、妥当である。

以上より、妥当でないものの組合せは**ア・ウ**であり、肢**2**が正解となる。

問題56　正解1

まずアナログとは、連続した量を他の連続した量で表示することであり、デジタルが連続量をとびとびな値として表現することと対比される。
以上を前提に、各肢を検討する。

ア〇 **AMラジオ放送は**、電波法施行規則により定められた周波数で、音声、音楽などの音響を、**振幅変調**により放送するものである。したがって、主として**アナログ方式**で送られる。

イ〇 **公衆交換電話網は**、一般から広

く加入・接続を受け付ける公衆網の一種で、街中の地中や空中に固定的に敷設されたメタル回線（銅回線）で電話局と加入者宅を結び、加入者間で**アナログ伝送**の音声通話を行うものである。したがって、主として**アナログ方式**で送られる。

ウ× ISDNとは、公衆通信網の一種で、すべての通信を**デジタル化**し、一つの回線網で音声通話やFAX、各種のデータ通信などの通信サービスを統合的に取り扱うものである。従来の**アナログ電話回線網**を置き換えて高度情報ネットワークを実現するために考案されたものである。

エ× **無線LAN**とは、電波による無線通信により複数の機器間でデータの送受信を行う構内ネットワーク（LAN：Local Area Network）のことである。

オ× **イーサネット**（Ethernet）とは、主に室内や建物内でコンピュータや電子機器をケーブルで繋いで通信する**有線LAN**（構内ネットワーク）の標準の一つで、最も普及している規格である。

以上より、主としてアナログ方式で送られているものの組合せは**ア・イ**であり、肢1が正解となる。

問題57 正解1

令和3年度問題57の解説を参照のこと。

1× **個人情報保護委員会**は、**内閣総理大臣の所轄**に属する（個人情報保護法130条2項）。

2〇 **個人情報保護委員会**は、同法の施行に必要な限度において、**個人情報取扱事業者など**（「個人情報取扱事業者等」）に対し、個人情報など（「個人情報等」）の取扱いに関し、**必要な報告若しくは資料の提出を求め**、又はその職員に、当該個人情報取扱事業者等の事務所その他必要な場所に立ち入らせ、個人情報等の取扱いに関し質問させ、若しくは帳簿書類その他の物件を検査させることができる（同法146条1項）。

3〇 **個人情報保護委員会**の委員長及び委員は、在任中、政党その他の政治団体の役員となり、又は積極的に政治運動をしてはならない（同法142条1項）。

4〇 **個人情報保護委員会**は、認定個人情報保護団体が認定の取消要件のいずれかに該当するときは、その認定を取り消すことができる（同法155条1項）。

5〇 **個人情報保護委員会**の委員長、委員、専門委員及び事務局の職員は、職務上知ることのできた秘密を漏らし、又は盗用してはならない。その**職務を退いた後も、同様**である（同法143条）。

問題58 正解2

本問の選択肢は、すべて**「たとえば」**から始まっていることから、空欄には**筆者の主張に関する何らかの具体例**が入ると考えられる。

そして、空欄の前では、「悲しいとわかっているから泣く」というほとんどの人の考え方に対する「心理学者、生理学者たち」の**「泣くから悲しく感じる」**

という、いわばアンチテーゼが論述されている。また、論述の末尾では、**「身体の情動反応が感情に先立つ」**という記述も見られる。

このような「泣くから悲しく感じる」「身体の情動反応が感情に先立つ」という筆者の主張に関する具体例として相応しいのは、肢2である。**「足が反射的に動いて山道を駆け下り、人里に辿り着いて一息ついてから恐怖が込み上げて来る」**という展開が、**「身体の情動反応が感情に先立つ」という筆者の主張**と合致するからである。

以上より、本文中の空欄に入る文章として妥当なものは肢2となる。

問題59　正解3

空欄Ⅰ：形態　「骨格の構造」「体内の循環機能」に続く、「自然体と言われる姿勢」に相応しい語句は、形態である。したがって、形態が入る。

空欄Ⅱ：解剖学　「体内の」「恒常性機能」のメカニズムを「明らか」にするのは、解剖学の役割である。したがって、解剖学が入る。

空欄Ⅲ：畏敬　「人間の力によらないものについては敢えて意味付けをしない」「日本人の態度」は、自然に対する畏敬の念から生じたものと考えられる。したがって、畏敬が入る。

空欄Ⅳ：人知　「人間の力によらないもの」とは、人知を超えたものであると考えられる。したがって、人知が入る。

空欄Ⅴ：不遜　「秩序に対して、人間に理解可能な理屈のなかだけで向き合おうとする」「態度」は、不遜な態度であると考えられる。したがって、不遜が入る。

以上より、**空欄Ⅰ‐形態、空欄Ⅱ‐解剖学、空欄Ⅲ‐畏敬、空欄Ⅳ‐人知、空欄Ⅴ‐不遜**となり、肢3が正解となる。

問題60　正解2

空欄Ⅰ：ア　「言葉は、それを発する人の本心だという保証はまったくない」「多分にエラーを含んだものである」という**言葉によるコミュニケーションに対する懐疑的な記述**と「行動で判断できるのは、単に『好意的』か『敵対的』かといった雰囲気でしかない」という**言葉によるコミュニケーションを擁護する記述**の間に入る記述であるから、「しかし」という逆接の接続詞に導かれて**言葉によるコミュニケーション以外に相手の気持ちはなかなか認知できない**といった内容を述べているアが入る。

空欄Ⅱ：オ　「仲間の中に自分がいても、**孤独を感じる**」「**孤独**とは、基本的に主観が作るものなのである」という記述を、オの「**孤独になれる**」という表現が受けているものと考えられるから、オが入る。

空欄Ⅲ：エ　「孤独とは、**基本的に主観が作る**ものなのである」という記述を、エの「**主観とはいえないような状況**」という表現が受けているものと考えられるから、エが入る。

空欄Ⅳ：イ　「突然暴力を振るってくる他者がすぐ近くにいるかもしれない」「相手にも相手の理屈があって」「言いがかりをつけられる」ことだってあ

るだろう」という記述を、**イ**の「**勝手な主観で『敵対的』だと判断され、先制攻撃を受ける**」という表現が受けているものと考えられるから、**イ**が入る。

空欄Ⅴ：ウ 「**『自分はあいつにとっては良い子ではない』と判断**せざるを得ない状況**は、**ウ**の「**『気に入られていない』状況**」であるから、**ウ**が入る。

　以上より、**空欄Ⅰ‐ア、空欄Ⅱ‐オ、空欄Ⅲ‐エ、空欄Ⅳ‐イ、空欄Ⅴ‐ウ**となり、肢**2**が正解となる。

令和5年度 《正解一覧表》

法令等（択一式）

問題	正解	問題	正解	問題	正解	問題	正解
問題1	①	問題11	①	問題21	①	問題31	⑤
問題2	①	問題12	⑤	問題22	⑤	問題32	④
問題3	②	問題13	②	問題23	①	問題33	④
問題4	①	問題14	⑤	問題24	②	問題34	④
問題5	③	問題15	⑤	問題25	④	問題35	③
問題6	③	問題16	③	問題26	③	問題36	⑤
問題7	①	問題17	②	問題27	②	問題37	④
問題8	②	問題18	③	問題28	②	問題38	②
問題9	③	問題19	②	問題29	④	問題39	③
問題10	②	問題20	③	問題30	⑤	問題40	⑤

法令等（多肢選択式）

問題	ア	イ	ウ	エ
問題41	⑥	⑱	⑬	⑧
問題42	⑤	⑱	⑫	⑭
問題43	③	⑥	⑨	⑲

— 204 —

法令等（記述式）

問題44	正解例 Y市に対して、出席停止の懲罰の差止訴訟を提起するとともに、仮の差止めを申し立てる。（41字）
問題45	正解例 物上代位により、Cによる保険金の払渡し前に、Aが保険金債権を差し押さえなければならない。（44字）
問題46	正解例① 契約不適合責任を根拠に、報酬減額請求、損害賠償請求、契約の解除を主張することができる。（43字） 正解例② 請負人の担保責任を根拠に、報酬減額請求、損害賠償請求、契約の解除を主張することができる。（44字）

一般知識等（択一式）

問題47	①	②	③	④	⑤
問題48	①	②	③	④	⑤
問題49	①	②	③	④	⑤
問題50	①	②	③	④	⑤
問題51	①	②	③	④	⑤

問題52	①	②	③	④	⑤
問題53	①	②	③	④	⑤
問題54	①	②	③	④	⑤
問題55	①	②	③	④	⑤
問題56	①	②	③	④	⑤

問題57	①	②	③	④	⑤
問題58	①	②	③	④	⑤
問題59	①	②	③	④	⑤
問題60	①	②	③	④	⑤

令和4年度　《正解一覧表》

法令等（択一式）

問題	正解	問題	正解	問題	正解	問題	正解
問題1	③	問題11	③	問題21	①	問題31	⑤
問題2	①	問題12	①	問題22	③	問題32	④
問題3	⑤	問題13	⑤	問題23	①	問題33	⑤
問題4	②	問題14	②	問題24	①	問題34	⑤
問題5	④	問題15	⑤	問題25	②	問題35	①
問題6	①	問題16	①	問題26	①	問題36	⑤
問題7	③	問題17	③	問題27	②	問題37	③
問題8	①	問題18	②	問題28	③	問題38	⑤
問題9	④	問題19	④	問題29	④	問題39	④
問題10	⑤	問題20	⑤	問題30	②	問題40	④

法令等（多肢選択式）

問題	ア	イ	ウ	エ
問題41	⑳	⑦	⑩	
問題42	⑥	⑲	⑪	⑮
問題43	④	⑳		

・配点（300点満点）

5肢択一式............各4点
多肢選択式............各8点
空欄（ア～エ）一つにつき2点
記述式............各20点

・合格基準 （以下の3要件を全て満たす者）

法令等............122点以上
一般知識等............24点以上
全体............180点以上

法令等（記述式）

問題44	正解例
	B市を被告として重大な損害が生じるおそれがあると主張し、是正命令の義務付け訴訟を提起する。(45字)

問題45	正解例
	無権代理人を相続した本人が無権代理行為の追認を拒絶しても信義に反しないため、認められる。(44字)

問題46	正解例①
	Bの所有権に基づく妨害排除請求権を代位して、塀の撤去及び損害賠償を請求することができる。(44字)
	正解例②
	Bの所有権に基づく妨害排除請求権を代位して、塀の撤去を請求することができる。(38字)

一般知識等（択一式）

問題47	①	②	③	④	⑤
問題48	①	②	③	④	⑤
問題49	①	②	③	④	⑤
問題50	①	②	③	④	⑤
問題51	①	②	③	④	⑤

（問題47：⑤、問題48：⑤、問題49：④、問題50：①、問題51：③）

問題52	①	②	③	④	⑤
問題53	①	②	③	④	⑤
問題54	①	②	③	④	⑤
問題55	①	②	③	④	⑤
問題56	①	②	③	④	⑤

（問題52：②、問題53：②、問題54：④、問題55：③、問題56：①）

問題57	①	②	③	④	⑤
問題58	①	②	③	④	⑤
問題59	①	②	③	④	⑤
問題60	①	②	③	④	⑤

（問題57：②、問題58：①、問題59：③、問題60：⑤）

令和3年度 《正解一覧表》

法令等（択一式）

問題	正解		問題	正解		問題	正解		問題	正解
問題 1	5		問題 11	1		問題 21	1		問題 31	3
問題 2	5		問題 12	2		問題 22	5		問題 32	5
問題 3	4		問題 13	1		問題 23	3		問題 33	4
問題 4	2		問題 14	3		問題 24	3		問題 34	5
問題 5	5		問題 15	1		問題 25	4		問題 35	5
問題 6	4		問題 16	2		問題 26	3		問題 36	3
問題 7	4		問題 17	1		問題 27	2		問題 37	3
問題 8	3		問題 18	4		問題 28	3		問題 38	5
問題 9	1		問題 19	1		問題 29	4		問題 39	4
問題 10	2		問題 20	1		問題 30	3		問題 40	5

法令等（多肢選択式）

問題		正解
問題 41	ア	20
	イ	1
	ウ	19
	エ	16
問題 42	ア	6
	イ	2
	ウ	9
	エ	13
問題 43	ア	6
	イ	17
	ウ	12
	エ	13

法令等（記述式）

問題 44	正解例 行政指導に該当し、文部科学大臣に対し、行政指導の中止を求めることができる。（37字）
問題 45	正解例 Cが、本件代金債権の譲渡禁止特約につき、知り、又は重大過失により知らなかった場合（40字）
問題 46	正解例 甲の占有者Bが責任を負い、Bが損害発生防止のために必要な注意をしたときは所有者Aが負う。（44字）

一般知識等（択一式）

問題 47	①	②	③	**④**	⑤
問題 48	①	**②**	③	④	⑤
問題 49	①	**②**	③	④	⑤
問題 50	**①**	②	③	④	⑤
問題 51	①	②	**③**	④	⑤

問題 52	①	**②**	③	④	⑤
問題 53	①	②	③	④	**⑤**
問題 54	①	②	③	**④**	⑤
問題 55	①	②	**③**	④	⑤
問題 56	①	②	**③**	④	⑤

問題 57	①	②	③	④	**⑤**
問題 58	①	②	③	④	**⑤**
問題 59	①	**②**	③	④	⑤
問題 60	①	②	**③**	④	⑤

令和２年度 《正解一覧表》

法令等（択一式）

問題	正解	問題	正解	問題	正解	問題	正解
問題1	1	問題11	1	問題21	1	問題31	1
問題2	4	問題12	2	問題22	1	問題32	2
問題3	1	問題13	1	問題23	3	問題33	2
問題4	5	問題14	1	問題24	1	問題34	4
問題5	2	問題15	4	問題25	2	問題35	1
問題6	5	問題16	1	問題26	1	問題36	1
問題7	4	問題17	5	問題27	3	問題37	4
問題8	5	問題18	3	問題28	4	問題38	1
問題9	1	問題19	1	問題29	3	問題39	4
問題10	2	問題20	3	問題30	3	問題40	1

法令等（多肢選択式）

問題	ア	イ	ウ	エ
問題41	20	8	17	1
問題42	20	9	16	1
問題43	11	18	20	10

・配点（300点満点）

5肢択一式……………各4点
多肢選択式………各8点
空欄（ア〜エ）一つにつき2点
記述式……………各20点

・合格基準（以下の3要件を
全て満たす者）

法令等…………122点以上
一般知識等………24点以上
全体……………180点以上

法令等（記述式）

問題44	正解例 本件組合を被告として、本件換地処分を対象とする無効の確認を求める訴えを提起する。(40字)
問題45	正解例 Bが詐欺の事実を知り又は知ることができたときに限り、Aは、契約を取り消すことができる。(43字)
問題46	正解例 信義則上登記の欠缺を主張する正当な利益を有しない者であって、AC間の売買は有効であるから。(45字)

一般知識等（択一式）

問題47	① ② ③ ④ ⑤	問題52	① ② ③ ④ ⑤	問題57	① ② ③ ④ ⑤
問題48	① ② ③ ④ ⑤	問題53	① ② ③ ④ ⑤	問題58	① ② ③ ④ ⑤
問題49	① ② ③ ④ ⑤	問題54	① ② ③ ④ ⑤	問題59	① ② ③ ④ ⑤
問題50	① ② ③ ④ ⑤	問題55	① ② ③ ④ ⑤	問題60	① ② ③ ④ ⑤
問題51	① ② ③ ④ ⑤	問題56	① ② ③ ④ ⑤		

令和元年度　《正解一覧表》

法令等（択一式）

問題	正解		問題	正解		問題	正解		問題	正解
問題1	1		問題11	1		問題21	1		問題31	1
問題2	5		問題12	2		問題22	2		問題32	2
問題3	4		問題13	2		問題23	2		問題33	5
問題4	4		問題14	5		問題24	1		問題34	4
問題5	4		問題15	4		問題25	1		問題35	5
問題6	2		問題16	2		問題26	3		問題36	5
問題7	1		問題17	1		問題27	5		問題37	5
問題8	4		問題18	3		問題28	4		問題38	4
問題9	3		問題19	3		問題29	2		問題39	1
問題10	5		問題20	1		問題30	4		問題40	3

法令等（多肢選択式）

問題	ア	イ	ウ	エ
問題41	6	20	11	10
問題42	12	19	1	4
問題43	14	12	18	18

法令等（記述式）

問題44	正解例
	何人も命令を求めることができ、Yは必要な調査を行い必要と認めたときは命令をすべきである。(44字)

問題45	正解例
	共有者全員の合意が必要で、修繕等には各共有者の持分の価格の過半数での決定が必要である。(43字)

問題46	正解例
	第三者のためにする契約といい、CがBに契約の利益を享受する意思を表示することが必要。(42字)

一般知識等（択一式）

問題	①	②	③	④	⑤
問題47			③		
問題48		②			
問題49			③		
問題50				④	
問題51		②			
問題52			③		
問題53				④	
問題54					⑤
問題55		②			
問題56	①				

問題	①	②	③	④	⑤
問題57	①				
問題58		②			
問題59			③		
問題60		②			

MEMO

MEMO

MEMO

※矢印の方向に引くと正解・解説編が取り外せます。